PUBLICATIONS DE LA MAISON

LE JOURNAL DE L'AMATEUR

Journal illustré mensuel.

16 pages de texte, format in-4°.

Le Journal de l'Amateur s'adresse aussi bien au praticien qu'à l'amateur. Il donne tous les mois une chronique scientifique et des articles sur la mécanique, le travail artistique du bois (découpage, marqueterie, menuiserie, ébénisterie, tour), l'outillage moderne, et des variétés scientifiques d'actualité.

Le Journal de l'Amateur sert d'intermédiaire entre les amateurs, il les renseigne sur les questions qui les embarrassent. Ces questions sont posées dans le journal et résolues par ses lecteurs ou par la rédaction quand elles ne sortent pas du cadre du journal et de la compétence de ses rédacteurs. Par le nombre et la variété de ses lecteurs, il arrive à résoudre à peu près toutes les questions posées.

Le Journal de l'Amateur comble ainsi une lacune; c'est ce qui explique sa grande diffusion et la place honorable qu'il a conquise parmi les journaux spéciaux dès son apparition.

Le Journal de l'Amateur est le moins cher des journaux de vulgarisation scientifique et de travaux manuels artistiques. Le prix de l'abonnement est

pour la France de 3 fr. par an,
et pour l'étranger de 3 50 —

Le Journal de l'Amateur donne les explications nécessaires à l'assemblage et au montage des dessins des trois collections que nous publions mensuellement :

La Collection Parisienne ;
La Découpure illustrée ;
Le Petit Découpeur.

La Collection Parisienne, qui entre dans sa 24e année, est la plus ancienne et la plus artistique des collections de dessins de découpage. Elle comprend déjà cinq cents numéros de dessins de tous genres et de tous styles. Tirée sur beau papier, l'impression en couleur en est irréprochable. Tous les dessins sont de nos premiers artistes et exécutés à l'avance chez nous pour peu qu'ils présentent quelques difficultés de montage. Chaque dessin est accompagné d'un croquis d'ensemble très soigné représentant la pièce montée au 1/5 d'exécution.

La Découpure illustrée est tirée sur le même papier et avec le même soin que la *Collection Parisienne*. Les dessins de cette collection sont plus fins que ceux de la *Collection Parisienne* et s'adressent aux amateurs d'une certaine force. Cette publication est placée au premier rang pour la finesse, la variété et le choix de ses dessins.

Le Petit Découpeur donne des dessins plus simples et plus faciles à exécuter ; il convient aux amateurs de force ordinaire et aux débutants. Il est tiré également sur beau papier et les dessins en sont soignés et bien variés.

ABONNEMENTS :

	Pour la France.	Pour l'étranger.
Au *Journal de l'Amateur* seul	3 »	3 50
» » avec la *Coll. Parisienne.*	8 50	9 50
» » avec la *Coll. Parisienne* et la *Découpure illustrée*	12 »	13 »
Au *Journal de l'Amateur* et aux trois collections de dessins	14 50	~~15~~ 16 »

Abonnements aux collections de dessins sans le *Journal* :

Collection Parisienne.	6 »	6 50
» *illustrée*	6 »	6 50
Petit Découpeur	2 50	3 »

NOTA. — Tous les abonnements se prennent pour un an et partent du commencement de chaque année, de sorte que, quel que soit le moment où l'on s'abonne, on reçoit tous les numéros parus depuis janvier, et l'abonnement finit en décembre.

Toutes nos publications paraissent le 15 de chaque mois.

TARIF DES DESSINS

De nos Collections pour le découpage.

Collections :	*Petit Découpeur*	Le n°.	0 10
	Découpure illustrée	»	0 50
	Parisienne	»	0 50
	Art de découper, du n° 1 au n° 360	»	0 25
	» du n° 361 au n° 712	»	0 50
	Découpure pratique	»	0 45
	Façonneur de bois	»	0 35
	Album du Découpeur	»	0 30
	Collection élégante	»	0 30

Collections de dessins spéciaux pour la sculpture et la marqueterie ; dessins simples donnant les premières notions de ces deux arts.

Suppléments du *Découpeur Français* du n° 194 au n° 252, la feuille 0 25

Chaque feuille donne un dessin de marqueterie en couleur et un dessin de sculpture.

Collection de l'*Art de tourner*, dessins spéciaux pour le tour, 217 numéros ; le numéro : 0 50.

Voir la nomenclature des dessins au chapitre tour.

ALBUMS DE CROQUIS D'ENSEMBLE

Dans le but de faciliter à nos clients le choix des dessins et de leur permettre de se rendre compte de l'aspect qu'ont ces dessins une fois montés, nous avons réuni en albums les croquis d'ensemble des dessins de nos principales collections.

Tous ces dessins sont des réductions très soignées et très exactes au 1/5 de la grandeur réelle ; c'est en quelque sorte la photographie de l'objet fini.

Prix des albums de croquis d'ensemble :

		L'album.		Port par la poste.
Collections :	*Petit Découpeur*	1 75	En plus	0 30
	Illustrée	1 75	»	0 40
	Parisienne	3 75	»	0 60
	Façonneur	0 75	»	0 15

INSTRUCTIONS PRATIQUES

SUR LES

TRAVAUX DE LA SCIE A DÉCOUPER

Par J. CARANTE, nouvelle édition, revue et augmentée.

Formant la méthode la plus complète qui existe, un beau volume in-8°, broché sur beau papier. 3 75

Reliure dos en maroquin, filets or 5 25

PETIT MANUEL DU DÉCOUPEUR

COMPRENANT ÉGALEMENT LA MARQUETERIE

Nouvelle édition, par BROCARD : 70 c.

MACHINES A DÉCOUPER

MACHINES A MAIN ORDINAIRES

Modèles A et B

Modèle A. Profondeur de sciage $0^{m}25$, bois blanc 2^{f} », verni faç. noyer $2^{f}40$.
» B. » » $0^{m}34$ » $2^{f}60$ » » $3^{f}25$.

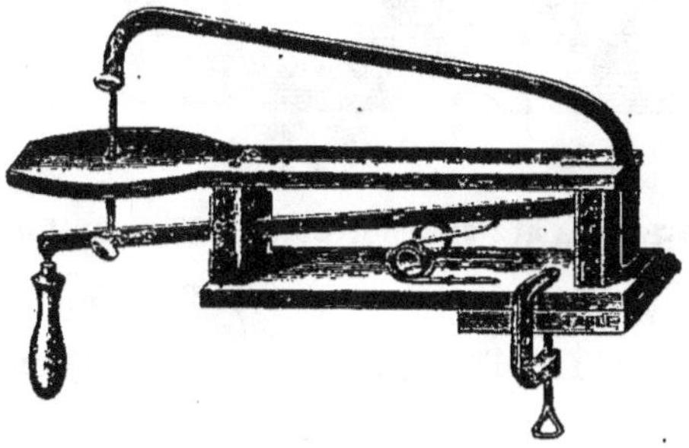

Modèle C

Modèle C. Profondeur de sciage $0^{m}44$, bois blanc 4^{f} », verni faç. noyer $4^{f}70$.

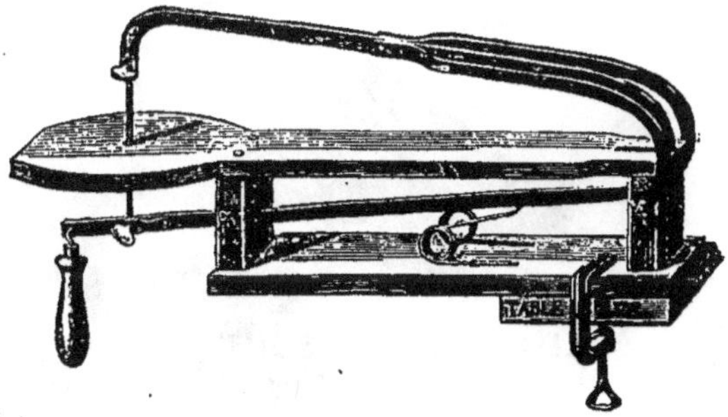

Modèles D et E

Modèle D. Profondeur de sciage $0^{m}53$, bois blanc $5^{f}25$, verni 6^{f} ».
» E. » » $0^{m}75$ » $8^{f}50$ » $9^{f}25$.
Emballage. . . . . . $0^{f}50$

MACHINES A MAIN SOIGNÉES

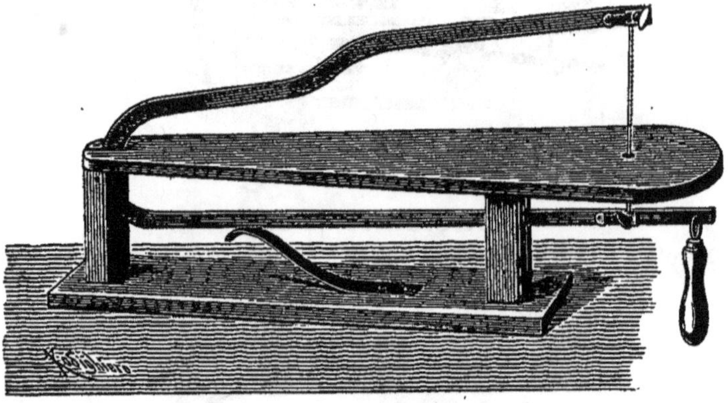

N° 1 **Machine légère** à arc en acier poli, $0^{m}40$ de profondeur. . $5^{f}50$

1bis » » » $0^{m}30$ » $5^{f}75$

2 **La même,** à plateau d'acajou verni, arc fonctionnant dans une coulisse en acier brevetée s. g. d. g . . . . $8^{f}50$

Emballage. . . . . 1 fr.

PÉDALE A RESSORT

S'adaptant à toutes les machines à main pour les faire fonctionner au pied

Prix. . . . . $1^{f}50$

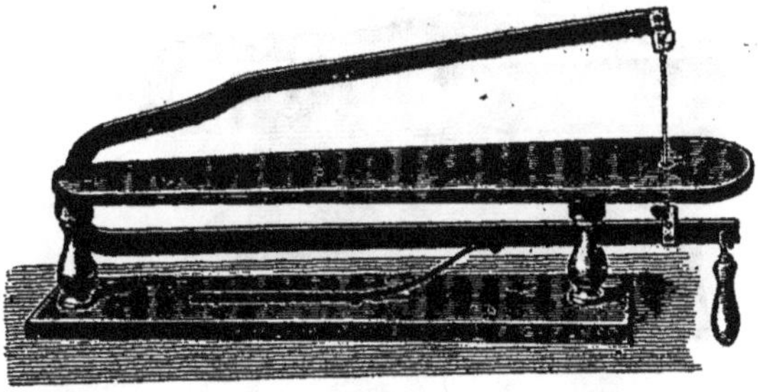

MACHINE A BALUSTRE. — No 3

3 **Machine à balustre,** forte et soignée, profond. 0m70 . . 9f75

Emballage. . . . . . . 1 fr. 80

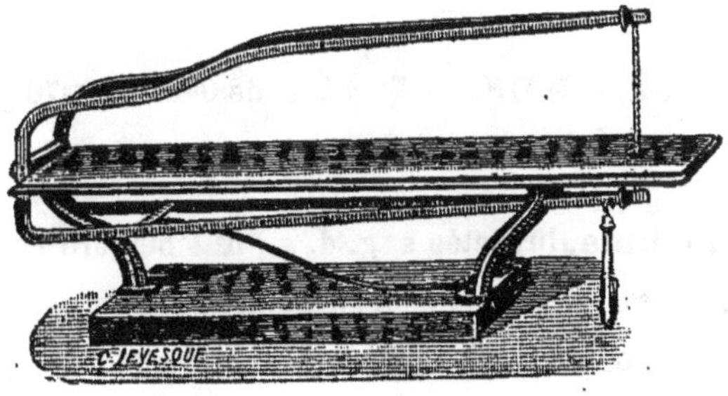
C. LEVESQUE

MACHINE No 4 NOUVEAU MODÈLE

Machine n° 4 nouveau modèle, à double bras en acier verni au four, assurant la parfaite rigidité de la scie, profondeur 70c/m, pieds en fonte, tablettes en bois, vernies au tampon, très douce est très solide.

— Prix 16f75

Emballage. . . . . 1 fr. 80

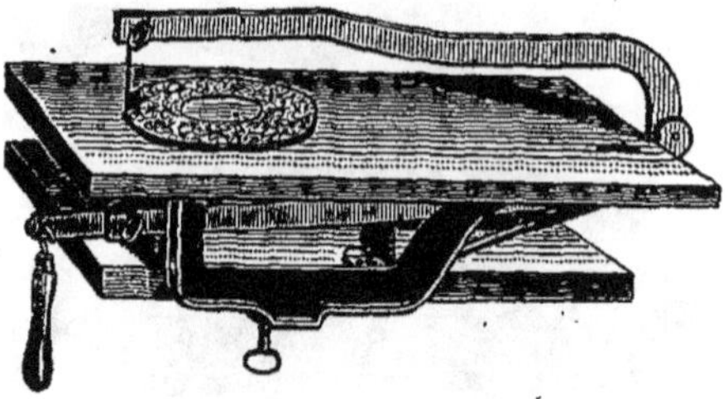

MACHINE A MAIN. — N° 4 bis, de 0m40 et 0m50 de profondeur.

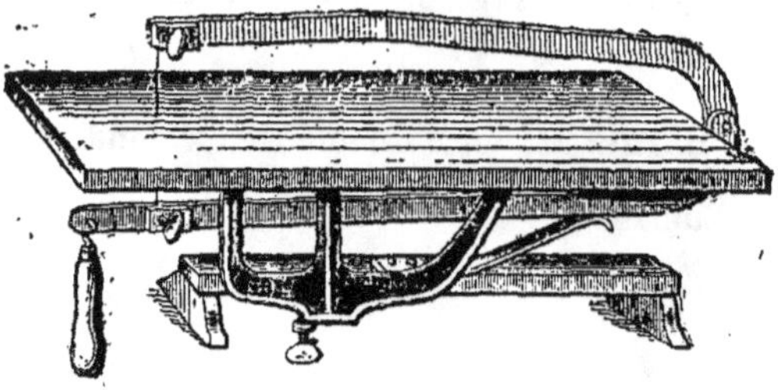

MACHINE A MAIN. — N° 4 bis, de 0m60 et 0m70

Nouvelle machine, brevetée s. g. d. g., n° 4 bis, arc en acier poli, fonctionnant dans une coulisse en métal bien ajustée. Le corps de la machine est tout en fonte vernie ; elle est munie d'une presse qui permet de la fixer à la première table venue (fig. 1), ou sur un petit chevalet (fig. 2), qui permet de la poser partout, et en fait une machine parfaitement assise.

On peut faire ce chevalet soi-même ou se le procurer chez nous au prix de 0f70.

Prix de la machine en	0m40	0m50	0m60	0m70	de profondeur.
	9 f 50	10 f 50	12 f »	14 f 50.	

Avec table vernie au tampon, en plus . . . . 1 fr. »

Emballage : jusqu'à 0m50, 1 fr. » ; de 0m60 à 0m70, 1 fr. 80

N° 10 **Machine à main**, nouveau modèle déposé, s'adapant à une table quelconque, toute en métal, table vernie au tampon.

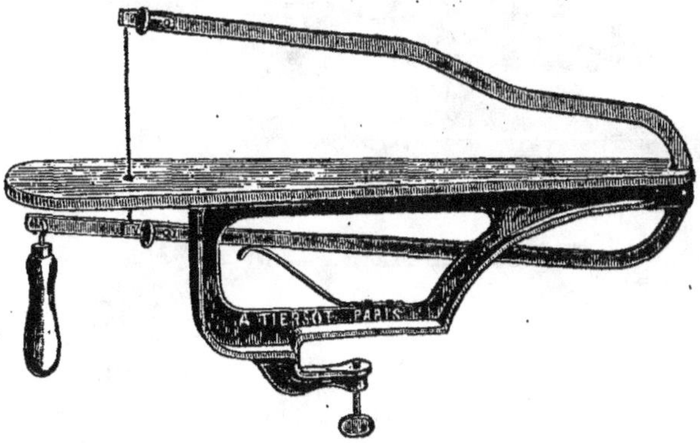
A. TIERSOT PARIS

Profondeur de sciage, 0m35. Prix	. . . .	3.50
» 0m50. Prix	. . . .	7.50
» 0m60. Prix	. . . .	9.50

Emballage : 1 »

N° 11 **Machine à main**, nouveau modèle déposé, à socle fonte, bras en acier poli fonctionnant dans une coulisse bien ajustée, table vernie au tampon.

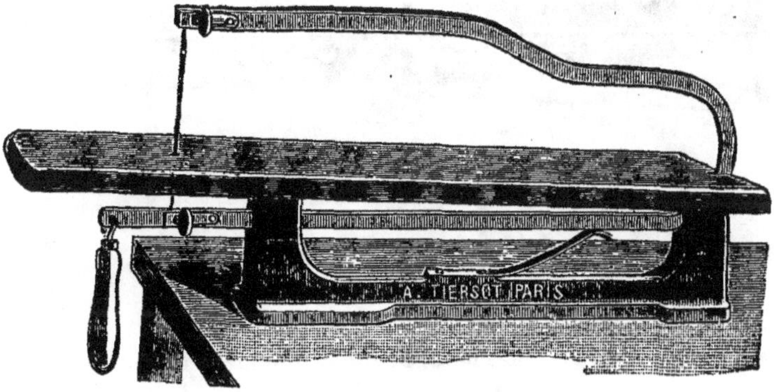
A. TIERSOT PARIS

Profondeur de sciage, 0m40. Prix	. . . .	8. »
» » 0m50. Prix	. . . .	11. »
» » 0m60. Prix	. . . .	13. »

Emballage : 1 »

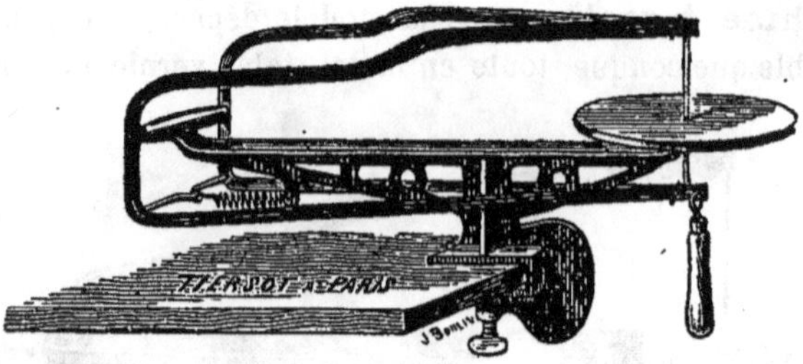

MACHINE A MAIN. — N° 41

Cette machine, toute en fonte et acier, est munie d'une presse pour la fixer à la première table venue ; la fabrication en est très soignée. Le double arc, en acier, assure la parfaite rigidité de la scie et empêche tout mouvement de côté. Profondeur $0^{m}50$.

Avec plateau en fonte.

Prix. . . . . 12 fr.

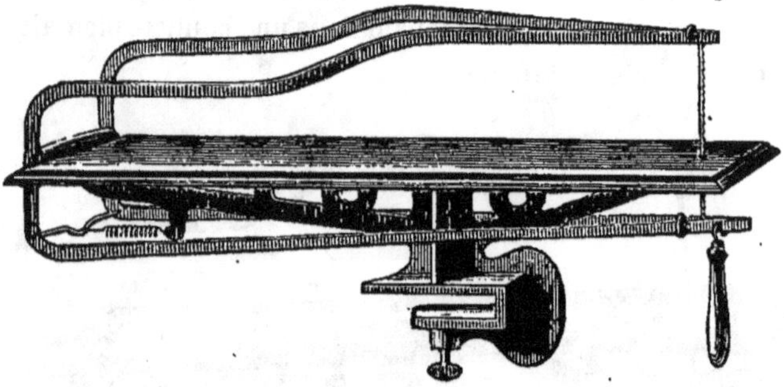

MACHINE A MAIN N° 41 avec table en bois de toute la longueur.

Avec table en bois verni de toute la longueur. Profondeur $0^{m}50$. 13 fr. »

— — — — — $0^{m}70$. 18 fr. »

Emballage de la machine de $0^{m}50$ de profondeur. 1 »

— de $0^{m}70$ de profondeur. 1.80

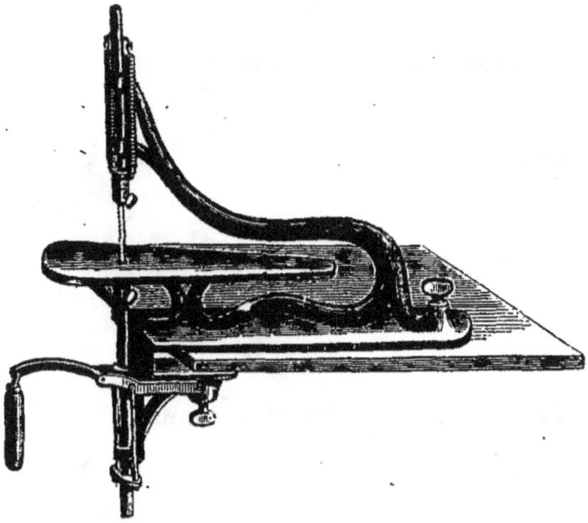

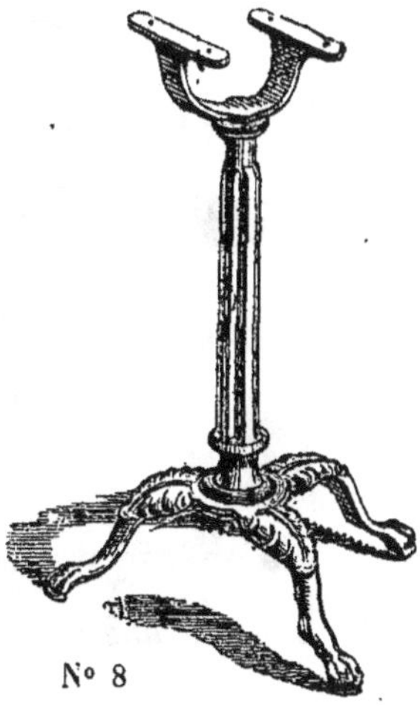

N° 8

Machine rectiligne à main, brevetée S. G. D. G., en fonte vernie au four, table acajou vernie au tampon (modèle de luxe), la plus douce et la plus puissante des machines à main.

N° 5 en	0m40	de profondeur,	25 fr.
6	0 50	»	30
7	0 65	»	38

Avec table inclinable à 1/4 de cercle, en plus . . . . 5 fr. »
Emballage des nos 5 et 6 . . . . 2 25
Du n° 7 . . . . 3 50
Ressorts de rechange, la pièce. 0 50

8 Pied de guéridon en fonte, verni au four, pouvant servir à fixer les machines à main.
Prix . . . . 12 fr.

N° 9 bis

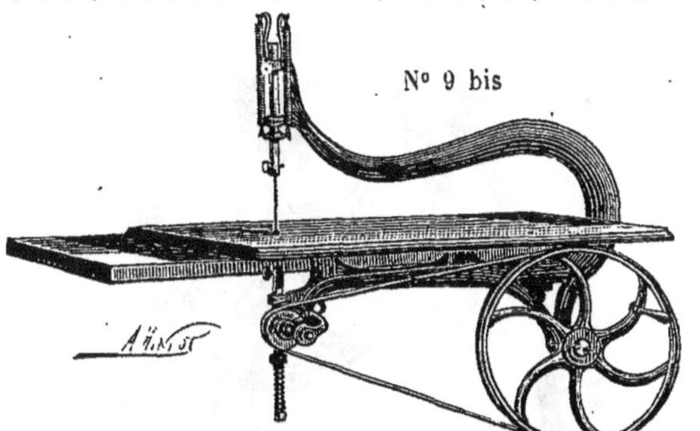

9 bis **Petite Machine à main rectiligne** brevetée S. G. D. G.

A grande vitesse et s'adaptant à la première table venue.

Cette petite machine, soigneusement vernie, est très douce, très légère et parfaitement solide en même temps; elle est de beaucoup supérieure à tout ce qui s'est fait dans ce genre. Profondeur, 0m30. Prix. . . . . 28 fr. »

Renfermée dans une boîte carrée forme emballage, à charnières et fermeture en cuivre, intérieur tapissé de papier moiré, contenant comme accessoires : 1 douzaine de scies qualité extra, 2 limes emmanchées, 1 poinçon, 1 drille centrant le foret, avec six forets, 1 petite vrille, 1 petit marteau, 2 dessins du *Petit Découpeur*, 1 dessin collé sur le bois et prêt à être découpé.

Prix . . . . 33 fr. 50
Ressorts de rechange, la pièce 0 25

MACHINES AU PIED

98 **Machine façon américaine**, perfectionnée, bras simple verni noir, profondeur, 0m40. Prix. 19f50

Emballage. 2f.50

99 **La même** avec table en bois de toute la longueur comme la machine 101 . . . . 21f »

Emballage. 2f 50

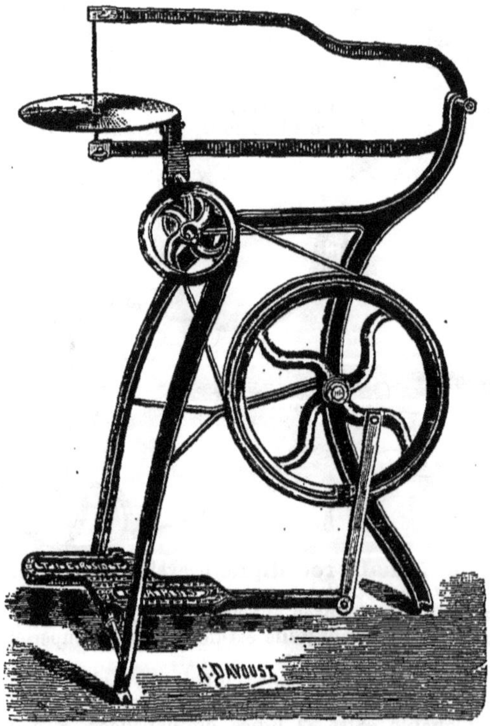
A. DAVOUST

MACHINE AMÉRICAINE. — N° 98

100 **Machine façon américaine perfectionnée,** bras en acier poli, avec tige de renfort empêchant les déviations de la scie et perceuse sur le côté; profondeur, 50c/m.

Prix 23f 50

Emballage. . . . . 2 fr. 50

MACHINE AMÉRICAINE PERFECTIONNÉE — N° 100

101 **Machine façon américaine perfectionnée,** bras en acier poli avec tige de renfort empêchant les déviations de la scie, perceuse sur le côté, plateau en zinc tourné, table en bois de toute la longueur ; profondeur, 50c/m.

Prix 25f 50

Emballage. . . . . 2 fr. 50

MACHINE AMÉRICAINE PERFECTIONNÉE, TABLE BOIS. — N° 101

43 **Machine la Nouvelle populaire,** à double bras en acier poli. Cette disposition des bras assure la complète rigidité de la scie. et empêche tout mouvement de côté. Cette machine est très douce, solidement construite, avec perceuse sur le côté, table vernie au tampon et petit plateau en zinc tourné.

Profondeur de sciage, $0^{m}50$. Prix . . , ... 35 »

44 **La même,** avec bras supérieur articulé, pour faciliter l'introduction de la scie dans les trous. En plus . . . . . 5 »

Emballage. . . . . 2 fr. 50

TIERSOT A PARIS

MACHINE LA NOUVELLE POPULAIRE. — N° 43

102 **Machine nouveau modèle** déposé, à mouvement rapide, bras en acier poli avec tige de renfort, table vernie au tampon, plateau en zinc tourné. Cette machine est très douce et travaille très vite. Profondeur, $0^{m}50$. Prix. 42 »

Emballage. . . . . 3 fr. 50

TERSOT PARIS

MACHINE A MOUVEMENT RAPIDE, NOUVEAU MODÈLE DÉPOSÉ.
N° 102

103 **Machine nouveau modèle** déposé, à mouvement rapide. Double bras en acier poli, tendeur à excentrique, mâchoires articulées sur les bras, table vernie au tampon, plateau en zinc tourné, très douce et travaillant très vite. Profondeur, 0m50. Prix . . . . 50 »

Emballage. 3f50

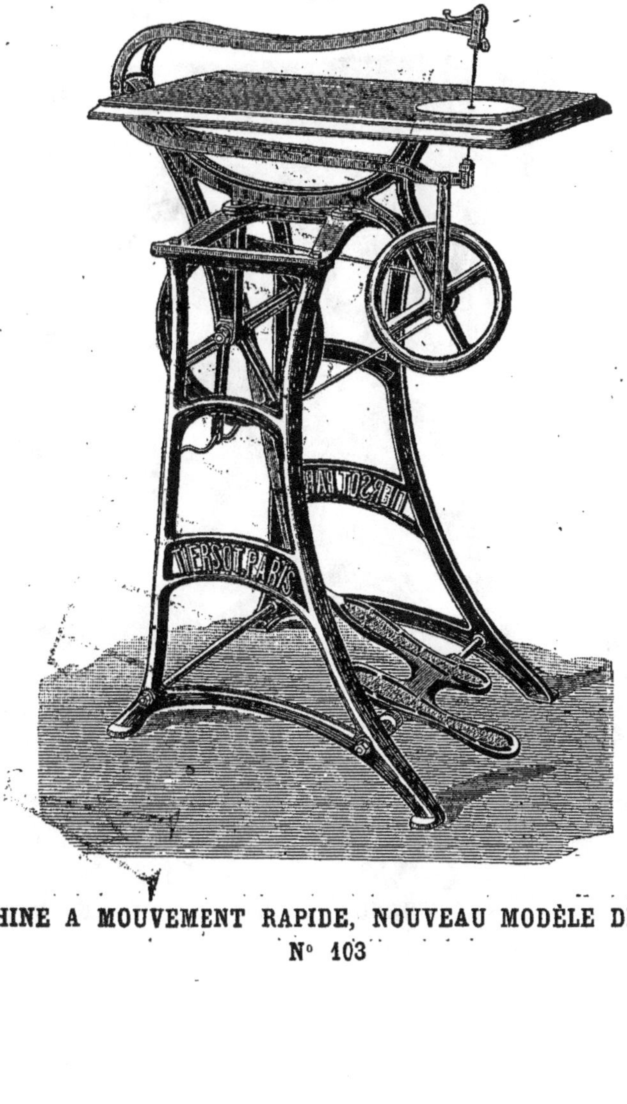
TIERSOT PARIS
TIERSOT PARIS

MACHINE A MOUVEMENT RAPIDE, NOUVEAU MODÈLE DÉPOSÉ.
N° 103

104 **Machine nouveau modèle** déposé, à mouvement rapide, bras en hickory montés sur chape fonte, mâchoires articulées, tendeur à l'arrière, table vernie au tampon, très douce, très légère et travaillant rapidement. Prix. 55 »

Emballage. . . . . 4 »

TIERSOT PARIS

MACHINE NOUVEAU MODÈLE DÉPOSÉ, MOUVEMENT RAPIDE, BRAS BOIS DUR. — N° 104

14 **Machine à Came,** sans courroie, bras et bâti en fonte, vernie au four, mouvement rectiligne, très douce, donnant trois coups de scie par coup de pédale, profondeur de sciage, 0m56. Table vernie au tampon. . . . . 49 »

Emballage. . . . . 1 fr. 50.

A Maniot

MACHINE A CAME. — N° 14

17 **Machine la Parisienne**, très soignée, forte et très douce, bras supérieur en fer poli et à charnière pour faciliter la pose de la scie, pieds et bâti en fonte vernie au four, filets or, table vernie au tampon ; profondeur, 0m50 . . . . 75 »

Avec soufflet, 5 fr. en plus. — Emballage, 5 fr.

On peut adapter sur la Parisienne, ainsi que sur les machines nos 48 et 48 *bis* :

1° Une machine à percer (modèle A), dont le prix est de. . 12 »

2° Un petit tour de 0m07 de hauteur de pointes, fonctionnant dans une coulisse en fonte rabotée de 0m50 de longueur. Prix avec mandrin à toc et mandrin à vis. . . 35 »

3° Une petite scie circulaire avec disposition pour les obliques. Prix . . . . 20 »

4° Une meule d'émeri montée de 0m10 de diamètre. Prix. . 6 50

LA PARISIENNE. — N° 17

MACHINES AU PIED RECTILIGNES

45 **Petite Machine rectiligne,** brevetée s. g. d. g., avec perceuse sur le côté, bâti en fonte vernie, table vernie au tampon et plateau en zinc, volant simple couronne ; profondeur, $0^{m}46$. . . . . 55 »

Avec soufflet, en plus . . . . 5 »

Emballage simple. 1 75

— dans une caisse à claire-voie . . . 3 90

Ressorts de rechange . . . . 0,50 pièce.

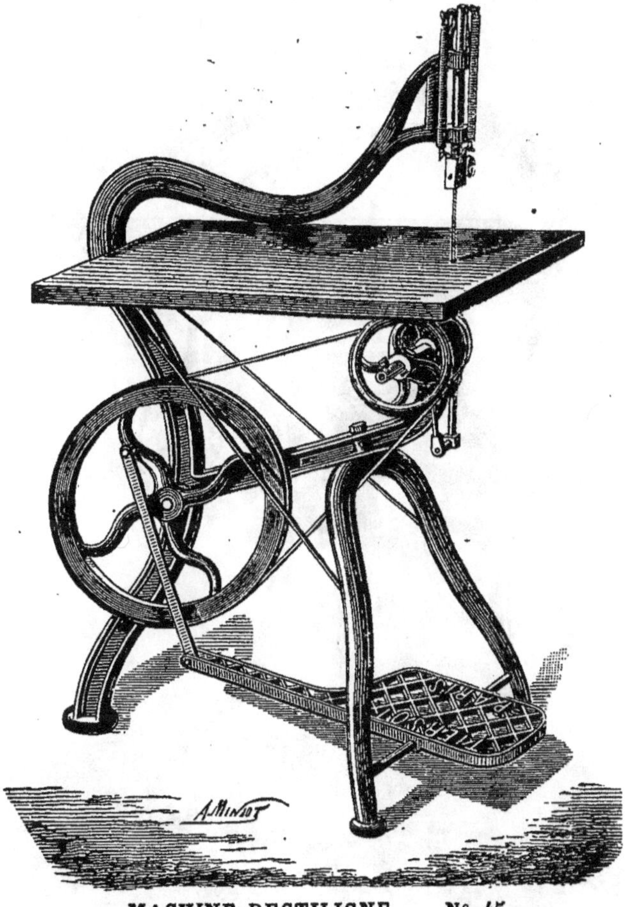

MACHINE RECTILIGNE. — N° 45

46 **Machine rectiligne,** modèle du n° 47, avec volant à boudin ou double couronne ; profondeur, $0^{m}50$. . . . . 60 »

Emballage simple 1 75

— en caisse claire-voie 4 50

105 **Machine** nouveau modèle déposé, à mouvement rapide, rectiligne, à ressort compensateur. Table vernie au tampon, plateau zinc tourné, tendeur à excentrique pour faciliter la pose de la scie. Cette machine est très douce et travaille rapidement ; profondeur, 50c/m. Prix. . . 60 »

Emballage. . . . . . . 4f 50.

TERSOT PARIS

MACHINE NOUVEAU MODÈLE DÉPOSÉ, A MOUVEMENT RAPIDE RECTILIGNE.
N° 105

47 **Machine rectiligne**, brevetée s. g. d. g., avec perceuse sur le côté, bâti en fonte vernie au four, table vernie au tampon, inclinable pour les coupes obliques, et pied de biche pour retenir le bois. Plateau en cuivre tourné, machine forte, très douce et très soignée. Profondeur, 0m50. Prix . 70 »

Avec soufflet, en plus . . . . 5 »

Emballage simple 1 75

— en caisse claire-voie 4 50

Ressorts de rechange. . . . . . 0 50 pièce.

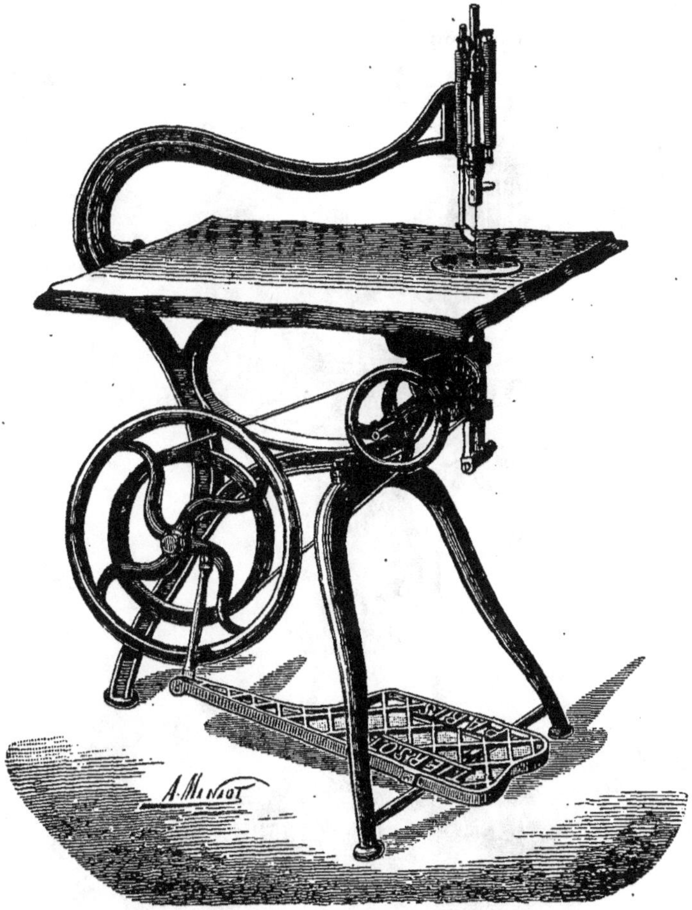

MACHINE RECTILIGNE. — N° 47

20 **Machine guéridon,** modèle breveté s. g. d. g., vernie au four, table en acajou massif vernie au tampon, parfaitement rectiligne, tenant peu de place, avec tringle près de la colonne :

0m50 de profondeur	75 »
0m65	95 »
Avec soufflet, en plus	5 »
Avec machine à percer, en plus	12 »
Avec table inclinable, en plus	5 »

Emballage. . . . . . 5 »

Ressorts de rechange . . . 0 50 pièce.

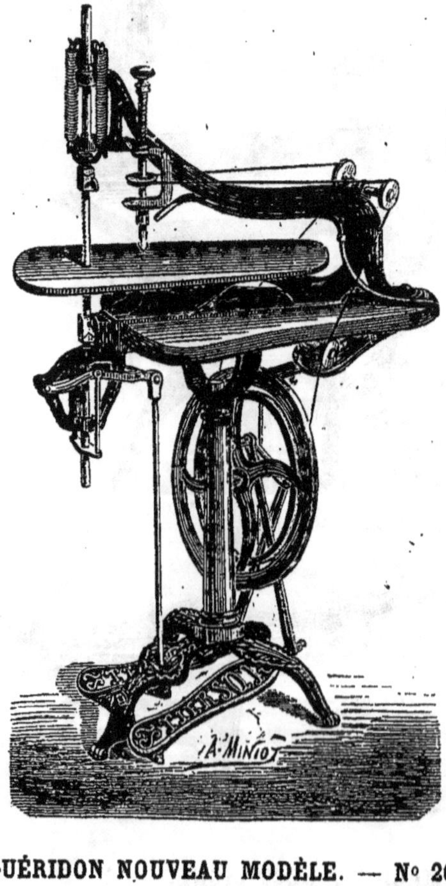
A. MINIOT

GUÉRIDON NOUVEAU MODÈLE. — N° 20

48 **La Parisienne rectiligne**, brevetée s. g. d. g., bâti en fonte, vernie au four, table en noyer ou acajou vernie au tampon et inclinable pour le découpage oblique, pied de biche pour retenir le bois et tiroir sur le côté pour renfermer les outils et accessoires, plateau en cuivre tourné. Très douce et très soignée. Profondeur, 0m50. Prix . . . . 92 »

Avec soufflet, en plus 5 fr. Ressorts de rechange, la pièce 0 50

On peut adapter sur cette machine tous les accessoires de la machine n° 17 : Tour, scie circulaire, meule d'émeri, machine à percer. (*Voir page* 20 *du Catalogue.*)

Emballage en caisse claire-voie : 5 fr.

TIERSOT A PARIS
E. BOURDELIN

MACHINE PARISIENNE RECTILIGNE. — N° 48

La même Machine en 60c/m de profondeur, pieds et volant renforcés . . . . 120 »

Emballage. . . . . 8 fr.

Cette dernière Machine reçoit les accessoires de la Machine n° 50, voir page 28.

48 bis **La Parisienne rectiligne** brevetée s. g. d. g., bâti en fonte, vernie au four, table en noyer ou acajou, vernie au tampon et inclinable pour le découpage oblique, pied-de-biche pour retenir le bois et tiroir sur le côté pour renfermer les outils et accessoires, plateau en cuivre tourné. **Pédales à levier brevetées**, rendant la machine **plus douce** et **plus puissante**. Profondeur, $0^{m}50$. Prix. 107 f. »

Soufflet . . . . 5 »

Ressorts de rechange, la pièce 0 50

On peut adapter à cette machine tous les accessoires de la machine n° 17. (Voir page 20).

Emballage : 5 fr.

La même machine en $0^{m}60$ de profondeur, pieds renforcés . . 135 f. »

Emballage : 8 fr.

Cette dernière machine reçoit les accessoires de la machine n° 50, voir page 28.

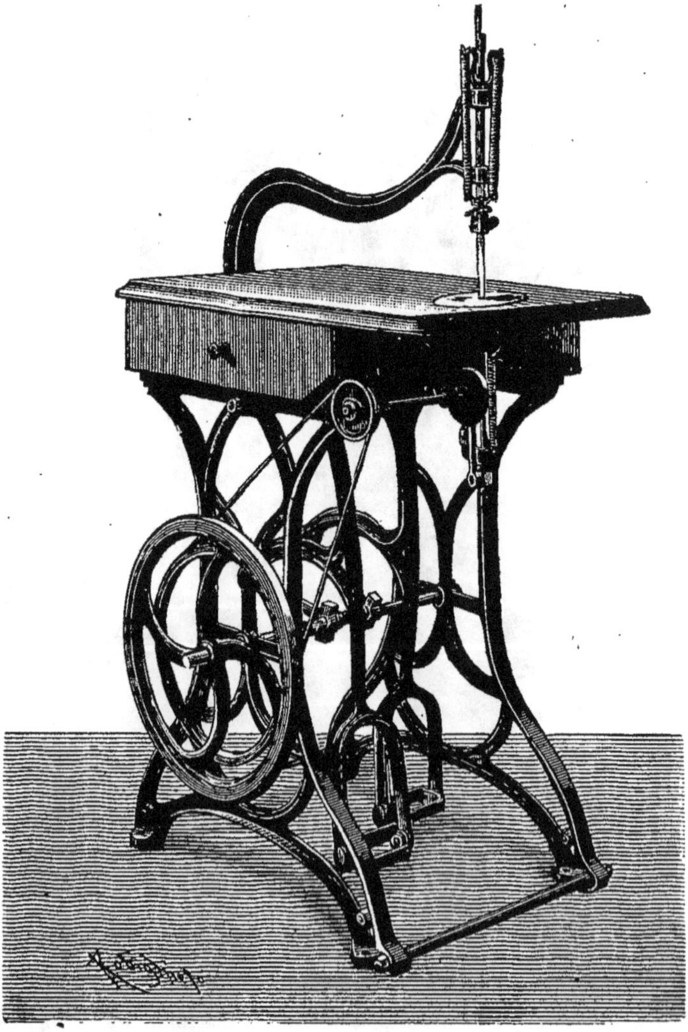

MACHINE PARISIENNE RECTILIGNE. — N° 48 bis.

107 **Machine rectiligne à balanciers,** nouveau modèle déposé, très douce et très puissante, table en noyer verni, plateau en cuivre tourné, tension à l'avant et à l'arrière, tiroir sur le côté. Course de la scie, 75 m/m. Profondeur, 50 c/m.

Prix . . . . 120 fr.

Machine à percer s'adaptant sur cette machine, en plus. . 28 fr.

Emballage . . . . . . 8 fr.

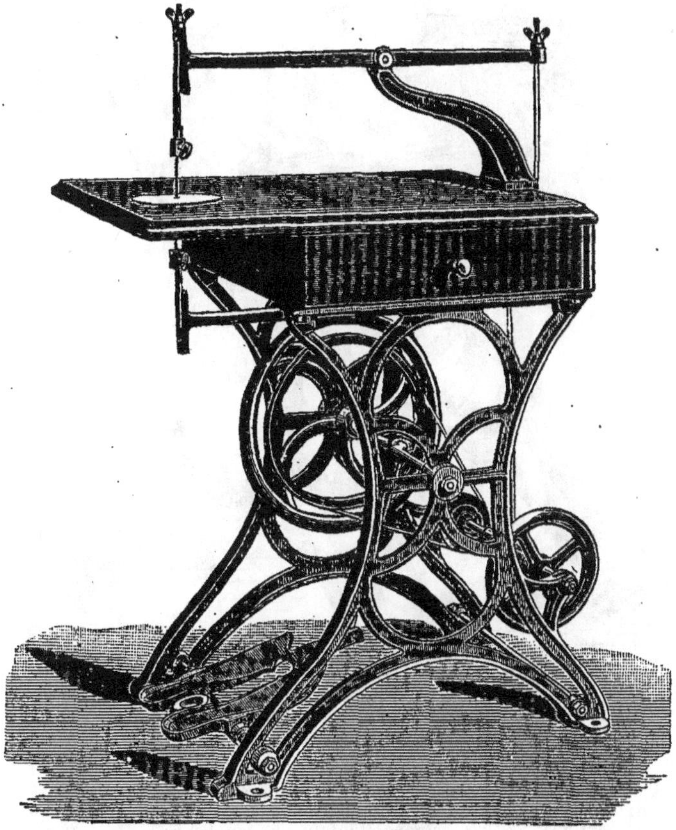

MACHINE RECTILIGNE A BALANCIERS NOUVEAU MODÈLE DÉPOSÉ. — N° 107

50 **Nouvelle machine rectiligne** à balanciers et à pédales à levier brevetées s. g. d. g., bâti en fonte, vernie au four, balanciers en acier poli, table noyer d'Amérique vernie au tampon et inclinable, tiroir sur le côté pour renfermer les outils, volant fort et plateau en cuivre tourné. On tend ou détend la scie en tournant à droite ou à gauche la petite clé à excentrique qui surmonte le bras supérieur ; on peut également régler la tension au moyen des boutons à vis placés au-dessus de la clef.

Les pédales à levier (brevetées) sont beaucoup **plus puissantes et plus douces** que tout ce qui avait été fait jusqu'à ce jour pour découper assis ; elles reproduisent le mouvement de la marche, **ne fatiguent pas,** et permettent de découper, **sans effort,** de très fortes épaisseurs, même en métal. Sa puissance n'est limitée que par la résistance de ses organes. Profondeur, 60c/m. Prix **188** fr.
Emballage . . . . **9** fr.

A. TIERSOT. Bté S.G.D.G. PARIS
J. BOULIN

MACHINE RECTILIGNE A BALANCIERS & PEDALES BREVETÉES. — N° 50

On peut adapter sur cette machine les accessoires suivants :

1° **Un tour** à bidet ou à manchons monté dans une coulisse en fonte rabotée et parfaitement dressée, très soignée. Hauteur des pointes 0m08, avec mandrin à toc et mandrin à vis, dit queue de cochon ; à bidet, **60** fr. ; à manchons. . **75** fr.

2° **Une machine à percer** à levier et contre-poids pouvant servir également pour les métaux et perçant bien perpendiculairement . . . . **28** fr.

3° **Une scie circulaire** avec disposition pour les obliques . . . . **35** fr.

4° **Une meule en grès** à auge en fonte et à capuchon, pour affûter les outils, 1re qualité.
En 0m14, **6** fr. **50** ; — En 0m16, **7** fr. ; — En 0m19, **7** fr. **50.**

5° **Une meule d'émeri** et sa monture avec presse en fonte pour la fixer à la table . . . . **7** fr. **50**

MACHINES RECTILIGNES FORTES

POUR TRAVAILLER DEBOUT

16 bis **Machine rectiligne** pour travailler debout.

Profondeur 65c/m, douce et puissante. Prix . . . . . . 145 »
Soufflet . . . . 5 »
Emballage simple . . . . . 2 fr. 75

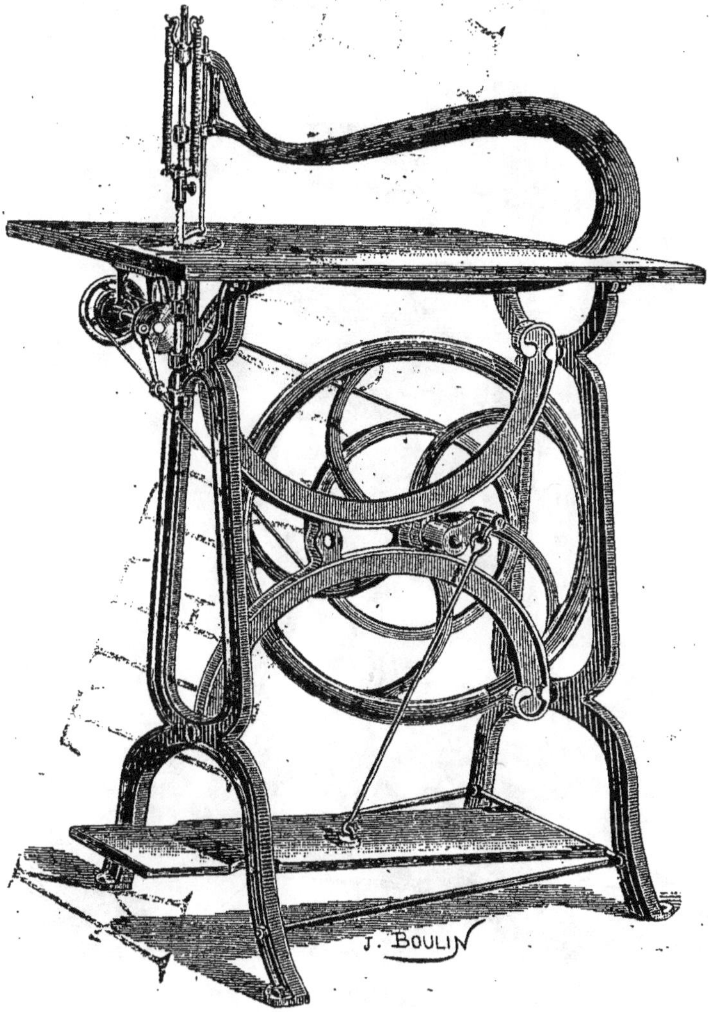
J. BOULIN

MACHINE RECTILIGNE. — N° 16 bis

21 **Machine rectiligne**, de précision, brevetée s. g. d. g., à **glissières en acier fondu**, arc en acier à trois lames réglable, et deux ressorts supplémentaires en laiton pour obtenir plus ou moins de tension à volonté. Cette machine est très **douce, puissante et silencieuse** ; elle peut servir pour les bois épais et les métaux ; on règle la tension du ressort selon la force des scies employées, ce qui permet de se servir également de scies fines aussi bien que de fortes. — Table noyer massif, vernie au tampon, hauteur de la table, 0^m93.

Profondeur, 0^m60. . . . . **225** fr. »
» 0^m75. . . . . **275** fr. »

Sur cette dernière machine peut se monter un plateau inclinable à volonté, en fonte, tourné et muni d'un quart de cercle avec vis de pression. Prix **40** fr. en plus.

MACHINE RECTILIGNE. — N° 21

Emballage . . . . 12 fr.

On peut adapter sur ces machines tous les outils annoncés page 34.

MACHINE. — N° 21 bis

La même que le n° 21 avec pied plus fort, profondeur 60 c/m.

Au pied et au moteur . . . . 295 fr. »

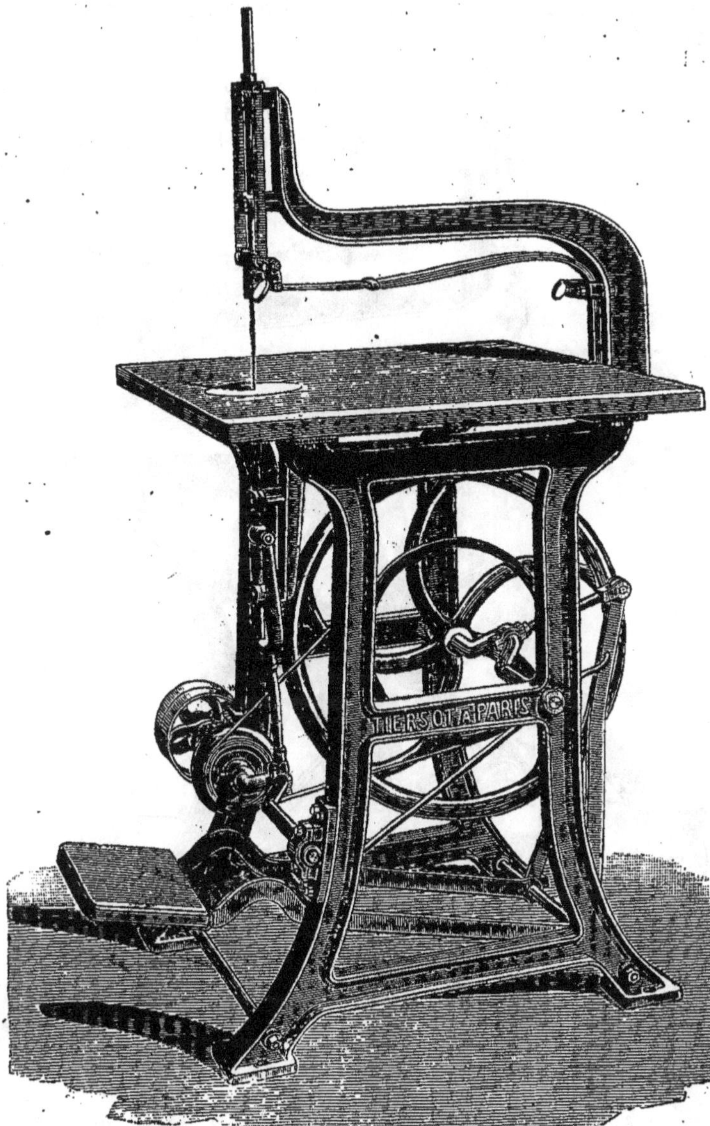
TIERSOT A PARIS

La même, au moteur seulement . . . . 245 fr. »

Emballage . . . . 12 fr. »

22 **Machine rectiligne**, de précision, brevetée s. g. d. g., à **glissières en acier fondu**, bras et garnitures en bronze poli fin, tension à excentrique avec vis de réglage. Table noyer massif vernie au tampon. Cette machine peut servir en même temps pour les petits travaux d'amateurs et pour les métaux très épais.

Profondeur 0m60	320 »
» 0m75	390 »

Avec plateau inclinable à volonté, en fonte, tourné, avec 1/4 de cercle, en plus. . . . . 40 »

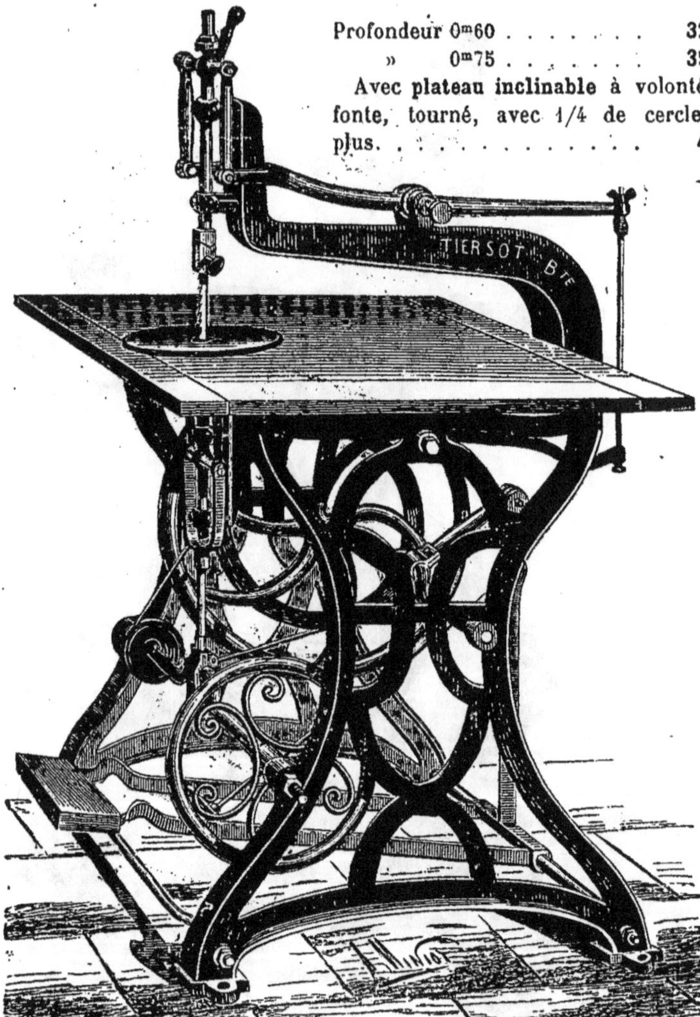
TIERSOT BTE

MACHINE RECTILIGNE DE PRÉCISION. — N° 22

Emballage. . . . . 12 fr.

On peut adapter sur ces machines les outils annoncés page 34.

51 **Nouvelle machine à balanciers**, de précision, à mouvement rectiligne, *balanciers en acier*, *forgés et trempés* ; glissières *tout acier fondu* ; tension à excentrique et vis de réglage. *La plus puissante* des machines à découper au pied. Profondeur 0^m75. Table inclinable à volonté. Prix. . . . . **450** fr.

51 bis **La même**, avec mouvement permettant de tourner la scie dans tous les sens, les deux mâchoires tournant ensemble, en plus . . . . **100** fr.

On peut monter sur ces machines les accessoires de la page 34.

Emballage. . . . . . 20 fr.

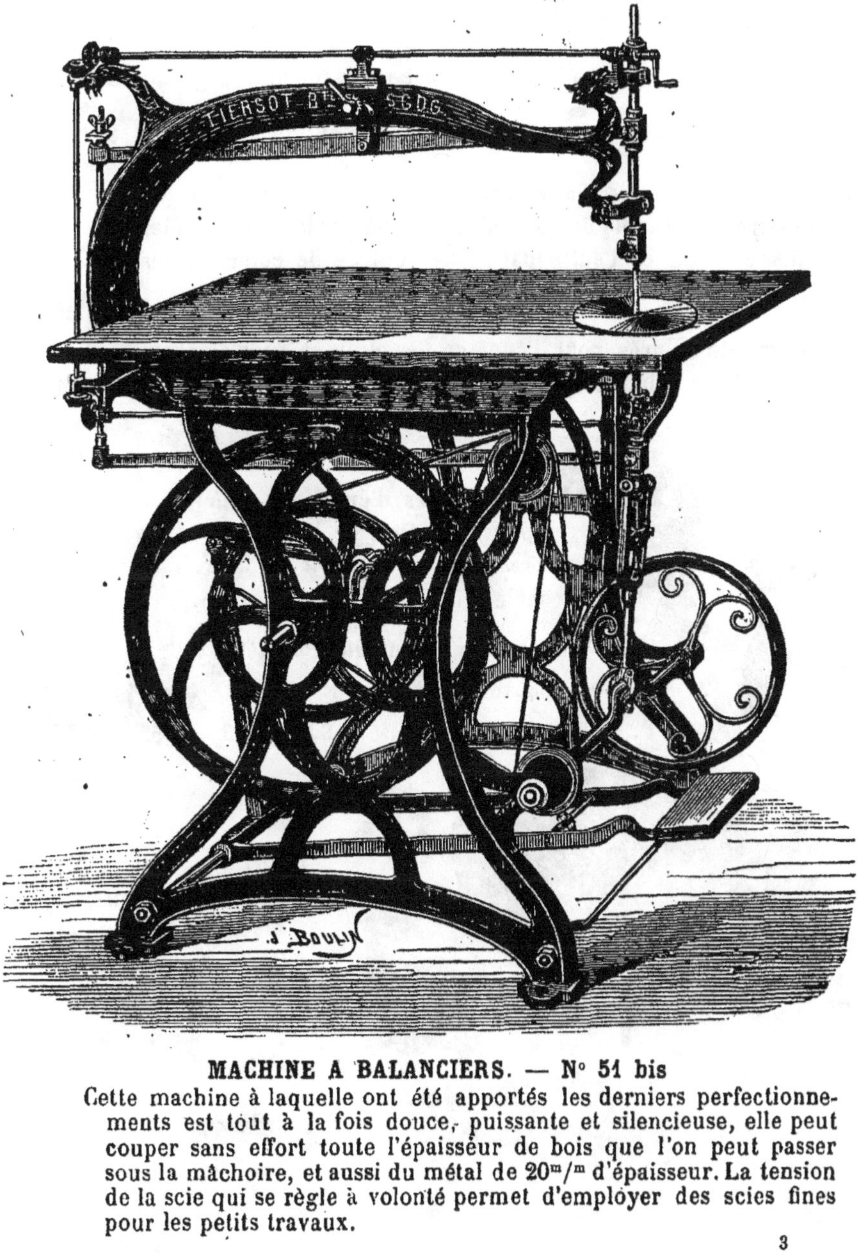
TIERSOT B^TE S.G.D.G.
J. BOULIN

MACHINE A BALANCIERS. — N° 51 bis

Cette machine à laquelle ont été apportés les derniers perfectionnements est tout à la fois douce, puissante et silencieuse, elle peut couper sans effort toute l'épaisseur de bois que l'on peut passer sous la mâchoire, et aussi du métal de $20^m/_m$ d'épaisseur. La tension de la scie qui se règle à volonté permet d'employer des scies fines pour les petits travaux.

On peut adapter sur les machines 21, 22, 51, 51 *bis* les accessoires suivants :

1° **Un tour** de $0^{m}09$ de hauteur de pointes fonctionnant dans une coulisse de $0^{m}78$ de long, parfaitement rabotée et ajustée.

A bidet. (voir page 36)	75 »
A manchons (voir page 36)	90 »
Sur une coulisse de $0^{m}90$, en plus	15 »

2° Une **machine à percer** à levier et contre-poids, mod. C (page 35) 28 »

3° Une **scie circulaire** avec disposition pour les obliques (page 35) 38 »

La même scie circulaire avec guides en bronze : guide d'équerre sur la table fixe, et guide articulé sur la table mobile, coulissant l'un et l'autre dans une coulisse de cuivre. (Voir page 35) . . . . . 60 »

4° Une **meule en grès** pour l'affûtage des outils, à auge et capuchon en fonte ; diamètre de la meule :

diamètre de la meule :	$0^{m}14$	$0^{m}16$	$0^{m}19$
Prix en 1re qualité	6 60	7 »	7 50

5° Des **meules d'émeri** de différentes épaisseurs. Prix de la monture avec presse en fonte pour la fixer à la table 6 75

Prix des meules, diamètre 10 c/m :

Epaisseurs en m/m.	5	10	15	20
	» 90	1 20	1 55	1 85

A. TIERSOT PARIS

7° **Un Plateau inclinable** se montant sur les machines 21 et 22 de $0^{m},75$ de profondeur.

Prix . . . . . . 40 »

MACHINES A PERCER

S'adaptant aux Machines à découper.

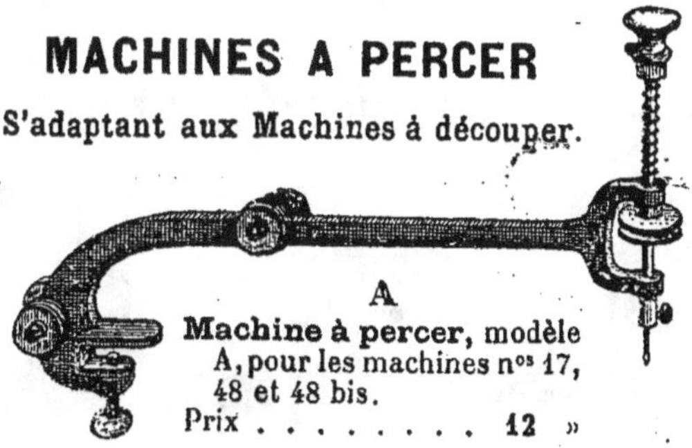

A

Machine à percer, modèle A, pour les machines nos 17, 48 et 48 bis.
Prix . . . . 12 »

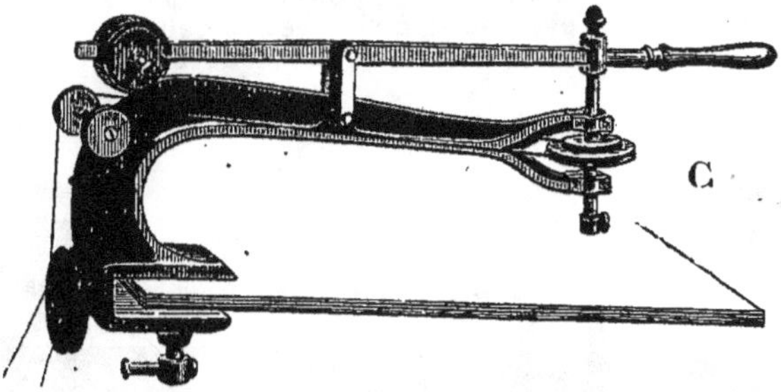

C

Machine à percer, modèle C, profondeur 0m30, pour machines nos 21, 22 et 51 . . . . 28 »

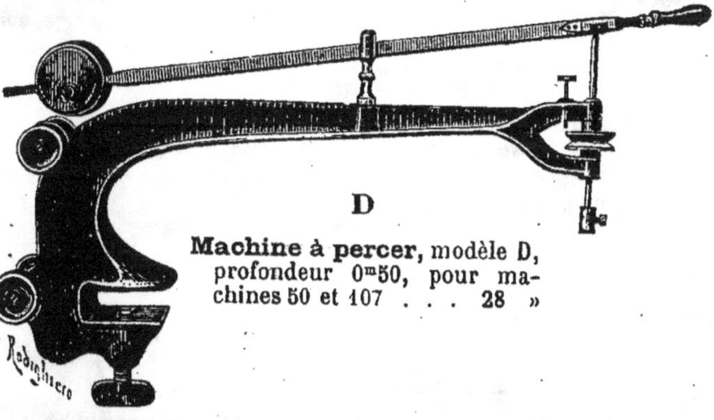

D

Machine à percer, modèle D, profondeur 0m50, pour machines 50 et 107 . . . 28 »

Les machines modèles C et D se font avec nez universel à griffe acier à 3 branches et cône de serrage en bronze, moyennant une augmentation de. . . . . 6 »

Scie circulaire, table en noyer verni, avec disposition pour les obliques s'adaptant sur les machines nos 50, 21, 22 et 51.

Prix, pour machine 50, avec guide d'équerre simple, et guide à coulisse en bois . . . . 35 »

Avec guides en bronze et coulisses unies, comme le dessin ci-dessus. . 57 »

Prix, pour les machines 21, 22, 51, avec guide d'équerre simple et guide à coulisse en bois . . . . 40 »

Avec guides en bronze et coulisses cuivre, comme le dessin . . . . . . 60 »

TOURS POUR MACHINES A DÉCOUPER

Tour à bidet pour les machines nos 17, 48 et 48 bis, de 0m07 de hauteur de pointes, avec mandrin à toc et mandrin à vis, avec semelle plate, ou à crochet, comme les grands modèles ci-dessous de 0m50 de longueur. — Prix . . . . 35 »

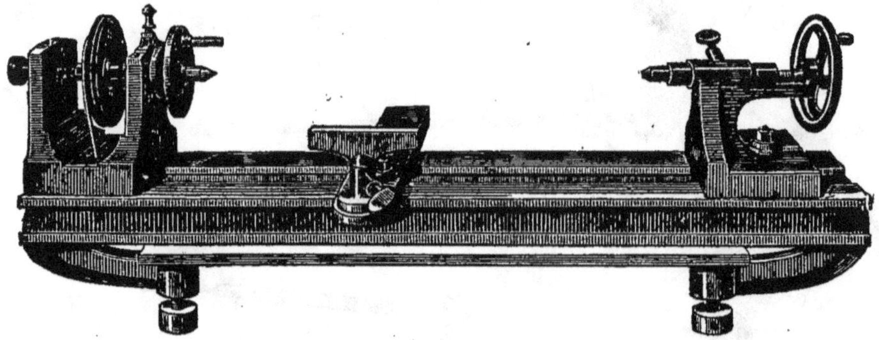

Tour à bidet pour machines n° 50 ; hauteur de pointes, 0m08; longueur de coulisse 0m70, avec mandrin à toc et mandrin à vis.
Prix . . . . 60 »
Le même, à manchons, avec trois manchons de rechange . . . . 75 »

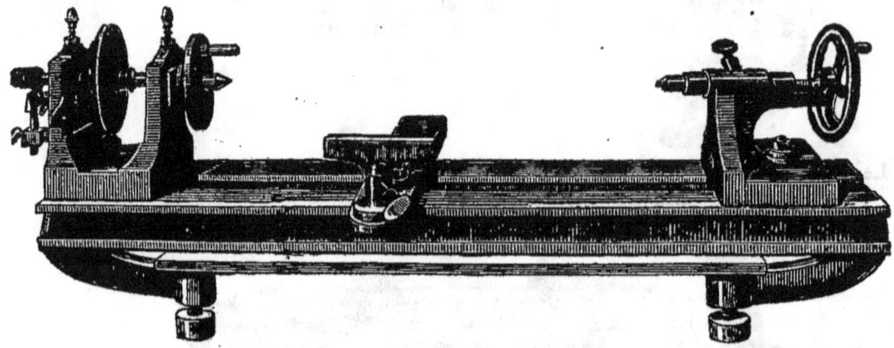

Tour à bidet, pour les machines nos 21, 22 51 et 51 bis, longueur de coulisse 0m78, hauteur de pointes 0m09, avec mandrin à toc et mandrin à vis. Prix. 75 »
Le même que ci-dessus, à manchons, avec trois manchons en bronze . 90 »
Les mêmes, avec coulisse de 0m90, en plus . . . . 15 »

OUTILS ET ACCESSOIRES POUR LE DÉCOUPAGE

SCIES

SEULE FABRIQUE FRANÇAISE

de Scies à découper, à la main et par procédés mécaniques

SCIES DE TOUTES SORTES SUR MODÈLES

SCIES SPÉCIALES POUR BOIS

NOTA. — *Nous sommes seuls en France à fabriquer les scies à découper pour lesquelles nous employons des aciers de qualité toute spéciale, ce qui, joint aux soins que nous apportons à la fabrication, nous permet de livrer, dans nos scies extra, une qualité qu'aucune autre maison, se fournissant à l'étranger, ne peut donner.*

Nous fabriquons les scies pour tous usages, sur tous modèles et dimensions, par une grosse au moins sur chaque modèle.

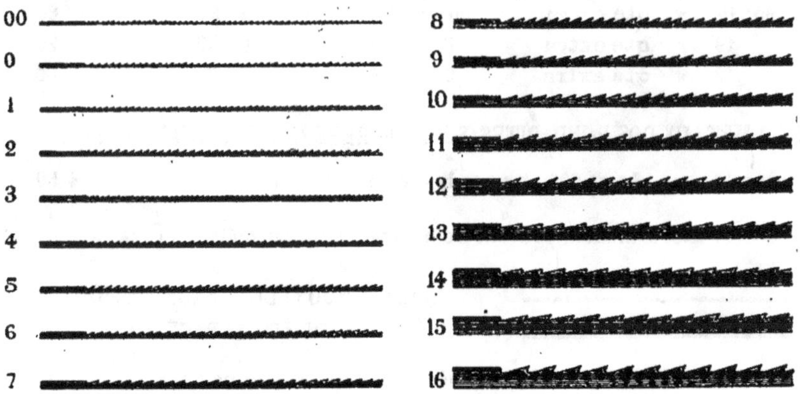
00
0
1
2
3
4
5
6
7
8
9
10
11
12
13
14
15
16

SCIES QUALITÉ ORDINAIRE

					Par grosse ou 1/2 grosse		La douz.
Longueur	12	centimètres,	du n° 000 au n° 6,	la grosse.	1 f. 75	la douz.	» f. 20
»	16	»	du n° 00 à 6	»	2 90	»	» 30

SCIES PREMIÈRE QUALITÉ

Longueur	12	centimètres,	du n° 000 au n° 6,	la grosse.	2 80	la douz.	» 30
»	16	»	du n° 00 au n° 6	»	3 50	»	» 35

SCIES QUALITÉ EXTRA

Longueur	12	centimètres,	du n° 000 au n° 6,	la grosse	3 f. 50	la douz.	» f. 35
»	12	»	du n° 7 à 9	»	4 50	»	» 45
»	12	»	du n° 10 à 12	»	5 50	»	» 60
Longueur	16	centimètres,	du n° 00 au n° 6	»	4 »	»	» 40
»	16	»	du n° 7 à 9	»	5 50	»	» 60
»	16	»	du n° 10 à 12	»	6 25	»	» 65
»	16	»	des n°s 13 et 14	»	7 »	»	» 75
»	16	»	des n°s 15 et 16	»	8 »	»	» 85
Longueur	19	centimètres,	du n° 0 au n° 6	»	5 40	»	» 55
»	19	»	du n° 7 à 9	»	6 50	»	» 70
»	19	»	du n° 10 à 12	»	7 75	»	» 80
»	19	»	des n°s 13 et 14	»	8 50	»	» 85
»	19	»	des n°s 15 et 16	»	9 50	»	» 95

SCIES CARRÉES, QUALITÉ EXTRA POUR MÉTAUX ET BOIS

Longueur	12 cent.,	**qté extra**	du n° 000 au n° 5,	la grosse.	3 f. 50	la douz.	» f. 35
Longueur	16	» **qté extra**	» 000 » 6	»	4 »	»	» 40
»	16	» **qté extra**	» 7 et 8	»	5 50	»	» 60
»	16	» **qté extra**	» 9 et 10	»	6 50	»	» 70
Longueur	19	» **qté extra**	» 00 au n° 6	»	5 50	»	» 60
»	19	» **qté extra**	» 7 et 8	»	6 50	»	» 70
»	19	» **qté extra**	» 9 et 10	»	7 75	»	» 80

SCIES A MÉTAUX DOS ROND, DITES SCIES DE REPERCEUSES QUALITÉ EXTRA

Longueur 16 cent., du n° 000 au n° 6, la grosse. 4 50

Nos scies à métaux peuvent s'employer pour les métaux durs.

0
1
2
3
4
5
6
7
8
9

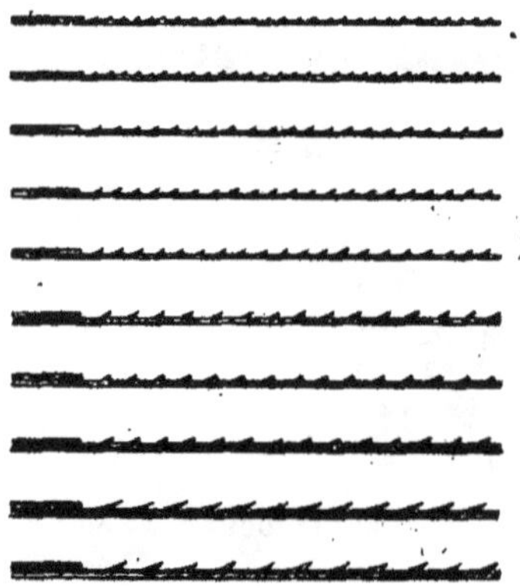

SCIES, NOUVELLE FABRICATION, A DENTS ESPACÉES

découpant très vite et ne s'encrassant pas.

		La grosse	La douz.
2 bis	12 cent., 1re qualité, n° 1 à 5 .	3 f. 40	» f. 35
	16 cent., 1re qualité, n° 1 à 5 .	4 40	» 45
	12 cent., **qté extra**, n° 1 à 5 .	4 50	» 50
	16 cent., **qté extra**, n° 1 à 6 .	5 50	» 60
	16 cent., **qté extra**, n° 7 à 9 .	6 50	» 70
	19 cent., **qté extra**, n° 1 à 6 .	6 50	» 70
	19 cent., **qté extra**, n° 7 à 9 .	7 75	» 80

SCIES AVEC VOIE, AFFUTÉES, QUALITÉ EXTRA POUR BOIS

		2m/m		2 1/2m/m		3m/m		3 1/2m/m		4m/m	
		La grosse	La douz.	La grosse	La douz.	La grosse	La douz.	La grosse	La douz.	La grosse	La douz.
3	16c/m	7.50	».80	8.70	».90	9.50	».95	11. »	1.05	12.50	1.25
	19 »	9.50	».95	10.75	1.05	11.50	1.10	13.50	1.40	15. »	1.60
	22 »	11.50	1.10	12.75	1.25	14.50	1.45	16. »	1.60	17.50	1.80
	25 »	13. »	1.35	15. »	1.60	16.60	1.70	18.50	1.90	20. »	2. »
	30 »	17. »	1.70	18.50	1.90	21. »	1.95	23. »	2.25	25.50	2.50

Les mêmes pour métaux, dents fines et trempées très dures, 10 0/0 en plus.

Cartes d'échantillons de scies **carrées** pour métaux ou bois du nº 000 au nº 5 ; la carte . . . . »f.25

4bis **Cartes d'échantillons** de scies à **dents espacées** du nº 1 au nº 9. » 50

5 **Cartes d'échantillons** de scies **spéciales pour bois**, du nº 00 au nº 16 ; la carte . . . . » 50

NOTA. — *Les numéros de scies étant les mêmes dans les différentes longueurs, toutes les cartes sont composées de scies de 12 centimètres.*

SCIE AU MÈTRE, AFFUTÉE, AVEC VOIE

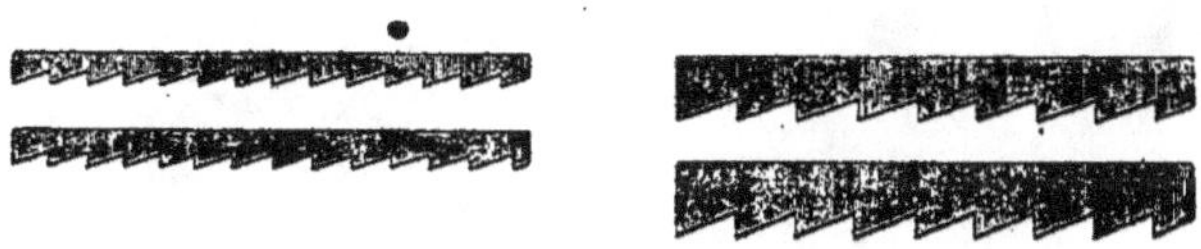

	Larg. m/m	2	3	4	5	6	8	10	12	15	20	25	30	35
6	Le mèt.	50	50	55	55	70	80c	1. »	1.10	1.20	1.30	1.50	1.80	2.10

7 **Scie** au mètre, **affûtée** avec voie, pour métaux, qualité **extra supérieure** :

Largeur	2	2 1/2	3	4 millim.
Le mètre.	1.10	1.20	1.30	1 40

Toutes nos scies, qualité extra, portant notre marque sont garanties.

PORTE-SCIES

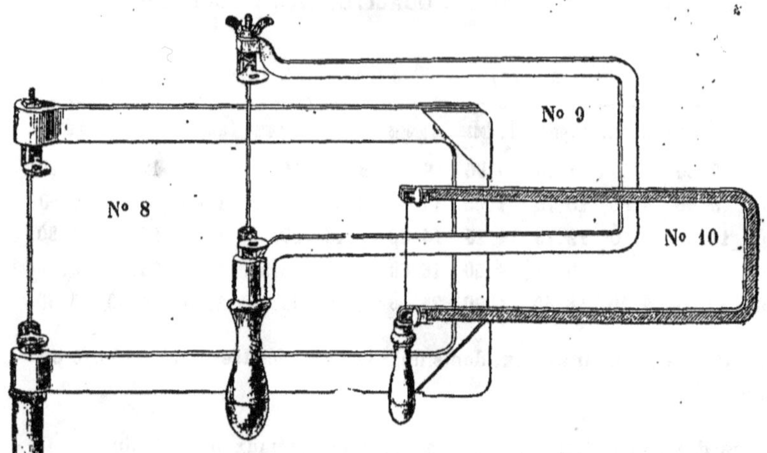

N° 9
N° 8
N° 10

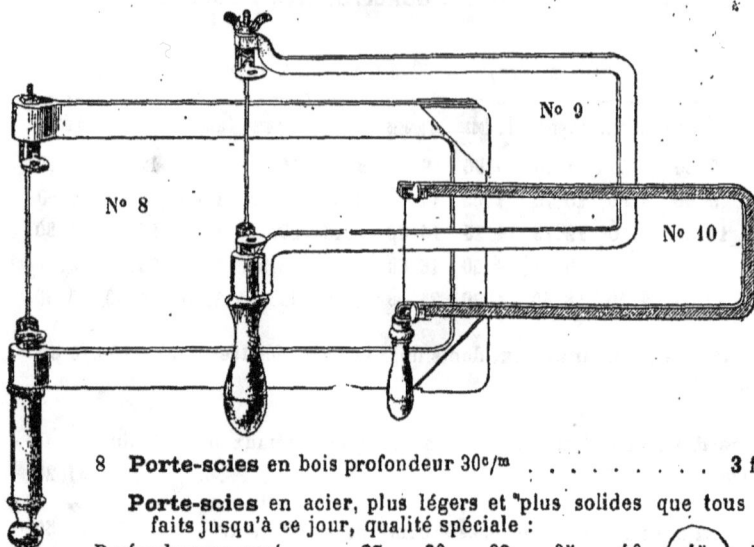

8 **Porte-scies** en bois profondeur 30c/m . . . . 3 fr. 20

Porte-scies en acier, plus légers et plus solides que tous ceux faits jusqu'à ce jour, qualité spéciale :

	Profondeur en cent.	27	30	33	35	40	45	50
9	Article très soigné	4. »	4.50	5. »	6. »	7.25	7.90	8.75
10	Article ordinaire.	»	2.75	3. »	3.50	4.25.	4.75	4.90
11	Article commun.	»	»	1.50	»	»	»	»

9 bis **Porte-scies de reperceuse,** employant des scies de 16c/m :

Profondeur en cent.	15	20	25	27
	4.50	4.75	5. »	5.25

Tables à scier montées sur presse, pouvant s'adapter à la première table venue :

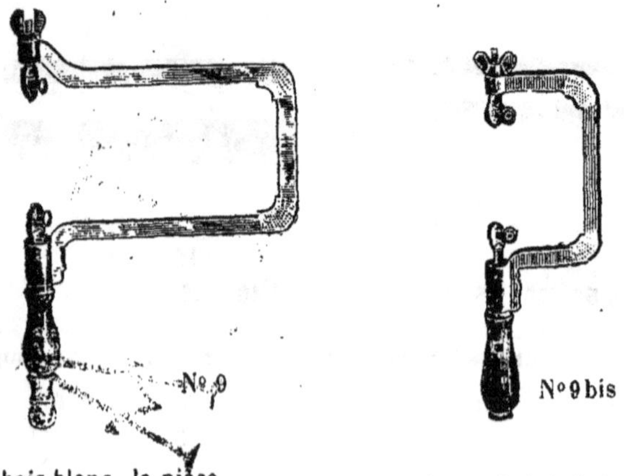

N° 9
N° 9 bis

12 Table en bois blanc, la pièce . . . . 1 fr. 50

13 Table en acajou verni » 2 25

DRILLES

DRILLES OU PORTE-FORETS A HÉLICE POUR PERCER RAPIDEMENT SANS FENDRE LE BOIS, PREMIÈRE FABRICATION

15

16

17

17 bis

18

19 et 19 bis

20

15	Petit, à écrou cuivre, centrant le foret, avec 6 forets	» f.	75
16	Moyen, écrou cuivre, centrant le foret, avec 6 forets.	1	25
17	Breveté, monté sur pivot, très soigné, avec coulant garni d'une plaque acier, longueur de tige 18 cent., avec bout bronze et 6 forets	2	»
17bis	Le même, plus fort, longueur de tige 24 cent., bout acier, avec 6 forets	4	»
18	Très fort, grosse torsade, mâchoire acier centrant le foret, tige de 21 cent., très soigné.	3	»
19	Le même, plus fort, tige de 26 cent	4	25
19 bis	Très fort, monté à pivot, breveté, coulant garni acier, tige de 35 cent., avec 6 forets. (Ce drille n'emploie que les forets à cannelures nº 24 bis)	6	50
20	Très fort, grosse torsade avec bout en bronze (déposé) à mâchoires à trois griffes, de précision en acier fondu, tige de 24 %	6	25

NOTA. — *Dans ce drille les mâchoires sont en acier trempé et indépendantes du bout en bronze, elles peuvent se déplacer et se remplacer à volonté.*
Mâchoires de rechange à 3 griffes . . . . **Prix 1 f. 25**

21 **Drille** tournant toujours dans le même sens, à boules d'entraînement, mâchoires acier centrant le foret, très fort et très soigné. Prix, avec 6 forets renfermés dans un étui . . . . 4 fr. 75

Pour ce nouveau drille, affûter les forêts avec un seul biseau de façon à les faire couper dans le même sens.

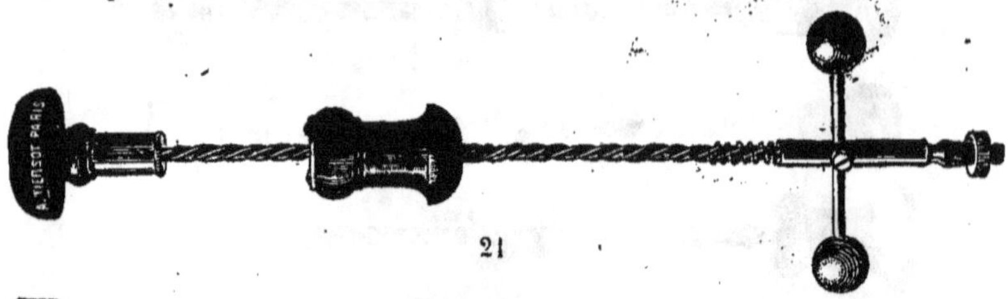

21

21 bis

21 bis **Drille Américain « Chicopée »**, tournant toujours dans le même sens, avec mandrin porte-forets en acier, très solide et très soigné . . . . 11 f. 50

DRILLES A RESSORTS POUR PERCER D'UNE SEULE MAIN

22 Petit modèle avec bout en bronze centrant le foret, **avec 6 forets** 1 f. 90

23 Grand modèle avec écrou et mâchoires en acier, **avec 6 forets** . 4 50

22-23

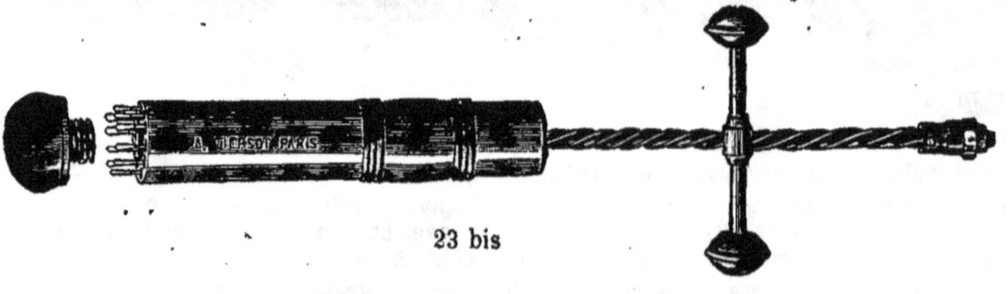

23 bis

23 bis **Drille** à ressort, boules d'entraînement, boîte à forets dans le manche, et 6 forets.

Longueur totale 37 cent. . . . . Prix 5 »

Ce drille n'emploie que les forets cannelés, n° 24 bis.

24 **Forets pour drilles**, toutes grosseurs, acier fondu, fins, polis, dits américains, à tige ronde pour bois et métaux, la douz. . . . . 1 »

A tige carrée, bleuis, pour bois et métaux, la douz. 1 20

Le cent. . . . . 8 »

24 bis **Forets** à cannelures, pour bois et métaux, du n° 1 au n° 10.

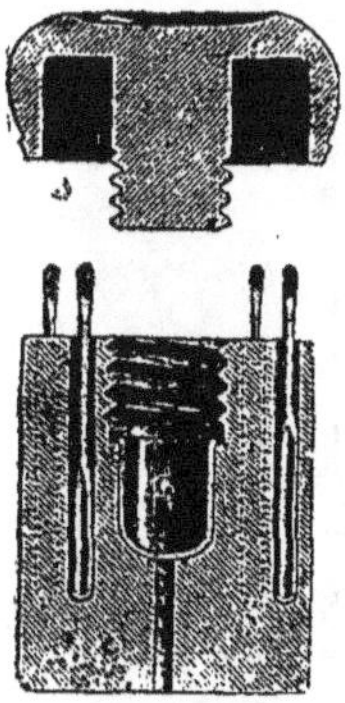

Vue en coupe de la boîte à forets.

La pièce 0 15
La douzaine. 1 30

Assortiment des dix numéros, du n° 1 au n° 10 dans une cartouche métallique . . . La cartouche. 1 15

Boîtes à forêts en noyer verni avec boîte à graisse, renfermant un assortiment de :

20	50	100 forets.
2 50	6 »	11 »

Petites Fraises pour drilles, pour noyer les têtes des vis employées dans le découpage, la pièce . . . . » 30

131 **Boîte** à 9 compartiments pour renfermer les petits accessoires, de 14 sur 8 cent. . . . . » .50

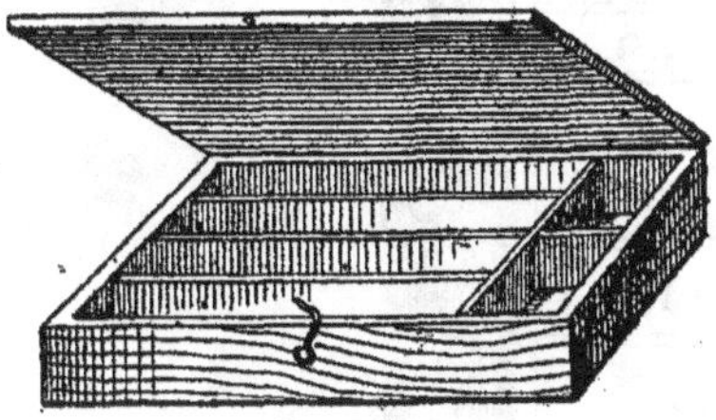

133

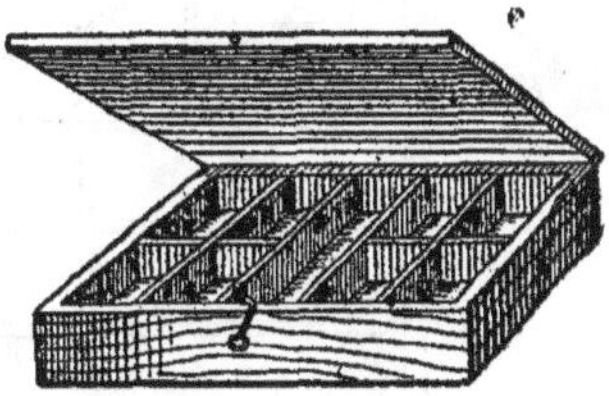

131

132 **La même,** de 16 1/2 sur 9 1/2 cent . . . . » .75

133 **Boîte** de 22 sur 12 cent., avec 4 compartiments pour scies et deux pour accessoires 1.25

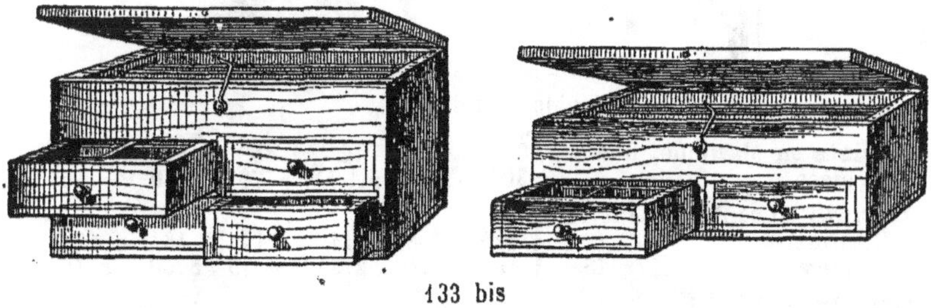

133 bis

133bi **Boîte** de 17×9 cent., avec compartiments pour scies dans le haut, et deux tiroirs divisés pour petits accessoires 1.40

La même à 4 tiroirs. 1.80

Boîte à 6 tiroirs, à coulisse 2.50

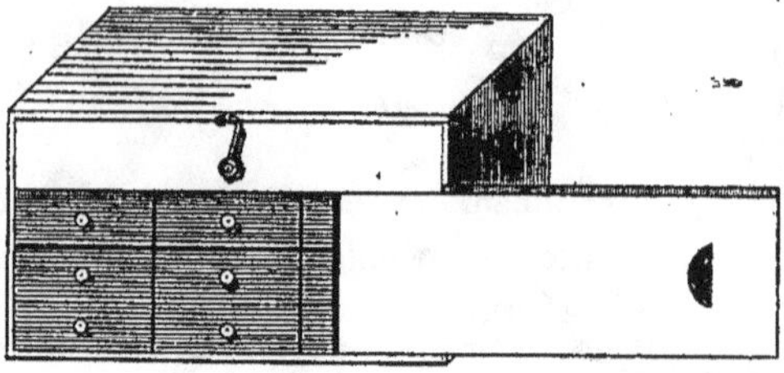

Boîte à 6 tiroirs

Petits meubles à outils et accessoires de découpage à 15 20 24 tiroirs
Prix. . . . 10.» 12.» 15.»

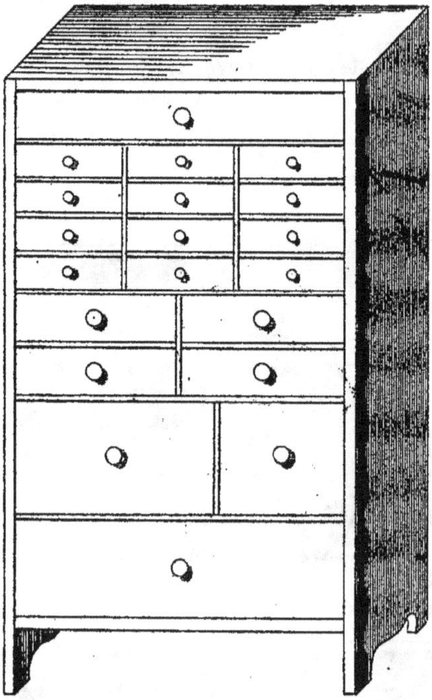

Meuble à tiroirs

134 **Christs** en plastique, fins :

	8	10	12	15	18	20%
La pièce.	».30	».40	».50	».70	».80	».90

135 **Christs** en os fin imitant l'ivoire :

Centimètres	4	5 1/2	8	11	14	16	19%
La pièce.	».75	1. »	1.40	2.35	4.15	5.50	8.10

136 **Christs** en métal :

Cent.	6	8	10	12	14	16	18	20	22	27%
Bronzés.	».40	».50	».80	1.25	1.70	2.40	3. »	4.50	5. »	6. »
Nickelés	» 40	».50	».80	1.25	1.70	2.40	3. »	4.50	8. »	9. »
Argentés	».50	».60	».90	1.50	2. »	2.80	4.25	5.50	8. »	10. »
Dorés. .	».80	».90	1 35	2. »	3. »	4. »	6. »	8. »	11. »	12. »

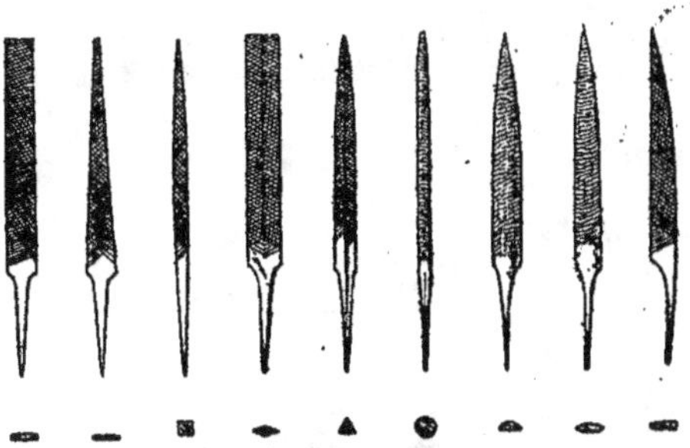

N° 25. — Limes à retoucher.

25 **Limes** pour retoucher la découpure toutes formes, la pièce. . 0 20

25 bis **Râpes**, très fine piqûre, rondes, 1/2 rondes, et plates, la pièce. 0 30

26 **Limes** très fines dites aiguilles, s'employant sans manche, la pièce 0 15

26 bis **Râpes** très fines dites aiguilles, plates, rondes, 1/2 rondes, trois quarts, carrées. La pièce. 0 20

Pour les limes ou râpes plus grandes, voir aux OUTILS DIVERS.

27

28

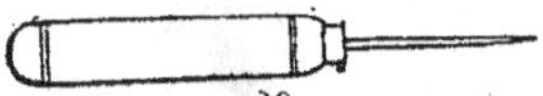

29

29 bis

27 **Manches** pour limes à retoucher : Ordinaires, 0 f. 05 ; vernis. 0 10

28 **Manches** universels pour limes, à vis de pression : Petits. 1 10

Moyens. . . 1 f. 30 | Grands. . . 1 60

29 **Poinçons** sans embase, emmanchés, la pièce . . . . » 15

29 bis **Manches** de poinçons en buis. La pièce . . . . » 10

30 **Poinçons** à embase, emmanchés, la pièce . . . . » 20

31 **Nécessaire** contenant 12 outils, le nécessaire servant de manche. 5 50

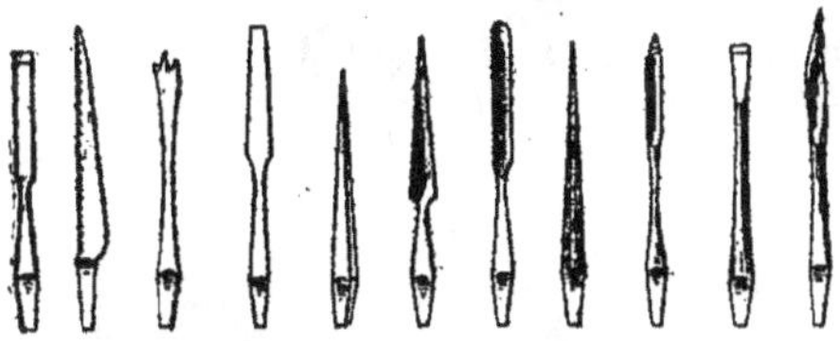

31

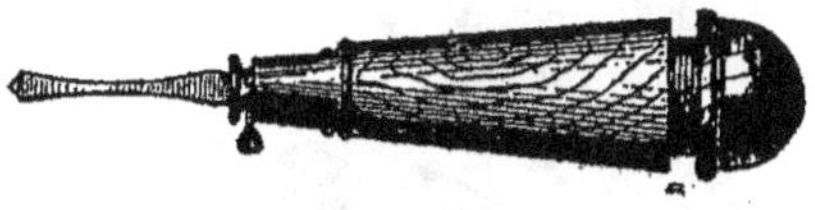

32 **Petits marteaux** ronds ordinaires, polis, emmanchés.

Numéros.	1	2	3
Diamètre de la tête.	8	12	14 m/m
La pièce	65	70	75 c.

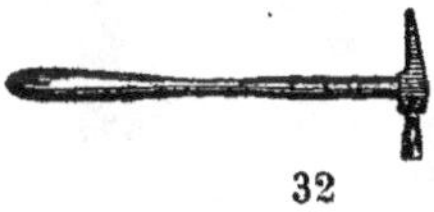

32

33-1

33-3

32 bis **Marteaux** ronds, polis, tout acier fondu, **qualité garantie**, manche if.

Diamètre de la tête en millimètres. .	10	12	14	16
	».80	1. »	1.40	1.50

33 **Coupe-verre** remplaçant le diamant. (Ils ont sur ce dernier l'avantage du bas prix et sont d'un emploi plus facile) :

Numéros.	1	3
La pièce.	».75	1. »

33 bis **Coupe-verre** manche cuivre avec grugeoir, molette montée à vis. 1 f. 75
Le même avec 5 molettes de rechange enfermées dans le manche. 2 50

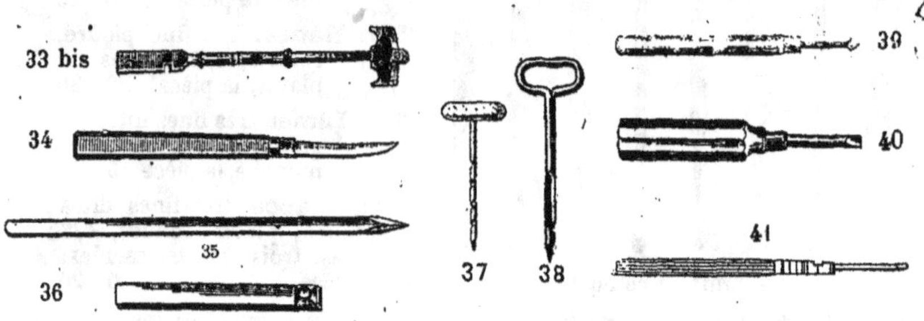

33 bis
34
35
36
37
38
39
40
41

34 **Tranchets** pour le bois, manche ébène, la pièce . . . . 0 f. 75
35 » à deux biseaux, dits couteaux de relieurs, tout acier fondu, la pièce . . . . » 60
36 **Manches** à coulisse, à vis de pression pour dito 1 50
37 **Vrilles** torses, manche bois, jusqu'à 3% de diamètre, pièce . . . » 15
38 » manche acier nouveau modèle » » » » 20

Pour les vrilles plus fortes, voir aux Outils divers

Pinces plates, rondes et coupantes, *voir aux* Outils dviers nos 592 à 601

39 **Petite Fraise** emmanchée pour noyer la tête des vis. . . . . . » 50
40 **Tournevis** de bijoutier : Petits, 30 c.; Moyens, 40 c ; Gros . . » 45
40 bis **Tournevis** manche bois, très petit . . . . » 15
41 **Tournevis** de bijoutier, à lame de rechange, manche acier. . . » 60
42 **Lames** de rechange pour dito . . . . » 10

Pour les tournevis plus forts, voir aux Outils divers *nos* 532 à 536.

43 **Compas** à ellipse en bois pour les ovales ou les ronds de grand diamètre 6 50

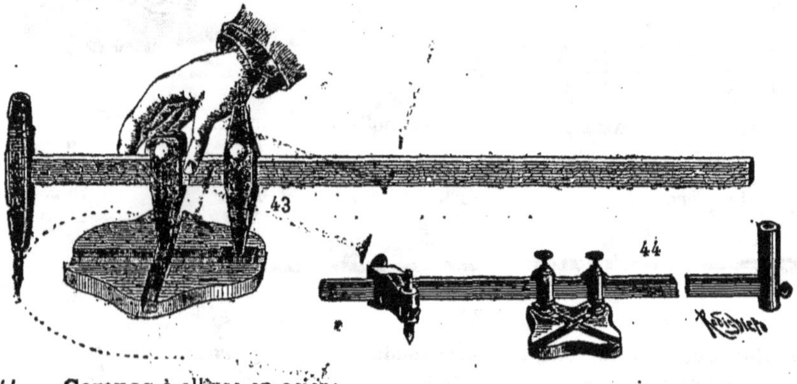

43
44

44. **Compas** à ellipse en acier :

Numéros.	1	2	3
Diamètre du plateau en millimètres	60	80	100
Longueur de la tige en centimètres	30	35	45
La pièce	10 f. »	11 f. »	12 f. »

Avec un second coulisseau porte-lame 3 f. 50 en plus.

45 **Etaux** en bois de 30 cent. pour l'ajustage des pièces découpées . . 5 50
Le même, avec presse fonte 7 50

45 bis

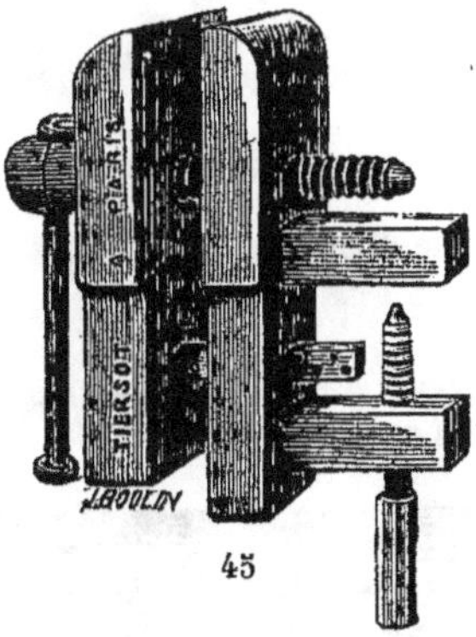
45

45 bis **Etaux** à agrafe fonte malléable :	1/4 k°	1/2 k°	1 k°
La pièce.	» 75	1 50	2 50

Pour les étaux en bois plus forts, voir aux Outils de Sculpteur ; *pour ceux en fonte et acier, voir aux* Outils divers.

46

46 **Petites machines** à assembler et clouer les cadres, renforcées sur les angles, pour serrer les moulures.

Nos	1	2	3
Jusqu'à. m/m	35	55	85
La pièce	1.60	2.50	4. »

46 bis

46bis **Boîtes** à couper et clouer les cadres, à coulisses. 4. »

46 ter

46ter **Nouvelle boîte** à couper, dresser et clouer les moulures pour cadres, jusqu'à 60m/m de largeur, avec rabot cormier, modèle déposé. . 16.50

Pour moulures plus larges; prix à la demande.

47 **Petites presses** en fonte malléable vernie. . . . . . ».60
48 **Petites presses** ordinaires, fer poli . . . . ».75
49 **Petites presses** soignées, fer poli, ouverture 30 40 50m/m
La pièce . . . . 1.50 1.70 2. »

Pour les presses en fonte plus fortes, les presses en bois et les presses en fer, voir aux Outils divers, *n° 616 et suivants.*

50 **Râcloirs** acier fondu . . . . ».50
51 » affûtés et emmanchés. . . . . ».90

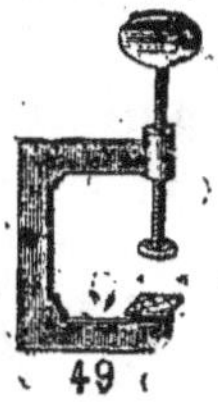
49

47

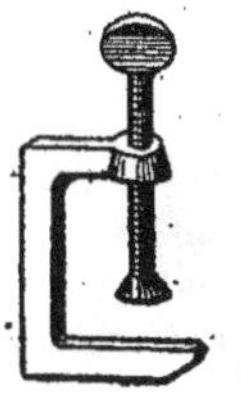
48

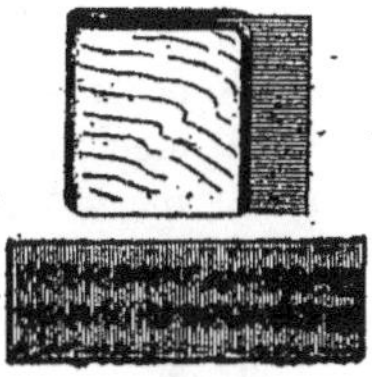
50

52 **Pantographe** ordinaire, pour agrandir ou diminuer les dessins, la pièce (*ne peut s'expédier par poste*) . . . . . ».50
53 **Pantographe** perfectionné, avec instruction . . . . 2. »
54 **Pantographe** avec pivot à vis, porte-mine et porte-pointe à vis et instruction . . . . 4. »
55 **Outils à abattre les angles ou à biseauter** pour corbeille ou autres, propriété de la maison 7 50
56 Le même, avec quart de cercle divisé au rapporteur 10.50
Emballage . . . . 1. »

NOTA. *On peut se servir d'un rabot quelconque pour ce travail. Le rabot n'est pas compris dans le prix de l'outil*

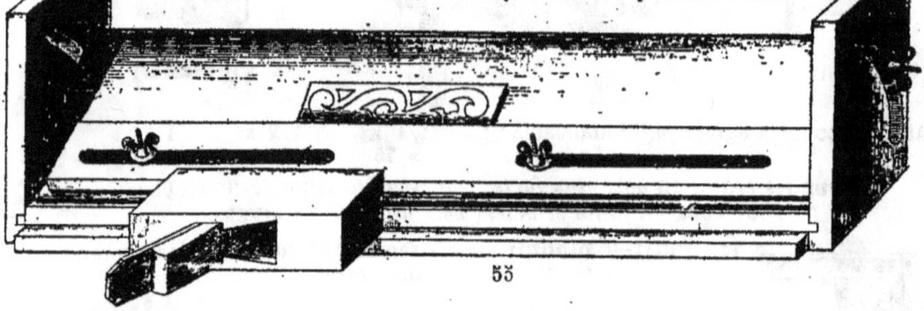

55

56 bis	**Petites équerres** en acier poli	80	100	115 m/m
		1. »	1.20	1.30

Pour les équerres plus grandes, en fer, en acier ou en bois, voir aux Outils divers, *n°s 495 à 501 bis.*

57 **T à tête mobile** cuivre et acier, servant de règle, équerre et fausse équerre :

Longueur en centimètres	20	30	40	50
La pièce	3. »	3.50	4. »	5. »

56 bis

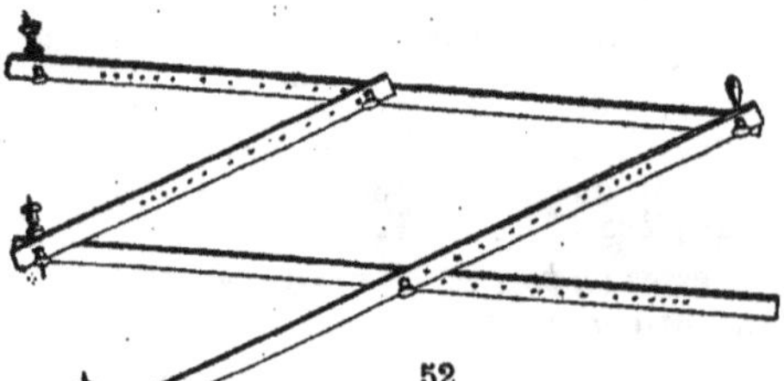

52

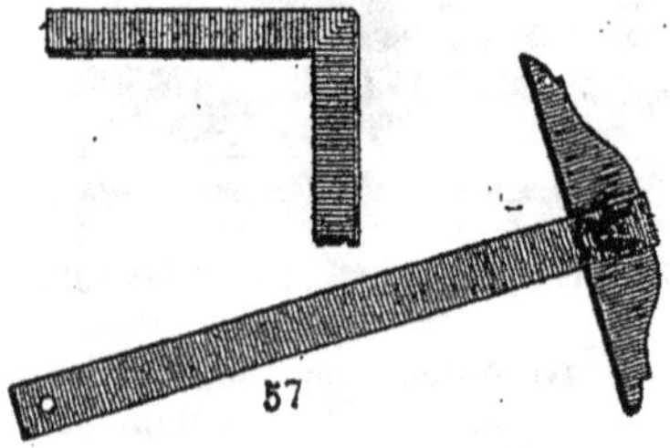

57

58 **Mâchoires** de porte-scie . . . . La paire. 2 90
59 **Mâchoires** de machines à main . . . . » 3. »
60 **Mâchoires** de machines à châssis, à carré, écrou à oreilles . . . 4.50
61 **Mâchoires** de machines montées sur ressort . . . . 5. »
62 **Mâchoires** avec garnitures et coussinets pour machines fortes . . 16.50

63 **Mâchoires** avec garnitures et coussinets, extra-fortes. . . . . . 29. »

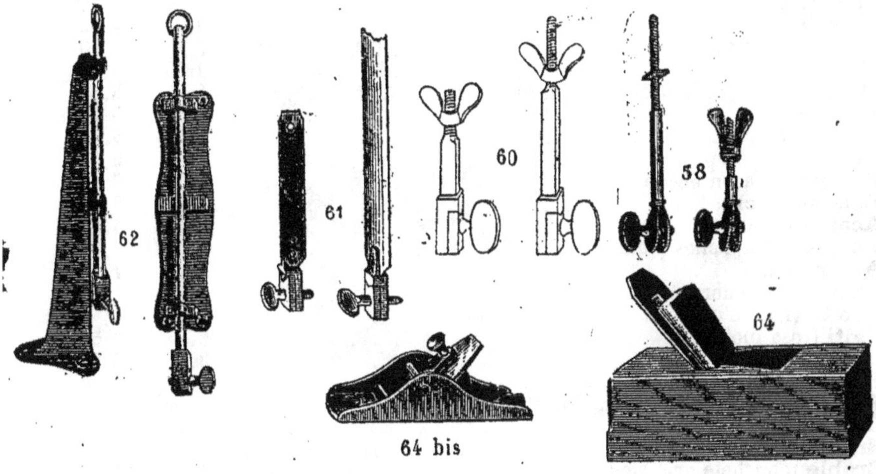
62
61
60
58
64
64 bis

64 **Rabots** en charme, fer simple, bonne qualité, légers, la pièce . . 1.75

64 bis **Rabots** américains tout en fer :

Longueur	88m/m	14c/m
	1.10	2.75

Pour les autres modèles de rabots, américains et ordinaires, voir aux Outils divers, *nos* 621 *et suivants, et le tarif spécial d'outils américains.*

BOIS, MÉTAUX ET MATIÈRES DIVERSES

POUR LE DÉCOUPAGE ET LA MARQUETERIE

(*Pour les bois pour le tour voir au chapitre* Tour)

205 **BOIS DE CHOIX**

Préparés spécialement pour le découpage.

J'ai toujours en magasin le plus grand choix de bois qu'on puisse trouver et toutes les sortes en assez grande quantité pour pouvoir livrer les commissions, quelle que soit leur importance, dans le plus bref délai. A la demande de beaucoup de mes clients, qui désirent se rendre compte des nuances ou de la dureté des bois, ou s'en faire une collection, j'ai fait préparer des échantillons polis d'environ 1 décimètre carré qui valent 10 centimes pièce, pour les Bois français, et 15 centimes pour les bois étrangers.

Prix des bois en 4 à 5 millimètres (l'épaisseur la plus courante), le mètre carré, c'est-à-dire l'équivalent de 1 mètre sur 1 mètre.

	Scié fin.	Poli.
Bois blanc ordinaire, en belles planches, tranché	». »	1.80
Tulipier du Canada	». »	2.50
Grisard	1.90	2.90
Hêtre	2.50	3.90
Aulne	2.50	3.90
Bouleau d'Amérique	3. »	4.20
Platane	2.75	4. »
Sycomore blanc	2.90	4.60

	Scié fin.	Poli.
Sycomore gris, teinte vieil argent	4.75	6. »
Chêne	3.40	5.20
Merisier	3.25	4.50
Charme blanc	2.75	3.90
Marronnier	3.60	4.90
Marronnier premier choix, bien blanc, sans défauts	4.25	5.50
Poirier	3.50	5.20
Noyer de France	3.60	5.20
Noyer d'Amérique	4.50	5.90
Bois noir, façon ébène	4.50	6.25
Bois de Teck	5. »	6.25
Acajou ordinaire	4.50	5.90
Acajou extra, belles planches sans défauts	5. »	6.50
Amarante	5.75	7.25
Camphrier odorant	6. »	7.50
Pao Sétino (d'un beau jaune d'or satiné)	6.50	8. »
Taïti (rose moiré)	8. »	9.50
Buis	9. »	10.75
Santal rouge ou corail	9. »	10.50
Palissandre premier choix, Rio et Bahia	10. »	11.75
Citronnier	7.50	9. »
Erable moucheté	11. »	12.50
Erable moucheté gris vieil argent	12.75	14.25

Pour les clients qui désirent avoir un assortiment de bois par petite quantité, nous livrons 1 mètre carré, composé des bois suivants, en planches de 30 à 50c/m de largeur : Noyer Amérique, noyer France, acajou, marronnier, platane, sycomore, Pao-Sétino, Lalona, poirier, au prix de 5.50 le mètre carré, tout poli.

Bois au poids, le kilog.

Olivier	1.75	2.75
Ebène d'Afrique ou **Macassar marbré**, large	2.75	3.25
Ebène fin de Madagascar	3.60	4. »
Ebène Calliatour, d'un très beau rouge	3.50	3.90
Iris odorant	3. »	4. »
Bois de rose	3.20	4.30
Thuya bien moucheté	3.40	4.40

J'ai également en magasin la plupart de ces bois en 3, 7 et 10m/m, prix proportionnés à l'épaisseur.

BOIS INCASSABLES

en feuilles de 50 sur 50 c/m, sans aucun défaut.

		Epaisseur en millimètres	1	2
206	**Marronnier** blanc des deux côtés, la feuille		1.75	2.25
206bis	**Noyer** foncé » »		2.50	
207	**Platane** rose » »		1.20	2.20
208	**Erable** moucheté » »		2.70	
209	**Marronnier** blanc verni, **façon ivoire** d'un côté		2.75	
210	**Erable** moucheté, verni d'un côté, la feuille		3.60	
210bis	**Erable** moucheté gris » »		3.75	
211	**Noir** façon ébène		2.75	

		1	2	3	4m/m
211bis	**Grisard** de				
	La feuille	».75	».90	1.10	1.50

NOTA. — *Sauf le marronnier, le platane et le grisard, tous les bois incassables se font seulement en 1m/m.*

Nous tenons à la disposition de nos clients la série des 14 échantillons de ces bois de 10 × 10 c/m, au prix de 1 fr. 40; *port par poste*, 10 c.

Ces bois, composés de placages collés à contre-fil, ont l'avantage d'être très solides et flexibles. Ils conviennent tout particulièrement pour les travaux délicats, peuvent aussi être utilisés avantageusement pour doubler les boîtes, coffrets, etc.

Ils subissent, sans se rompre, une flexion très prononcée.

Pour coller les dessins sur ces bois, employer une colle très légère (gomme arabique dissoute dans de l'eau) ou mieux encore, coller le dessin sur une feuille de placage ordinaire, qui, elle-même, est fixée sur les bois incassables, au moyen de petites pointes fines.

De cette façon, le bois n'est pas sali par la colle, et on n'a pas à le mouiller pour enlever le dessin.

Le placage ordinaire spécial pour cet usage vaut 0 fr. 25 la feuille de 50×50cm, en 1m/m 1/2 d'épaisseur.

A C

B D

211ter **Moulures** en bois, 8m/m environ de largeur :

Noyer et acajou, modèles C et D, le mètre	».30
Palissandre, bois noir, modèles C, D, le mètre	» 40
Guillochées, noyer et acajou, modèles A et B, le mètre.	».40
Guillochées, palissandre et bois noir, modèles A et B, le mètre . . .	».50

JEUX D'ÉVENTAIL

COMPOSÉS DE 22 LAMES MINCES ET 2 PLUS ÉPAISSES OU PANACHES

En alisier ou poirier	Le jeu	1.50
En bois de rose, violette, iris odorant, ébène, citronnier, santal rouge, etc	»	3.25
En santal odorant de Bombay	»	4.50
En os bien blanc.	»	5.50
En os bien blanc tout poli.	»	6.75

NOTA. — *Donner le numéro du dessin auquel le jeu est destiné.*

MÉTAUX

Préparés spécialement pour le découpage.

212	**Cuivre jaune**, toutes épaisseurs sur dimensions.	le kilog.	2.80	laminé dur	3.50
213	**Cuivre rouge**, toutes épaisseurs, sur dimensions.	le kilog.	3.30	» »	4.50
214	**Cuivre 1/2 rouge** ou bronze . .	le kilog.	3.30	» »	4.20
215	**Zinc**, toutes épaisseurs	le kilog.	1.10		
216	**Métal** blanc, dit métal anglais . .	le kilog.	6. »		
217	**Simili-argent** ne s'oxydant pas, premier titre	le kilog.	12. »		
	Aluminium	le kilog.	12. »		

Ce métal, très blanc, est environ trois fois plus léger que le cuivre, il se découpe très facilement et est inoxydable.

NOTA. — *Donner pour les métaux les longueurs, largeurs et épaisseurs.*
Les cuivres laminés durs en 1 millimètre ou plus d'épaisseur se font jusqu'à 0m,50 de largeur.
Les cuivres de 5m/m et au-dessus sont augmentés de 1 fr. par kil.

PLACAGES

218 PLACAGES SCIÉS DE BELLE QUALITÉ, AU MÈTRE CARRÉ

Marronnier, sycomore, chêne, noyer, charme, poirier, bois noir, etc	2.20	le mètre carré.
Acajou.	3. »	»
Palissandre, corail, citronnier	4.20	»
Erable moucheté, tranché.	4. »	»
Placages teints, premier choix, toutes nuances. .	4. »	»
Placage tranché teint, toutes nuances, en érable moucheté et moiré, très beau pour transparents ou fonds	4.90	

PLACAGES AU POIDS

219 **Ebène**, thuya, bois de rose, violette . . . . le kilog. 9.50

---

220 **Filets** bois, blancs et noirs, pour incruster, les 10 mètres . . . . . ».10
221 **Filets** bois toutes couleurs » » » . . . . . ».20
223 **Filets** en cuivre, toutes largeurs . . . . le kilog. 5. »

MOSAIQUES. (*Les dessins sont en grandeur naturelle.*)

A
B
C
D
E
F
G
H
I
J

222 **Mosaïques** pour incruster, épaisseur $1^{m}/_{m}$ par longueur d'un mètre.

Figure.	A	B	C	D	E	F	G	H	I	J
Le mètre.	».20	».25	».30	».40	».60	».70	».80	1.»	1.75	2.»

COLLES, HUILES, TEINTURES, VERNIS, ETC.

NOTA. — Aucun liquide, huile, colle, teinture ou vernis, ne peut s'expédier par poste.

171 **Colle forte** à froid, liquide, brune, le flacon . . . . » 25 et ».45
172 » » » » blanche » . . . . ».40 et ».80
173 **Colle forte** à froid, américaine, grise, la plus forte des colles liquides, collant toutes substances, le flacon petit modèle. . . . ».30
Le flacon moyen, avec pinceau . . . . ».65
Le 1/2 litre . . . . 5. »
Le litre 9.50

174

LIQUID GLUE
174 bis

175

174 **La même**, en vase ferblanc bronzé (contenance de 3 flacons) avec godet pour tenir le pinceau dans l'eau, et pinceau. 1.85
174bis **Colle** liquide glue en tubes, s'employant sans pinceau, tubes de deux grandeurs à 0 fr. 25 et. . . . . ».50
175 **Flacon** avec essuie-pinceau pour colle liquide ; avec ce système on essuie le pinceau contre la barre horizontale qui est à l'intérieur du flacon de façon à n'y laisser que la quantité de colle nécessaire. Prix avec couvercle et pinceau, sans colle . . . . . . ».55
176 **Colle forte** en tablettes, qualité **extra-supérieure**, le kilog. . . 2.25
177 **Colle forte** bain-marie Thiaucourt, renfermant le bain-marie, la colle et le pinceau, avec instruction, petit modèle. . . . . 1. »
Grand modèle 1.50
178 **Flacon de colle** pour remplir le bain-marie. . . . . ».60
179 **Pinceaux** spéciaux pour colle liquide, la pièce. . . . . ».15
180 **Gomme laque** en bâtons, toutes couleurs, le bâton . . . . ».10

		Litre	1/2 Litre	1/4 Litre	Grand flacon	Petit flacon
181	**Huile siccative** brune . .	2.25	1.20	».70	».45	».25
182	**Huile siccative** blanche .	2.80	1.70	1. »	».50	».30

NOTA. — *Ces huiles étant siccatives, ne peuvent servir au graissage ; elles sont spécialement destinées au vernis. Pour l'huile à graisser, voir n°* 201.

VERNIS DE PREMIÈRE QUALITÉ

		Litre	1/2 Litre	1/4 Litre	Gr. flacon	Pet. flacon
183	**Brun** au pinceau	6.50	3.50	1.90	».55	».35
184	**Blanc** »	7.50	4. »	2.25	».85	» 45
185	**Blanc** au tampon	4.25	2.35	1.40	».55	».35
186	**Blond** »	3.50	2. »	1.25	».50	».30
187	**Noir** »	4.25	2.75	1.40	».60	».40

NOTA. — *Les vernis blancs sont indispensables pour les bois blancs ; les vernis bruns peuvent servir pour tous les autres bois.*

Pour obtenir un beau vernis au pinceau, passer une couche d'huile siccative environ vingt-quatre heures avant le vernis, pour fermer les pores du bois et obtenir plus de brillant. Vernir dans un endroit clos et chaud, ne jamais passer le pinceau deux fois de suite au même endroit ; avoir toujours soin de tenir les flacons bien bouchés.

VERNIS DE COULEUR QUALITÉ EXTRA

188 Tous les vernis de couleur, dont les principaux sont indiqués ci-après, sont applicables sur les bois, les maroquins, les métaux, le verre, la corne et sur tous les objets qui doivent être à la fois colorés et vernis.
Prix du flacon. . . . . 0 fr. 80

Principales couleurs :

Noyer, acajou, palissandre, ébène, vieux chêne, florentin, rouge pourpre, bronze anglais jaune, jaune d'or, jaune maïs, mordoré, vert, vert olive, vert lumière, carmélite marron, noir japonais, brun terre de sienne, rouge sultan, violet rouge, violet parme, bleu lumière, capucine jaune, capucine rouge, cuivre rouge, cuivre jaune, etc.

	litre	1/2 litre	1/4 litre
Nous fournissons également ces vernis en. . .			
Au prix de	7. »	3.75	2. »

Ces vernis, très chargés en couleur, peuvent s'éclaircir avec du vernis blanc au pinceau.

TEINTURES

		Litre	1/2 lit.	1/4 lit.
189	**Teinture** noyer et vieux chêne. Verre compris .	».95	».60	».40
190	**Mordant** noir . . . . »	».95	».60	».40
191	**Noir** fin pour imiter l'ébène . . »	1.80	1. »	».60
192	**Teinture** acajou et palissandre à l'eau »	1.20	».75	».50
193	**Teinture** acajou et palissandre, à l'alcool »	4.50	2 40	1.30
194	**Teinture** brillante, noyer, chêne clair, chêne foncé, acajou, le flacon 50 c	3.25	1.75	».95

Etendre une couche uniforme de cette teinture et, lorsqu'elle est sèche, frotter avec un chiffon de *laine* ou une brosse.

195 **Pinceaux** pour huile et vernis n°s. 1 2 3 4 5
La pièce . . . . ».15 ».20 ».30 ».40 ».50

195 bis **Pinceaux** forts, blaireau, manche bois, pour vernis, la pièce . . ».75

195 ter **Pinceaux** spéciaux pour coller les dessins sur le bois. . . . . . ».75

195 bis
195
195 ter

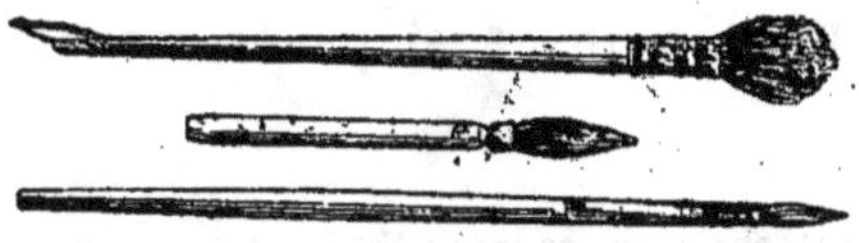

Bronzes en poudre pour donner du relief au découpage (*genre algérien*) ou pour le décorer complètement :

Or riche pâle.	Blanc anglais argent.	Cramoisi,	Citron pâle.
Or riche foncé.	Blanc flora.	Rouge feu.	Citron foncé.
Or vert anglais.	Chair.	Vert pré.	Violet.
Or orange.	Lilas.	Bleu d'acier.	Carmin.

196 Fin, le sachet . . . . 1. »

197 Extra-fin, le sachet. 1.25

198 La collection (16 couleurs), par 5 grammes. 3.50

199 **Liquide spécial** ou **mixtion** pour appliquer les bronzes, le flacon . . . . ».75

Extrait de l' « Art de découper » : *Découpage genre algérien.* — Après avoir verni au tampon ou au pinceau (avant ou après le découpage), au moyen d'un pinceau fin d'aquarelle imbibé d'un liquide spécial (mixtion), nous traçons les nervures et les coups de brillant ; à côté de nous se trouve la poudre de bronze sur laquelle nous posons légèrement l'index de la main gauche ; dès que nous avons donné quatre à cinq coups de pinceau, nous y appliquons de suite la poudre en tamponnant avec précaution ; au moyen d'un pinceau sec on se débarrasse de l'excédent de poudre et on continue l'opération qui est presque instantanée et adhère au point que l'on peut frotter l'objet ainsi doré et même mouiller sans crainte de détériorer.

Ce procédé a d'immenses avantages : en effet, le découpage simple est un peu plat, il manque de mouvement, surtout quand il représente oiseaux, animaux, figures, etc., etc. Au contraire, avec un peu de *chic*, on peut obtenir des résultats vraiment merveilleux.

BROCART.

NOTA. — Nous nous sommes assurés que ces bronzes s'appliquent tout aussi bien sur les bois non vernis.

Nous avons un certain nombre de dessins dans l' « Art de découper » sur lesquels tous les traits décoratifs sont indiqués.

199 bis **Pinceaux** fins, emmanchés, spéciaux pour la mixtion et le bronze liquide, la pièce . . . . ».20

200 **Bronze liquide** : or, argent, chair, vert et florentin, le flacon . 1.50
Ce bronze s'emploie comme le vernis au pinceau et donne les mêmes résultats que le bronze en poudre.

201 **Huile de pieds de mouton**, qualité extra-fine, pour graissage de machines ou d'horlogerie, le flacon » fr. 70 ; le litre, 5.50 ; le 1/2 litre, 3 fr. ; le 1/4 de litre 1.75

FERRURES, CUIVRERIES
et Ornements en bronze
pour découpage et petits meubles.

65	**Anneaux** à attache pour cadres : Nos	1	2	3	4
	La paire	».05	».07 1/2	».10	».15
	La douzaine	».20	».30	».40	».60
66	**Tourets** pour cadres, la paire. . . .	».05	».05	».05	».07 1/2
	» » » la douzaine. .	».15	».20	».25	».35

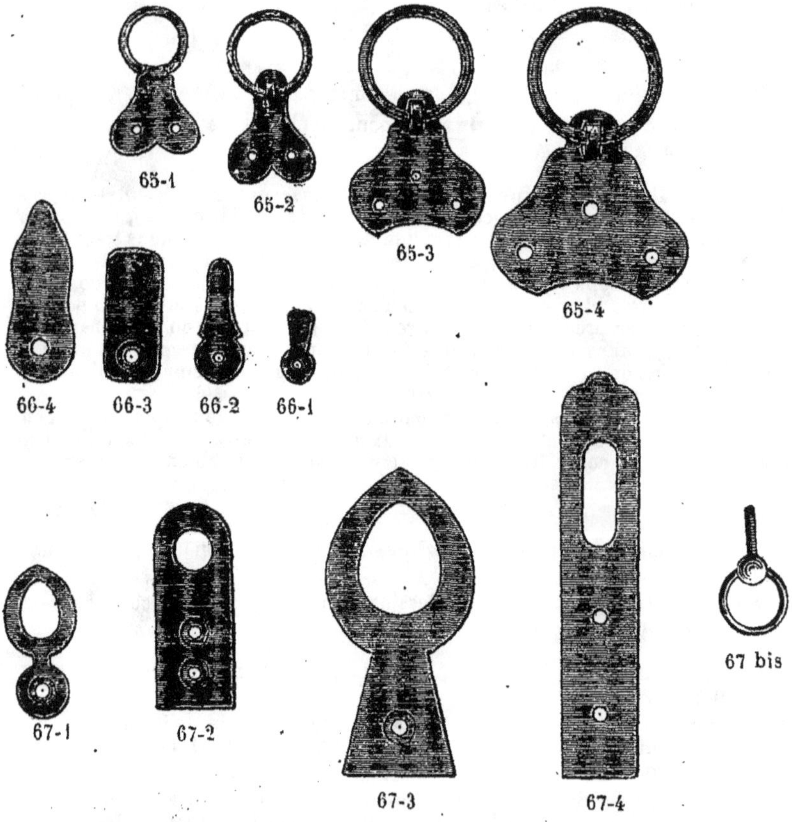
65-1
65-2
65-3
65-4
66-4
66-3
66-2
66-1
67-1
67-2
67-3
67-4
67 bis

67	**Pattes** d'étagère . . . . Nos	1	2	3	4
	La paire.	».05	».07 1/2	».10	».15
	La douzaine	».30	».40	».50	».60

67 bis **Petits anneaux à vis**, en cuivre, pour tiroirs. . . .	douz . .	1.10	
	pièce . .	».10	
Les mêmes » » » dorés ou argentés. .	douz . .	1.75	
	pièce . .	».15	
67 ter **Anneaux** à lacets, ornementés, dorés ou argentés. . .	1	2	3
La pièce.	10	15	20c.

67 ter

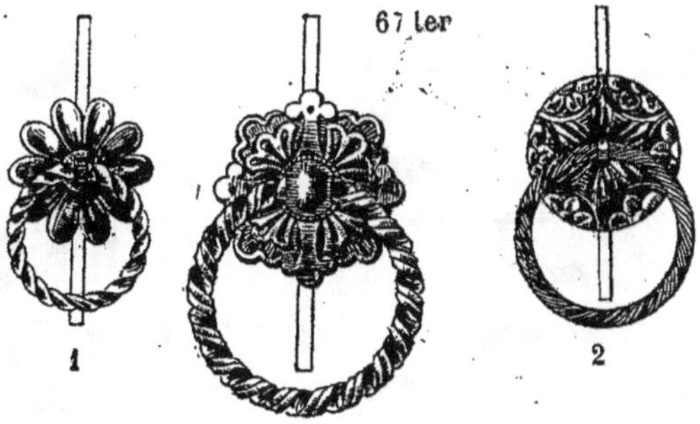

1 2 3

68 **Charnières bien faites** et étroites :

Longueur	10	15	20	25	30	35	40	50m/m
La paire.	».05	».05	».07 1/2	».07 1/2	».10	».10	».15	».20
La douz.	».25	».30	».35	».40	».50	».55	».60	».90

La même **charnière** par longueur de 1 mètre . . . . . 4 fr. le mètre.

68 bis **Charnières** ordinaires étroites :

Longueur.	10	15	20	25	30m/m
La paire	».05	».05	».05	7 1/2	7 1/2
La douzaine	».20	».25	».30	».40	».45

68 ter **Charnières** ornementées pour poser à plat, longr.	20	30	33m/m
Dorées ou argentées, la pièce.	».15	».20	».20

68 bis

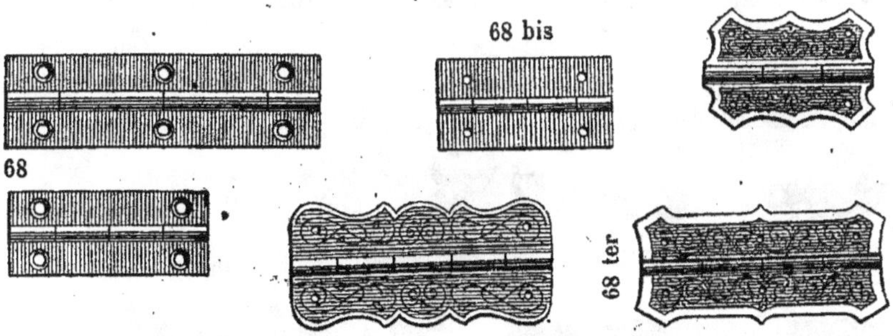

68 68 ter

104 **Charnières** ornementées, losange pour poser à plat, dorées ou argentées, la pièce 0.20

104

69 **Ferrures de caves à liqueurs**, composées de : 1 grande charnière cuivre poli de 27 cent. de long, pour le couvercle, de 2 autres de 5 cent. pour l'abattant, de 4 plus petites pour les côtés, d'un quart de cercle en cuivre et d'une petite serrure tès soignée. La garniture. 3.75

70 **Serrures** pour nécessaires, fer, ordinaire. . . . . La pièce. ».40
71 **Serrures** pour nécessaires, très minces, fer . . . . » ».60
72 **Serrures** pour nécessaires ordinaires, cuivre . . . . . » ».50
73 **Serrures** pour nécessaires, très minces, cuivre . . . . » ».75
74 **Serrures** pour nécessaires, très minces et très soignées, dites bijou . . . . » 1.75

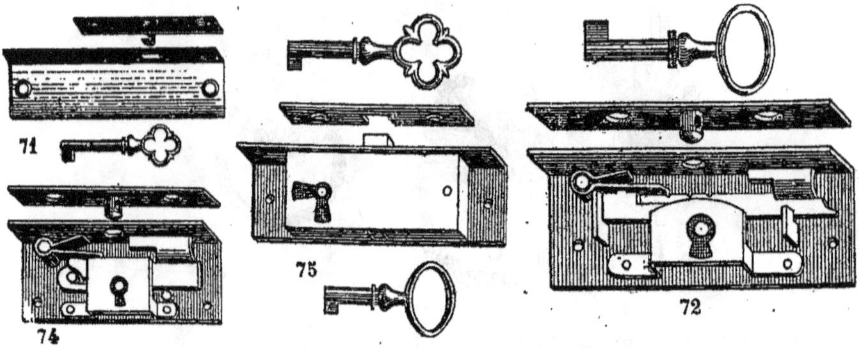
71
74
75
72

75 **Serrures** pour armoires et tiroirs, très minces, fer . . La pièce. ».60
76 **Serrures** pour armoires et tiroirs, très minces, cuivre. » ».75
77 **Serrures** pour armoires, très minces et très soignées, dites bijou . . . . » 1.75
78 **Loqueteaux** de bottes ou serrures à boutons :
Millimètres 40 54
La pièce. . . . . ».25 ».30
79 **Loqueteaux** de bottes, à bouton tournant. . . . . ».60
80 **Loqueteaux** de bottes, à coulisse, très soignés et très minces. . . 1.50
80 bis **Loqueteaux**, à coulisse, très soignés, nouveau modèle renforcé :
Millimètres. 30 42
La pièce. 1 50 1.75

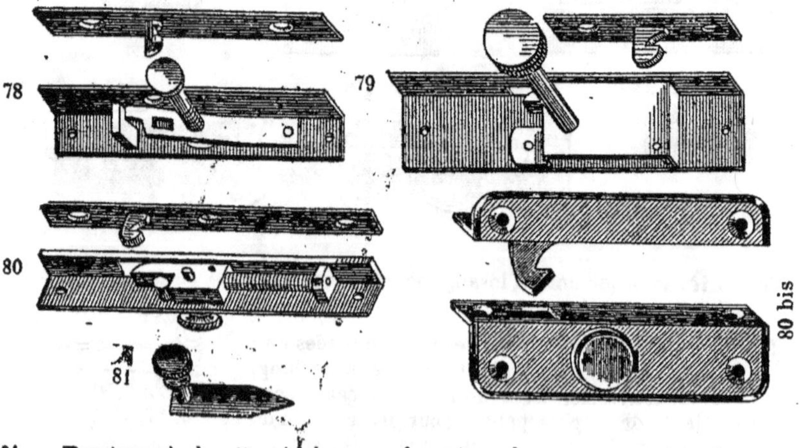
78
79
80
81
80 bis

81 **Boutons** à clavette, dorés, pour fermeture de cages ou autres, la pièce . . . . ».50

82 **Fermoirs** pour boîtes ou coffrets : Nos . . . 2 3 4 5

Dorés ou argentés, la pièce . . . . ».30 ».20 ».30 ».35

82bis **Fermoir** à ressort, nouveau modèle, doré ou argenté, la pièce. . . ».40

83 **Fermoirs** à ressorts. . . A B C D E F

Dorés ou argentés, la pièce. . ».15 ».20 ».25 ».40 ».40 ».40

82-2

82-3

82-4

82-5

82 bis

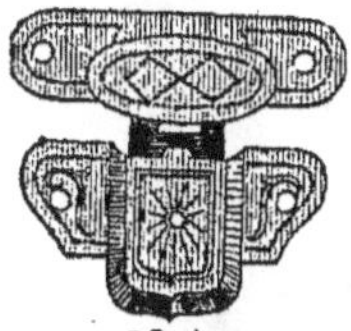
83-A

83 C

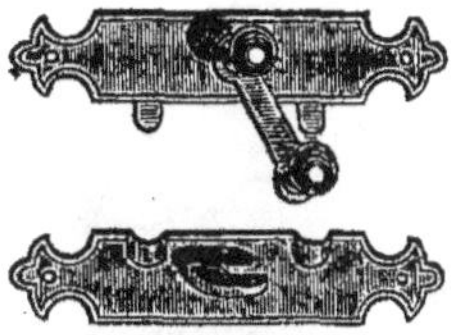
83-E

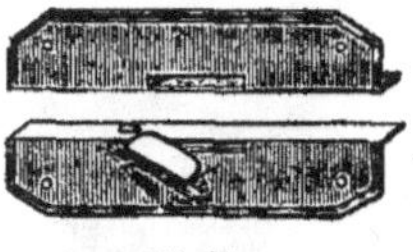
83-B

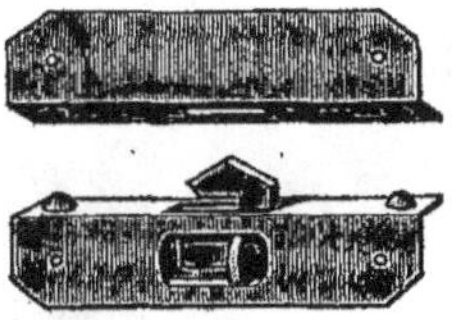
83-D

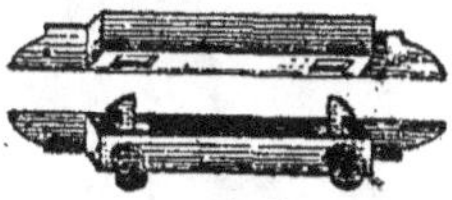
83-F

83 bis

83 ter

83bis **Fermoirs** à ressort, très petits, pour boîtes à bijoux ou autres, dorés ou argentés, la pièce . . . . ».20

83ter **Fermoirs pour boîtes et coffrets**, dorés ou argentés, pour poser à plat, sans entailler le bois . . . . ».25

84 **Roulettes** cuivre pour dessous de plats, montées sur platine, la pièce . . . . ».40

Crochets de boîtes droite et gauche. . . . 13, 15, 18, 25m/m
85 En cuivre avec pitons, la paire. . . . . . . ».10 ».20
86 En fer bleui, la paire avec pitons . . . . . 22m/m, ».10, 25m/m, ».15

84

86 Fer

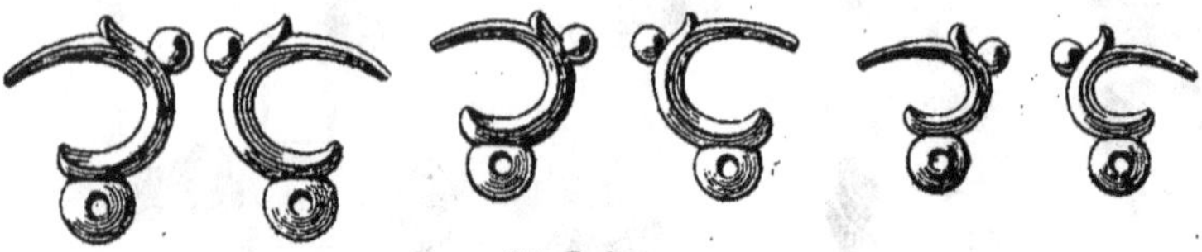

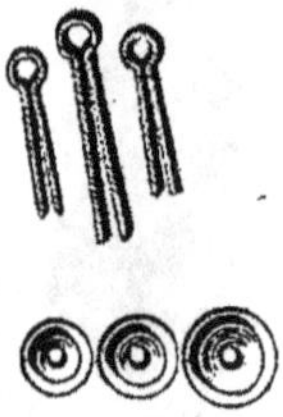

85 Cuivre

86 bis **Petits Tourets** dorés ou argentés, nos	1	2	3
La pièce	».30	».40	».50

87 **Tourets** pour fermeture de boîtes :

Millimères.	30	38	42	48	56	72	83
La pièce. .	».20	».25	».25	».30	».40	».45	».50

87 bis **Compas** en cuivre à charnière pour couvercles de boîte :
La pièce. . . . . ».10

86 bis 1

86 bis 2

86 bis 3

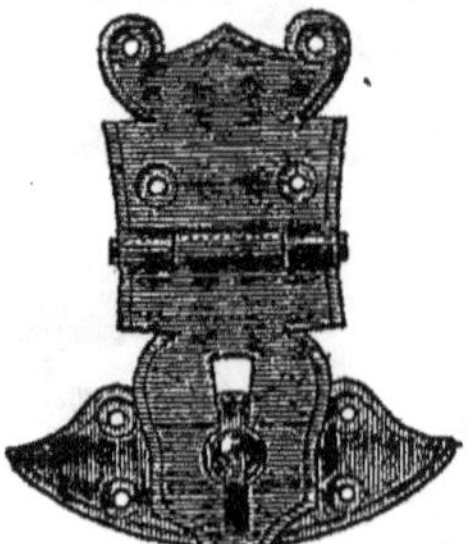

87

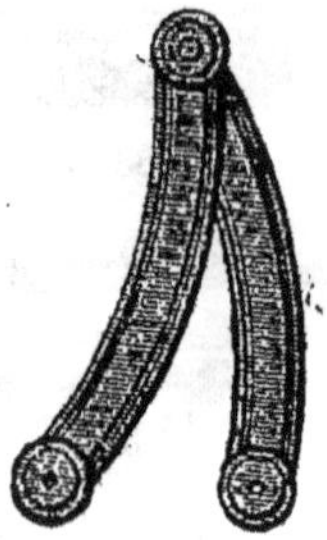

87 bis

88 **Pivots** en cuivre pour psychés, la pièce. . . . . ».55

Vis pour le montage des objets, par grosse complète :

Millimètres .	5	7	10	13	15	17	20
89 En fer.	».50	».50	».50	».50	».50	».50	».75
90 En cuivre . . .	1.10	1.10	1.15	1.20	1.30		

Pointes très fines, pour le montage et l'assemblage :
Longueurs en millimètres. 9, 11, 14

91 En fer, les 100 grammes. ».60

92 En cuivre » . . . . ».90

Les 20 grammes en fer, ».15 ; en cuivre, ».25.

92 bis **Fil de fer** étamé et dressé pour cages, par longueurs de 1 mètre :
Les 50 mètres **1.75** . . . . Le mètre. ».05

Fil de fer étamé très fin pour attacher : La bobine. . . . . ».25

CLOUS DORÉS FINS POUR ORNEMENTATION

93 A tête demi-bombée :

Diamètre de la tête en millimètres. . .	8	9	11	12
Le cent.	».50	».65	».75	».90
La douzaine.	».10	».10	».15	».15

93 94

94 A tête bombée :

Diamètre de la tête en millimètres.	4	6	8	10	12
Le cent.	».75	».70	».80	».90	1.30
La douzaine.	».10	».10	».10	».15	».20

95 A tête conique :

	m/m4	6	8	10	12
Le cent.	».85	».85	1. »	1.10	1.75
La douzaine.	».15	».15	».15	».15	».25

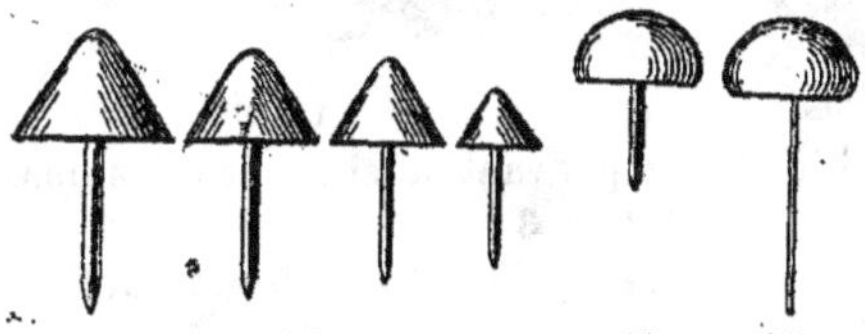

95 97 98

96 **Petits clous dorés,** tête ornementée, de 3 à 5m/m de diamètre :
La douzaine. . . . . ».10
Le cent . . . . ».75

1 2 3 4
5 6 7 8
9 10 11 12
13 14 15 16 17
18 18 bis 19 19 bis 20

96 bis **Clous ornementés dorés** pouvant aussi servir de milieux :

Nos	1	2	3	4	5	6	7	8	9	10	
La pièce	».15	».15	».15	».15	».15	».15	».15	».10	».15	».15	
Nos. . .	11	12	13	14	15	16	17	18	18bis	19	19bis	20
La pièce	».10	».10	».10	».10	».10	».10	».10	».10	».10	».10	».10	».10

Prix spéciaux par 1000.

NOTA. — *Les clous nos 18 et 18 bis ainsi que ceux nos 19 et 19 bis sont disposés de façon à pouvoir se raccorder pour former bordure ou encadrement.*

97 **Clous émail** toutes couleurs :

Le cent	1.50
La douzaine	».25

98 **Clous cristal** toutes couleurs :

Diamètre de la tête en millimètres	8	10	12
Le cent	1.10	1.50	2. »
La douzaine	».20	».20	».25

99 **Clous d'acier poli** à facettes :

	A	B	C	D	E	F	G	H
Le cent.	».55	».60	».70	1.40	2.50	3.75	9.50	1.25
La douz.	».10	».10	».10	».20	».40	».55	1.40	».20

	I	J	K	L	M	N	O
Le cent.	1.50	1.80	1.50	2.25	3.40	2.60	4.90
La douzaine.	».25	».30	».25	».35	».50	».40	».65

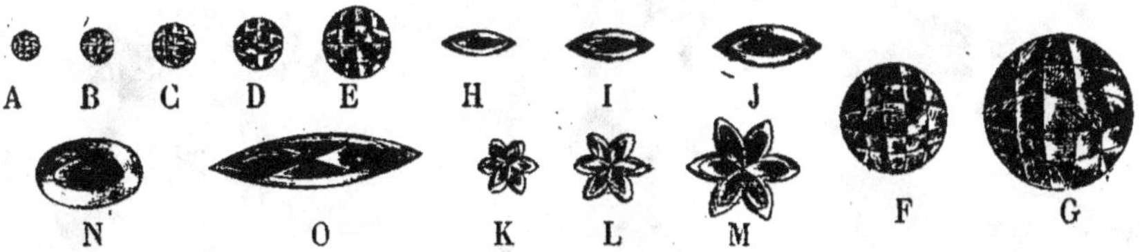
A
B
C
D
E
H
I
J
F
G
N
O
K
L
M

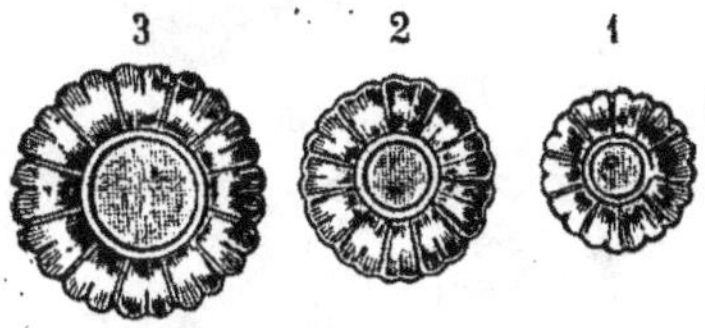
3
2
1

99bis **Rosaces pour clous**, dorées ou argentées :

Nos	1	2	3
La douzaine	».50	».60	».80

ORNEMENTS DIVERS EN BRONZE DORÉ OU ARGENTÉ

	A	B	C	D	E
100 **Entrées**	15	10	20	20	20 c.

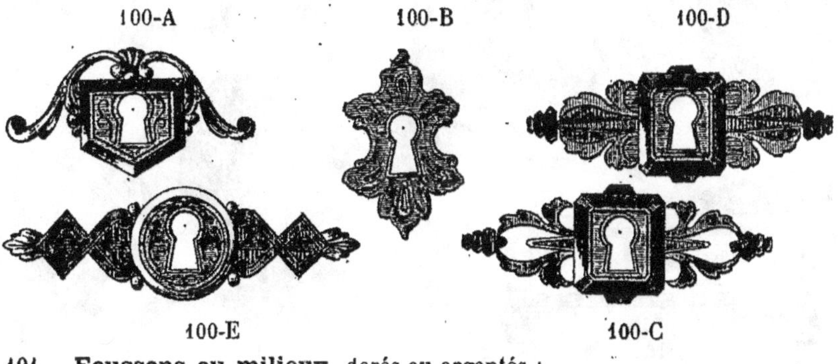
100-A
100-B
100-D
100-E
100-C

101 **Ecussons ou milieux**, dorés ou argentés :

Nos	1	2	3	4	5	6	7	8	9	10	11
	».30	».35	».25	».30	».25	».25	».25	».30	».20	».25	».25
Nos	12	13	14	15	16	17	18				
	».25	».40	».15	».20	».15	».20	».25				

Prix spéciaux par 100 de la même sorte, bruts ou dorés.

1

3

4

5

6

7

8

9

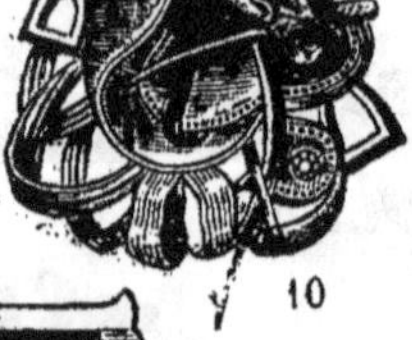

10

11

12

SOUVENIR

13

14

15

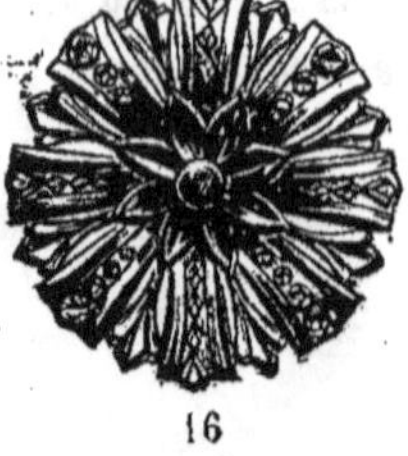

16

17

18

102 **Coins de boîtes**, dorés ou argentés :

Nos	1	2	3	4	5	6	7
La pièce. . .	».25	».30	».20	».30	».15	».15	».30

2
3
1
4

5
6

7

NOTA. — *Le coin n° 7 est composé de deux morceaux qui peuvent s'assembler d'onglet pour faire le coin ou se placer bout à bout et être employés comme bordure de cadres, coffrets, etc.*

Prix spéciaux par 100.

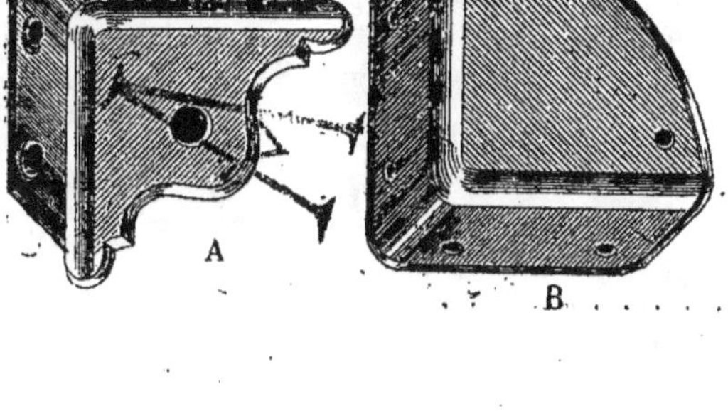
A
B

Coins cuivre fort pour boîtes, coffrets, etc., très solides et protégeant l'angle, longueur 27m/m, la garniture de 8.

Modèle. .	A	B
	5.75	3. »

103 **Galeries** pour bordures, bronze doré ou argenté.

N° 1 le mètre 0.90

» 2 » 1.10

» 3 » 1.20

» 4 » 1.40

» 5 » 1.75

» 6 » 2.50

105 **Attaches** dorées ou argentées pour assembler et fixer les planches à plat ou pour coins de corbeilles et boîtes. Ces attaches se plient à tous les angles ou se courbent à volonté.

Modèle	A	B	C
La douzaine	».25	».45	».50

105-A

105-B

105-C

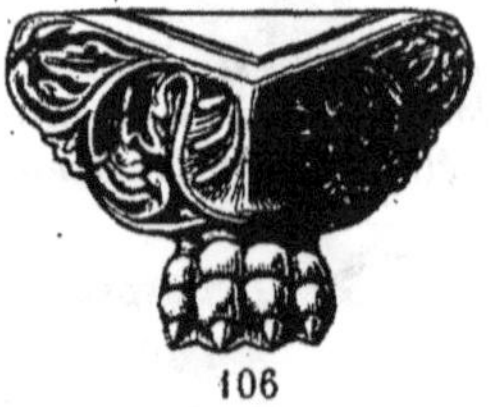

106

107

105bis

105bis **Clous attaches** à deux tiges, flexibles, dorés ou argentés pour assembler les corbeilles, boîtes, etc., servant en même temps à l'ornementation.

N° 1, pour les bois minces, jusqu'à 3m/m. La douzaine . . . . . ».30

N° 2, pour les bois jusqu'à 7m/m. . . . . ».35

106 **Pieds griffes de lion**, pour boîtes, coffrets, corbeilles, etc.

Numéros	1	2	3	4
Dorés ou argentés, la pièce	».15	».20	».25	».35

107 **Pattes de lion** très renforcées, dorées ou argentées, la pièce . . . . ».20 ».30 ».40 ».50

108 **Pieds boules** faisant angle, nouveaux modèles, dorés ou argentés, modèle . . . . A ».35 — C ».35

108-A

108-C

108 bis

108bis **Pieds Louis XV.** Numéros	1	2	3
Longueur.	37	48	60m/m
Prix, dorés ou argentés, la pièce	».15	».20	».30

108 ter

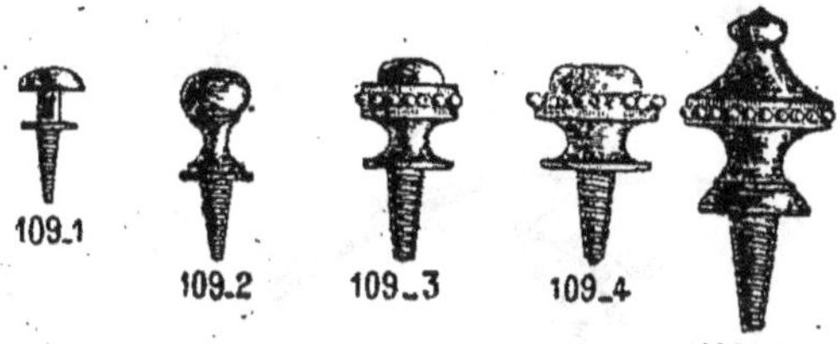

109.1 109.2 109.3 109.4 109.5

108ter **Pieds Renaissance.** Numéros.	1	2	3
Dorés ou argentés	».15	».20	».25

109 **Pieds de coffrets** cuivre tourné à vis :

Numéros	1	2	3	4	5
Dorés ou argentés, la pièce. . . .	».10	».15	».20	».30	».40

110

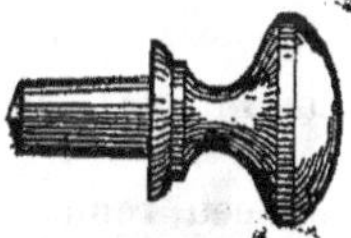

110 **Pieds de coffrets** en bois verni, acajou, chêne, noyer ou palissandre. Diamètre 10, 15, 20m/m. La pièce . . . . ».10

NOTA. — *Ces pieds tournés peuvent également servir de boutons de tiroir.*

111

111 **Petits boutons** en os blanc ou en ébène, pour tiroirs ou petits pieds, nos 1, 2, 3, la pièce . . ».10
Par douz., la douzaine . . . . ».90
No 4, la pièce ».15. la douzaine. . 1.50

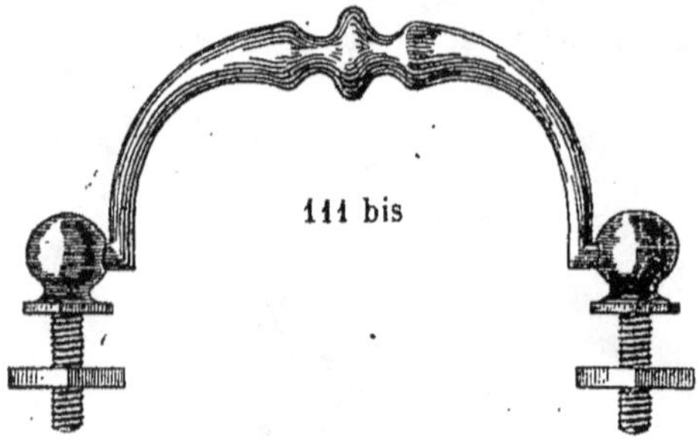
111 bis

111bis **Poignée** cuivre fondu, polie, avec écrous. . . . . ».90

112 **Poignées** pour coffrets, boîtes à gants, etc., très soignées, dorées ou argentées :

Nos.	1	2	3
La pièce	».60	1. »	1.40

Nos.	4	5	6	7	8
La pièce	».80	».75	1. »	».80	».75

112bis **Poignée japonaise**, bronze oxydé, à écrou . . . . ».90

112ter **Anneau japonais**, bronze oxydé, à écrou . . . . ».30

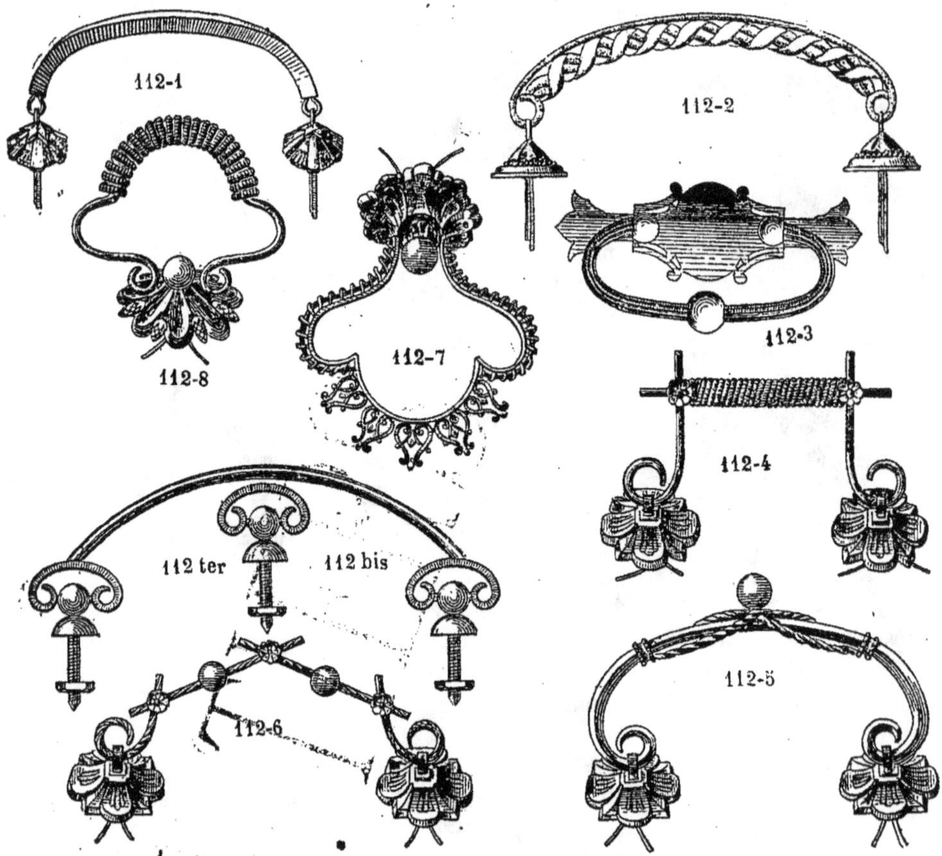
112-1
112-2
112-8
112-7
112-3
112-4
112 ter
112 bis
112-5
112-6

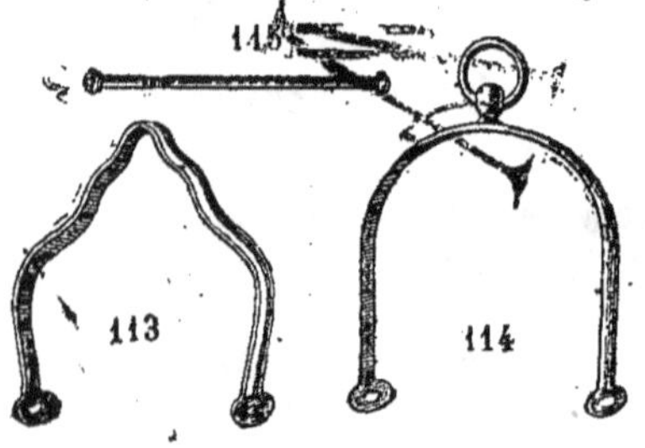
115
113
114

113 **Bélières** pour éventails, cuivre doré, la pièce . . . . ».25

114 **Bélières** pour éventails, à anneau, renforcées, la pièce . . . . ».50

115 **Vis** pour éventails montées avec pierre, la pièce . . . . ».40

116 **Crochets Porte-Montre** vernis :

	La paire.	La douzaine.
A pointe.	05	30
A vis	10	50

117 **Crochets Porte-Montre** dorés ou argentés :
A pointe, la paire. . . . . » 10 la douzaine. . . . . ».50
A vis . . . . ».15 » . . . . ».80

117bis **Crochets Porte-Montre,** à écrous, à grande rosace, la pièce. . . ».25

118 **Crochets** pour boucles doreilles, en argent, la paire . . . . ».40

119 » » » » en argent doré, la paire . . . . . ».50

120 **Epingles** à charnières en cuivre, pour monter les broches, la pièce ».20

121 **Binets ou Porte-Bougies** en cuivre ciselé et repoussé, pour candélabres et suspensions, la pièce . . . . ».40

122 **Les mêmes,** dorés ou argentés, la pièce . . . . ».60

123 **Rosaces** pour porte-bougies, en cuivre tourné et ciselé. . . . . . ».25

124 » » » dorée ou argentée. . . . . ».50

116

117 bis

122

123

125-A

125-B

125-C

125-D

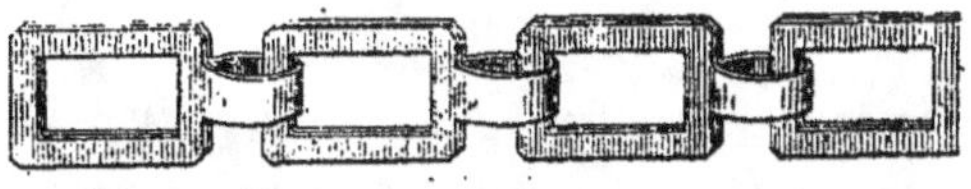

125-E

125-F

125-G

125-H

125-I

Chaînes pour suspensions :

	Modèles	A	B	C	D	E	F	G	H	I
125	En cuivre . . le mètre . .	25	30	35	60	70	90	1.25	2.25	3.50
126	Dorées ou argentées » . .	50	60	70	90	1 10	1.30	1.75	3. »	5.25

Esses pour accrocher les chaînes, grosseur proportionnée à la longueur:

	Longueur en millimètres	20	25	30	40
127	En cuivre, la pièce	».05	».10	».15	».20
128	Dorées ou argentées	».10	».15	».20	».30

127

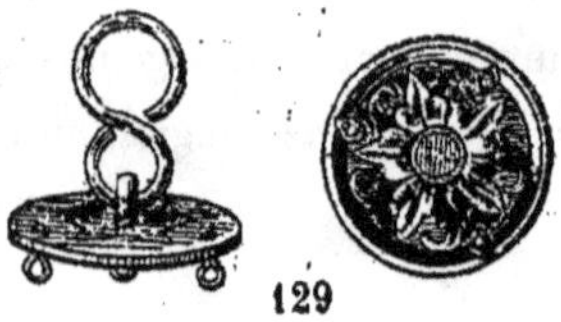
129

129 **Pavillons** cuivre fondu et ciselé pour relier les chaînes au plafond :

La pièce . . . . à 3 esses, 1.15; à 4 esses 1.40

130 **Les mêmes,** dorés ou argentés. . . » 1.60 » 1.90

134 **Christs** en plastique, fins :

	8	10	12	15	18	20°/m
La pièce	».30	».40	».50	».70	».80	».90

135 **Christs** en os fin :

Centimètres	4	5 1/2	8	11	14	16	19°/m
La pièce	».75	1. »	1.40	2.35	4.15	5.50	8.10

135bis **Christs**, en celluloïd, imitation ivoire :

Centimètres	7	9	11	13	15	17	19	21
La pièce	1.90	2.25	3.»	4.»	4.50	5.50	5.75	8.20

136 **Christs** en métal :

Cent.	6	8	10	12	14	16	18	20	22	27
Bronzés	».40	».50	».80	1.25	1.70	2.40	3. »	4.50	5. »	6. »
Nickelés	».40	».50	».80	1.25	1.70	2.40	3. »	4.50	8. »	9. »
Argentés	».50	».60	».90	1.50	2. »	2.80	4.25	5 50	8. »	10. »
Dorés	».80	».90	1.35	2. »	3. »	4. »	6. »	8. »	11. »	12. »

137 **Vis de Christs** bleuies, écrous cuivre :

Millimètres	20	25	30
La garniture complète	».25	».30	».40

138 **Coquilles de Bénitiers**, porcelaine blanche :

	Petites	Moyennes	Grandes
La pièce	».10	».20	».30

139 **Coquilles de Bénitiers**, façon naturelle, nos

	1	2	3	4
La pièce	».15	».30	».45	».60

140 **Coquilles de Bénitiers** naturelles, premier choix, toutes grandeurs, apprêtées, meulées et percées, la pièce . . . . 1. »

INRI

136 138 139 140

140bis **Coquilles de Bénitiers**, en celluloïd, imitation ivoire :

Nos	1	2	3	4
La pièce	».75	1.10	1.50	1.85

141	**Vis de Bénitiers** avec écrous cuivre	20	30m/m
	La pièce	».10	».15
142	**Manches d'Ecrans** bois noir verni	La pièce	».20
143	**Manches d'Ecrans** acajou, palissandre, citronnier.	»	».90

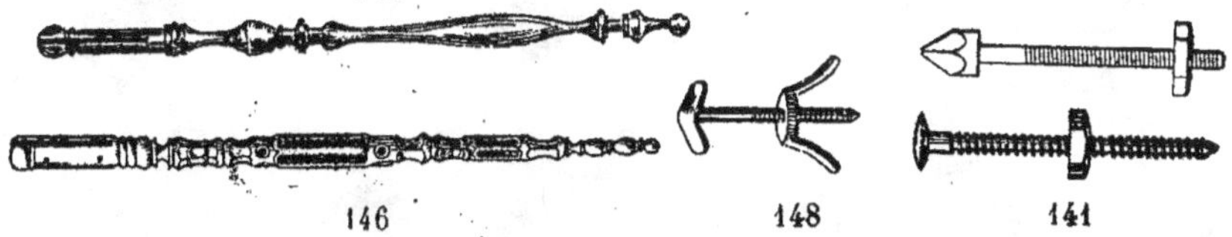

142 137 146 148 141

144	**Manches d'Ecrans** ébène, bois de rose	La pièce.	».90
145	**Manches d'Ecrans** os fin	»	».75 et ».90
146	**Manches d'Ecrans** os guillochés pleins	»	1.25
	Manches d'Ecrans os guillochés à jour	»	1.50
147	**Manches d'Ecrans** ivoire	»	5. »
148	**Vis d'Ecrans**, cuivre doré	»	».15

NOTA. — *Il faut deux vis par écran.*

149 **Thermomètres** sur plaque en métal émaillé inaltérable :

Centimètres	8 et 11	13	15	17	20
La pièce	1.70	2. »	2.20	2.50	2.75

151 **Baromètres anéroïdes** très soignés, cadrans pleins. 11.25

152 » » » » » à jour 13.75

153 **Entourages** en bois noir verni, pour les fixer sur le découpage. . 2.25

154 **Garniture de colonnes** pour caves à liqueurs, composée de 1 grande colonne en bois noir verni avec poignée cuivre ciselé pour le milieu, et 6 petites colonnes également en bois noir verni, la garniture 2.50

155 **Garniture pour huilier**, composée de : 1 grande colonne bois noir verni et de 4 petites, la garniture 1.70

156 **Garniture pour salières ou ménagère**, composée de : 1 grande colonne en bois noir verni et de 3 petites, la garniture . 1.60

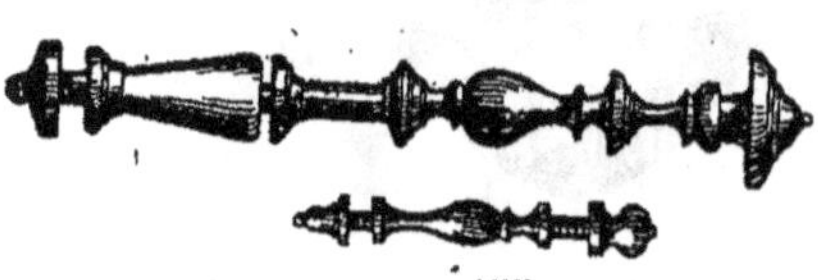

155

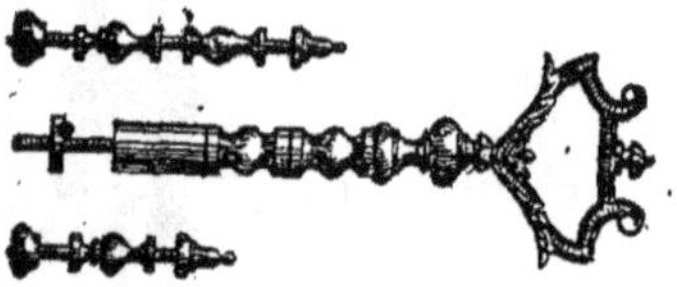

154

Garnitures pour porte-cigares tournants :

157 1° — **1 grande colonne** en bois noir verni avec bouton tournant, **6 colonnes** avec rainures pour fixer les portes et **3 pieds** noirs vernis 2.50

158 2° — **Roues d'engrenage** en bois debout, taillées mécaniquement, 1 grande et 6 petites. 1.50

159 3° — **Anneaux et Coquilles** en cuivre verni pour recevoir les cigares. La garniture de 6 de chaque 1.60

Les mêmes, dorés. 2.50

157

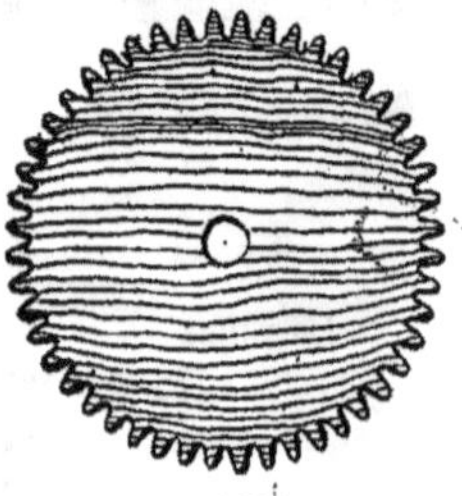

158

159

160 **Appareil musical** pour placer dans les porte-cigares ou dans une boîte quelconque : A deux airs. 10.50

161 A trois airs. . . . . 18. »

161 **Mouvement** de pendule parfaitement réglé et repassé, de quinzaine, à sonnerie, s'adaptant aux dessins de nos collections, prix. 28. »

Mouvement de coucou avec poids pomme de pin, prix . . . . . ~~16.~~ »18

162 **Papier velours** bleu, vert, rose, rouge clair, rouge foncé, grenat, violet et noir pour fonds et appliques, la feuille de 65 sur 50c/m. ».45

Le rouleau de 12 feuilles d'un seul morceau. 4.75

163 **Papier doré et argenté** uni, pour fonds et appliques, de 65 sur 43c/m, la feuille . . . . ».75

164 **Le même**, gaufré, façon maroquin, la feuille . . . . ».75

165 **Carnet d'échantillons** de papiers velours, doré et argenté . . ».20

CRISTAUX POUR LA GARNITURE DU DÉCOUPAGE

	Caves à liqueurs	La garniture de 4 carafons et 16 verres	La garniture de 2 carafons et 6 verres	Le carafon seul	Le verre seul
235	Verre gravé ordinaire . .	8.75	4.20	1.10	».30
236	Verre bohême gravé fin .	11.75	5.15	1.50	».40
237	Cristal taillé	16.50	7.25	2.10	».55
238	Cristal taillé 1er choix . .	26. »	11.50	3.25	».80

Caves à liqueurs à tonneau bohême gravé, la garniture de 1 tonneau avec robinet métal inoxydable doré et 6 verres à anse également gravés.

239 Le tonneau grand modèle de 125 × 85m/m 3.25

Les 6 verres. 1.50

240 Le tonneau petit modèle 2.75

Les 6 verres 1.50

Caves à odeurs, la garniture composée de 4 flacons cristal taillé en plein.

241 Cristal blanc, la garniture. 2.90

242 Cristal azuré » 3.50

243 **Boîtes à houppes**, la garniture composée d'un flacon porte-houppes et 2 flacons à odeur, cristal blanc taillé en plein 4.50

	Burettes à huile.		A anse	A 2 becs
244	Verre moulé.	la pièce.	».70	».60
245	1/2 cristal taillé	»	1.50	1.25
246	Cristal taillé 1er choix	»	2.60	2.20

247 **Salières**, 1/2 cristal taillé . . . . la pièce. ».50

248 **Moutardiers** » » . . . . » 1. »

249 **Salières**, 1/2 cristal, bords plats . . . . » ».30

249 bis **Moutardiers** » » . . . . » ».60

250 **Salières**, verre moulé. . . . . » ».20

251 **Moutardiers** » » . . . . » ».40

Cornets pour porte-bouquets.

		10	12	14	16	18	21	24
	Longueurs : °/m.	10	12	14	16	18	21	24
252	Verre uni, la pièce.	».20	».25	».35	».45	».60	».70	1.10
253	1/2 cristal gravé ».	».35	».45	».60	» 80	1. »	1.50	2. »
254	Cristal taillé ».	1.40	1.60	1.80	1.90	2.40	3.30	4.25

254 bis **Cornets** bohême opale, décorés, **modèles nouveaux**.

	15	18	21	24
Centimètres	15	18	21	24
La pièce	1.10	1.25	1.90	2.50

Surtouts bohême opale, décorés, composés d'un cornet et un vide-poches.

Longueur du cornet °/m	15	18	21
La garniture	2.50	3. »	3.50

Cornets nouveaux modèles, cristal de Bohême, dits soliflor (pour dessins spéciaux).

Modèle A, gravé . . . . . 1. »
Modèle B, décor émail 1.40
Modèle C, opale décor or en relief et fleurs 1.70
Modèle D, taillé et gravé . . . . . 2. »

255 **Boules d'aquarium** contenant environ 6 litres.

Verre uni 4.50
Verre gravé 6.50

Encriers et Sabliers.

256 Verre bambou, sans couvercle ni garniture . . . . . la pièce. ».15
257 Verre bambou, avec couvercle et garniture cuivre . . . . . » ».35
258 Verre bambou, avec couvercle, doré ou argenté . . . . . » ».50
259 **Encriers** verre à pans, avec couvercle et garniture cuivre . . . . . » ».40
260 **Les mêmes**, avec couvercle et garniture dorée ou argentée . . . . . » ».60
261 **Encriers** en cristal taillé, couvercle bronze tourné, nickelé ou doré . . . . . » 1.40

Coupes porcelaine avec décors, façon Sèvres.

262 Diamètre : 16 centimètres . . . . . » 2 25
263 » 28 » . . . . . » 7.75

263 bis **Coupes** pour vide-poches, cristal de Bohême.

Modèle E, gravure fine, bord taillé . . . . . 2. »
Modèle F, décor or en relief 1.80

Nous avons en magasin les glaces biseautées de premier choix pour tous nos dessins.

Voir la nomenclature des dessins à la fin du tarif.

Garniture pour le dessin porte-lampe 475 à 477, de la Collection parisienne.

Lampe cristal avec verre et mèche bec rond, 12 lignes . . . . . 5. »
La même, avec bec Dupleix 10.50
Abat-jour, dôme opale, 35m/m 3.35
» simili-céladon 5.65
Double céladon 14.50
Fumivores, calotte opale, avec monture 0.65
Simili-céladon 1.05
Double céladon 1.55

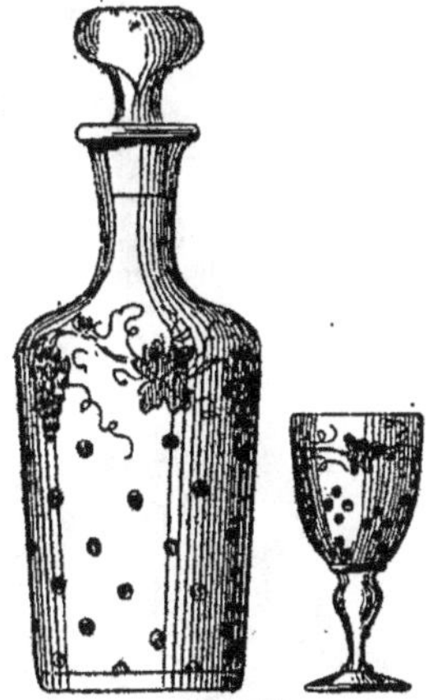
235

237

238

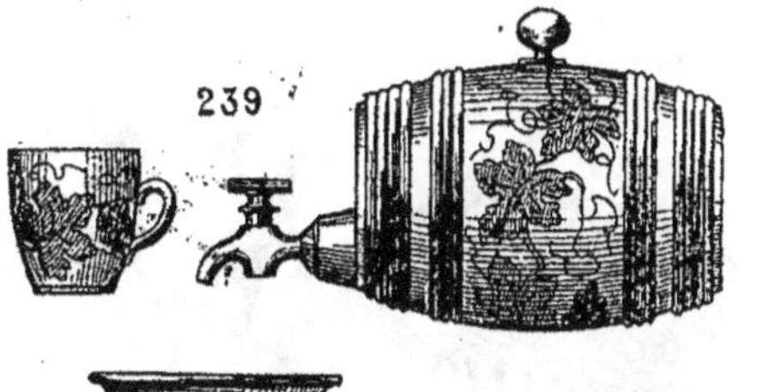
239

243

243

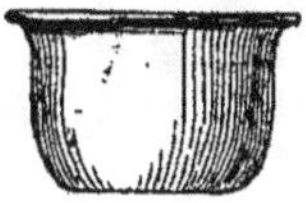
249

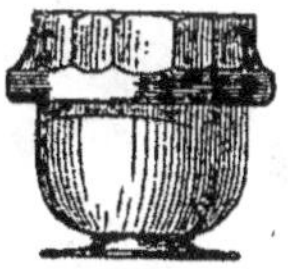
247

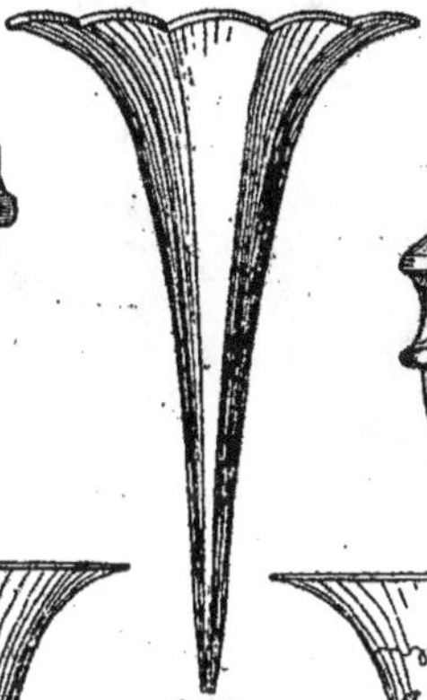
254

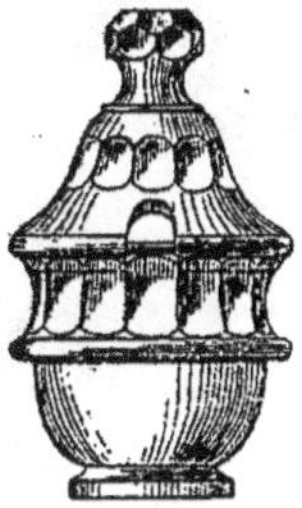
248

245

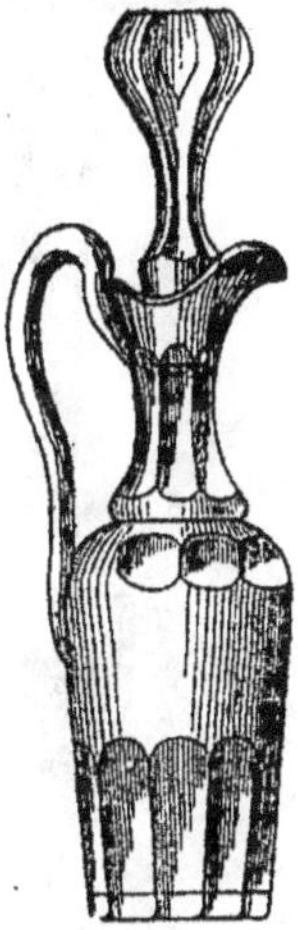
245

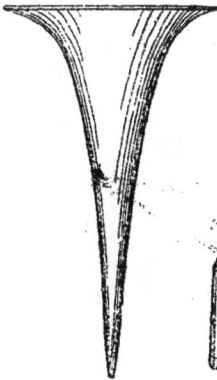

252

241

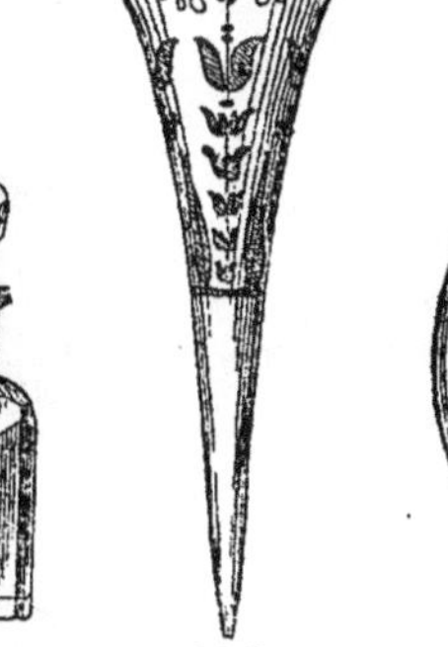
253

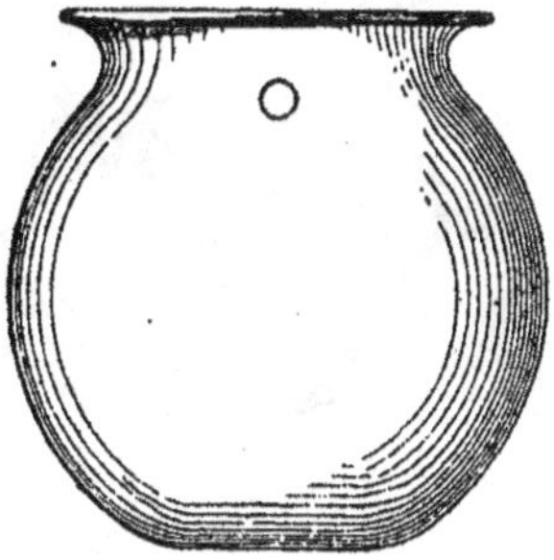
255

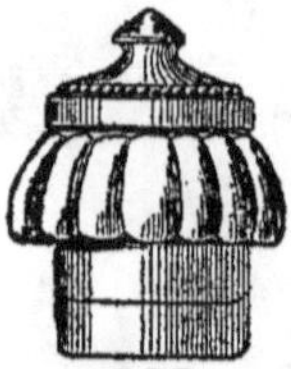

257

263

261

259

262

254

A

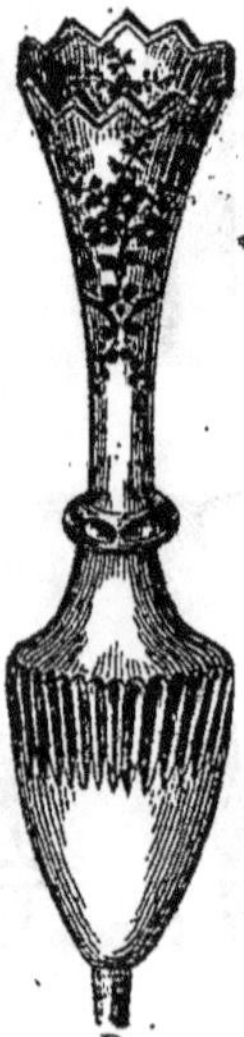

B

C

D

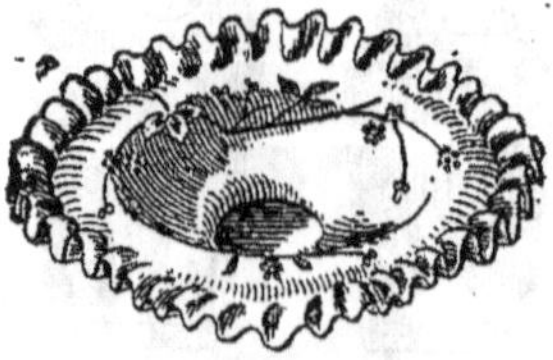

254 ter

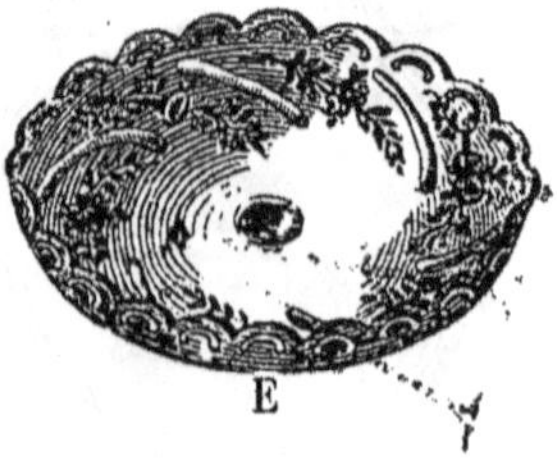

E

F

BOITES D'OUTILS DE DÉCOUPAGE

Boîte N° 0, à 12 fr. 75

Composée de : 1 porte-scies ordinaire de 30 cent., 1 table à scier, 4 douzaines de scies 1re qualité, 1 drille, 1 tournevis, 2 limes à retoucher, 2 vrilles, 1 poinçon, 1 ciseau et 1 gouge emmanchés, 1 crayon à décalquer bout os, 1 feuille de papier à décalquer, 1 petit marteau, 1 petit assortiment de pointes et 3 dessins du *Petit Découpeur*.

Boîte N° 1 à 15 fr. 50, mêmes dimensions que le N° 0.

Composée de : 1 porte-scies en acier de 30 cent., 1 table à scier, 4 douzaines de scies qualité extra, 1 drille fort, 1 tournevis, 2 limes à retoucher, 2 vrilles, 1 poinçon, 1 crayon à décalquer bout os, 1 petit marteau, 1 ciseau et 1 gouge emmanchés, 1 feuille de papier à décalquer, un petit assortiment de pointes et 3 dessins du *Petit Découpeur*.

Boîte N° 2 à 22 fr. mêmes dimensions que le N° 3.

Composée de : 1 porte-scies en acier de 33 cent., 1 table à scier avec presse, 6 douzaines de scies qualité extra, 1 marteau, 1 tenaille, 1 drille fort, 2 limes à retoucher, 1 tranchet, 1 tournevis, 1 poinçon, 1 crayon à décalquer, 1 feuille de papier à décalquer, 1 flacon colle brune, 1 flacon vernis brun, 1 flacon huile brune, 2 vrilles, assortiment de petites pointes, 4 dessins du *Petit Découpeur*.

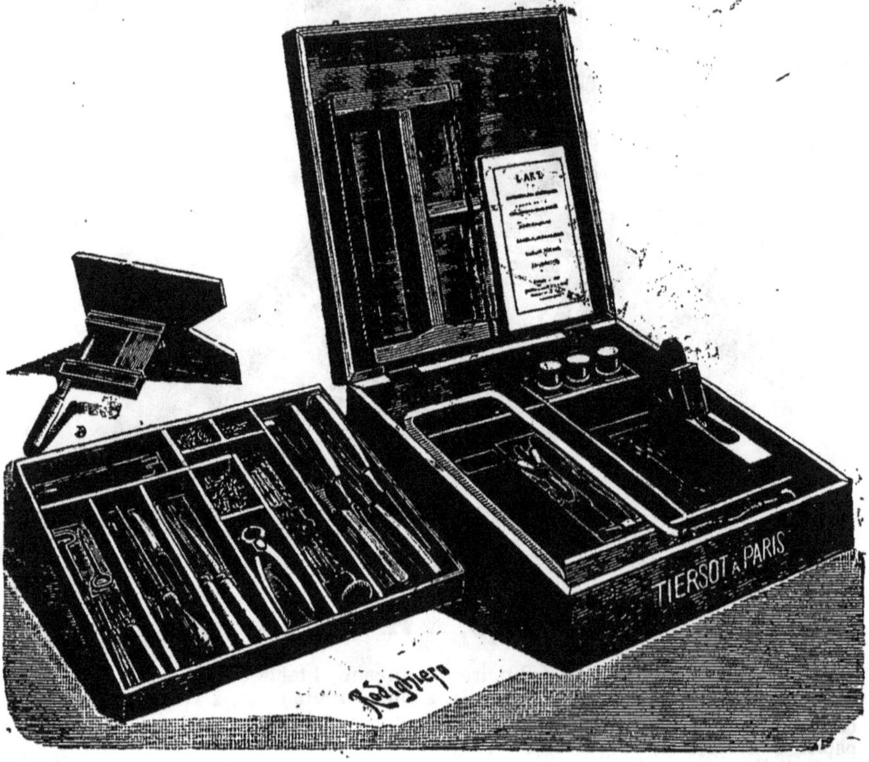
TIERSOT A PARIS

Boîte N° 3 à 35 francs

Composée de : 1 porte-scies en acier de 33 cent., 1 table à scier avec presse, 6 douzaines scies qualité extra, 1 marteau, 1 tenaille, 2 ciseaux affûtés, 2 gouges affûtées, 1 drille, 1 rabot, 2 limes à retoucher, 1 tranchet, 1 tournevis, 1 petite scie de menuisier, 1 équerre, 1 râcloir, 1 affiloir, 1 poinçon, 1 crayon à décalquer, 1 feuille papier à décalquer, 1 flacon de colle brune, 1 flacon vernis au pinceau, 2 pinceaux, 1 flacon d'huile, 2 vrilles, une méthode de découpage, 4 dessins assortis, 1 petit assortiment de pointes.

PUBLICATIONS DE LA MAISON

(JOURNAUX ET DESSINS)

Journal de l'Amateur

(16 pages de texte, format in-4°)

Donnant les explications nécessaires à l'assemblage et au montage du dessin de la *Collection parisienne*, de la *Découpure illustrée* et du *Petit Découpeur*.

Le numéro : **0** *fr*. **30.**

JOURNAL DE L'AMATEUR N° 1

Collection parisienne n° 474. — Découpure illustrée n° 279. Petit découpeur n°s 529-530.

SOMMAIRE. — Note de la Rédaction. — Menuiserie d'amateur. — Les jouets. — Le pyrochrome. — Incrusta Marmor. — Outillage. — Les nouvelles machines à découper. — Chronique scientifique. — Explications des dessins.

JOURNAL DE L'AMATEUR N° 2

Collection parisienne n° 475. — Découpure illustrée n° 280. Petit découpeur n°s 531-532.

SOMMAIRE. — Menuiserie d'amateur. — Incrusta Marmor. — Chronique scientifique. — Les outils à cadre. — Tribune des abonnés. — Outillage : Les rabots américains. — Explications des dessins.

JOURNAL DE L'AMATEUR N° 3

Collection parisienne n° 476. — Découpure illustrée n° 281. Petit découpeur n°s 533-534.

SOMMAIRE. — Mécanique pratique. — Dessin d'amateur. — Outils à cadre. — Chronique scientifique. — La bibliothèque. — Tribune des abonnés : Demandes et Réponses. — Outillage moderne : les Wastringues américains. — Explications des dessins. — Poignée de recettes.

JOURNAL DE L'AMATEUR N° 4

Collection parisienne n° 477. — Découpure illustrée n° 282. Petit découpeur n°s 535-536.

SOMMAIRE. — Menuiserie d'amateur. — Escabeau de dessinateur. — Récréation mécanique. — Outillage moderne : Tournevis à hélice ; le Verrou américain. — Chronique scientifique. — Tribune des abonnés : Demandes et réponses. — Termes techniques : Argot d'atelier. — Explications des dessins.

JOURNAL DE L'AMATEUR N° 5

Collection parisienne n° 478. — Découpure illustrée n° 283.
Petit découpeur n°s 537-538.

SOMMAIRE. — Mécanique pratique. — Menuiserie d'amateur : Coffret Louis XIII. — Dessin d'amateur : Leçons de perspective. — Outillage moderne : Support pour affûter sur la meule. — Chronique scientifique. — Tribune des abonnés : Demandes et Réponses. — Explications des dessins. — Poignée de recettes.

JOURNAL DE L'AMATEUR N° 6

Collection parisienne n° 479. — Découpure illustrée n° 284.
Petit découpeur n°s 539-540.

SOMMAIRE. — Mecanique pratique. — Menuiserie d'amateur : table pliante. — Dessin d'amateur : Leçons de perspective. — Chronique scientifique. — Tribune des abonnés : Demandes et Réponses. — Explications des dessins. — Variétés.

JOURNAL DE L'AMATEUR N° 7

Collection parisienne n° 480. — Découpure illustrée n° 285.
Petit découpeur n°s 541-542.

SOMMAIRE. — Menuiserie d'amateur : Porte-potiches. — Dessin d'amateur : Leçons de perspective. — Chronique scientifique. — Tribune des abonnés : Demandes et Réponses. — Explications des dessins.

JOURNAL DE L'AMATEUR N° 8

Collection parisienne n° 481. — Découpure illustrée n° 286.
Petit découpeur n°s 543-544.

SOMMAIRE. — Menuiserie d'amateur : Coupe des moulures et corniches. — Outillage moderne : Manière de tourner la meule avec le support d'affûtage. — Marbres et Trusquins. — Chronique scientifique. — Tribune des abonnés : Demandes et Réponses. — Explications des dessins.

JOURNAL DE L'AMATEUR N° 9

Collection parisienne n° 482. — Découpure illustrée n° 287.
Petit découpeur n°s 545-546.

SOMMAIRE. — Mécanique pratique. — Menuiserie d'amateur : Selle d'artiste. — Dessin d'amateur : Leçons de perspective ; Assemblages physiqués ; Equerre à double épaulement. — Outillage moderne ; Equerre de précision réglable ; Niveau d'eau. — Chronique scientifique. — Tribune des abonnés : Demandes et Réponses. — Variétés techniques. — Explications des dessins.

Pour l'explication du dessin de la *Collection parisienne* n° 482, voir les n°s 7 et 8 du *Journal de l'Amateur*. — De la *Découpure illustrée*, n° 287, voir le n° 8 du *Journal de l'Amateur*. — Du *Petit Découpeur*, n°s 545, 546, voir le n° 8 du *Journal de l'Amateur*.

JOURNAL DE L'AMATEUR N° 10

Collection parisienne n° 483. — Découpure illustrée n° 288.
Petit découpeur n°s 547-548.

SOMMAIRE. — Dessin d'amateur : Procédé pratique pour augmenter ou réduire un profil de moulure. — Menuiserie d'amateur : Selle d'artiste (suite). — Outils tranchants (coin) : Angles tranchants rationnels. — Variétés techniques : Balustres carrés. — Bois de tour et de menuiserie : Buis, If, Olivier. — Chronique scientifique — Tribune des abonnés :

Demandes et Réponses. — Explications des dessins. — Variétés : Toxicité de la sueur.

Pour l'explication du dessin de la *Collection parisienne* n° 483, voir les nos 7 et 8 du *Journal de l'Amateur.*

JOURNAL DE L'AMATEUR N° 11

Collection parisienne n° 484. — Découpure illustrée n° 289.
Petit découpeur nos 549-550.

Sommaire. — Menuiserie d'amateur : Coffre à bois Louis XV. — Dessin d'amateur : Procédé pour réduire un profil de moulure. — Mécanique pratique. — Variétés techniques : Brasure et soudure. — Tribune des abonnés : Demandes et Réponses. — Chronique scientifique. — Explications des dessins. — Variétés : Electricité végétale ; la confection d'un grand journal américain.

Pour l'explication des dessins de la *Collection parisienne* n° 484, voir les nos 7 et 8 du *Journal de l'Amateur*, et pour la *Découpure illustrée* n° 289, voir le n° 10 du *Journal de l'Amateur.*

JOURNAL DE L'AMATEUR N° 12

Collection parisienne n° 485. — Découpure illustrée n° 290.
Petit découpeur nos 551-552.

Sommaire. — Menuiserie d'amateur : Bois de paravent. — Dessin d'amateur : Réduction à l'horizon. — Mécanique pratique : 7e leçon. — Variétés techniques : Brasure des métaux. — Outillage moderne : Nouveau mandrin à fileter, breveté, à ouverture automatique des coussinets. — Tribune des abonnés : Demandes et réponses. — Chronique scientifique. — Variétés : Les bacs porte-trains. — Explication des dessins.

Pour l'explication des dessins de la *Collection parisienne* n° 485, voir les nos 7 et 8 du *Journal de l'Amateur.*

LE DÉCOUPEUR FRANÇAIS ILLUSTRÉ

(16 pages de texte).

Journal mensuel artistique, scientifique et littéraire.

Avec la Collection Parisienne réunie.

Le numéro complet : **0** *fr.* **70.**

DÉCOUPEUR FRANÇAIS N° 1 (*Collection parisienne n° 24*)

Texte. — Explication des dessins. Instructions pratiques sur les travaux de la scie à découper. Chapitre Ier, des modèles de découpure.

Dessin n° 24. — Aquarium style Louis XIV. Cariatides et dauphins. Porte-cigares et étagère pour 20 cigares.

DÉCOUPEUR FRANÇAIS N° 2 (*Collection parisienne n° 25*)

Texte. — Explication des dessins (Suite du chapitre Ier). Pochoir, calque, décalque.

Dessin n° 25. — Nécessaire pour dames, en deux bois, style Louis XV (Suite au n° 26).

DÉCOUPEUR FRANÇAIS N° 3 (*Collection parisienne n° 26*)

TEXTE. — Explication des dessins. Suite du chapitre Ier, collage. Chapitre II, choix et préparation des bois ; art. 1er, choix des bois.

DESSIN n° 26. — Grand cadre pour gravures, de 30 × 20. Cadre de photographie, visite. Coupe-papier. Suite du coffret pour dames.

DÉCOUPEUR FRANÇAIS N° 4 (*Collection parisienne n° 27*)

TEXTE. — Explication des dessins. Suite du chapitre II, choix des bois.

DESSIN n° 27. — Armoire-étagère avec tiroir, style mauresque. Cadre pour calendrier à effeuiller ou pour photographie, style Louis XIV. (*Epuisé.*)

DÉCOUPEUR FRANÇAIS N° 5 (*Collection parisienne n° 28*)

TEXTE. — Explication des dessins. Suite du chapitre II, choix des bois ; article 2, préparation des bois.

DESSIN n° 28. — Psyché ou miroir de toilette tournant, avec tiroir.

DÉCOUPEUR FRANÇAIS N° 6 (*Collection parisienne n° 29*)

TEXTE. — Explication des dessins. Suite du chapitre II, préparation des bois. Chapitre III, emploi des matières osseuses et des métaux pour la découpure ; article 1er, matières osseuses. Reproduction des dessins au moyen du papier au ferro-prussiate de potasse.

DESSIN n° 29. — Girandoles et candélabres d'applique, pour 3, 5, 7, ou plus ou moins de bougies.

DÉCOUPEUR FRANÇAIS N° 7 (*Collection parisienne n° 30*)

TEXTE. — Explication des dessins. Suite du chapitre III. Imitations en contrefaçon de l'ivoire, de l'écaille, de la nacre, etc. Article 3, métaux : zinc, cuivre ou laiton, etc.

DESSIN n° 30. — Porte-pipes roses et feuillage. Porte-pipes étagère Vive le vin, l'amour et le tabac. Petite boîte à ouvrage à 8 pans, cadre en 2 bois.

DÉCOUPEUR FRANÇAIS N° 8 (*Collection parisienne n° 31*)

TEXTE. — Explication des dessins. Instructions pratiques sur les travaux de la scie à découper. Chapitre IV (suite), outillage et machines à découper ; article 1er, foret, drille et machine à perforation.

DESSIN n° 31. — Porte-pelotes. Encadrement pour 3 sujets, à suspendre ou à poser debout. Porte-pipes, style tartaro-slave. Cache-pots ou corbeilles jardinières, en 3 pièces, par l'auteur du *Façonneur.*

DÉCOUPEUR FRANÇAIS N° 9 (*Collection parisienne n° 32*)

TEXTE. — Explication des dessins. Instructions pratiques sur les travaux de la scie à découper. Chapitre IV (suite), outillage et machines à découper. Article 1er (suite), foret, drille et machines de perforation. Article 2, scies carrées. Article 3, montures et bocfils, par J. Carante.

DESSIN n° 32. — Petit panier à ouvrage à anse et fermoir. Garniture de cheminée. Candélabre à 5 branches. Lettres découpées, par J. Carante. A.B.J.K.Q.R.U.T.

DÉCOUPEUR FRANÇAIS N° 10 (*Collection parisienne n° 33*)

TEXTE. — Explication des dessins. Instructions pratiques sur les travaux de la scie à découper. Chapitre IV (suite), outillage et machines à découper. Article 3, montures et machines (suite), par J. Carante.

DESSIN n° 33. — Garniture de cheminée Pendule. Corbeille octogonale servant de couronnement à la pendule. Vase à 6 côtés, par J. Carante.

DÉCOUPEUR FRANÇAIS N° 11 (*Collection parisienne n° 34*)

TEXTE. — Explication des dessins. Instructions pratiques sur les travaux de la scie à découper. Chapitre IV (suite), outillage et machines à découper. Machines à volants, par J. Carante.

Dessin n° 34. — Etagère à 4 rayons, par Lithual. Calice à fleurs, par Bourrichon.

DECOUPEUR FRANÇAIS N° 12 (*Collection parisienne n°* 35)

Texte. — Explication des dessins. Instructions pratiques sur les travaux de la scie à découper. Chapitre IV (suite), outillage et machines à découper. Article 4, machine à percer. Chapitre V, sciage et découpure. Article 1er, étude et fonctionnement des machines, par J. Carante.

Dessin n° 35. — Grande cage, style gothique, par J. Carante.

DECOUPEUR FRANÇAIS N° 13 (*Collection parisienne n°* 36)

Texte. — Explication des dessins. Instructions pratiques sur les travaux de la scie à découper. Chapitre V, sciage et découpure. Article 1er, étude et fonctionnement des machines, par J. Carante.

Dessin n° 36. — Suite de la cage gothique, par J. Carante. Etagère de coin, par Decaze.

Supplément, — *Sculpture*. Règle plate, par P. de Certines.

DÉCOUPEUR FRANÇAIS N° 14 (*Collection parisienne n°* 37)

Texte. — Explication des dessins. Instructions pratiques sur les travaux de la scie à découper. Chapitre V, sciage et découpure. Article 1er, étude et fonctionnement des machines. Article 2, principes de découpure, par J. Carante

Dessin n° 37. — Boîte à gants, par Bonnod. Grand cadre carré, par Malinvaud. — *Découpure sur métaux*. Cadre, par Lemercier. — *Sculpture*. Motifs pour écran ou encadrement, ou miroir, par P. de Certines.

DÉCOUPEUR FRANÇAIS N° 15 (*Collection parisienne n°* 38)

Texte. — Explication des dessins. Instructions pratiques sur les travaux de la scie à découper. Chapitre V, sciage et découpure. Article 1er, étude et fonctionnement des machines. Opérations préliminaires. Manière d'envisager et de traiter les sujets en découpure.

Dessin n° 38. — Nouvelle application de la découpure. Colonnes carrées, utilités pratiques. Echecs et leurs boîtes, par J. Carante. — *Marqueterie ornementée*. Echiquier, par Ch. Rauge. — *Sculpture*. Motif pour calendrier à effeuiller, ou cadre, par P. de Certines.

DECOUPEUR FRANÇAIS N° 16 (*Collection parisienne n°* 39)

Texte. — Explication des dessins. Feuille de corne naturelle, pour la découpure, par la Rédaction. Procédé pour faire une colle à coller le papier sur le bois, par Danchoville. Instructions pratiques sur les travaux de la scie à découper. Chapitre V (suite), sciage et découpure. Article 2, principes de découpure : les points d'attache, façonnage du bois, casse et rupture des bois.

Dessin n° 39. — Corbeille ou jardinière, style Louis XV, par Maria. — *Sculpture*. Croix ou bénitier, par P. de Certines.

DECOUPEUR FRANÇAIS N° 17 (*Collection parisienne n°* 40)

Texte. — Explication des dessins. Instructions pratiques sur les travaux de la scie à découper. Chapitre V (suite), sciage et découpure. Article 2, principes de découpure. Chapitre VI, assemblage et montage. Article 1er, assemblage, par J. Carante.

Dessin n° 40. — France, Alsace, Lorraine, par J. Trouvé, en découpure et en sculpture. Corbeille montée. Miroir à main. Etoile à dévider. Cadre pour photographie. Cadre pour médaillons ou reliquaires, par Ch. Rauge. (*Epuisé.*)

DECOUPEUR FRANÇAIS N° 18 (*Collection parisienne n° 41*)

TEXTE. — Explication des dessins. Avis de la Rédaction. Récréation scientifique : le Thaumascope, effet d'optique, par H. Prévost. Instructions pratiques sur les travaux de la scie à découper. Chapitre VI (suite), assemblage et monture. Article 1er, assemblage et théorie de l'assemblage. Outils de précision (suite).

DESSIN n° 41. — Deux écrans, styles Renaissance et Louis XIII, par Bonnod. Deux rosaces de différents styles, par Bonnod. Manches d'écrans. Découpure carrée, par J. Carante. — *Marqueterie.* Dessus de table, style Louis XIV, par Ch. Rauge. — *Sculpture.* Miroir à main, par Mme Naulot.

DECOUPEUR FRANÇAIS N° 19 (*Collection parisienne n° 42*)

TEXTE. — Explication des dessins. Le thaumascope, construction de l'appareil (suite), par Prévost. Instructions pratiques sur les travaux de la scie à découper. Chapitre VI, assemblage et montures. Article 1er, assemblage, ajustage (suite).

DESSIN n° 42. — *Découpure.* Semainier, genre arabe, par Bonnod. Monture d'un baromètre anéroïde style Louis XIII, par Bonnod. Support-étagère, par Berther. Lettres entrelacées : AB, AK, AS, BJ, DE, DF. — *Marqueterie.* Couverture d'album. Etudes de pointes, par Ch. Rauge. — *Sculpture.* Vide-poches, par Mme Naulot.

DECOUPEUR FRANÇAIS N° 20 (*Collection parisienne n° 43*)

TEXTE. — Explication des dessins. Instructions pratiques sur les travaux de la scie à découper. Assemblage et montures. Récréations scientifiques : le thaumascope, par H. Prévost.

DESSIN n° 43. — *Découpure.* Porte-fusils ou porte-cannes. Deux coupe-papier : 1° Feuilles et muguets ; 2° Forme yatagan, style XVIIe siècle. Cadre ovale pour photographies. Lettres entrelacées : ACP, EA, HH, AM, BB, CR, DM, AE (par divers). — *Marqueterie.* Boîte à thé ou tirelire, par Ch. Rauge. — *Sculpture.* Médaillier ou cadre réunis, par Mme Naulot.

DECOUPEUR FRANÇAIS N° 21 (*Collection parisienne n° 44*)

TEXTE. — Explication des dessins. Instructions pratiques sur les travaux de la scie à découper. Monture. Colle-forte. Vis. Pointes. Entre-ligatures, etc. Récréations scientifiques (suite), le thaumascope, par H. Prévost.

DESSIN n° 44. — *Découpure.* Encrier style Louis XVI. Porte-coupe. Deux porte-allumettes. Deux porte-couverts. Cache-pots. Cadre ovale à deux places. Etoile à dévider. Oiseaux et papillons. Pendants d'oreilles. Lettres entrelacées : TC, OS, FR, HM, HR, par Bonnod. — *Marqueterie.* Bénitier, par Ch. Rauge. — *Sculpture.* Porte-montre, par P. de Certines.

DECOUPEUR FRANÇAIS N° 22 (*Collection parisienne n° 45*)

TEXTE. — Explication des dessins. Instructions pratiques sur les travaux de la scie à découper. Colle-forte. Vis. Pointes. Entreligatures (suite). Charnières. Serrures. Crochets. Loqueteaux, etc., par J. Carante. Récréations et applications scientifiques, par H. Prévost (chimie). Liqueur protéique. Coloration artificielle des fleurs.

DESSIN n° 45. — *Découpure.* Porte-fruits Louis XVI, par Bonnod. Grand cadre 29 × 20, par Malinvaud. Deux cadres ovales, style fantaisie et Louis XVI, par Bonnod. Lettres entrelacées : AD, AC, BA, AE,

EA, AG, par Maria. — *Marqueterie.* Support de lampe, par Ch. Rauge. — *Sculpture.* Bénitier, par Mme Naulot.

DÉCOUPEUR FRANÇAIS N° 23 (*Collection parisienne nos 46 et 46bis*)

TEXTE. — Explication des dessins. Instructions pratiques sur les travaux de la scie à découper. Serrures. Crochets. Loqueteaux, etc. Polissage des bois, par J. Carante.

DESSIN n° 46. — *Découpure.* Suspension, style François Ier, par Bonnod.

DESSIN n° 46 bis. — Porte-allumettes chinois. Miroir à main. Double cadre ovale. Deux coquetiers. Etoiles à dévider. Papillons et rose gothique, par Bonnod. — *Marqueterie.* Dessin de table, par Ch. Rauge. — *Sculpture.* Encadrement ovale, par Bonnod.

DECOUPEUR FRANÇAIS N° 24 (*Collection parisienne n° 47*)

TEXTE. — Explication des dessins. Instructions pratiques sur les travaux de la scie à découper. Polissage des bois (suite). Note de la Rédaction. Prime du *Découpeur.* Nécessaires pour dames et plateaux pour carafes, en chromo-lithographie, pour exécuter en cinq bois.

DESSIN n° 47. — *Découpure.* Grand cadre 20 × 15. Girandole du candélabre à trois lumières. Coupe-papier style persan. Porte-lampe. Lettres entrelacées : JCL, OO, ES, EE, AAJ, NN, par Bonnod, — *Sculpture.* Grand porte-pipes, par P. de Certines. — *Marqueterie.* Cadre à trois baies ovales en cinq bois, par Ch. Rauge.

SUPPLÉMENT. — *Marqueterie.* Plateau de lampe. Nécessaire pour dames, en cinq couleurs. Prix : 1 fr.

DECOUPEUR FRANÇAIS N° 25 (*Collection parisienne n° 48*)

TEXTE. — Explication des dessins. Procédé d'imitation de marqueterie, avec les couleurs à l'huile. Instructions pratiques sur les travaux de la scie à découper. Polissage et vernis (suite). Couche d'huile préparatoire, par J. Carante.

DESSIN n° 48. — *Découpure.* Vide-poches. Porte-photographies, par Maria. Lettres entrelacées : AM, DA, AJ, CCD, LLB. Soucoupe. Vide-poches. — *Marqueterie.* Pot à tabac ou boîte fermée à pans, par Ch. Rauge. — *Sculpture.* Porte-cornets, par P. de Certines.

DECOUPEUR FRANÇAIS N° 26 (*Collection parisienne n° 49*)

TEXTE. — Explication des dessins. Instructions pratiques sur les travaux de la scie à découper. Polissage et vernis (suite).

DESSIN n° 49. — *Découpure.* Grand lustre à 12 lumières, par J. Carante.

SUPPLÉMENT *même grandeur que la Collection parisienne* : Damier ornementé, par Ch. Rauge. Flambeaux en sculpture, par P. de Certines. Prix : 0 fr. 75.

DECOUPEUR FRANÇAIS N° 27 (*Collection parisienne n° 50*)

TEXTE. — Explication des dessins. Instructions pratiques sur les travaux de la scie à découper. Vernis. Vernis et leurs diverses applications. Vernis de couleurs, par J. Carante.

DESSIN n° 50. — *Découpure.* Jardinière. Scène de la vie indienne, par Mme N... Croix. Broches. Boutons. Pendants d'oreilles, par Vuilleret. Lettres entrelacées : BA, AE, HA, EA, AC, FA, par Maria. — *Marqueterie.* Cadre de miroir 22 × 16, bois et métal blanc, style Renaissance, par Ch. Rauge. — *Sculpture.* Porte-montre, par Mme Naulot.

DECOUPEUR FRANÇAIS N° 28 (*Collection parisienne n° 51*)

TEXTE. — Explication des dessins. Instructions pratiques sur les travaux de la scie à découper (suite). Polissage, vernis, encaustique. Récréations scientifiques. Papier à décalquer, préparé au pétrole.

Dessin n° 51. — Cadre ovale pouvant servir pour une gravure ou pour cinq photographies à volonté et fermant, par Maria. Corbeille à ouvrage, octogonale et évasée, par Bonnod. — *Marqueterie*. Suite du jeu de dames du supplément n° 49 (vingt dames ornementées), par Ch. Rauge.

Supplément. — Pendule de salon. Forte étude de sculpture pour ronde-bosse, fond-levé ou applique. Prix : 0 fr. 75.

DECOUPEUR FRANÇAIS N° 29 (*Collection parisienne n° 52*)

Texte. — Explication des dessins. Instructions pratiques sur les travaux de la scie à découper (suite). Résumé et conclusions, omissions et compléments, par J. Carante.

Dessin n° 52. — Encadrement de miroirs à biseaux 15 × 21, avec disposition de candélabre, par Maria. Grande étagère, par Malinvaud. Cadre ovale de photographies, par Bonnod. — *Marqueterie*. Dessus de boîte ou de coffret. Etude de marqueterie ombrée, par Ch. Rauge. — *Sculpture*. Couteau à papier, par P. de Certines.

DÉCOUPEUR FRANÇAIS N° 30 (*Collection parisienne n*os 53 *et* 53bis)

Texte. — Explication des dessins. Instructions pratiques sur les travaux de la scie à découper. Table des matières de la première partie. Récréations scientifiques, par H. Prévost. Le zinc.

Dessin n° 53. — Séchoirs pour cigares, par Bonnod. — *Marqueterie*. Etude de marqueterie ombrée. Grand étui, par Ch. Rauge.

Dessin n° 53 bis. — Porte-coupe, porte-pipes et cadre ovale par Joseph. Monogrammes et lettres entrelacées TRE, LR, BJ, RY. — *Sculpture*. Encriers, par P. de Certines.

DÉCOUPEUR FRANÇAIS N° 31 (*Collection parisienne n° 54*)

Texte. — Explication des dessins. Instructions pratiques sur les travaux de la scie à découper. Deuxième partie. Marqueterie. Notions préliminaires, par J. Carante. Le zinc (suite), par H. Prévost.

Dessin n° 54. — Chapelle gothique, Baromètre anéroïde. Bijoux. Pendants d'oreilles. Broches. Attributs. Foi, Espérance et Charité. — *Marqueterie*. Table à ouvrage. Etude de marqueterie ombrée, par Ch. Rauge. — *Sculpture*. Semainier, par P. de Certines.

DÉCOUPEUR FRANÇAIS N° 32 (*Collection parisienne n*os 55 *et* 55bis)

Texte. — Explication des dessins. Instructions pratiques sur les travaux de la scie à découper. — *Marqueterie*. Première section. Eléments et matériaux. Chapitre Ier, palette des bois, par J. Carante. Le zinc (suite), par H. Prévost.

Dessin n° 55. — Casier à musique (Découpure en trois bois). Nouvelle application de la découpure carrée. Chaîne pour suspension, par J. Carante. — *Marqueterie*. Etude Mosaïque. Ecrin pour bijoux, par Ch. Rauge.

Dessin n° 55 bis. — *Découpure*. Casier à musique (suite). Croix montée, style Louis XIV, par B. Joseph. Thermomètre, par Bonnod. Cadre. — *Sculpture*. Encadrement, par Mme Naulot.

DECOUPEUR FRANÇAIS N° 33 (*Collection parisienne n° 56*)

Texte. — Explication des dessins. Instructions pratiques sur les travaux de la scie à découper. — *Marqueterie*. Chapitre Ier, bois. Article Ier, gamme de nuances des bois naturels (suite), par J. Carante.

Dessin n° 56. — *Découpure*. Grand vide-poches, par Bonnod. Salière. Etoile à dévider, par J. Carante. — *Marqueterie*. Encadrement 11 × 14, étude de la Renaissance, par Ch. Rauge. — *Sculpture*. Support pour buste, par P. de Certines.

DECOUPEUR FRANÇAIS N° 34 (*Collection parisienne nos 57 et 57bis*)

TEXTE. — Explication des dessins. Instructions pratiques sur les travaux de la scie à découper. — *Marqueterie*. 1re section. Eléments et matériaux. Chapitre Ier. Palette des bois (suite), par J. Carante. Récréations scientifiques. La colle, par H. Prévost.

DESSIN n° 57. — *Découpure*. Porte-coupe. Porte-manteaux, par Bonnod. Chiffonnière. Bijoux. Pendants d'oreilles. Croix. Lettres entrelacées AT, par J. Carante.

DESSIN n° 57 bis. — *Découpure*. Console, par Malinvaud. Cadre ovale, feuille de houblon pour trois photographies. Soucoupe. Boutons et pendants d'oreilles. Lettres entrelacées LG, AM. Etoiles à dévider, papillon, vautour et sanglier, par J. Carante. — *Marqueterie*. Encadrement de pupitre à écrire. Dessin roman en 4 bois, par Ch. Rauge. — *Sculpture*. Motif pour coffret, par P. de Certines.

DECOUPEUR FRANÇAIS N° 35 (*Collection parisienne n° 58*)

TEXTE. — Explication des dessins. Instructions pratiques sur les travaux de la scie à découper. Marqueterie, 1re section. Eléments et matériaux. Récréations scientifiques : de la colle (suite), par H. Prévost.

DESSIN n° 58. — *Découpure*. Grand encadrement pour bénitier, par Bonnod. Abat-Jour, essai d'ombres chinoises, par J. Carante. — *Marqueterie*. Couverture d'album, étude de genre. par Ch. Rauge. — *Sculpture*. Divers motifs pour cadre, style Renaissance, par P. de Certines. (*Epuisé*.)

DECOUPEUR FRANÇAIS N° 36 (*Collection parisienne nos 59 et 59bis*)

TEXTE. — Explication des dessins. Instructions pratiques sur les travaux de la scie à découper. Marqueterie. 1re section. Éléments et matériaux. Chapitre Ier. Palette des bois, matières colorantes (suite), par J. Carante.

DESSIN n° 59. — *Découpure*. Candélabre à six branches, par Maria.

DESSIN n° 59 bis. — *Découpure*. Suite du candélabre à 6 branches. Corbeille à fruits, style Renaissance, par P. Joseph. Boîte pour timbres-poste. Découpure sur métaux. — *Marqueterie*. Couverture d'un livre d'heures, genre moyen-âge, études de personnages, par Ch. Rauge. — *Sculpture*. Bougeoir, par P. de Certines.

DECOUPEUR FRANÇAIS N° 37 (*Collection parisienne n° 60*)

TEXTE. — Explication des dessins. Notions élémentaires, par J. Carante. Instructions pratiques sur les travaux de la scie à découper. Marqueterie. Chapitre Ier. Palette des bois, emploi des matières colorantes (suite), par J. Carante. Récréations artistiques.

DESSIN n° 60. — *Découpure*. Deux paniers à ouvrage. Encadrement pour couronne de mariée, dessin de Bonnod. — *Marqueterie*. Bénitier, étude d'arabesques, de filets et de nielles, par Ch. Rauge. — *Sculpture*. Presse-papier, étude de vigne. d'après nature, par P. de Certines.

DÉCOUPEUR FRANÇAIS N° 38 (*Collection parisienne n° 61*)

TEXTE. — Explication des dessins. Instructions pratiques sur les travaux de la scie à découper. Marqueterie. Chapitre Ier. Palette des bois, emploi des matières colorantes (suite), J. Carante. Variétés. Dorure, argenture et bronzage des bois.

DESSIN n° 61. — *Découpure*. Boîte à jeux, par Bonnod. Huilier et salière, par Martin, Cadre pour gravures. — *Marqueterie*. Dessin pour milieu de table, par Ch. Rauge. — *Sculpture.* Girandole pour bureau, piano, etc., par P. de Certines.

DÉCOUPEUR FRANÇAIS N° 39 (*Collection parisienne n°s* 62 *et* 62bis)

TEXTE. — Explication des dessins. Instructions pratiques sur les travaux de la scie à découper. Marqueterie. Chapitre II. Placage et préparation des bois. Article Ier. Feuilles de placage, par J. Carante. Variétés. Dorure, argenture et bronzage des bois (suite).

DESSIN n° 62. — *Découpure.* Papeterie style moderne, par J. Carante. Semainier, par J. Carante.

DESSIN n° 62 bis. — *Découpure.* Papeterie (suite). Pupitre à musique. Semainier (suite), par J. Carante. — *Marqueterie.* Bordure pour table ou pour guéridon, par Ch. Rauge. — *Sculpture.* Études de fruits. Porte-manteaux, par P. de Certines.

DÉCOUPEUR FRANÇAIS N° 40 (*Collection parisienne n°s* 63 *et* 63bis)

TEXTE. — Explication des dessins. Instructions pratiques sur les travaux de la scie à découper. Marqueterie. Chapitre II. Article Ier. Feuilles de placage, par J. Carante. Variétés. Découpure carrée. Solution du problème de la chaîne.

DESSIN n° 63. — *Découpure.* Console applique, par J. Maria. Bougeoir. Corbeille à fruits, par Bonnod. — *Marqueterie.* Boîte à jeux, par Ch. Rauge. — *Sculpture.* Angle de cadre, par P. de Certines.

DESSIN n° 63 bis. — *Découpure.* Lanterne chinoise, par Maria.

DÉCOUPEUR FRANÇAIS N° 41 (*Collection parisienne n°* 64)

TEXTE. — Explication des dessins. Instructions pratiques sur les travaux de la scie à découper. Marqueterie. Chapitre III. Placage et préparation des bois. Article 2. Débit des feuilles de placage (suite), par J. Carante. Variétés. Découpure carrée. Solution du problème des chaînes (suite).

DESSIN n° 64. — *Découpure.* Porte-coiffure, par J. Carante. Jardinière de salon, par Bonnod. — Nécessaire de cheminée, par J. Maria. Cadre pour photographie avec chevalet.

SUPPLÉMENT. — *Marqueterie.* Monture de thermomètre, par Ch. Rauge. — *Sculpture.* Croix, étude de chêne d'après nature, par P. de Certines.

DÉCOUPEUR FRANÇAIS N° 42 (*Collection parisienne n°* 65)

TEXTE. — Explication des dessins. — Instructions pratiques sur les travaux de la scie à découper. Marqueterie. Chapitre II. Transformation de l'ivoire et des os par la teinture, par J. Carante. Application de quelques procédés photographiques.

DESSIN n° 65. — *Découpure.* Chalet gothique pour chapelle ou porte-montre, par B. Joseph. Panier à ouvrage, par Martin. Miroir à main, par Bonnod. — *Marqueterie.* Monture de baromètre, par Ch. Rauge. — *Sculpture.* Patère ou porte-crochet pervenches, par P. de Certines.

DÉCOUPEUR FRANÇAIS N° 43 (*Collection parisienne n°* 66)

TEXTE. — Explication des dessins. Instructions pratiques sur les travaux de la scie à découper. Marqueterie. Chapitre III. Matières osseuses et métaux (suite), par J. Carante. Application de quelques procédés photographiques.

DESSIN n° 66. — *Découpure.* Porte-missel style gothique, cadre ovale 23 × 26, pour gravure ou pour miroir, grand style, par Bonnod. — Cache-pot, par J. Carante. Lettres entrelacées AF, BA, GA. — *Marqueterie.* Cassette, façon algérienne, par Ch. Rauge. — *Sculpture.* Cadres à trois baies rondes, fraisiers, par P. de Certines.

DÉCOUPEUR FRANÇAIS N° 44 (*Collection parisienne n° 67*)

TEXTE. — Explication des dessins. Instructions pratiques sur les travaux de la scie à découper. Marqueterie. Chapitre IV. Outillage de la marqueterie (suite), par J. Carante. Application de quelques procédés photographiques (suite).

DESSIN n° 67. — *Découpure*. Jardinière de salon XVIIIe siècle, par Dufour.

SUPPLÉMENT. — *Marqueterie*. Etagère ou porte-pipes, par Ch. Rauge. — *Sculpture*. Réveil-matin, par P. de Certines.

DÉCOUPEUR FRANÇAIS N° 45 (*Collection parisienne n° 68*)

TEXTE. — Explication des dessins. Instructions pratiques sur les travaux de la scie à découper. Marqueterie. Chapitre IV. Outillage de la marqueterie (suite), par J. Carante.

DESSIN n° 68. – *Découpure*. Plaque d'inscription, psyché, porte-coupe, caisse à fleurs. — *Marqueterie*. Bénitier gothique, par Ch. Rauge. -- *Sculpture*. Corbeille à 6 ou 8 pans, par P. de Certines.

DÉCOUPEUR FRANÇAIS N° 46 (*Collection parisienne n° 69*)

TEXTE. — Explication des dessins. Instructions pratiques sur les travaux de la scie à découper. Marqueterie. Chapitre IV. Outillage de la marqueterie (suite), par J. Carante. Application de quelques procédés photographiques (suite).

DESSIN n° 69. — *Découpure*. Coffret Renaissance par Dufour. Console Louis XV. Bijoux, pendants d'oreilles, broches, boutons, par Bonnod. — *Marqueterie*. Bonbonnière, par Ch. Rauge. — *Sculpture*. Pupitre à lire, étude de lis, par P. de Certines.

DÉCOUPEUR FRANÇAIS N° 47 (*Collection parisienne n° 70*)

TEXTE. — Explication des dessins. Instructions pratiques sur les travaux de la scie à découper. Marqueterie. Chapitre IV. Outillage de marqueterie (suite), par J. Carante.

DESSIN n° 70. — *Découpure*. Cadre 11 × 15 pour carte-album. Boîte à gants. Corbeille hexagonale, style Louis XIV. Cache-pot d'après un vase grec antique, par Maria. Bijoux, broches, pendants d'oreilles. — *Marqueterie*. Ecran. Etude de marqueterie au burin, par Ch. Rauge.— *Sculpture*. Chapelle. Etude d'olivier, par P. de Certines.

DÉCOUPEUR FRANÇAIS N° 48 (*Collection parisienne n° 71*)

TEXTE. — Explication des dessins. Instructions pratiques sur les travaux de la scie à découper. Marqueterie. Chapitre IV. Outillage de la marqueterie (suite), par J. Carante. Application de quelques procédés photographiques (suite).

DESSIN n° 71. — *Découpure*. Grande étagère, par Bonnod. — *Marqueterie*. Encadrement pour carte-album 11 × 15, bois et métal, par Ch. Rauge.— *Sculpture*. Bouquet de roses pour dessus de coffret. Embrasses de rideaux, etc., par P. de Certines.

DÉCOUPEUR FRANÇAIS N° 49 (*Collection parisienne n° 72*)

TEXTE. — Explication des dessins. Instructions pratiques sur les travaux de la scie à découper. Marqueterie. Chapitre V. Opérations de la marqueterie (suite), par J. Carante. Application de quelques procédés photographiques (suite).

DESSIN n° 72. — *Découpure*. Eventails. Coffret style Renaissance. Montures de thermomètres. Bijoux et lettres entrelacées AC, AD, AF. — *Sculpture*. Cadre 11 × 15 pour carte-album, par P. de Certines. (*Epuisé*.)

DECOUPEUR FRANÇAIS N° 50 (*Collection parisienne n°s 73 et 73bis*)

TEXTE. — Explication des dessins. Instructions pratiques sur les travaux de la scie à découper. Marqueterie. Chapitre V. Opérations de la marqueterie (suite), par J. Carante. L'art décoratif à l'Exposition de 1878.

DESSIN n° 73. — *Découpure*. Lustre à 8 lumières, par J. Bonnod.

DESSIN n° 73 *bis*. — *Découpure*. Lustre (suite). Plateau bois ou métal. — *Marqueterie*. Motif pour cache-pot, genre mauresque, par Ch. Rauge. — *Sculpture*. Deux modèles d'encriers, style grec et romain, par P. de Certines.

DÉCOUPEUR FRANÇAIS N° 51 (*Collection parisienne n°* 74)

TEXTE. — Explication des dessins. Instructions pratiques sur les travaux de la scie à découper. Marqueterie. Chapitre V. Opérations de la marqueterie (suite), par J. Carante. Variétés. L'art décoratif à l'Exposition de 1878.

DESSIN n° 74. — *Découpure*. Couteau à papier, par Laugier. Monogramme adieu. Porte-crochet. Calendrier. Ephémérides. Pendule-socle Louis XVI, par Laugier. Découpure carrée, par J. Carante. Deux corbeilles. Douze premières lettres d'un alphabet gothique. — *Sculpture*. Couverture d'album, par P. de Certines. (*Epuisé*.)

DÉCOUPEUR FRANÇAIS N° 52 (*Collection parisienne n°s* 75 *et* 75bis)

TEXTE. — Explication des dessins. Instructions pratiques sur les travaux de la scie à découper. Marqueterie. Chapitre V. Opérations de la marqueterie (suite), par J. Carante.

DESSIN n° 75. — *Découpure*. Etagère, style Louis XV, par Laugier. Lettres gothiques. MS.

DESSIN n° 75 bis. — *Découpure*. Etagère (suite). Lettres gothiques. Sculpture. Plaques d'inscription, par P. de Certines.

SUPPLÉMENT. — Marqueterie. Buvard étude de filets, par Ch. Rauge. Prix : 0 fr. 75.

DÉCOUPEUR FRANÇAIS N° 53 (*Collection parisienne n°* **76**)

TEXTE. — Explication des dessins. Instructions pratiques sur les travaux de la scie à découper. Marqueterie. Chapitre V. Opérations de la marqueterie (suite), par J. Carante.

DESSIN n° 76. — *Découpure*. Pupitre à écrire, genre allemand. Encoignure. Deux cadres pour photographies, par J. Carante. — *Marqueterie*. Motif pour milieu de table, renaissance italienne, par Ch. Rauge. — *Sculpture*. Cartouche, style Renaissance, par P. de Certines.

DECOUPEUR FRANÇAIS N° 54 (*Collection parisienne n°* 77)

TEXTE. — Explication des dessins. Instructions pratiques sur les travaux de la scie à découper. Marqueterie. Chapitre V. Opérations de la marqueterie (suite), par J. Carante.

DESSIN n° 77. — *Découpure*. Assiette, XVIe siècle. Ecran. Plateau. Console. Porte-coupe. Lettres entrelacées BT, SIG, AT, SC, par J. Carante. — *Marqueterie*. Etui style XVIe siècle, par Ch. Rauge. — *Sculpture*. Cadre 10 × 14 pour carte-album, style Renaissance, par P. de Certines.

DECOUPEUR FRANÇAIS N° 55 (*Collection parisienne n°* 78)

TEXTE. — Explication des dessins. Instructions pratiques sur les travaux de la scie à découper. Chapitre V (suite). Opérations de la marqueterie. Explication des dessins.

DESSIN n° 78. — *Découpure*. Boîte à gants, style Louis XIV, par Laugier. Grand cadre XVIIe siècle. Cartouche d'inscription. Lettre forme boule, par J. Carante. — *Marqueterie*. Coffret en deux bois, par Dufour.

Supplément. — *Sculpture*. Horloge de la Forêt-Noire, genre fantaisie et moderne, par P. de Certines. Prix : 0 fr. 75

DÉCOUPEUR FRANÇAIS N° 56 (*Collection parisienne n°* 79)

Texte. — Explication des dessins. Instructions pratiques sur les travaux de la scie à découper. Chapitre V. Opérations de la marqueterie (suite).

Dessin n° 79. — *Découpure*. Candélabre 5 branches pour église ou salon, par J. Carante. Coffret genre arabe, par Bonnod. Porte-montre miniature, par Laugier. — *Marqueterie*. Cadre genre soutache, par Ch. Rauge.

DÉCOUPEUR FRANÇAIS N° 57 (*Collection parisienne n°* 80)

Texte. — Explication des dessins. Instructions pratiques sur les travaux de la scie à découper. Opérations de marqueterie. Chapitre V (suite). Application de quelques procédés photographiques (suite).

Dessin n° 80. — *Découpure*. Grand cadre, genre rocaille, par J. Carante. Thermomètre. Plaques d'inscription avec lettres gothiques, chiffre AD, par Laugier. — *Marqueterie*. Boîte à thé, par Ch. Rauge. — *Sculpture*. Croix gothique, par P. de Certines.

DÉCOUPEUR FRANÇAIS N° 58 (*Collection parisienne n°* 81)

Texte. — Explication des dessins. Instructions pratiques sur les travaux de la scie à découper. Marqueterie. Chapitre V (suite). Application, à la découpure, de quelques procédés photographiques (suite).

Dessin n° 81. — *Découpure*. Grande suspension pour sept pots de fleurs. Ecran. Monogramme, Adieu, par J. Carante. — *Marqueterie*. Porte-pipes, tabac et pensées, par Ch. Rauge. — *Sculpture*. Médaillon, style gothique, par P. de Certines.

DÉCOUPEUR FRANÇAIS N° 59 (*Collection parisienne n°* 82)

Texte. — Explication des dessins. Instructions pratiques sur les travaux de la scie à découper. Marqueterie. Chapitre V (suite).

Dessin n° 82. — *Découpure*. Abat-jour ombres chinoises, par J. Carante. Dessous de plat japonais, couverture de livre, genre arabe, par Laugier. Deux coupe-papier et deux médaillons, par Bonnod. Porte-couverts, par Laugier. — *Marqueterie*. Table à ouvrage ou coffret (raisins et cerises), par Ch. Rauge. — *Sculpture*. Cadre 12 × 14 pour carte-album, genre suisse, par P. de Certines.

DÉCOUPEUR FRANÇAIS N° 60 (*Collection parisienne n°* 83)

Texte. — Explication des dessins. Instructions pratiques sur les travaux de la scie à découper. Marqueterie. Chapitre V (suite).

Dessin n° 83. — *Découpure*. Etagère, par J. Carante. Porte-pipes. Cabaret, par Laugier. Deux cadres photographiques, ronds et carrés, par Bonnod. — *Marqueterie*. Eventail marqueterie ombrée et en bois de couleur. Lis, pervenches et sujets, par Ch. Rauge. — *Sculpture*. Porte-notes, style Louis XIV, par P. de Certines.

DÉCOUPEUR FRANÇAIS N° 61 (*Collection parisienne n°* 84)

Texte. — Explication des dessins. Variétés. Presse automatique pour la reproduction des dessins de découpure. Instructions pratiques sur les travaux de la scie à découper. Marqueterie. Chapitre V. Opérations de la marqueterie (suite), par J. Carante. — *Note de la rédaction.*

Dessin n° 84. — *Découpure*. Cadre ovale 16 × 21 pour miroir, style Renaissance, par Laugier. Etagère, encoignure et porte-pipes, par J. Carante. Pelote, par Bonnod. Plaques de serrures ou de propreté, Moyen-Age XIIIe siècle. Couteau-poignard, bijoux, broches et pendants d'oreilles, lettres entrelacées AB, AG, AD, AE, par J. Carante. — *Marqueterie*. Couverture de livre, imitation d'une reliure allemande, par Ch. Rauge. — *Sculpture.* Girandole ou lustres à branches, par P. de Certines. • (*Epuisé.*)

DÉCOUPEUR FRANÇAIS N° 62 (*Collection parisienne n°* 85)

Texte. — Explication des dessins. Instructions pratiques sur les travaux de la scie à découper. Marqueterie. Chapitre V. Composition des marqueteries (suite), par J. Carante.

Dessin n° 85. — *Découpure.* Chapelle gothique (voir 86 et 86 bis). Portefeuille style Renaissance, par J. Carante. Deux cadres pour photographies, deux cadres pour miniatures, par Bonnod. Crochet, par Laugier. — *Marqueterie.* Calendrier, style Renaissance, matières osseuses et métaux, par Ch. Rauge. — *Sculpture.* Angle de cadre, genre rocaille.

DÉCOUPEUR FRANÇAIS N 63 (*Collection parisienne n°s* 86 *et* 86bis)

Texte. — Explication des dessins. Instructions pratiques sur les travaux de la scie à découper. Chapitre VI. Marqueterie des métaux et des matières osseuses (suite), par J. Carante.

Dessin n° 86. — *Découpure.* Chapelle gothique (suite), par J. Carante. Tourelle, encadrement par Maria. Timbale. Rouleaux de serviette. Coquetier. Porte-couvert et porte-plume. Bijoux et croix pour dames. — *Marqueterie.* Ecritoire, par Ch. Rauge. — *Sculpture.* Porte-montre, style moderne. par P. de Certines.

Dessin n° 86 *bis.* — *Découpure.* Suite et fin de la Chapelle gothique.

DÉCOUPEUR FRANÇAIS N° 64 (*Collection parisienne n°* 87)

Texte. — Explication des dessins. Instructions pratiques sur les travaux de la scie à découper. Chapitre VI. Marqueterie des métaux et des matières osseuses (suite), par J. Carante. Application des procédés photographiques. Châssis-presses.

Dessin n° 87. — *Découpure.* Armoire algérienne, par Laugier. Miroir à main, par Bonnod. Cadre gothique, par Maria. Attributs héraldiques : de marquis. — *Marqueterie.* Cadre 11 × 15 pour carte-album, par Ch. Rauge. — *Sculpture.* Ecusson pour dossier de chaise, fauteuil ou canapé, par P. de Certines. (*Epuisé.*)

DECOUPEUR FRANÇAIS N° 65 (*Collection parisienne n°s* 88 *et* 88bis)

Texte. — Explication des dessins. Instructions pratiques sur les travaux de la scie à découper. Chapitre VI. Marqueterie des matières osseuses (suite), par J. Carante.

Dessin n° 88. — *Découpure.* Thabor, par J. Carante. Attributs héraldiques. Couronne de comte. — *Marquéterie.* Boîte à gants, par Ch. Rauge. — *Sculpture.* Porte-pipes, par P. de Certines.

Dessin n° 88 bis. — Candélabre à 5 branches, par Bonnod.

DECOUPEUR FRANÇAIS N° 66 (*Collection parisienne n°* 89)

Texte. — Explication des dessins. Instructions pratiques sur les travaux de la scie à découper. Chapitre VI. Marqueterie des métaux et des matières osseuses (suite), par J. Carante.

Dessin n° 89. — *Découpure.* Suspensions pour fleurs, par P. Joseph. Deux pelles à pâtisserie, par J. Carante. — *Marqueterie.* Porte-bijoux, par Ch. Rauge. — *Sculpture.* Boîte à lettres, par P. de Certines.

DECOUPEUR FRANÇAIS N° 67 (*Collection parisienne n°* 90)

Texte. — Explication des dessins. Instructions pratiques sur les travaux de la scie à découper. Chapitre VI. Marqueterie des métaux et des matières osseuses (suite), par J. Carante.

Dessin n° 90. — *Découpure.* Corbeille-tombereau fantaisie, par J. Carante.

Cadre Renaissance, par Bonnod, Bobines à dévider. — *Marqueterie*. Table à ouvrage, par Ch. Rauge. — *Sculpture*. Pupitre à litre, par P. de Certines. (*Epuisé*.)

A partir de ce mois le Journal donnera deux feuilles de dessins au lieu d'une.

Le numéro complet, 1 fr. 10. La feuille seule, 0 fr. 50. Le texte seul, 0 fr. 25.

DECOUPEUR FRANÇAIS N° 68 (*Collection parisienne n°s* 91 *et* 92)

Texte. — Explication des dessins. Instructions pratiques sur les travaux de la scie à découper. Chapitre VI. Marqueterie des métaux et des matières osseuses (suite), par J. Carante.

Dessin n° 91. — *Découpure*. Surtout de table style Renaissance, par P. Joseph.

Dessin n° 92. — *Découpure*. Surtout de table (suite et fin). — *Sculpture*. Monture de thermomètre, par P. de Certines. — *Marqueterie*. Couverture d'album ou dessus de coffre, par Ch. Rauge.

DECOUPEUR FRANÇAIS N° 69 (*Collection parisienne n°s* 93 *et* 94)

Texte. — Explication des dessins. Instructions pratiques sur les travaux de la scie à découper. Chapitre VI. Marqueterie des métaux et des matières osseuses (suite), par J. Carante.

Dessin n° 93. — *Découpure*. Calendrier perpétuel, par Maria, 1re partie. (*Epuisé*.)

Dessin n° 94. — *Découpure*. Calendrier perpétuel (suite). — *Sculpture*. Monture de baromètre, par P. de Certines. — *Marqueterie*. Feuille de cache-pot. (*Epuisé*.)

DECOUPEUR FRANÇAIS N° 70 (*Collection parisienne n°s* 95 *et* 96)

Texte. — Explication des dessins. Instructions pratiques sur les travaux de la scie à découper. Chapitre VI. Marqueterie des métaux et des matières osseuses (suite), par J. Carante.

Dessin n° 95. — *Découpure*. Etagère glace, par Maria. Album-éventail, par J. Carante (voir 96). Etude des coupes obliques, par le B. de Sappey. — *Sculpture*. Plateau, feuille d'aubépine stylisée, par P. de Certines.

Dessin n° 96. — *Découpure*. Album-éventail (suite), par J. Carante. — *Marqueterie*. Ecran à deux faces, par Ch. Rauge.

DECOUPEUR FRANÇAIS N° 71 (*Collection parisienne n°s* 97 *et* 98)

Texte. — Explication des dessins. Instructions pratiques sur les travaux de la scie à découper. Chapitre VI. Marqueterie des métaux et des matières osseuses, par J. Carante.

Dessin n° 97. — *Découpure*. Vide-poches-voiture, par Maria. Corbeille octogone. — *Sculpture*. Couteau à papier style Roman, par P. de Certines. (*Epuisé*.)

Dessin n° 98. — *Découpure*. Bonbonnière, par J. Carante. — Cadre ovale, par P. Joseph. — *Marqueterie*. Coffret en metal fondu, par Ch. Rauge.

DECOUPEUR FRANÇAIS N° 72 (*Collection parisienne n°s* 99 *et* 100)

Texte. — Explication des dessins. Instructions pratiques sur les travaux de la scie à découper. Chapitre VI. Marqueterie des métaux et des matières osseuses, par J. Carante.

Dessin n° 99. — *Découpure*. Grande suspension pour lampe style Louis XIV, par J. Carante. Porte-cornet, par Barge. Coffret à bijoux, par Maria. Couteau à papier genre persan, par Laugier. — *Marqueterie*. Carreau pour service de table.

DESSIN n° 100. — *Découpure*. Suspension de lampe (suite et fin). Cadre pour carte-album (application des coupes obliques), par B. de Sappey. — *Sculpture*. Encadrement, pour menu de table, par P. de Certines.

DÉCOUPEUR FRANÇAIS N° 73 (*Collection parisienne n°s* 101 *et* 102)

TEXTE. — Explication des dessins. Instructions pratiques sur les travaux de la scie à découper. Chapitre VI. Marqueterie des métaux et des matières osseuses (suite). Note de la Rédaction.

DESSIN n° 101. — *Découpure*. Nécessaire-canapé, par Maria. Cadre ovale pour 3 photographies. Coupes obliques, plaques d'inscription, par B. de Sappey. — *Sculpture*. Bénitier, par P. de Certines.

DESSIN n° 102. — *Découpure*. Calice pour fleurs et photographie, par J. Carante. — *Marqueterie*. Caisse arabe, par Ch. Rauge.

DÉCOUPEUR FRANÇAIS N° 74 (*Collection parisienne n°s* 103 *et* 104).

TEXTE. — Explication des dessins. Instructions pratiques sur les travaux de la scie à découper. Chapitre VI (suite). Photographie châssis-presse (suite), par Prévost.

DESSIN n° 103. — *Découpure*. Armoire-étagère, Renaissance italienne, par J. Carante. Deux couteaux à papier, par J. Bonnod. — *Marqueterie*. Cassette algérienne.

DESSIN n° 104. — *Découpure*. Cadre funéraire 11 × 15 pour carte-album, par Maria. Porte-pipes Louis XIII, par Joseph. Peloté. Coupes obliques. Porte-montre bysantin, par B. de Sappey.

DÉCOUPEUR FRANÇAIS N° 75 (*Collection parisienne n°s* 105 *et* 106)

TEXTE. — Explication des dessins. Instructions pratiques sur les travaux de la scie à découper. Chapitre VI. Marqueterie des métaux et des matières osseuses (suite), par J. Carante.

DESSIN n° 105. — *Découpure*. Cadre-album 11 × 15 avec galerie. Grand cadre de salon XVIIIe siècle 39 × 35.

DESSIN n° 106. — *Découpure*. Cadre-album (suite). Console style Louis XV, par Bonnod. — *Sculpture*. Pendule style Renaissance, par P. de Certines. — *Marqueterie*. Motif de table, par Ch. Rauge.

DÉCOUPEUR FRANÇAIS N° 76 (*Collection parisienne n°s* 107 *et* 108)

TEXTE. — Explication des dessins. Marqueterie. Chapitre VI. Marqueterie des métaux et des matières osseuses (suite), par J. Carante.

DESSIN n° 107. — *Découpure*. Boîtes à lettres avec alphabet, par J. Carante Coupes obliques. Couverture d'album, par B. de Sappey. Cave à liqueurs (Première partie, la cave), par Maria. (voir 108-110). — *Sculpture*. Soubassement de la pendule Renaissance ou Règle plate, par P. de Certines.

DESSIN n° 108. — *Découpure*. Cave à liqueurs (suite et fin). — *Marqueterie*. Boîte à thé, par Ch. Rauge.

DÉCOUPEUR FRANÇAIS N° 77 (*Collection parisienne n°s* 109 *et* 110)

TEXTE. — Explication des dessins. Marqueterie. Chapitre VI, Marqueterie mosaïque, par J. Carante

DESSIN n° 109. — *Découpure*. Médaillier, pour 8 photographies ovales, par Bonnod. Coupes obliques. Assiettes bosselées, par B. de Sappey. — *Marqueterie*. Carreau mosaïque pour service de table cuivre et zinc, par Rauge. — *Sculpture*. Cadre-album, 8 × 12, par P. de Certines.

DESSIN n° 110. — *Découpure*. Cave à liqueurs (le cabaret, suite et fin), par

Maria. Lettres entrelacées TA, ET, TM, TL. Petit plateau pour bouteille ou carafe.

DÉCOUPEUR FRANÇAIS N° 78 (*Collection parisienne n°s* 111 *et* 112)

Texte. — Explication des dessins. Marqueterie. Chapitre VII. Marqueterie mosaïque, par J. Carante.

Dessin n° 111 — *Découpure*. Console applique, par Maria. Coffret, par Laugier.

Dessin n° 112. — *Découpure*. Chandelier style roman, par J. Carante, Petit chevalet pour photograhie ou gravure. Coupes obliques. Porte-Carafe, par B. de Sappey. — *Marqueterie*. Petite pendule, par Ch. Rauge. — *Sculpture*. — Médaillon, par P. de Certines.

DÉCOUPEUR FRANÇAIS N° 79 (*Collection parisienne n°s* 113 *et* 114)

Texte. — Explication des dessins. Marqueterie. Chapitre VII. Marqueterie mosaïque, par J. Carante.

Dessin n° 113. — *Découpure*. Cabaret, par Bonnod. Feuilles de cache-pot, par J. Carante. — Petit cadre, par Maria. — *Sculpture*. Croix bénitier gothique, par P. de Certines. — *Marqueterie*. Grande caisse carrée, par Ch. Rauge.

Dessin n° 114. — *Découpure*. Guéridon-étagère, voir 115 et 116, par Laugier. Feuille de cache-pot.

DÉCOUPEUR FRANÇAIS N° 80 (*Collection parisienne n°s* 115 *et* 116)

Texte. — Explication des dessins. Marqueterie, Chapitre VII. Marqueterie mosaïque, par J. Carante.

Dessin n° 115. — *Découpure*. Guéridon-étagère. Jardinière style grec, par J. Carante.

Dessin n° 116. — *Découpure*. Guéridon-étagère (suite et fin). Jardinière (suite et fin). Lettres entrelacées AC, AK, AL, FA, AF, AA, — *Marqueterie*. Couverture d'album, par Ch. Rauge. — *Sculpture*. Râtelier, porte-clé, ou porte-pipes, par P. de Certines.

DÉCOUPEUR FRANÇAIS N° 81 (*Collection parisienne n°s* 117 *et* 118)

Texte. — Explication des dessins. Marqueterie. Conclusion (suite), par J. Carante.

Dessin n° 117. — *Découpure*. Armoire à liqueurs pour chalet de chasse, par Maria. Plateau pour cartes de visite style Renaissance, par J. Carante.

Dessin n° 118. — *Découpure*. Armoire à liqueurs pour chalet de chasse, par Maria (suite et fin). Porte-allumettes, bijoux, broches et pendants. — *Marqueterie*. Bonbonnière, par Ch. Rauge. — *Sculpture*. Angles de cadres, par P. de Certines.

DÉCOUPEUR FRANÇAIS N° 82 (*Collection parisienne n°s* 119 *et* 120)

Texte. — Explication des dessins. Marqueterie. Conclusion et fin, par J. Carante.

Dessin n° 119. — *Découpure*. Lanterne vénitienne pour vestibule, par J. Carante.

Dessin n° 120. — *Découpure*. Pendule de salle à manger XVIIe siècle, par Maria (voir 121). — *Marqueterie*. Motifs de marqueterie pour coffret, par Ch. Rauge. — *Sculpture*. Frontispice de cadre, style Renaissance, par P. de Certines.

DÉCOUPEUR FRANÇAIS N° 83 (*Collection parisienne n°s* 121 *et* 122)

Texte. — Explication des dessins. Sculpture. Notions préliminaires, par J. Carante.

DESSIN n° 121. — *Découpure*. Suite de la pendule. Cadre et panneau décoratif, Cadre-médaillon par Maria. — *Sculpture*. Motifs de patères, par P. de Certines.
DESSIN n° 122. — *Découpure*. Nécessaire avec appliques et reliefs, par J. Carante. — *Marqueterie*. Ecran, par Ch. Rauge.

DECOUPEUR FRANÇAIS N° 84 (*Collection parisienne n°s* 123 *et* 124)

TEXTE. — Explication des dessins. — Sculpture. Notions préliminaires (suite), par J. Carante.
DESSIN n° 123. — *Découpure*. Grande suspension, par J. Carante.
DESSIN n° 124. — *Découpure*. Monture de thermomètre-baromètre, par Maria. Cadre pour photographie, par Maria. Etoiles à dévider, lettres entrelacées AST, HIE, et bijoux. — *Marqueterie*. Coffret turc, par Ch. Rauge. — *Sculpture*. Croix et bénitier, par P. de Certines.

DECOUPEUR FRANÇAIS N° 85 (*Collection parisienne n°s* 125 *et* 126)

TEXTE. — Explication des dessins. Chapitre Ier. Méthode de sculpture, par J. Carante.
DESSIN n° 125. — *Découpure*. Candélabre gothique, par J. Carante (Voir 126, 127, 128).
DESSIN n° 126. — *Découpure*. Suite du candélabre gothique. — *Marqueterie*. Coffret parisien, par Ch. Rauge. — *Sculpture*. Console gothique, par P. de Certines.

DÉCOUPEUR FRANÇAIS N° 86 (*Collection parisienne n°s* 127, 128 *et* 129)

TEXTE. — Explication des dessins. Sculpture. Chapitre Ier. Modèle de sculpture, par J. Carante.
DESSIN n° 127. — *Découpure*. Suite du candélabre des n°s 125 et 126.
DESSIN n° 128. — *Découpure*. Lettres entrelacées MEA, JT, PV, CB et porte-plume. Crochet-applique. Fin du candélabre des n°s 125-126-127. — *Marqueterie*. Table à ouvrage, par Ch. Rauge. — *Sculpture*. Jardinière, par P. de Certines.
DESSIN n° 129. — *Découpure*. Cartel, par Maria. Encadrement ovale à trois baies, par Maria.

DÉCOUPEUR FRANÇAIS N° 87 (*Collection parisienne n°s* 130 *et* 131)

TEXTE. — Explication des dessins. Sculpture. Chapitre Ier. Modèle de sculpture (suite), par J. Carante.
DESSIN n° 130. — *Découpure*. Jeu de course, par Maria.
DESSIN n° 131. *Découpure*. Vase étrusque, par J. Carante. — *Marqueterie*. Semainier, par Ch. Rauge. — *Sculpture*. Encrier fantaisie, par P. de Certines.

DÉCOUPEUR FRANÇAIS N° 88 (*Collection parisienne n°s* 132 *et* 133)

TEXTE. — Explication des dessins. Sculpture. Chapitre Ier. Modèle de sculpture (suite), par J. Carante.
DESSIN n° 132. — *Découpure*. Cadre pour carte-album, 15 × 11, lettres entrelacées AA, AF. Cartel porte-montre, par Bonnod. — *Marqueterie*. Porte-lampe, par Ch. Rauge. — *Sculpture*. Motifs pour coffrets, cave à liqueurs.
DESSIN n° 133. — *Découpure*. Cadre à trois baies, par Maria. Couverture d'album de musique, par Bonnod. Feuilles de cachepot, par J. Carante.

DECOUPEUR FRANÇAIS N° 89 (*Collection parisienne n°s* 134 *et* 135)

TEXTE. — Explication des dessins. Sculpture. Chapitre II. Outils de sculpture (suite), par J. Carante.

Dessin n° 134. — *Découpure.* Porte-lettres style xviie siècle, par Bonnod. Console, par J. Carante.

Dessin n° 135. — *Découpure.* Panneau décoratif, par Maria. — *Marqueterie.* Cassette à pans coupés, par Ch. Rauge. — *Sculpture.* Dossier de chaise ou de fauteuil, par P. de Certines.

DÉCOUPEUR FRANÇAIS N° 90 (*Collection parisienne n°s 136 et 137*)

Texte. — Explication des dessins. Sculpture. Chapitre II. Outils de sculpture (suite), par J. Carante.

Dessin n° 136. — *Découpure.* Chiffonnier et lanterne-veilleuse, par Maria (voir 137).

Dessin n° 137. — Suite du chiffonnier, cadre carte-album, style mauresque, 15 × 11, par Bonnod. Porte-plume. — *Marqueterie.* Mosaïque en métaux, par Ch. Rauge. — *Sculpture.* Miroir à main, par P. de Certines.

DÉCOUPEUR FRANÇAIS N° 91 (*Collection parisienne n°s 138 et 139*)

Texte. — Explication des dessins. Sculpture. Chapitre II. Outils de sculpture (suite), par J. Carante.

Dessin n° 138. — *Découpure.* Etagère à compartiments, style gothique, par J. Carante. Bobine à dévider (voir 139).

Dessin n° 139. — *Découpure.* Etagère à compartiments, style gothique (Suite et fin). — *Marqueterie.* Couverture d'album, par Ch. Rauge. — *Sculpture.* Porte-cartes, par P. de Certines.

DÉCOUPEUR FRANÇAIS N° 92 (*Collection parisienne n°s 140 et 141*)

Texte. — Explication des dessins. Chapitre II. Outils de sculpture (suite), par J. Carante.

Dessin n° 140. — *Découpure.* Vase à fleurs, par Maria (voir 141.)

Dessin n° 141. — *Découpure.* Vase à fleurs, par Maria (suite et fin). Bordure d'encadrement, par Bonnod Bobines rosaces et bijoux, par Joseph. — *Marqueterie.* Porte-bouquets, par Maria. — *Sculpture.* Porte-réveil genre Forêt-Noire, par Laugier.

DÉCOUPEUR FRANÇAIS N° 93 (*Collection parisienne n°s 142 et 143*)

Texte. — Explication des dessins. Sculpture. Chapitre II. Outils de sculpture (suite), par J. Carante.

Dessin n° 142. — *Découpure.* Boîte à cigares, par J. Carante. — *Marqueterie.* Médaillon, par Ch. Rauge. — *Sculpture.* Cadre xve siècle, par Maria.

Dessin n° 143. — *Découpure.* Album pour photographie. Cadre 11 × 15 pour chemin de croix, accessoires de bureau, règle d'après un motif Renaissance, coupe-papier, porte-plume.

DÉCOUPEUR FRANÇAIS N° 94 (*Collection parisienne n°s 144 et 145*)

Texte. — Explication des dessins. Sculpture. Chapitre II. Outils de sculpture (suite), par J. Carante.

Dessin n° 144. — *Découpure.* Attirail de fumeur, plateau monté, pot à tabac, deux coupes à cigares et à cendres, porte-cigares, porte-allumettes, par J. Carante (voir 145).

Dessin n° 145. — *Découpure.* Attirail de fumeur (suite et fin), encadrement à plusieurs baies pour cinq photographies, par Maria, lettres entrelacées CT, SM, ST et bijoux. — *Marqueterie.* Calendrier à effeuiller en trois bois, par Ch. Rauge. — *Sculpture.* Patère ou porte-coiffure, le lion dans l'art, dessin d'après l'antique, par P. de Certines.

DÉCOUPEUR FRANÇAIS N° 95 (*Collection parisienne n°s 146 et 147*)

Texte. — Explication des dessins. Sculpture. Chapitre II. Outils de sculpture (suite), par J. Carante.

DESSIN n° 146. — *Découpure*. Panier à ouvrage, par J. Carante.
DESSIN n° 147. — *Découpure*. Exposition pour 6 photographies, par Maria. — *Marqueterie*. Boîte à thé, par Ch. Rauge. — *Sculpture* et *Découpure*. Truelle à pâtisserie, par P. de Certines.

DÉCOUPEUR FRANÇAIS N° 96 (*Collection parisienne n*os *148 et 149*)

TEXTE. — Explication des dessins. Sculpture. Chapitre II. Bois de sculpture (suite), par J. Carante.
DESSIN n° 148. — *Découpure*. Corbeille de mariage Louis XV, par Maria.
DESSIN n° 149. — *Découpure*. Corbeille de mariage (suite et fin), par Maria. — *Marqueterie*. Petite jardinière, genre Boule, par Ch. Rauge. — *Sculpture*. Deux motifs de porte-carafe ou de dessous de lampe, par P. de Certines.

DÉCOUPEUR FRANÇAIS N° 97 (*Collection parisienne n*os *150 et 151*)

TEXTE. — Explication des dessins. Sculpture. Chapitre III. Bois de sculpture, par J. Carante.
DESSIN n° 150 — *Découpure*. Cadre 13 × 16 fermant, cariatide, par Maria. Plateau pour carte de visite, par Maria. — *Marqueterie*. Motif pour cassette turque, par Ch. Rauge.
DESSIN n° 151. — *Découpure*. Chevalet et casier style Renaissance, par J. Carante. — *Sculpture*. Calendrier à effeuiller, par P. de Certines.

DÉCOUPEUR FRANÇAIS N° 98 (*Collection parisienne n*os *152 et 153*)

TEXTE. — Explication des dessins. Sculpture. Chapitre III. Bois de sculpture (suite), par J. Carante.
DESSIN n° 152. — *Découpure*. Psyché, 1re partie (v. 153), par E. Socqueville, lettres entrelacées PJ, ABCD et bijoux.
DESSIN n° 153. — *Découpure*. Calvaire, par J. Carante. Psyché (suite et fin). — *Marqueterie*. Ecran, par Ch. Rauge. — *Sculpture*. Pupitre à lire, par P. de Certines.

DÉCOUPEUR FRANCAIS N° 99 (*Collection parisienne n*os *154 et 155*).

TEXTE. —Explication des dessins. Sculpure. Chapitre III. Bois de sculpture. (suite), par J. Carante.
DESIN n° 154. — *Découpure*. Surtout de table, genre Renaissance, par Maria.
DESSIN n° 155. — *Découpure*. Porte-missel, style gothique, par Bonnod. — *Marqueterie*. Boîte à jeux, par Ch. Rauge. — *Sculpture*. Pan de corbeille, par P. de Certines.

DÉCOUPEUR FRANCAIS N° 100 (*Collection parisienne n*os *156 et 157*)

TEXTE. — Explication des dessins. Sculpture. Chapitre III. Bois de sculpture (suite), par J. Carante.
DESSIN n° 156. — *Découpure*. Lustre suspension, par J. Carante.
DESSIN n° 157. — *Découpure*. Huilier, par Maria. Deux porte-pipes, par P. Joseph. — *Marqueterie*. Porte-montre, par Maria. — *Sculpture*. Porte-coupe, par Maria.

DÉCOUPEUR FRANCAIS N° 101 (*Collection parisienne n*os *158 et 159*)

TEXTE. — Sculpture. Chapitre III. Bois de sculpture (suite), par J. Carante.
DESSIN n° 158. — *Découpure*. Un cadre ovale fantaisie, une baie pour carte-album, style turc, cadre ovale, retour du printemps 2 baies pour visite, par Maria. Encadrement ovale à six baies, pour visite, par Bonnod. Boîtes à cigarettes.
DESSIN n° 159. — *Découpure*. Cadre trophée, par Maria. Porte-pipe, par P. Joseph. Cadre pour porte-album, style turc, par Maria. — *Marque-*

terie. Monture de baromètre, par Ch. Rauge. — *Sculpture.* Monture de thermomètre, par P. de Certines.

DÉCOUPEUR FRANCAIS N° 102 (*Collection parisienne nos* 160 *et* 161)

TEXTE. — Sculpture. Chapitre IV. Travaux d'exécution (suite), par J. Carante.

DESSIN n° 160. — *Découpure.* — Porte-allumettes, cache-pot, par E. Blin.

DESSIN n° 161. — *Découpure.* Porte-montre, par Maria. Porte-pipes, par Bonnod. Cadre, par Maria. — *Marqueterie.* Bénitier, par Ch. Rauge. — *Sculpture.* Horloge réveil-matin, par P. de Certines.

DÉCOUPEUR FRANCAIS N° 103 (*Collection parisienne nos* 162 *et* 163)

TEXTE. — Sculpture. Chapitre IV. Exécution et travail (suite), par J. Carante.

DESSIN n° 162. — *Découpure.* — Le Moulin de l'Amitié, chalet pour photographies, par Maria (voir 163).

DESSIN n° 163. — *Découpure.* Le Moulin (suite et fin). Calice à fleurs, par J. Carante. Thermomètre, par E. Blin. — *Marqueterie.* Miroir à main. — *Sculpture.* Croix gothique, par P. de Certines.

DÉCOUPEUR FRANCAIS N° 104 (*Collection parisienne nos* 164 *et* 165)

TEXTE. — Sculpture. Chapitre IV. Exécution et travail (suite), par J. Carante.

DESSIN n° 164. — *Découpure.* Encrier, par J. Carante. — *Marqueterie.* Petite cassette, par Ch. Rauge. — *Sculpture.* Porte-photographie, style Louis XIII, par P. de Certines.

DESSIN n° 165. — *Découpure.* Porte-Cigarettes. Cheminée (portrait de bébé), par Maria. Encrier (suite et fin). Lettres entrelacées OH, KV, EU et bijoux, par J. Carante.

DÉCOUPEUR FRANCAIS N° 105 (*Collection parisienne nos* 166 *et* 167)

TEXTE. — Sculpture. Chapitre IV. Exécution et travail (suite), par J. Carante.

DESSIN. n° 166. — *Découpure.* Bahut étagère, style Renaissance, par J. Carante (voir 167).

DESSIN n° 167. — *Découpure.* Bahut étagère (suite et fin). — *Marqueterie.* Table à ouvrage, par Ch. Rauge. — *Sculpture.* Cadre 12 × 15 roman, par P. de Certines.

DÉCOUPEUR FRANCAIS N° 106 (*Collection parisienne nos* 168 *et* 169)

TEXTE. — Chapitre IV. Exécution et travail (suite), par J. Carante. Variétés. Procédés photographiques au sel de fer.

DESSIN n° 168. — *Découpure.* Coffret, guirlande d'ange, par Maria (voir 169).

DESSIN n° 169. — *Découpure.* Coffret (suite et fin). Entrées de serrures et garnitures pour loqueteaux. — *Marqueterie.* Vide-poche, style turc, par Ch. Rauge. — *Sculpture.* Crèche de Noël, par P. de Certines.

DÉCOUPEUR FRANCAIS N° 107 (*Collection parisienne nos* 170 *et* 171)

TEXTE. — Sculpture. Chapitre IV. Bois de sculpture, par J. Carante.

DESSIN n° 170. — *Découpure.* Grand cadre pour congé, croix d'honneur, médailles, etc., par Maria, 44 × 56 (voir 171). Tabouret, par Maria, (voir 171).

DESSIN n° 171. — *Découpure.* Grand cadre (suite et fin). Tabouret (suite et fin). — *Marqueterie.* Panneau décoratif (enfant terrible), par Maria. — *Sculpture.* Miroir à main, par Maria.

DÉCOUPEUR FRANCAIS N° 108 (*Collection parisienne nos* 172 *et* 173)

TEXTE. — Sculpture. Chapitre V (suite). Travail et exécution, par J. Carante.

Dessin n° 172. — *Découpure.* Cadre à deux baies, pour photographies, par Bonnod. Jardinière avec support, par J. Carante (voir 173).

Dessin n° 173. — *Découpure.* Cadre miroir 27 × 23, par Bonnod. Porte-coupe, par Bonnod. Jardinière (fin). — *Marqueterie.* Boîte algérienne, par Ch. Rauge. — *Sculpture.* Calendrier à effeuiller, par P. de Certines.

DÉCOUPEUR FRANCAIS N° 109 (*Collection parisienne nos 174 et 175*)

Texte. — Sculpture. Chapitre V (suite). Travail et exécution, par J. Carante. Chronique. Les moteurs, par le Dr Combes.

Dessin n° 174. — *Découpure.* Chalet pour horloge ou encadrement de photographie, par Maria (voir 175).

Dessin n° 175. — *Découpure.* Chalet (suite et fin). Reliquaire Renaissance, par E. Blin. Cadre ovale 9 × 12 Louis XVI, par Bonnod. Lettres entrelacées MA. — *Marqueterie.* Boîte à allumettes métal blanc et bronze, par Ch. Rauge. — *Sculpture.* Console Renaissance Italienne, par P. de Certines.

DÉCOUPEUR FRANCAIS N° 110 (*Collection parisienne nos 176 et 177*)

Texte. — Sculpture. Chapitre V (suite). Travail et exécution, par J. Carante. Chronique. Les moteurs (suite), par le Dr Combes.

Dessin n° 176. — *Découpure.* Porte-pipes fantaisie mauresque, par Maria. — *Marqueterie.* Bonbonnière, par Ch. Rauge. — *Sculpture.* Plateau pour cartes de visite, par P. de Certines.

Dessin n° 177. — *Découpure.* Porte-coupe pour bouquet genre moderne, par E. Blain. Cadre xvie siècle 11 × 15 pour carte-album, par Bonnod. Lettres entrelacées OB, NP, ST, IX, et bijoux.

DÉCOUPEUR FRANCAIS N° 111 (*Collection parisienne nos 178 et 179*)

Texte. — Sculpture. Chapitre V (suite). Travail et exécution, par J. Carante. Chronique. Les moteurs électriques, par le Dr Combes. Correspondance.

Dessin n° 178. — *Découpure.* Etagère tiroirs, par L***.

Dessin n° 179. — *Découpure.* Grand cadre pour miroir, style grec, 37 × 25, par Bonnod. Cadre grec ovale, par E. Blin. Monogramme M, sur applique, par Laugier. — *Marqueterie.* Bénitier, par Ch. Rauge. — *Sculpture.* Thermomètre, par Bonnod.

DÉCOUPEUR FRANCAIS N° 112 (*Collection parisienne nos 180 et 181*)

Texte. — Sculpture. Chapitre V (suite). Travail et exécution, par J. Carante. Chronique. Les moteurs, crayons de Berzelius, par le Dr Combes. Poignée de recettes. Correspondance.

Dessin n° 180. — *Découpure.* Porte-pipes, par Bonnod. Huilier, par Maria, — *Marqueterie.* Plateau style grec, par Ch. Rauge. — *Sculpture.* Fronton pour meuble, par P. de Certines.

Dessin n° 181. — *Découpure.* Porte-missel, boîte à mouchoirs, par F. Dormoy.

DÉCOUPEUR FRANÇAIS N° 113 (*Collection parisienne nos 182 et 183*)

Texte. — Sculpture. Chapitre V (suite). Travail et exécution. Chapitre VI. Sculpure sur fond levé. Chronique. La lumière électrique, par le Dr Combes. Correspondance.

Dessin n° 182. — *Découpure.* Etagère d'applique, par F. Dormoy.

Dessin n° 183. — *Découpure.* Cadre 9 × 13. Reliquaire style gothique, par Bonnod. Ecran à main. Deux porte-bouquets, par Maria. Monogramme du Christ. Loqueteau et entrée de serrure, par J. Carante. — *Marqueterie.* Cassette (marqueterie ombrée), par Ch. Rauge. — *Sculpture.* Ecusson Renaissance, par P. de Certines.

DÉCOUPEUR FRANCAIS N° 114 (*Collection parisienne n°s 184 et 185*)

TEXTE. — Sculpture. Chapitre VI. Sculpture sur fond levé, par J. Carante. Chronique. La lumière électrique (suite), par le Dr Combes. Une poignée de recettes. Correspondance.

DESSIN n° 184. — *Découpure*. Réveil-matin, par Em. Blin (voir 185). — *Marqueterie*. Miroir à main, par Ch. Rauge.

DESSIN n° 185. — *Découpure*. Pupitre à lire, par Dormoy. Porte-bouquet, par Maria. Réveil-matin (suite et fin).

DECOUPEUR FRANÇAIS N° 115 (*Collection parisienne n°s 186 et 187*)

TEXTE. — Sculpture. Chapitre VI. Sculpture sur fond levé (suite), par J. Carante. Chronique. L'électricité, par le Dr Combes. Une poignée de recettes. Correspondance.

DESSIN n° 186. — *Découpure*. Cadre à trois baies pour photographie, par Bonnod. Cadre reliquaire 9 × 13, par Pressicard. Armoire-étagère, style gothique, 1re partie (voir 187-189), par Thomas. — *Marqueterie*. Couverture d'album, par Ch. Rauge. — *Pseudo-sculpture* Cadre ovale 12 × 16, par Pressicard.

DESSIN n° 187. — *Découpure*. Armoire-étagère (suite).

DÉCOUPEUR FRANÇAIS N° 116 (*Collection parisienne n°s 188 et 189*)

TEXTE. — Sculpture. Chapitre VI. Sculpture sur fond levé (suite), par J. Carante. Chronique. La lumière électrique (suite), par le Dr Combes. Une poignée de recettes. Correspondance.

DESSIN n° 188. — *Découpure*. Porte-bouquet, écran, scène comique, par Maria. Porte-pipes, par Bonnod. — *Marqueterie*. Bonbonnière algérienne, par Ch. Rauge. — *Sculpture*. Dossier de chaise ou fauteuil, par P. de Certines.

DESSIN n° 189. — *Découpure*. Chariot à vins fins, par Bonnod. Armoire-étagère, style gothique, par Thomas (fin).

DÉCOUPEUR FRANÇAIS N° 117 (*Collection parisienne n°s 190 et 191*)

TEXTE. — Sculpture. Chapitre VI. Sculpture sur fond levé (suite). Chapitre VII. Le sabler des fonds, par J. Carante. Chronique. L'électricité en campagne (suite), par le Dr Combes. Une poignée de recettes. Correspondance.

DESSIN n° 190. — *Découpure*. Grand vase de salon avec 6 cadres ovales pour photographies (voir 191) 1re partie, porte-pipes, sujet comique, par Bonnod. Cadre à trois baies, par Joseph.

DESSIN n° 191. — *Découpure*. Grand vase de salon (suite et fin). Cadre pour carte-album 9 × 15, par Bonnod. — *Marqueterie*. Couverture de livre, par Ch. Rauge. — *Sculpture*. Monture de thermomètre, par Maria.

DÉCOUPEUR FRANÇAIS N° 118 (*Collection parisienne n°s 192 et 193*)

TEXTE. — Sculpture. Chapitre VII. Le sabler des fonds (suite), par J. Carante. Chronique. L'électricité au service de la locomotion (suite), par le Dr Combes. Une poignée de recettes. Correspondance.

DESSIN n° 192. — *Découpure*. Corbeille de salon, par J. Carante, 1re partie. Cadre pour photographie 9 × 15 en plusieurs bois superposés (voir 193). — *Sculpture*. Ecusson Renaissance, par P. de Certines.

DESSIN n° 193. — *Découpure*. Corbeille de salon (suite et fin). Baromètre-thermomètre, par Bonnod. — *Marqueterie*. Plateau (Marqueterie en métaux), par Ch. Rauge.

DÉCOUPEUR FRANÇAIS N° 119 (*Collection parisienne n°s 194 et 195*)

TEXTE. — Sculpture. Chapitre VIII. Les utilités de la sculpture d'applique, par J. Carante. Chronique. L'électricité (suite), par le Dr Combes. Une poignée de recettes. Correspondance.

Dessin n° 194. — *Découpure*. Vide-poche, par Dormoy. Lettres et bijoux : SN, SLN. — *Marqueterie*. Table de jeu, par Ch. Rauge. — *Sculpture*. Console, style Louis XIV, par J. Carante.

Dessin n° 195. — *Découpure*. Jardinière. Guéridon, style Renaissance, par Bonnod, 1re partie (voir 196-197).

DÉCOUPEUR FRANÇAIS N° 120 (*Collection parisienne nos* 196 *et* 197)

Texte. — Sculpture. Chapitre VIII. Les utilités de la sculpture d'applique (suite), par J. Carante. Chronique. Les télégraphes optiques, par le Dr Combes. Une poignée de recettes. Correspondance.

Dessin n° 196. — *Découpure*. Jardinière. Guéridon, style Renaissance, par Bonnod (se montant sur le pied de la jardinière n° 195).

Dessin n° 197. — *Découpure*. Guéridon (suite et fin). — *Marqueterie*. Cadre déchiqueté pour carte-album. — *Sculpture*. Panneau, style Renaissance, par P. de Certines.

DÉCOUPEUR FRANÇAIS N° 121 (*Collection parisienne nos* 198 *et* 199)

Texte. — Sculpture. Les utilités de la découpure d'applique (suite), par J. Carante. Chronique. Les turbines, par le Dr Combes. Une poignée de recettes. Correspondance.

Dessin n° 198. — *Découpure*. Toilette, par Bonnod (voir 199). Grand cadre pour diplôme et certificat d'études, par Maria, 28 × 36 (suite au n° 199).

Dessin n° 199. — *Découpure*. Grand cadre (fin). Trois cadres réunis (découpure de métaux), par Bonnod. Urnes à 6 ou 8 pans par ***. Toilette (fin). — *Marqueterie*. Cassette, par Ch. Rauge. — *Sculpture*. Vide-poches, par P. de Certines.

DÉCOUPEUR FRANÇAIS N° 122 (*Collection parisienne nos* 200 *et* 201)

Texte. — Sculpture. Chapitre VIII. Les utilités de la sculpture d'applique (suite), par J. Carante. Chronique. Les téléphones à grande distance, par le Dr Combes. Une poignée de recettes. Correspondance.

Dessin n° 200. — *Découpure*. Porte-pipe, par Dormoy. Coupe Renaissance, par J. Carante.

Dessin n° 201. — *Découpure*. Coupe, par Dantan. Petit-cadre, par Maria. Echecs, par ***. — *Marqueterie*. Bénitier, par Ch. Rauge. — *Sculpture*. Corbeille de bureau, par P. de Certines.

DÉCOUPEUR FRANÇAIS N° 123 (*Collection parisienne nos* 202 *et* 203)

Texte. — Sculpture. Chapitre IX. Conclusion et tables, par J. Carante. Une poignée de recettes. Correspondance.

Dessin n° 202. — *Découpure*. Calendrier à effeuiller, sujet comique, par Maria. Cadre 10 × 15 pour carte-album. — *Marqueterie*. Bonbonnière, par Ch. Rauge. — *Sculpture*. Encadrement 3 baies rondes de 0,09, style Louis XIV, par P. de Certines.

Dessin n° 203. — *Découpure*. Aquarium, 1re partie (voir n° 204). Porte-allumettes, par Em. Blin.

DÉCOUPEUR FRANÇAIS N° 124 (*Collection parisienne nos* 204 *et* 205)

Texte. — Chronique. Exposition d'électricité de l'Observatoire en 1885, par Prévost. Une poignée de recettes. Correspondance.

Dessin n° 204. — *Découpure*. Aquarium (suite et fin). Plateau Renaissance, par Bonnod. Porte-cornet, par Laugier. Chevalet gothique, par Thomas.

Dessin n° 205. — *Découpure*. Etagère à poser sur un meuble, par Laugier. — *Marqueterie*. Petit cachepot carré, par Maria. — *Sculpture*. Petit cartel, par le même.

DÉCOUPEUR FRANÇAIS N° 125 (*Collection parisienne nos 206 et 207*)

TEXTE. — Chronique. Nos torpilleurs en Chine. Une poignée de recettes. Correspondance.

DESSIN n° 206. — *Découpure*. Porte-montre, découpure comique, par Maria. Cadre fermant pour photographie, par Maria, 25 × 17, 1re partie (voir n° 207. Lettres entrelacées : CD, MQ, RT, OM.

DESSIN n° 207. — *Découpure*. Surtout de table, style Louis XVI, par Bonnod, 1re partie (voir nos 208 et 209). Cadre fermant (suite et fin). — *Marqueterie*. Vide-poches, par Ch. Rauge. — *Sculpture*. Croix gothique, par P. de Certines.

DÉCOUPEUR FRANÇAIS N° 126 (*Collection parisienne nos 208 et 209*)

TEXTE. — Chronique. Canon Bange, par le Dr Combes. Photominiature, par Emile Blin. Une poignée de recettes. Vitraux américains. Correspondance.

DESSIN n° 208. — *Découpure*. Surtout de table, style Louis XVI (suite).

DESSIN n° 209. — *Découpure*. Surtout de table (fin). Colonnettes cannelées, par J. Carante (voir nos 210 et 211). — *Marqueterie*. Coffret, par Ch. Rauge. — *Sculpture*. Cadre fantaisie 16 × 18, par P. de Certines.

DÉCOUPEUR FRANÇAIS N° 127 (*Collection parisienne nos 210 et 211*)

TEXTE. — Chronique. Tour de 300 mètres, par le Dr Combes. Photominiature (suite), par E. Blin. Une poignée de recettes. Correspondance.

DESSIN n° 210. — *Découpure*. Colonnettes cannelées (suite). Candélabres à cinq branches, par Bonnod, 1re partie (voir le n° 211).

DESSIN n° 211. — *Découpure*. Chapelle exposition, style gothique, par J. Carante, 1re partie (voir nos 212 et 213). Candélabres (suite et fin). Cache-pot par Martin. — *Marqueterie*. Bénitier fantaisie, par Ch. Rauge. — *Sculpture*. Porte-pipes, par P. de Certines.

DÉCOUPEUR FRANÇAIS N° 128 (*Collection parisienne nos 212 et 213*)

TEXTE. — Chronique. Les transmissions pneumatiques entre Paris et Londres. Reproduction des dessins par les sels de fer. Une poignée de recettes. Correspondance.

DESSIN n° 212. — *Découpure*. Chapelle-exposition (suite).

DESSIN n° 213. — *Découpure*. Chapelle-exposition (suite et fin). Bijoux. Broches et pendants d'oreilles. Lettres entrelacées : RS, AV, HO, LN. — *Marqueterie*. Reliquaire, par Ch. Rauge. — *Sculpture*. Cartouche AT, par P. de Certines.

DÉCOUPEUR FRANÇAIS N° 129 (*Collection parisienne nos 214 et 215*)

TEXTE. — Chronique. Le tramway métropolitain, par le Dr Combes. Une poignée de recettes. Correspondance.

DESSIN n° 214. — *Découpure*. Cadre 6 × 11 moyen-âge. Armoiries (Couronne comtale) par Maria. Encrier XVIIIe siècle, par Bonnod. Règle plate, par J. Carante. Coupe-papier, par Dormoy. Etoile à dévider.

DESSIN n° 215. — *Découpure*. Panier à plume, par J. Carante. Flambeau et bougeoir, par le même. — *Marqueterie*. Cassette algérienne, par Ch. Rauge. — *Sculpture*. Monture de baromètre-thermomètre, par P. de Certines

DÉCOUPEUR FRANÇAIS N° 130 (*Collection parisienne nos 216 et 217*)

TEXTE. — Chronique. Le canal de Panama. Les machines, par le Dr Combes. Une poignées de recettes. Correspondance.

DESSIN n° 216. — *Découpure*. Panier à ouvrage, par J. Carante. Porte-cigares, 1re partie, par Bonnod (voir 217).

DESSIN n° 217. — *Découpure.* Porte-cigares (suite et fin). Encadrement, à trois baies, par Bonnod. — *Marqueterie.* Ecran, style arabe, par Ch. Rauge. — *Sculpture.* Pupitre à lire, fantaisie, par P. de Certines.

DÉCOUPEUR FRANÇAIS N° 131 (*Collection parisienne nos 218 et 219*)

TEXTE. — Explication des dessins. Chronique scientifique et industrielle. Une poignée de recettes. Correspondance.

DESSIN n° 218. — *Découpure.* Etagère style Louis XIII, par L***, 1re partie. Coupe (voir 219).

DESSIN n° 219. — *Decoupure.* Etagère, style Louis XIII (suite et fin). Corbeille à huit pans, par J. Carante. — *Marqueterie.* Couverture d'album, moyen-âge, par Ch. Rauge. — *Sculpture.* Bénitier, style Louis XVI, par P. de Certines.

DÉCOUPEUR FRANÇAIS N° 132 (*Collection parisienne nos 220 et 221*)

TEXTE. — Explication des dessins. Chronique. Le téléphone. L'aérostat dirigeable. Une poignée de recettes. Correspondance.

DESSIN n° 220. — *Découpure.* Semainier, par J. Carante. Porte-liqueurs, 1re partie, par Bonnod (voir 221).

DESSIN n° 221. — *Découpure.* Porte-liqueurs (suite et fin). Cadre 11 × 15 pour carte-album. Chiffres : Marquis CB ; Comte CN ; Vidame AE. — *Marqueterie.* Médaillon, par Ch. Rauge. — *Sculpture.* Console, par P. de Certines.

DECOUPEUR FRANÇAIS No 133 (*Collection parisienne nos 222 et 223*)

TEXTE. — Explication des dessins. Chronique. La traction électrique. Le Telphérage. Une poignée de recettes. Correspondance.

DESSIN n° 222. — *Découpure.* Coupe concave, par E. Blin. Support de lampe, 1re partie, par Bonnod (voir 223).

DESSIN n° 223. — *Découpure.* Cadre à quatre baies, par Bonnod. Support de lampe (suite et fin). Armoiries : baron DH ; vicomte AP ; chevalier LD. — *Marqueterie.* Boîte à gants, vieux style, par Ch. Rauge. — *Sculpture.* Pendule, genre renaissance, par Christian de Brion.

DÉCOUPEUR FRANÇAIS N° 134 (*Collection parisienne nos 224 et 225*)

TEXTE. — Explication des dessins. Chronique. La navigation aérienne. La chaudière tubulée. La voiture à vapeur. Une poignée de recettes. Correspondance.

DESSIN n° 224. — *Découpure.* Console, genre moderne, par J. Carante. Coffret Louis XV, par X... : 1re partie (voir 225). Etoiles à dévider.

DESSIN n° 225. — *Découpure.* Coffret Louis XV (suite et fin). Etoiles à dévider. — *Marqueterie.* Cassette, par Ch. Rauge. — *Sculpture.* Fronton de glace, par P. de Certines.

DÉCOUPEUR FRANÇAIS No 135 (*Collection parisienne nos 226 et 227*)

TEXTE. — Explication des dessins. Chronique. Les gaz naturels d'éclairage dans la Pensylvanie. Le microphone et la balance d'induction. Le monitographe. Les câbles sous-marins, par le Dr Combes. — Une poignée de recettes. Correspondance.

DESSIN n° 226. — *Découpure.* Jardinière, fantaisie, par J. Carante (voir 227).

DESSIN n° 227. — *Découpure.* Jardinière (suite et fin). Porte-coupe applique, par E. Blin. — *Marqueterie.* Milieu de table Louis XV, par de Brion. — *Sculpture.* Porte-pipes Renaissance, par P. de Certines.

DÉCOUPEUR FRANÇAIS N 136 (*Collection parisienne nos 228 et 229*)

TEXTE. — Explication des dessins. Chronique. Communications télégraphiques avec les trains en marche. Le nouveau cirque ou les arènes nautiques de Paris. Poignée de recettes. Correspondance.

DESSIN n° 228. — *Découpure.* Monture pour thermomètre. Baromètre et calendrier à effeuiller réunis, style Louis XV, par J. Carante. Encrier, style Louis XV, par Bonnod. Plaque d'inscription, par Laugier.

DESSIN n° 229. — *Découpure.* Cadre 9 × 12 pour photographies, chevalet, par Lemaire. Bijoux, broches et pendants. — *Marqueterie.* Plateau pour cartes de visite, fantaisie, par Ch. Rauge. — *Sculpture.* Dossier de chaise ou fauteuil, par P. de Certines.

DÉCOUPEUR FRANÇAIS N° 137 (*Collection parisienne n°s* 230 *et* 231)

TEXTE. — Le labourage à vapeur. L'exposition de 1889. Les grandes manœuvres des torpilleurs et les torpilles de Whitehead. Une poignée de recettes. Correspondance.

DESSIN n° 230. — *Découpure.* Moulin à vent pour six verres et un carafon, composition rustique, par Maria (voir 231).

DESSIN n° 231. — *Découpure.* Moulin à vent (suite et fin). — *Marqueterie.* Cadre 9 × 11 moyen-âge, par Ch. Rauge. — *Sculpture.* Panneau décoratif, style gothique, par P. de Certines.

DÉCOUPEUR FRANÇAIS N° 138 (*Collection parisienne n°s* 232 *et* 233)

TEXTE. — La photographie instantanée. Récréations galvanoplastiques. Une poignée de recettes. Correspondance.

DESSIN n° 232. — *Découpure.* Mois de Marie, temple grec, par J. Carante (voir 233). Alphabet gothique, par Laugier.

DESSIN n° 233. — *Découpure.* Mois de Marie (suite et fin). Chaise-pelote, Louis XV, par Bonnod. — *Marqueterie.* Bénitier et encadrement Louis XVI, par Ch. Rauge. — *Sculpture.* Console, moyen-âge, par P. de Certines.

DÉCOUPEUR FRANÇAIS N° 139 (*Collection parisienne n°s* 234 *et* 235)

TEXTE. — Les chemins de fer à crémaillère. Une poignée de recettes. Correspondance.

DESSIN n° 234. — *Découpure.* Candélabre à 7 branches, par J. Carante. Porte-Pipes Renaissance, par Bonnod. Canapé-encrier, par Bonnod (voir 235).

DESSIN n° 235. — *Découpure.* Canapé-encrier (suite et fin). Cadres pour photographies. — *Marqueterie.* Eventail, par Ch. Rauge. — *Sculpture.* Prie-Dieu, style gothique, par P. de Certines.

DÉCOUPEUR FRANÇAIS N° 140 (*Collection parisienne n°s* 236 *et* 237)

TEXTE. — L'héliogravure, nouveau procédé héliographique. Merveilles de patience et d'adresse manuelle. Correspondance.

DESSIN n° 236. — *Découpure.* Service de fumeur, par E. Blin (voir 237-238).

DESSIN n° 237. — *Découpure.* Service de fumeur (suite). *Marqueterie.* Croix gothique. — *Sculpture.* Chevalet Louis XV, par P. de Certines.

DÉCOUPEUR FRANÇAIS N° 141 (*Collection parisienne n°s* 238 *et* 239)

TEXTE. — Chemin de fer aérien. La traversée de Cherbourg à Londres en ballon. L'éclairage électrique dans les ports militaires et sur les vaisseaux. Correspondance.

DESSIN n° 238. — *Découpure.* Service de fumeur (fin). Bibliothèque, par J. Carante. Mobilier de poupée, armoire à clef, par Bonnod (voir 239).

DESSIN n° 239. — *Découpure.* Mobilier de poupée (suite et fin). Cadre pour photographie. Bobines à dévider. — *Marqueterie.* Coffret Renaissance, par Ch. Rauge. — *Sculpture.* Plateau pour cartes de visite, par P. de Certines.

DECOUPEUR FRANÇAIS N° 142 (*Collection parisienne nos* 240 *et* 241)

Texte. — Le canal des deux Mers. La canonnière Farcy. Le premier coup de pioche de l'Exposition de 1889. Une poignée de recettes. Correspondance.

Dessin n° 240. — *Découpure.* Caisse à fleurs, par J. Carante. Plateau pour cartes de visite, par Bonnod (voir 241).

Dessin n° 241. — *Découpure.* Plateau pour cartes de visite (suite et fin). Ecran, par Bonnod. Plumier, par Laugier. Mobilier de poupée (lit), par Bonnod. — *Marqueterie.* Feuille de cachepot, par Ch. Rauge. — *Sculpture.* Chevalet pour photographie, par P. de Certines.

DECOUPEUR FRANÇAIS N° 143 (*Collection parisienne nos* 242 *et* 243)

Texte. — La liberté éclairant le monde. Le sucre nouveau. Illusions d'optique. Une poignée de recettes. Correspondance.

Dessin n° 242. — *Découpure.* Etagère gothique.

Dessin n° 243. — *Découpure.* Porte-pipes, par Laugier. Lettres et écussons. — *Marqueterie.* Couverture d'album, par Ch. Rauge. — *Sculpture.* Panneau décoratif Louis XV, par P. de Certines.

DECOUPEUR FRANÇAIS N° 144 (*Collection parisienne nos* 244 *et* 245)

Texte. — Ascenseur hydraulique, des Fontinettes. Le lait concentré. Les ponts métalliques. Un déluge de pétrole. Le style moderne dans la décoration. Correspondance.

Dessin n° 244. — *Découpure.* Corbeille à ouvrage, par Maria. Plateau pour dessert, par Bonnod.

Dessin n° 245. — *Découpure.* Monture de thermomètre. Porte-coupe. Cadre 9 × 13 pour carte-album. — *Marqueterie.* Vide-poches, par Ch. Rauge. *Sculpture.* Porte-montre, par P. de Certines.

DECOUPEUR FRANÇAIS N° 145 (*Collection parisienne nos* 246 *et* 247)

Texte. — La Tour Eiffel en découpure. Transport de la force électrique à distance, par le procédé J. Fontaine. Correspondance.

Dessin n° 246. — *Découpure.* Papeterie, par Bonnod.

Dessin n° 247. — *Découpure.* Croix gothique, Porte-liqueurs, par Bonnod. — *Marqueterie.* Coffret, par Ch. Rauge. — *Sculpture.* Cadre fantaisie 10 × 14 pour carte-album, par P. de Certines.

DECOUPEUR FRANÇAIS N° 146 (*Collection parisienne nos* 248 *et* 249)

Texte. — Explication des dessins. Chronique. Les phosphates de Beauval. Le téléphone entre Paris et Bruxelles. Paris port de mer. Les panoramas. Une poignée de recettes. Correspondance.

Dessin n° 248. — *Découpure.* Album de musique, par Bonnod. Bobines à dévider. — *Marqueterie.* Pendule, par Ch. Rauge. — *Sculpture.* Panneau décoratif, par P. de Certines.

Dessin n° 249. — *Découpure.* Chapelle gothique, par J. Carante, 1re partie (voir 250). Encadrement à 5 baies ovales, par Bonnod. Couteau à papier, par Dormoy. Entrée de serrure.

DECOUPEUR FRANÇAIS N° 147 (*Collection parisienne nos* 250 *et* 251)

Texte. — Explication des dessins. Chronique. La mélinite. Les tremblements de terre. Ce que dit la science. Le pont tournant d'Arenc à Marseille. Correspondance.

Dessin n° 250. — *Découpure.* Chapelle gothique (suite). Veilleuse-suspension xviie siècle, par X.

Dessin n° 251. — *Découpure.* Mobilier de poupée. Buffet-étagère, par Bonnod. Lettres et monogrammes (Jean et Pierre). Lettre ornementée C. — *Marque-*

terie. Table à ouvrage, par Ch. Rauge. — *Sculpture.* Porte-pipes (fantaisie), par P. de Certines.

DECOUPEUR FRANÇAIS N° 148 (*Collection parisienne nos* 252 *et* 253)

Texte. — Explication des dessins. Chronique. La lumière électrique à Châteaulin. Les aérostats militaires. Les paquebots transatlantiques. Une poignée de recettes. Correspondance.

Dessin n° 252. — *Découpure.* Pendule Louis XVI, par Bonnod. 1re partie (voir le n° 253). — *Marqueterie.* Pupitre mosaïque, par Ch. Rauge. — *Sculpture.* Couverture d'album Renaissance, par P. de Certines.

Dessin n° 253. — *Découpure.* Pendule Louis XVI (suite et fin).

DECOUPEUR FRANÇAIS N° 149 (*Collection parisienne nos* 254 *et* 255)

Texte. — Explication des dessins. Chronique. Machines automatiques. La photographie sans objectif. Une poignée de recettes. Correspondance.

Dessin n° 254. — *Découpure.* Coupe ovale et concave, par Em. Blin. Cadre 9 × 12 pour carte-album, par Bonnod.

Dessin n° 255. — *Découpure.* Etagère Louis XV, par J. Carante. Lettres entrelacées OKT, LM, bijoux. — *Marqueterie.* Bandes algériennes, par Ch. Rauge. — *Sculpture.* Croix ornementée, par P. de Certines.

DÉCOUPEUR FRANÇAIS N° 150 (*Collection parisienne nos* 256 *et* 257)

Texte. — Explication des dessins. Chronique. Train continu à l'exposition universelle de 1889. Le match transatlantique. Les nouveaux canons Krupp. Une poignée de recettes. Correspondance.

Dessin n° 256. — *Découpure.* Surtout de table (style empire), par J. Carante (voir 258). Monogramme (Louis et Etienne).

Dessin n° 257. — *Découpure.* Mobilier de poupée (commode), par Bonnod. Porte-allumettes. — *Marqueterie.* Feuille de cache-pot, par Ch. Rauge. — *Sculpture.* Porte-pipes, par P. de Certines.

Nous commençons à partir du n° 151 du Découpeur français, *la publication d'un travail de notre collaborateur Em. Blin, sur les travaux de la scie à découper. Ce travail, qui renseignera les débutants, mettra également les amateurs plus avancés dans notre art, au courant des derniers progrès accomplis dans l'outillage, les productions et les applications diverses de la découpure.*

DÉCOUPEUR FRANÇAIS N° 151 (*Collection parisienne nos* 258 *et* 259)

Texte. — Explication des dessins. La découpure artistique. Chronique. Les puits instantanés. Air comprimé. Les vélocipédistes militaires. Le mélogramme et le mélotrope de M. Charpentier. Une poignée de recettes. Correspondance.

Dessin n° 258. — *Découpure.* Surtout de table (suite du n° 256). — *Marqueterie.* Cadre 9 × 12 pour photographies, genre arabe, par Ch. Rauge. — *Sculpture.* Caisse à fleurs (fantaisie), par P. de Certines.

Dessin n° 259. — *Découpure.* Boîte à gants, par Maria. Mobilier de Poupée, Toilette Louis XV, par Bonnod.

DECOUPEUR FRANÇAIS N° 152 (*Collection parisienne nos* 260 *et* 261)

Texte. — Explication des dessins. La découpure artistique des bois et des métaux, par Em. Blin (suite). Découpure et galvanoplastie, par le docteur Combes. Chronique. Le bassin Bellot. Les chemins de fer russes en Orient. Une poignée de recettes. Correspondance.

Dessin n° 260. — *Découpure.* Armoire-étagère, style Renaissance, par J. Carante, 1re partie (voir 261-262). Boîte à allumettes. Lettres entrelacées : LB, JC.

Dessin n 261. — *Découpure.* Armoire-étagère, Renaissance (suite). Bobines à dévider. Lettres entrelacées : AM. — *Marqueterie.* Plateau pour cartes de visite Louis XV, par Ch. Rauge. — *Sculpture.* Console style Renaissance, par P. de Certines.

DECOUPEUR FRANÇAIS N° 153 (*Collection parisienne n^{os}* 262 *et* 263)

Texte. — Explication des dessins. Le canon de l'avenir, par Em. Blin (suite). La découpure artistique des bois et des métaux, par Em. Blin (suite). La galvanoplastie appliquée au découpage, par le Dr Combes. Chronique. Expérience scientifique du Horla, MM. Jovis et Mallet. Une poignée de recettes. Correspondance.

Dessin n° 262. — *Découpure.* Armoire-étagère, par J. Carante (suite et fin). Bouton, broche, bijoux, lettres entrelacées AN, RS, CH, UT. — *Marqueterie.* Encadrement pour miniature, par Ch. Rauge. — *Sculpture.* Chevalet gothique, par P. de Certines.

Dessin n° 263. — *Découpure.* Artillerie légère, obusier de l'avenir pour chariot à vin, par Dicka.

DECOUPEUR FRANÇAIS N° 154 (*Collection parisienne n^{os}* 264 *et* 265)

Texte. — Explication des dessins. La découpure artistique des bois et des métaux, par Em. Blin (suite). La galvanoplastie appliquée au découpage, par M. le docteur Combes. Chronique. La navigation à vapeur, par le docteur Combes. Une poignée de recettes. Correspondance.

Dessin n° 264. — *Découpure.* Corbeille de mariage, genre grec, par J. Carante. (Voir le n° 265.)

Dessin n° 265. — *Découpure.* Corbeille de mariage, genre grec, par J. Carante (suite et fin). Porte-montre. Broches. Lettres entrelacées SM. JS. — *Marqueterie.* Reliquaire, par Ch. Rauge. — *Sculpture.* Monture pour baromètre, thermomètre, pendule, calendrier à effeuiller, par P. de Certines.

DECOUPEUR FRANÇAIS N° 155 (*Collection parisienne n^{os}* 266 *et* 267)

Texte. — Explication des dessins. La découpure artistique des bois et des métaux, par Emile Blin. La galvanoplastie appliquée au découpage, par le docteur Combes. Chronique. Le canot et le torpilleur électrique, par le docteur Combes. Construction sous l'eau, par E. Dicka. Une poignée de recettes. Correspondance.

Dessin n° 266. — *Découpure.* Panier à ouvrage, par J. Cuny. Couverture d'album, par Laugier. Etoile à dévider. Entrée de serrure.

Dessin n° 267. — *Découpure.* Caisse à fleurs, par Annette. — *Marqueterie.* Cassette, marqueterie (ombrée au feu). Anémones blanches ou rouges, par Ch. Rauge. — *Sculpture.* Porte-notes Renaissance, par P. de Certines.

DECOUPEUR FRANÇAIS N° 156 (*Collection parisienne n^{os}* 268 *et* 269)

Texte. — Explication des dessins. La découpure artistique, par Emile Blin. La galvanoplastie appliquée au découpage, par le docteur Combes. Chronique. Le moteur à vent. Le transport des torpilleurs par voie ferrée. Construction sous l'eau. Une poignée de recettes. Correspondance.

Dessin n° 268. — *Découpure.* Coffret style Henri II, par Bonnod. Lettres entrelacées CNS. Voiture à chèvres, porte-cigares, par Dicka. (V. n° 269.)

Dessin n° 269. — *Découpure.* Voiture à chèvres (suite et fin). Lettres entrelacées SNC, CPOW. Coffret Henri II (suite et fin) [V. n° 269]. — *Marqueterie.* Couverture d'album (mosaïque), Ch. Rauge. — *Sculpture.* Un angle de cadre (style Moyen-Age).

DECOUPEUR FRANÇAIS N° 157 (*Collection parisienne n^{os}* 270 *et* 271)

Texte. — Explication des dessins. La découpure artistique, par Em. Blin (suite). La galvanoplastie appliquée au découpage, par le Dr Combes. Médecine pratique, le rhume. Une poignée de recettes.

Dessin n° 270. — *Découpure*. Encadrement ovale à 7 baies, par X. Porte-bouquet, style russe, par Bonnod. Cadre-applique ovale, style turc, par X. Cadre ovale XVIIe siècle, par Maria. Bobine à dévider. Lettres entrelacées AR, MO.

Dessin n° 271. — *Découpure*. Porte-pipes, par Laugier. Console pour statuette, par J. Carante. Etoiles à dévider. Lettres entrelacées, EP. — *Marqueterie*. Bénitier Louis XV, par Ch. Rauge. — *Sculpture*. Pendule Louis XIV, par P. de Certines.

DÉCOUPEUR FRANÇAIS N° 158 (*Collection parisienne nos* 272 *et* 273)

Texte. — Explication des dessins. Le ballon captif de 1889, par Michel. La galvanoplastie appliquée au découpage, par le docteur Combes. Physique appliquée, E. Dicka. Travaux d'amateur, Polandré. Poignée de recettes. Correspondance.

Dessin n° 272. — *Découpure*. Meuble Louis XV, pour statuette ou objet d'art, par X.

Dessin n° 273. — *Découpure*. Coffret, par Annette. Ecusson. Lettres S, F, L. Entrées de serrure. — *Marqueterie*. Bandes algériennes pour coffret, par Ch. Rauge. — *Sculpture*. Dossier pour chaise ou prie-Dieu, par P. de Certines.

DECOUPEUR FRANÇAIS N° 159 (*Collection parisienne nos* 274 *et* 275)

Texte. — Explication des dessins. La découpure artistique, par Em. Blin. La galvanoplastie appliquée au découpage, par le docteur Combes. Chronique. Le pendule de M. Léon Foucault à la tour Saint-Jacques. Une poignée de recettes. Correspondance.

Dessin n° 274. — *Découpure*. Porte-pipes, par Laugier. Porte-coupe, par Bonnod. Bijoux, broches, pendants, par J. Carante. — *Marqueterie*. Semainier, fantaisie, par Ch. Rauge. — *Sculpture*. Plateau pour cartes de visite. Corbeille de fruits.

Dessin n° 275. — *Découpure*. Cadre pour photographie, 15 × 11 1/2. Cage Renaissance, par X (voir nos 276, 277).

DECOUPEUR FRANÇAIS N° 160 (*Collection parisienne nos* 276 *et* 277)

Texte. — Explication des dessins. La découpure artistique, par Em. Blin. La galvanoplastie appliquée au découpage, par le Dr Combes. Travaux d'amateur. La menuiserie, par P. Polandré. Le polygraphe, par Em. Blin. Une poignée de recettes. Correspondance.

Dessin n° 276. — *Découpure*. Cage Renaissance, par X (suite).

Dessin n° 277. — *Découpure*. Cage Renaissance, par X (suite et fin). Bobines à dévider. — *Marqueterie*. Ecran à main, néo-grec, par E. Blin. — *Sculpture*. Jardinière, style gothique, par P. de Certines.

DÉCOUPEUR FRANÇAIS N° 161 (*Collection parisienne nos* 278 *et* 279)

Texte. — Explication des dessins. La découpure artistique, par Em. Blin. Travaux d'amateur : la menuiserie, par Polandré. Chronique scientifique, par E. Dicka. Une poignée de recettes. Correspondance.

Dessin n° 278. — *Découpure*. Porte-lettres. Eventail, par Bonnod (voir 279).

Dessin n° 279. — *Découpure*. Porte-lettres. Eventail, par Bonnod (fin). Coupe concave en bois flexible, par E. Blin. — *Marqueterie*. Carreaux. Marqueterie, par Ch. Rauge. — *Sculpture*. Porte-missel Renaissance, par P. de Certines.

DECOUPEUR FRANÇAIS N 162 (*Collection parisienne nos* 280 *et* 281)

Texte. — Explication des dessins. La découpure artistique, par Em. Blin.

Travaux d'amateurs : le tour, par P. Polandré. Une poignée de recettes. Correspondance.

Dessin n° 280. — *Découpure.* Pupitre à écrire, par J. Carante. Cadre pour photographie, par X. Etoiles à dévider, lettres entrelacées HA, HO, DC, CDPF et bijoux.

Dessin n° 281. — *Découpure.* Etagère d'angle, par Bonnod. Cadre pour photographie, par X. Lettres et bijoux, plaques pour inscriptions. — *Marqueterie.* Table à ouvrage, par Ch. Rauge. — *Sculpture.* Chaise gothique, par P. de Certines.

DÉCOUPEUR FRANÇAIS N° 163 (*Collection parisienne n*os 282 *et* 283)

Texte. — Explication des dessins. La découpure artistique, par Em. Blin. Travaux d'amateurs : le tour, par P. Polandré. Une poignée de recettes. Correspondance.

Dessin n° 282. — *Découpure.* Corbeille à dessert, de Laugier.

Dessin n° 283. — *Découpure.* Porte-cigares avec boîte à allumettes, de Em. Blin. — *Marqueterie.* Feuilles de cache-pot, par Ch. Rauge. — *Sculpture.* Fronton pour meubles ou encadrement.

DÉCOUPEUR FRANÇAIS N° 164 (*Collection parisienne n*os 284 *et* 285)

Texte. — Explication des dessins. La découpure artistique, par Em. Blin. La galvanoplastie appliquée aux métaux, par le Dr Combes. Chronique scientifique et industrielle, par le Dr Combes. Une poignée de recettes. Correspondance.

Dessin n° 284. — *Découpure.* Pupitre, style Louis XV, de J. Carante. Console XVIIIe siècle, de Bonnod.

Dessin n° 285. — *Découpure.* Corbeille hexagonale de Bonnod. Cadre pour photographie. Lettres et chiffres. — *Marqueterie.* Couverture d'album Louis XVI, par Ch. Rauge. — *Sculpture.* Coucou ou médaillon, lierre terrestre, par P. de Certines.

DÉCOUPEUR FRANÇAIS N° 165 (*Collection parisienne n*os 286 *et* 287)

Texte. — Explication des dessins. La découpure artistique, par Em. Blin. La galvanoplastie appliquée au découpage, par le Dr Combes. Chronique scientifique et industrielle, par le même. Une poignée de recettes. Correspondance.

Dessin n° 286. — *Découpure.* Mobilier de poupée (suite), de Bonnod ; lit, armoire, commode, chaise (voir 287-288).

Dessin n° 287. *Découpure.* Mobilier de poupée (suite), buffet-étagère, toilette-guéridon. — *Marqueterie.* — Motif de table ou de cassette, par Ch. Rauge. — *Sculpture.* Ecusson ou panneau décoratif Renaissance, par P. de Certines.

DÉCOUPEUR FRANÇAIS N° 166 (*Collection parisienne n*os 288 *et* 289)

Texte. — Explication des dessins. La découpure artistique, par Em. Blin. La galvanoplastie appliquée au découpage, par le Dr Combes. Chronique scientifique et industrielle, par le même. Une poignée de recettes. Correspondance.

Dessin n° 288. — *Découpure.* Mobilier de poupée (fin). Canapé. Etagère XIIIe siècle. Lettres entrelacées, ST, AT. Lettres G, M, D, K, O, W.

Dessin n° 289. — *Découpure.* Classeur, par J. Carante. — *Marqueterie.* Bandes omnibus, par Rauge. — *Sculpture.* Monture de baromètre et thermomètre, par P. de Certines.

DÉCOUPEUR FRANÇAIS N° 167 (*Collection parisienne n*os 290 *et* 291)

Texte. — Explication des dessins. La découpure artistique, par Em. Blin.

La galvanoplastie appliquée au découpage, par le Dr Combes. Une poignée de recettes. Correspondance.

DESSIN n° 290. — *Découpure*. Coffret Henri II pour gants et mouchoirs, par Bonnod. Plateau pour cartes de visite Louis XV, par J. Carante.

DESSIN n° 291. — *Découpure*. Cadre, style Henri II, et cadre filété, par Bonnod. Cadre pour carte-album, 9 × 12. Monture pour thermomètre. Bobines à dévider. — *Marqueterie*. Boîte à thé fantaisie, par Ch. Rauge. — *Sculpture*. Thermomètre, par X.

DECOUPEUR FRANÇAIS N° 168 (*Collection parisienne nos* 292 *et* 293)

TEXTE. — Explication des dessins. La découpure artistique, par Em. Blin. La galvanoplastie appliquée au découpage, par le Dr Combes. Une poignée de recettes. Correspondance.

DESSIN n° 292. — *Découpure*. Crèche de Noël, chalet rustique, par J. Carante. Monogramme. Sylvie. PMSD.

DESSIN n° 293. — *Découpure*. Encrier de bureau grec, par Em. Blin, Glace à main applique. porte-montre, par Bonnod. — *Marqueterie*. Porte-montre Louis XV, par Ch. Rauge. — *Sculpture*. Reliquaire genre moderne, par P. de Certines.

DECOUPEUR FRANÇAIS N° 169 (*Collection parisienne nos* 294 *et* 295)

TEXTE. — Explication des dessins. La découpure artistique (suite), par Em. Blin. La galvanoplastie appliquée au découpage (suite), par le docteur Combes. Une poignée de recettes. Correspondance.

DESSIN n° 294. — *Découpure*. Panier à ouvrage, par Maria. Bobines à dévider.

DESSIN n° 295. — *Découpure*. Abat-jour, par Bonnod. Console, par le même. *Marqueterie*. — Coffret (marqueterie ombrée), par Ch. Rauge. — *Sculpture*. Chevalet Renaissance, par P. de Certines.

DECOUPEUR FRANÇAIS N° 170 (*Collection parisienne nos* 296 *et* 297)

TEXTE. — Explication des dessins. La découpure artistique des bois et des métaux, par Em. Blin. Chronique scientifique et industrielle, par le docteur Combes. Une poignée de recettes. Correspondance.

DESSIN n° 296. — *Découpure*. Séchoir à cigares, par J. Carante.

DESSIN n° 297. — *Découpure*. Chevalet à crémaillère, par J. Carante. Lettres entrelacées, JCL, AXB, FCK, MN, PR, ST, VL HDR, par le même. — *Marqueterie*. Cartable, Marqueterie-mosaïque, par Ch. Rauge. — *Sculpture*. Etagère Renaissance. Roses de Noël, par P. de Certines.

DECOUPEUR FRANÇAIS N° 171 (*Collection parisienne nos* 298 *et* 299)

TEXTE. — Explication des dessins. La découpure artistique des bois et des métaux, par Em. Blin. Chronique scientifique et industrielle, par le docteur Combes. Une poignée de recettes. Correspondance.

DESSIN n° 298. — *Découpure*. Cabaret tournant, fac-simile d'une maison de Paris au XVe siècle, par Maria, 1re partie, (voir 299-300).

DESSIN n° 299. — *Découpure*. Cabaret (suite, voir 300). — *Marqueterie*. Calendrier à effeuiller, par Rauge. — *Sculpture*. Bénitier, par P. de Certines.

DECOUPEUR FRANÇAIS N° 172 (*Collection parisienne nos* 300 *et* 301)

TEXTE. — Explication des dessins. Chronique scientifique et industrielle, par le Dr Combes. Une poignée de recettes. Correspondance.

DESSIN n° 300. — *Découpure*. Cabaret (suite et fin).

DESSIN n° 301. — *Découpure*. Porte-pipes, par ***. Cadre 11 × 15 pour carte-album, par Bonnod. Boîte à allumettes, par J. Carante. — *Marqueterie*.

Damier, par Ch. Rauge. — *Sculpture.* Porte-pipes Louis XIV, par P. de Certines.

DÉCOUPEUR FRANÇAIS N° 173 (*Collection parisienne n°s* 302 *et* 303)

Texte. — Explication des dessins. La galvanoplastie appliquée au découpage (suite), par le Dr Combes. Chronique scientifique et industrielle, par le Dr Combes. Une poignée de recettes. Correspondance.

Dessin n° 302. — *Découpure.* Nécessaire de bureau, par Maria. Lettres bijoux M, LA.

Dessin n° 303. — *Découpure.* Console pour statue de Jeanne d'Arc, par J. Carante. Cadre pour photographie 15 × 11 1/2, style turc, par Bonnod. — *Marqueterie.* Vide-poche style Renaissance, par Ch. Rauge. — *Sculpture.* Cartel ou encadrement fantaisie, par P. de Certines.

DÉCOUPEUR FRANÇAIS N° 174 (*Collection parisienne n°s* 304 *et* 305)

Texte. — Explication des dessins. La galvanoplastie appliquée au découpage (suite), par le Dr Combes. Exposition universelle de 1889, par le docteur Combes. Chronique scientifique et industrielle, par le Dr Combes. Une poignée de recettes. Correspondance.

Dessin n° 304. — *Découpure.* Grue porte-cigares, par A. Maillard.

Dessin n° 305. — *Découpure.* Vide-poches. Cadre pour photographie ovale, par Bonnod. — *Marqueterie.* Bonbonnière (fleurs de pensée), par Ch. Rauge. — *Sculpture.* Panneau décoratif, genre moderne, par P. de Certines.

DÉCOUPEUR FRANÇAIS N° 175 (*Collection parisienne n°s* 306 *et* 307)

Texte. — Explication des dessins. La galvanoplastie appliquée au découpage (suite), par le Dr Combes. Chronique scientifique et industrielle, par le Dr Combes. Exposition universelle de 1889, par le Dr Combes. Une poignée de recettes. Correspondance.

Dessin n° 306. — *Découpure.* Grand lustre Louis XIV (voir n°s 307, 308, 309). par J. Carante.

Dessin n° 307. — *Découpure.* Grand lustre Louis XIV (suite), (voir 308, 309). — *Marqueterie.* Milieu de table ou de panneau décoratif, par Ch. Rauge. — *Sculpture.* Cartables ou angles de cadre, genre moderne, par P. de Certines.

DÉCOUPEUR FRANÇAIS N° 176 (*Collection parisienne n°s* 308 *et* 309)

Texte. — Explication des dessins. La galvanoplastie appliquée au découpage (fin), par le Dr Combes. Exposition universelle de 1889, par le docteur Combes. Chronique scientifique et industrielle, par le Dr Combes. Une poignée de recettes. Correspondance.

Dessin n° 308. — *Découpure.* Grand lustre Louis XIV (suite).

Dessin n° 309. — *Découpure.* Étagère d'encognure, par Bonnod. Grand lustre (fin). — *Marqueterie.* Porte-pipes fantaisie, par Ch. Rauge. — *Sculpture.* Rosace de plafond, par P. de Certines.

DÉCOUPEUR FRANÇAIS N° 177 (*Collection parisienne n°s* 310 *et* 311)

Texte. — Explication des dessins. Exposition universelle de 1889. Le dôme central du Palais des industries diverses, par le Dr Combes. Chronique scientifique et industrielle. La nouvelle Sorbonne. Le port de Calais, par le Dr Combes. Une poignée de recettes. Correspondance.

Dessin n° 310. — *Découpure.* Chalet coucou, par J. Carante (voir n°s 311 et 312).

Dessin n° 311. — *Découpure.* Chalet-coucou (suite). — *Marqueterie.* Sébile style romain, par Ch. Rauge. — *Sculpture.* Motif de cadre.

DÉCOUPEUR FRANÇAIS N° 178 (*Collection parisienne n°s 312 et 313*)

TEXTE. — Explication des dessins. Exposition universelle de 1889. Le Palais des machines, par le Dr Combes. Chronique scientifique et industrielle. « Gymnote », bateau sous-marin, par le Dr Combes. Une poignée de recettes. Correspondance.

DESSIN n° 312. — *Découpure*. Chalet-coucou (fin), par J. Carante. Chariot à liqueurs, par Bonnod. Porte-cigares et allumettes, par J. Carante. Règle plate.

DESSIN n° 313. — *Découpure*. Cadre ovale 16 × 12 pour carte-album, par Bonnod. Miroir à main, par Joseph. Lettres entrelacées : CHI, SDN, AVE, MNO, JTC, AXT, PLN, PTN. — *Marqueterie*. Porte-missel, style Louis XVI, par Ch. Rauge. — *Sculpture*. Jardinière fantaisie, par P. de Certines.

DÉCOUPEUR FRANÇAIS N° 179 (*Collection parisienne n°s 314 et 315*)

TEXTE. — Explication des dessins. Le dessin en amateur. Cours pratique et procédés usuels. Introduction par J. Carante. Exposition universelle de 1889. Le Palais des beaux-arts et des arts libéraux, par le Dr Combes. Chronique scientifique et industrielle. Le « Goubet », bateau sous-marin, par le Dr Combes. Poignée de recettes. Correspondance.

DESSIN n° 314. — *Découpure*. Meuble chinois, par Bonnod (voir n°s 315, 316).

DESSIN n° 315. — *Découpure*. Meuble chinois (suite). — *Marqueterie*. Ecran, genre moderne, par Ch. Rauge. — *Sculpture*. Pendule XVIIIe siècle, par P. de Certines.

DÉCOUPEUR FRANÇAIS N° 180 (*Collection parisienne n°s 316 et 317*)

TEXTE. — Explication des dessins. Le dessin en amateur. Cours pratique et procédés usuels, par J. Carante. Chronique scientifique et industrielle. Un pont sur la Manche, par le Dr Combes. Poignée de recettes. Correspondance.

DESSIN n° 316. — *Découpure*. Meuble chinois (suite et fin). Nécessaire de bureau avec porte-montre. Calendrier à effeuiller et ardoise, par Em. Blin. — *Marqueterie*. Porte-notes, par Ch. Rauge.

DESSIN n° 317. — *Découpure*. Etagère, par E. Blin. Bijoux, broches. — *Sculpture*. Vide-poches fantaisie, par P. de Certines.

DÉCOUPEUR FRANÇAIS N° 181 (*Collection parisienne n°s 318 et 319*)

TEXTE. — Explication des dessins. Le dessin en amateur. Cours pratique et procédés usuels (suite), par J. Carante. Chronique scientifique et industrielle. Le nouveau phonographe d'Edison. La transmission de la force par l'électricité, par le Dr Combes. Poignée de recettes. Correspondance.

DESSIN n° 318. — *Découpure*. Cartel (voir n°s 319, 320), style Renaissance, par J. Carante. Lettres entrelacées, HL, EF, EB, MT, par J. Carante.

DESSIN n° 319. — *Découpure*. Cartel (suite). — *Marqueterie*. Coffret, marqueterie ombrée, par Ch. Rauge. — *Sculpture*. Calendrier à effeuiller, Renaissance italienne, par P. de Certines.

DÉCOUPEUR FRANÇAIS N° 182 (*Collection parisienne n°s 320 et 321*)

TEXTE. — Explication des dessins. Le dessin en amateur. Cours pratique et procédés usuels (suite), par J. Carante. Chronique scientifique et industrielle. Le Transsibérien, chemin de fer russe de Saint-Pétersbourg aux frontières de la Chine, par le Dr Combes. Poignée de recettes. Correspondance.

DESSIN n° 320. — *Découpure*. Cartel (fin). Ménagère, par E. Blin.

DESSIN n° 321. — *Découpure*. Pupitre à lire, Louis XV, par Maria. — *Marqueterie*. Plateau pour cartes de visite, par Ch. Rauge. — *Sculpture*. Dossier de chaise Renaissance, par P. de Certines.

DÉCOUPEUR FRANÇAIS N° 183 (*Collection parisienne n^{os}* 322 *et* 323)

TEXTE. — Explication des dessins. Le dessin en amateur. — Cours pratique et procédés usuels (suite), par J. Carante. Chronique scientifique et industrielle. Les trains de bois flottants transportés par mer. Les origines du gaz d'éclairage, par le Dr Combes. Poignée de recettes. Correspondance.

DESSIN n° 322. — *Découpure*. Panier à couverts, style Renaissance, par Maria.

DESSIN n° 323. — *Découpure*. Encrier porte-photographie, par Bonnod. Chevalet fantaisie, par J. Carante. — *Marqueterie*. Boîte à thé, genre chinois, par Ch. Rauge. — *Sculpture*. Semainier, Renaissance italienne, par P. de Certines.

DÉCOUPEUR FRANÇAIS N° 184 (*Collection parisienne n^{os}* 324 *et* 325)

TEXTE. — Explication des dessins. Le dessin en amateur. Cours pratique et procédés usuels (suite), par J. Carante. Chronique scientifique et industrielle. Les réservoirs de Montmartre, par le Dr Combes. Une poignée de recettes. Correspondance.

DESSIN n° 324. — *Découpure*. Porte-pipes squelettes, fantaisie, par Oudayet. Dessous de plats, style Renaissance, par Maria. Couteau à papier, par le même.

DESSIN n° 325. — *Découpure*. Porte-bouquets, vide-poches Louis XV, par Bonnod. Pelote et coquetier, par J. Carante. — *Marqueterie*. Boîte à jeux, par Ch. Rauge. — *Sculpture*. Chevalet genre moderne, par P. de Certines.

DÉCOUPEUR FRANÇAIS N° 185 (*Collection parisienne n^{os}* 326 *et* 327)

TEXTE. — Explication des dessins. Le dessin en amateur. Cours pratique et procédés usuels (suite), par J. Carante. Chronique scientifique et industrielle. Les chutes du Niagara et leurs forces utilisables. Barrage de Wyrnwy, par le Dr Combes. Poignée de recettes. Correspondance.

DESSIN n° 326. — *Découpure*. Lanterne de vestibule (imitation de fer forgé), bois ou cuivre, par Maria (voir n° 327).

DESSIN n° 327. — *Découpure*. Lanterne de vestibule (suite et fin). — *Marqueterie*. Suspension Louis XVI, par Ch. Rauge. — *Sculpture*. Console de meuble genre moderne, par P. de Certines.

DÉCOUPEUR FRANÇAIS N° 186 (*Collection parisienne n^{os}* 328 *et* 329)

TEXTE. — Notre prime gratuite. Explication des dessins. Le dessin en amateur. Cours pratique et procédés usuels, par J. Carante. Chronique scientifique et industrielle. Le chemin de fer glissant, par le docteur Combes. Poignée de recettes. Correspondance.

DESSIN n° 328. — *Découpure*. Nécessaire à ouvrage (voir n° 329). Intérieur Lorrain, par Maria.

DESSIN n° 329. — *Découpure*. Nécessaire à ouvrage (suite et fin). Lettres entrelacées OF. — *Marqueterie*. Jardinière genre moderne, par Ch. Rauge. *Sculpture*. Cartouche Renaissance, par P. de Certines.

DÉCOUPEUR FRANÇAIS N° 187 (*Collection parisienne n^{os}* 330 *et* 331)

TEXTE. — Explication des dessins. Le dessin en amateur. Cours pratique et procédés usuels (suite), par J. Carante. Chronique scientifique et industrielle. Le chemin de fer du Mont Pilate. Rome, port de mer. Le Muséum d'histoire naturelle, par le Dr Combes. Poignée de recettes. Correspondance.

DESSIN n° 330. — *Découpure*. Etagère genre moderne (voir n° 331), par Bonnod.

DESSIN n° 331. — *Découpure*. Etagère (suite et fin). Cadre pour carte album,

12 × 15, par J. Carante. — *Marqueterie.* Coffret genre moderne, par Ch. Rauge. — *Sculpture.* Console, style moyen-âge, par P. de Certines.

DÉCOUPEUR FRANÇAIS N° 188 (*Collection parisienne n°s* 332 *et* 333)

TEXTE. — Explication des dessins. Le dessin en amateur. Cours pratique et procédés usuels (suite), par J. Carante. Chronique scientifique et industrielle. Le pont tournant de New-London, par le Dr Combes. Poignée de recettes. Correspondance.

DESSIN n° 332. — *Découpure.* Console, statue de Jeanne d'Arc, par J. Carante.

DESSIN n° 333. — *Découpure.* Soufflet porte-aiguilles et épingles, par Houdayet. Cadre écran (as de cœur). Inscription : bureau, par Bonnod. Plateau applique, style Japonais. — *Marqueterie.* Reliquaire, moyen-âge, par Ch. Rauge. — *Sculpture.* Buffet de salle à manger, par P. de Certines.

DECOUPEUR FRANÇAIS N° 189 (*Collection parisienne n°s* 334 *et* 335)

TEXTE. — Explication des dessins. Le dessin en amateur. Cours pratique et procédés usuels (suite), par J. Carante. Chronique scientifique et industrielle. Exploration du continent africain. Stanley et le capitaine Trivier, par le Dr Combes. Poignée de recettes. Correspondance.

DESSIN n° 334. — *Découpure.* Porte-pipes. Râtelier en coulisse Louis XIV, par Maria. — Couteaux à papier, par P. Joseph.

DESSIN n° 335. — *Découpure.* Monture de baromètre et thermomètre style russe, lettres et écussons fantaisie, par J. Carante. — *Marqueterie.* Couverture d'album, par Ch. Rauge. — *Sculpture.* Pupitre à musique, par P. de Certines.

DÉCOUPEUR FRANÇAIS N° 190 (*Collection parisienne n°s* 336 *et* 337)

TEXTE. — Explication des dessins. Le dessin en amateur. Cours pratique et procédés usuels (suite), par J. Carante. Chronique scientifique et industrielle. Le funiculaire de Belleville. La poudre de guerre sans fumée (inventeur M. Vieille), par le Dr Combes. Poignée de recettes. Correspondance.

DESSIN n° 336. — *Découpure.* Etagère pour bibelots genre moderne (voir n° 337), par Oudayet.

DESSIN n° 337. — *Découpure.* Etagère (suite et fin). — *Marqueterie.* Table à ouvrage, imitation de travaux d'église, par Ch. Rauge. — *Sculpture.* Pendule style grec, par P. de Certines.

DECOUPEUR FRANÇAIS N° 191 (*Collection parisienne n°s* 338 *et* 339)

TEXTE. — Explication des dessins. Le dessin en amateur. Cours pratique et procédés usuels (suite), par J. Carante. Chronique scientifique et industrielle. Le phare métallique de Port-Vendres. Les tours géantes. Un pont de 180 millions sur l'Hudson à New-York, par le Dr Combes. Poignée de recettes. Correspondance.

DESSIN n° 338. — *Découpure.* Abat-jour (en cuivre ou bois incassable), par J. Carante. Cadre pour carte-album, plumier, 12 × 15, par J. Carante.

DESSIN n° 339. — *Découpure.* Console d'angle, porte-plumes (chenilles et papillons), couteau à papier (les ciseaux), par J. Carante. — *Marqueterie.* Omnibus (marqueterie pour recouvrement de meubles), par Ch. Rauge. — *Sculpture.* Calendrier perpétuel, par P. de Certines.

DECOUPEUR FRANÇAIS N° 192 (*Collection parisienne n°s* 340 *et* 341)

TEXTE. — Explication des dessins. Le dessin en amateur. Cours pratique et procédés usuels (suite), par J. Carante. Chronique scientifique et industrielle. Les distributeurs automatiques. Le viaduc de Souleuvre, par le Dr Combes. Poignée de recettes. Correspondance.

Dessin n° 340. — *Découpure*. Cabinet japonais, par Maria (voir n°s 341-342).

Dessin n° 341. — *Découpure*. Cabinet japonais (suite). — *Marqueterie*. Feuilles de cache-pots, par Ch. Rauge. — *Sculpture*. Patères pour rideaux, par P. de Certines.

DÉCOUPEUR FRANÇAIS N° 193 (*Collection parisienne n°s* 342 *et* 343)

Texte. — A nos lecteurs. Explication des dessins. Le dessin en amateur, cours pratique et procédés usuels (suite), par J. Carante. Chronique scientifique et industrielle. Paris, port de mer. Tramway électrique de Clermont-Ferrand. La vitesse des chemins de fer, par le Dr Combes. Poignée de recettes. Correspondance.

Dessin n° 342. — *Découpure*. Cabinet japonais (suite et fin).

Dessin n° 343. — *Découpure*. Bougeoir, par Houdayet, deux cadres pour carte-album 9 × 12, par Bonnod, porte-plume et coupe-papier, par Houdayet.

DECOUPEUR FRANÇAIS N° 194 (*Collection parisienne n°s* 344 *et* 345)

Texte. — Explication des dessins. Le dessin en amateur, cours pratique et procédés usuels (suite), par J. Carante. Chronique scientifique et industrielle. Le tablier du viaduc de Souleuvre. Galvanisation des cadavres. Le Transsaharien, par le Dr Combes. Poignée de recettes. Correspondance.

Dessin n° 344. — *Découpure*. Surtout pour fleurs, fruits, cigares, etc., par J. Carante.

Dessin n° 345. — *Découpure*. Surtout pour fleurs, etc. (Voir n° 346).

Supplément (0,25). — *Marqueterie*. Coffret (rose sur fond sombre), par Ch. Rauge. — *Sculpture*. Divers motifs de sculpture rudimentaire, par J. Carante.

NOTA. — *A partir de ce numéro, la sculpture et la marqueterie sont tirées à part sur un supplément portant le numéro du* Découpeur français *et valent* **0** *fr*. **25**.

DECOUPEUR FRANÇAIS N° 195 (*Collection parisienne n°s* 346 *et* 347)

Texte. — Explication des dessins. Le dessin en amateur (suite), par J. Carante. Chronique. L'université de Montpellier. Le Pendule de la Tour Eiffel. L'aquarium du Trocadéro. Le Royal-Souverain et le Royal-Arthur de la marine anglaise. Les couleurs en photographie. Exploration du pôle Nord en ballon, par le Dr Combes. Poignée de recettes. Correspondance.

Dessin n° 346. — *Découpure*. Surtout pour fleurs (suite et fin).

Dessin n° 347. — *Découpure*. Pupitre genre moderne, par Bonnod (voir 348).

Supplément (0,25). — *Marqueterie*. Carreau pour dessous de carafe (bois ou métal), par X. X. X. — *Sculpture*. Divers motifs de sculpture rudimentaire, par J. Carante.

DECOUPEUR FRANÇAIS N° 196 (*Collection parisienne n°s* 348 *et* 349)

Texte. — Explication des dessins. Le dessin en amateur (suite), par J. Carante. Chronique : les ponts mobilisables. Histoire du vin de Champagne, par le Dr Combes. Poignée de recettes. Correspondance.

Dessin n° 348. — *Découpure*. Pied pour le pupitre à musique 347. Chalet pour montre et réveil ou statuettes, par J. Carante.

Dessin n° 349. — *Découpure*. Grand cadre (feuille de vigne) 30 × 25. Assiette à dessert, équerre et règle de bureau, lettres entrelacées RT, ON, VC, TL, et bijoux, par J. Carante.

Supplément (0,25). — *Marqueterie*. Porte-thermomètre, par Ch. Rauge. — *Sculpture*. Motif de sculpture, Renaissance, par P. de Certines.

DÉCOUPEUR FRANÇAIS N° 197 (*Collection parisienne n°s* 350 *et* 351)

Texte. — Le dessin en amateur. Chronique. Le pont d'Avignon. Le grand équatorial coudé de l'Observatoire de Paris, par le Dr Combes. Poignée de recettes. Correspondance.

DESSIN n° 350. — *Découpure.* Meuble japonais (voir n° 351), porte-couverts, par Bonnod.

DESSIN n° 351. — *Découpure.* Meuble japonais (suite et fin). Alphabet gothique, par J. Carante.

SUPPLÉMENT (0,25). — *Marqueterie.* Bénitier, genre moderne, par Ch. Rauge. — *Sculpture.* Masque. Urne, poivrier, Renaissance, par P. de Certines.

DECOUPEUR FRANÇAIS N° 198 (*Collection parisienne n°s* 352 *et* 353)

TEXTE. — Explication des dessins. Le dessin en amateur. Chronique. L'histoire des Omnibus. La fabrication des câbles sous-marins, par le Dr Combes. Poignée de recettes. Correspondance.

DESSIN n° 352. — *Découpure.* Suspension à fleurs, Renaissance, par Ramen.

DESSIN n° 353. — *Découpure.* Vide-poche, style arabe, par Ramen. Grand cadre, feuilles de vigne, 40 × 30, par Bonnod.

SUPPLÉMENT (0,25). — *Marqueterie.* Nœud de ruban. Rosace, par Petit. — *Sculpture.* — Frontispice Renaissance, par P. de Certines.

DECOUPEUR FRANÇAIS N° 199 (*Collection parisienne n°s* 354 *et* 355)

TEXTE. — Explication des dessins. Le dessin en amateur. Chronique. La flotte de la Compagnie Générale transatlantique. La grotte de Han-sur-Lesse. Un tunnel naturel en Corse, par le Dr Combes. Une poignée de recettes. Correspondance.

DESSIN n° 354. — *Découpure.* Etagère, genre moderne, par Bonnod (voir n° 355). Lettres entrelacées RSC, AHN, et bijoux.

DESSIN n° 355. — *Découpure.* Etagère, genre moderne (suite et fin). Lettres entrelacées OPS, MOK.

SUPPLÉMENT (0,25). — *Marqueterie.* Rosace, amphore et coquillage, par Ch. Rauge. — *Sculpture.* Cartouche bandelettes, par P. de Certines.

DÉCOUPEUR FRANÇAIS N° 200 (*Collection parisienne n°s* 356 *et* 357)

TEXTE. — Explication des dessins. Le dessin en amateur. Cours pratique et procédés usuels. Chronique scientifique et industrielle. La pyrogravure et M. Manuel Périer. Le pont de Fourvières, à la Croix-Rousse à Lyon, par le Dr Combes. Poignée de recettes. Correspondance.

DESSIN n° 356. — *Découpure.* Surtout de table XVIe siècle (voir n° 357), par Ramen.

DESSIN n° 357. — *Découpure.* Surtout de table (suite et fin), encrier genre moderne, par Houdayet. Bobine à dévider (papillon), par le même.

SUPPLÉMENT (0,25). — *Marqueterie.* Baldaquin, fleurs d'acanthe, par Ch. Rauge. — *Sculpture.* Console Louis XIII, par P. de Certines.

DÉCOUPEUR FRANÇAIS N°) 201 *Collection parisienne n°s* 358 *et* 359)

TEXTE. — Explication des dessins. Le dessin en amateur. Cours pratique et procédés usuels. Chronique scientifique et industrielle. Essences et parfums. Aviation : l'Oiseau d'Ader, par le Dr Combes. Poignée de recettes. Correspondance.

DESSIN n° 358. — *Découpure.* Etagère japonaise, par Maria (voir n° 359).

DESSIN n° 359. — *Découpure.* Etagère japonaise (suite et fin au n° 362).

SUPPLÉMENT (0,25). — *Marqueterie.* Tulipe, gland, par Ch. Rauge. — *Sculpture.* Pot de feu Louis XIII. Guirlande, par P. de Certines.

DECOUPEUR FRANÇAIS N° 202 (*Collection parisienne n°s* 360 *et* 361)

TEXTE. — Explication des dessins. Le dessin en amateur. Cours pratique et procédés usuels. Chronique scientifique et industrielle. Bernard Palissy et les émaux céramiques. Les lions à l'hippodrome. Les billets de banque, par le Dr Combes. Poignée de recettes. Correspondance.

DESSIN n° 360. — *Découpure.* Porte-bouquets, par Houdayet.

DESSIN n° 361. — *Découpure.* Casier pour carte-album, par Ramen. Grand cadre 23 × 16, lettres entrelacées : LM, OP, XJ, GH, NR, ST.

SUPPLÉMENT (0,25). — *Marqueterie.* Globe terrestre et carquois. — *Sculpture.* Cartouche et masque, par P. de Certines.

DECOUPEUR FRANÇAIS N° 203 (*Collection parisienne n°s* 362 *et* 363)

TEXTE. — Explication des dessins. Le dessin en amateur. Cours pratique et procédés usuels. Chronique scientifique et industrielle. L'observatoire du Mont-Blanc. La Touraine et ses aménagements, par le Dr Combes. Poignée de recettes. Correspondance.

DESSIN n° 362. — *Découpure.* Etagère japonaise (suite et fin). Pèse-lettres, par Maria.

DESSIN n° 363. — *Découpure.* Porte-cigares, par J. Carante. Chevalet de salon, genre moderne, par X.

SUPPLÉMENT (0,25). — *Marqueterie.* Guirlande sans bandelettes. — *Sculpture.* Cartouche Louis XIV, par Petit.

DECOUPEUR FRANÇAIS N° 204 (*Collection parisienne n°s* 364 *et* 365)

TEXTE. — Explication des dessins. Le dessin en amateur. Cours pratique et procédés usuels. Chronique scientifique et industrielle. Le bassin houiller du Pas-de-Calais. La pluie artificielle. L'Hôtel-de-Ville de Philadelphie, par le Dr Combes. Poignée de recettes.

DESSIN n° 364. — *Découpure.* Candélabre à 5 branches, par Houdayet.

DESSIN n° 365. — *Découpure.* Corbeille à fruits (combat de taureaux), par Ramen. Calendrier à effeuiller, lettres et armoiries NB, CR, couronne de comte et de prince.

SUPPLÉMENT (0,25). — *Marqueterie.* Trépied pour parfums, forme Archaïde, par Petit. — *Sculpture.* Pendentifs, par X...

DECOUPEUR FRANÇAIS N° 205 (*Collection parisienne n°s* 366 *et* 367)

TEXTE. — Explication des dessins. Le dessin en amateur. Cours pratique et procédés usuels. Chronique scientifique et industrielle. L'observatoire de Nice. Le Whaleback ou bateau-baleine de l'Amérique. Les grands hivers en France, par le Dr Combes. Poignée de recettes. Correspondance.

DESSIN n° 366. — *Découpure.* Corbeille à ouvrage, forme réchaud, par Ramen. — Miroir à triple face, genre moderne, 30 × 24 (voir n° 367) par Maria.

DESSIN n° 367. — *Découpure.* Miroir à triple face, genre moderne (suite et fin). Croix et bénitier, par X...

SUPPLÉMENT (0,25). — *Marqueterie.* Ecusson, par X. — *Sculpture.* Choux et palmettes, par Petit.

DECOUPEUR FRANÇAIS N° 206 (*Collection parisienne n°s* 368 *et* 369)

TEXTE. — Explication des dessins. Le dessin en amateur. Cours pratique et procédés usuels. Chronique scientifique et industrielle. Tunnel métallique entre Quillebœuf et Tancarville. L'éclairage électrique de Saint-Brieuc. Importation de viandes américaines. La Savoyarde. Le bourdon du Sacré-Cœur à Notre-Dame, par le Dr Combes. Poignée de recettes. Correspondance.

DESSIN n°s 368 et 369. — *Découpure.* Nécessaire à ouvrage (kiosque rustique), par Maria.

SUPPLÉMENT (n° 206). — *Marqueterie.* Décor musical, par Ch. Rauge. — *Sculpture.* Cadre (style Louis XIV), pour médaillon ou photographie, par P. de Certines.

DÉCOUPEUR FRANÇAIS N° 207 (*Collection parisienne nos* 370 *et* 371)

TEXTE. — Explication des dessins. La sculpture d'amateur. A Monsieur Tiersot, par un amateur. Chronique scientifique et industrielle. L'inventeur du téléphone, par le Dr Combes. La culture du palmier dans les oasis du sud Algérien. Cosmos. Les plantes d'appartement. Variétés. Poignée de recettes. Correspondance.

DESSIN nos 370 et 371. — *Découpure.* Table japonaise, par Maria (suite au n° 372).

SUPPLÉMENT (n° 207). — *Marqueterie.* Fleurs et feuillages, par Ch. Rauge. *Sculpture.* Grand médaillon (style Louis XV), par P. de Certines.

DÉCOUPEUR FRANÇAIS N° 208 (*Collection parisienne nos* 372 *et* 373)

TEXTE. — Explication des dessins. Petite chronique artistique, par G. Girard. Le dessin fait de mémoire, par G. Lawillé. La sculpture d'amateur. Deuxième lettre, par un amateur. Variétés. Une vocation d'artiste, par de Gonsan. Correspondance.

DESSIN n° 372. — *Découpure.* Fin de la table japonaise, par Maria. Casier à lettres (chasse), par Ramen.

DESSIN n° 373. — *Découpure.* Porte-cigares, par Houdayet. Cadre à deux baies, par Bonnod, 9 × 13.

SUPPLÉMENT (n° 208). — *Marqueterie.* Dessus de boîte, coffret, pupitre, guéridon, etc., par X. — *Sculpture.* Fragment de frise (Louis XIV), par Petit.

DÉCOUPEUR FRANÇAIS N° 209 (*Collection parisienne nos* 374 *et* 375)

TEXTE. — Explication des dessins. La sculpture d'amateur. Troisième lettre, par un amateur. La gravure, par J. Raymond. Petits travaux pour les dames. Les papillons artificiels. Nouvelles à la main. Un peu de tout. Poignée de recettes. Correspondance.

DESSIN n° 374. — *Découpure.* — Cabaret (pavillon rustique). par *** (voir au n° 375).

DESSIN n° 375. — *Découpure.* Fin du cabaret (pavillon rustique). Coffret style Henri II avec appliques (cuivre ou nickel), par Houdayet.

SUPPLÉMENT (n° 209). — *Marqueterie.* Corne d'abondance pour coffret, pupitre, etc., par X. — *Sculpture.* Petite console (style Louis XV), par Petit.

DÉCOUPEUR FRANÇAIS N° 210 (*Collection parisienne nos* 376 *et* 377)

TEXTE. — Explication des dessins. Petite chronique artistique, par G. Girard. Conservation des meubles rares et des sculptures anciennes, par E. Gagneux. Restauration des tableaux, par G. Girard. Utilité des Pyramides, par J. Simonnot, architecte. Nouvelles à la main. Un peu de tout. Poignée de recettes. Correspondance.

DESSIN nos 376 et 377. — *Découpure.* Casier à musique (syle Renaissance), par Maria.

SUPPLÉMENT (n° 210). — *Marqueterie.* Ornement pour boîte de peinture, palette, etc., par X. — *Sculpture.* Console (style Louis XV). Motifs pour clous à tableaux, par Petit.

DÉCOUPEUR FRANÇAIS N° 211 (*Collection parisienne nos* 378 *et* 379)

TEXTE. — Explication des dessins. Le fusain, par G. Lewillé. Utilité des Pyramides, par J. Simonnot, architecte. Pour et contre l'usage du tabac, par un fumeur. Nouvelles à la main. Un peu de tout. Poignée de recettes. Correspondance.

DESSIN n° 378. — *Découpure.* Boîte à gants, genre moderne, par Bonnod. Porte-pipes rustique, par Joseph.

Dessin n° 379. — *Découpure.* Huilier-ménagère, par Houdayet. Plateau porte-bouteilles ou carafes, par Houdayet.

Supplément (n° 211). — *Marqueterie.* Etude classique d'ornement, par X... — *Sculpture.* Glace à main, style Louis XVI, par Petit.

DÉCOUPEUR FRANÇAIS N° 212 (*Collection parisienne n°s* 380 *et* 381)

Texte. — Explication des dessins. La sculpture d'amateur. Quatrième lettre, par un amateur. La ventilation, par le Dr Combes. Variétés : Une famille de marqueteurs, par Claire Buisson. Une poignée de recettes. Correspondance.

Dessin n° 380. — *Découpure.* Etagère-dressoir, par G.

Dessin n° 381. — *Découpage des métaux.* Cadre XVe siècle pour glace ou vitraux, par X.

Supplément (n° 212). — *Marqueterie.* La tulipe, par X. — *Sculpture.* Fronton, style Renaissance, par Petit.

DÉCOUPEUR FRANÇAIS N° 213 (*Collection parisienne n°s* 382 *et* 383)

Texte. — Explication des dessins. La sculpture d'amateur, cinquième et dernière lettre, par un amateur. Les catacombes de Rome, par J. Simonnot, architecte. Variétés. Une poignée de recettes. Correspondance.

Dessin n° 382. — *Découpure.* Boîte à couteaux, par Houdayet.

Dessin n° 383. — *Découpure.* Patère, chimère à deux ailes, par Ramen. Chevalet, cadre pour photographies, par Joseph. Porte-pipes, par Bonnod. Porte-couverts, par Houdayet.

Supplément (n° 213). — *Marqueterie.* La rose, par X. — *Sculpture.* Cartel pour réveil, style Louis XVI, par Petit.

DÉCOUPEUR FRANÇAIS N° 214 (*Collection parisienne n°s* 384 *et* 385)

Texte. — Explication des dessins. Le pastel, par Claude Lemire. L'aluminium. Variétés. Une poignée de recettes. Correspondance.

Dessin n° 384. — *Découpure.* Armoire gothique de Saint-Remy de Troyes. Réduction et reproduction par X. (Voir le n° 385.)

Dessin n° 385. — *Découpure.* Fin de l'armoire gothique, par X. Deux cadres fantaisie 11×15, 9×13.

Supplément (n° 214). — *Marqueterie.* Tige de campanule pour petit meuble, par X. — *Sculpture.* Boîte à gants, par Petit.

DÉCOUPEUR FRANÇAIS N° 215 (*Collection parisienne n°s* 386 *et* 387)

Texte. — Explication des dessins. Revue scientifique : Service rapide de Paris à Londres, par Dieppe et Newhaven, par Guédon, ingénieur. Le dessin en amateur, cours pratiques et procédés usuels (suite), par E. Baujouan. Variétés. Une poignée de recettes. Correspondance.

Dessin n° 386. — *Découpure.* Pied de lampe, par Ramen.

Dessin n° 387. — *Découpure.* Cadres ovales doubles pour portraits, par Bonnod. Plaques d'inscription pour portes, par Barré.

Supplément (n° 215). — *Marqueterie.* Motif d'ornement, par X. — *Sculpture.* Boîte à gants, par Petit.

DÉCOUPEUR FRANÇAIS N° 216 (*Collection parisienne n°s* 388 *et* 389)

Texte. — Explication des dessins. Le cyclisme, premier article, par E. Baujouan. Le dessin en amateur, cours pratique et procédés usuels (suite), par E. Baujouan. Variétés. Poignée de recettes. Correspondance.

Dessins n°s 388 et 389. — *Découpure.* Applique gothique en fer et cuivre ou en bois, faisant garniture candélabre à 5 branches.

Supplément (n° 216). — *Marqueterie.* Panneau de fleurs, par X. — *Sculpture.* Porte-montre Louis XIII, par Petit.

DÉCOUPEUR FRANÇAIS N° 217 (*Collection parisienne n°s* 390 *et* 391)

TEXTE. — Explication des dessins. Le style des meubles, premier article, par J. Simonnot, architecte. Le dessin en amateur, cours pratiques et procédés usuels (suite), par E. Baujouan. Variétés : Une poignée de recettes. Bibliographie. Correspondance.

DESSINS n°s 390 et 391. — *Découpure.* Armoire de poupée pouvant servir de petit meuble, par Maria.

SUPPLÉMENT (n° 217). — *Marqueterie.* Panneau à fleurs, par X. — *Sculpture.* Huilier, style Renaissance, par Petit.

DÉCOUPEUR FRANÇAIS N° 218 (*Collection parisienne n°s* 392 *et* 393)

TEXTE. — Explication des dessins. Revue scientifique. Procédé Baxères pour le durcissement de l'aluminium, par J. Guédon, ingénieur. La propriété industrielle et le brevet d'invention, par A. Martial, avocat. — Variétés : Applications de l'art du découpage. Cris des animaux. Une poignée de recettes. Correspondance.

DESSIN n° 392. — *Découpure.* Console japonaise, par Maria.

DESSIN n° 393. — *Découpure.* Petite boîte à six pans, par Houdayet. Cadre 9 × 12 pour cadre-album, par Bonnod. Bijoux. Lettres entrelacées TG, AS, AMC.

SUPPLÉMENT (n° 218). — *Marqueterie.* Fleurs de lys pour panneau, par Petit. — *Sculpture.* Petit bout de table.

DECOUPEUR FRANÇAIS N° 219 (*Collection parisienne n°s* 394 *et* 395)

TEXTE. — Explication des dessins. Revue scientifique. Tramway à traction, mécanique, par J. Guédon. Le cyclisme pratique (2e article), par Baujouan. — Variétés : Les propriétés des légumes. Une poignée de recettes. Correspondance.

DESSIN n° 394. — *Découpure.* Chalet porte-réveil et porte-bouquet, par Joseph. (Voir 395.)

DESSIN n° 395. — *Découpure.* Chalet porte-réveil et porte-bouquet (fin). Encrier gothique, par Verdot. Couteau à papier gothique, par Barré.

SUPPLÉMENT (n° 219). — *Marqueterie.* Branchette de clématite pour panneau, par Petit. — *Sculpture.* Couverture d'album.

DECOUPEUR FRANÇAIS N° 220 (*Collection parisienne n°s* 396 *et* 397)

TEXTE. — Explication des dessins. Moulage et modelage, par Armand Suwiller. — Photographie : La photojumelle, par J. Guédon. — Variétés : Abattage des bois par l'électricité. Les hivers les plus rigoureux. Une poignée de recettes. Correspondance.

DESSIN n° 396. — *Découpure.* Grand cartouche pour porte-pipes ou panoplie, par Barbé. Plaque de propreté, par X.

DESSIN n° 397. — *Découpure.* Cadre avec appliques, par Houdayet. Eventail, par Maria.

SUPPLÉMENT (n° 220). — *Marqueterie.* Motif pour panneau, par Petit. — *Sculpture.* Couverture d'album.

DECOUPEUR FRANÇAIS N° 221 (*Collection parisienne n°s* 398 *et* 399)

TEXTE. — Explication des dessins. Le cyclisme pratique, par J. Guédon, 3e article, Le dessin en amateur. Cours pratique et procédés usuels (suite), par E. Baujouan. — Variétés : L'origine des musées, par G. Girard. Les jets d'eau, par J. Guédon. Une poignée de recettes. Correspondance.

DESSIN n° 398. — *Découpure.* Nécessaire pour couverts de table, par Houdayet. (Voir n° 399.)

DESSIN n° 399. — *Découpure.* Nécessaire pour couvert de table (fin).

SUPPLÉMENT (n° 221). — *Marqueterie.* Motif pour panneau, par Petit. — *Sculpture.* Petite glace Louis XV, avec tablette.

DECOUPEUR FRANÇAIS N° 222 (*Collection parisienne n°s* 400 *et* 401)

TEXTE. — Explication des dessins. Le style des meubles, 2e article, par J. Guédon. Le cyclisme pratique, 3e article, par J. Guédon. — Variétés : Le pont sur la Manche, par J. Guédon. Une machine microscopique. Une poignée de recettes. Correspondance.

DESSIN n° 400. — *Découpure.* Armoire à colonnade (style Byzantin), par Houdayet (voir 401).

DESSIN n° 401. — *Découpure.* Armoire à colonnade (fin). Cadre 10 baies ovales pour photographies, par Bonnod.

SUPPLÉMENT (n° 222). — *Marqueterie.* Motif de fleurs pour guéridon, par Petit. — *Sculpture.* Porte-cornet à fleurs.

DECOUPEUR FRANÇAIS N° 223 (*Collection parisienne n°s* 402 *et* 403)

TEXTE. — Explication des dessins. Dessin d'amateur. Menuiserie, par Aristide Poutiers. Le cyclisme pratique, 4e article, par J. Guédon. Les jets d'eau, 3e article, par J. Guédon.

DESSIN n° 402. — *Découpure.* Horloge (style Renaissance Flamande) (voir 403, 404, 405).

DESSIN n° 403. — *Découpure.* Horloge (style Renaissance Flamande, suite), par Maria.

SUPPLÉMENT (n° 223). — *Marqueterie.* Fleurs pour panneau. — *Sculpture.* Petite jardinière.

DECOUPEUR FRANÇAIS N° 224 (*Collection parisienne n°s* 404 *et* 405)

TEXTE. — Explication des dessins. Dessin d'amateur. Menuiserie, par Aristide Poutiers. Le cyclisme pratique, 5e article, par J. Guédon. Les jets d'eau, 4e article, par J. Guédon. Le nouvel hôtel des téléphones à Paris. Bronzage des métaux. Une poignée de recettes. Correspondance.

DESSIN n° 404. — *Découpure.* Horloge (style Renaissance Flamande, suite).

DESSIN n° 405. — *Découpure.* Horloge (style Renaissance Flamande, fin). Encrier Henri II.

SUPPLÉMENT (n° 224). — *Marqueterie.* Motifs fleurs pour panneau. — *Sculpture.* Petite jardinière.

DECOUPEUR FRANÇAIS N° 225 (*Collection parisienne n°s* 406 *et* 407)

TEXTE. — Explication des dessins. Revue scientifique : les Phares. Dessin d'amateur. Menuiserie, par Aristide Poutiers. Economie domestique. Cueillette et conservation des fruits, par Claire Buisson. Une poignée de recettes. Correspondance.

DESSIN n° 406. — *Découpure.* Petite lanterne en métal, par Verdot.

DESSIN n° 407. — *Découpure.* Baromètre style Renaissance. Découpage métallique repoussé. Cadre XIIIe siècle 10 × 14, pour glace ou pour porte-photographie carte-album, par Verdot.

SUPPLÉMENT (n° 225). — *Marqueterie.* Fleur pour panneau, par Petit. — *Sculpture.* Porte-réveil.

DECOUPEUR FRANÇAIS N° 226 (*Collection parisienne n°s* 408 *et* 409)

TEXTE. — Explication des dessins. Le piano, par J. de Gonsan. Economie domestique. Conservation et transport des écrevisses, par un pêcheur. — Variétés : Les amateurs illustres, par G. Girard. Une poignée de recettes. Correspondance.

DESSIN n°s 408 et 409. — *Découpure.* Locomotive servant de chariot, pour les vins fins (voir n° 410).

Supplément (n° 226). — *Marqueterie.* Classeur double à pieds. — *Sculpture.* Porte-réveil (suite).

DÉCOUPEUR FRANÇAIS N° 227 (*Collection parisienne nos* 410 *et* 411)

Texte. — Explication des dessins. La propriété industrielle et le brevet d'invention, par A. Martial. Le style des meubles (suite), par J. Simonnot. Revue scientifique. Analyse chimique, pratique et utile, par le Dr C. Les tramways, par J. Guédon. Vignes phénoménales. Une poignée de recettes. Correspondance.

Dessin n° 410. — *Découpure.* Locomotive servant de chariot pour les vins fins (fin).

Dessin n° 411. — *Découpure.* Surtout de table.

Supplément (n° 227). — *Marqueterie.* Classeur double à pieds (suite). — *Sculpture.* Motifs de panneau pour meubles.

DÉCOUPEUR FRANÇAIS N° 228 (*Collection parisienne nos* 412 *et* 413)

Texte. — Explication des dessins. L'art du tourneur, 1er article, par Aristide Poutiers. Revue scientifique : La fibre vulcanisée ; les carreaux vitro-métalliques, par J. Guédon. La photographie des couleurs, par G. Girard. Un nouvel explosif. Causerie médicale Hémorrhagies et coupures, par le Dr Combes. Economie domestique. Conservation du cidre, par G. G.... Variétés. Une poignée de recettes. Correspondance.

Dessin n° 412. — *Découpure.* Porte-cigares, par X. Cadre-chevalet pour photographie.

Dessin n° 413. — *Découpure.* Bout de table gothique, par Verdot. Cadre ovale deux baies 12 × 15 pour photographies, par Bonnod.

Supplément (n° 228). — *Marqueterie.* Motif décoratif pour panneau, par Petit. — *Sculpture.* — Motifs de panneaux pour meuble ; la peinture.

DÉCOUPEUR FRANÇAIS N 229 (*Collection parisienne nos* 414 *et* 415)

Texte. — Explication des dessins. Les Phares : le phare de Bishop-Rock. Une nouvelle machine. Le philtre Warral-Brisse. Description du philtre, par J. Guédon. Economie domestique. Les bouilleurs de crû et leur régime, par A. D. Variétés. Une poignée de recettes. Correspondance.

Dessins nos 414 et 415. — *Découpure.* Isba (maison russe), par Maria (voir n° 416).

Supplément (n° 229). — *Marqueterie.* Motif de décoration. — *Sculpture.* Couronnement pour cadre, par P. de Certines.

DÉCOUPEUR FRANÇAIS N° 230 (*Collection parisienne nos* 416 *et* 417)

Texte. — Explication des dessins. Un nouvel outil. Boîte à couper et clouer les cadres, par B. L'ambre, par de Gonsan. Les phares. Le phare de Bishop-Rock (suite). Economie domestique : les bouilleurs de crû et leur régime (suite), par A. D. Petit extincteur d'incendie, par J. D. Variétés : Une poignée de recettes. Correspondance.

Dessin n° 416. — *Découpure.* Isba (maison russe, fin), par Maria.

Dessin n° 417. — *Découpure.* Applique Louis XV à deux lumières, par Ferdinand Louis.

Supplément (n° 230). — *Marqueterie.* Motif pour panneau, par X. — *Sculpture.* Porte-thermomètre, par Petit.

DÉCOUPEUR FRANÇAIS N° 231 (*Collection parisienne nos* 418 *et* 419)

Texte. — Explication des dessins. Les phares : le phare de Bishop-Rock (suite et fin). Economie domestique : les bouilleurs de crû et leur régime (A. D.). L'art du tourneur ; deuxième article (Aristide Poutiers). Revue scientifique ; chemin de fer à traction électrique (J. Guédon). Variétés. Une poignée de recettes. Correspondance.

Dessin n° 418. — *Découpure.* Coffret (Vital Dannepont) (voir 419). Grande croix gothique (Laugier).

Dessin n° 419. — *Découpure.* Coffret (fin). Cadre Renaissance 10 × 14 (V***). Grand porte-pipes (Houdayet).

Supplément (n° 231). — *Marqueterie.* Fleurs et oiseaux (X.). — *Sculpture:* Encrier Louis XV (Petit).

DÉCOUPEUR FRANÇAIS N° 232 (*Collection parisienne n°s 420 et 421*)

Texte. — Explication des dessins. Moulage et modelage (deuxième article) (Armand Surviller). L'art du tourneur (troisième article) (Aristide Poutiers). Economie domestique; les bouilleurs de crû et leur régime (suite). A. D. Revue scientifique : les algues, l'atomiseur, le rabot américain, les microbes de la salive. Variétés. Une poignée de recettes. Correspondance.

Dessin n° 420. — *Découpure.* Etagère d'applique avec encôignures (F. J. Henderson) (voir 421). Plaque de porte et alphabet gothique (Houdayet).

Dessin n° 421. — *Découpure.* Fin de l'étagère. Plaque de porte et alphabet penché (Houdayet).

Supplément n° 232. — *Marqueterie.* Motif pour dessus de coffret ou milieu de guéridon (Petit). — *Sculpture.* Encrier Louis XV (X.).

DÉCOUPEUR FRANÇAIS N° 233 (*Collection parisienne n°s 422 et 423*)

Texte. — Explication des dessins. Invention nouvelle : le nouveau compas américain (A. B.). Economie domestique : les bouilleurs de crû et leur régime (fin), A. D. Fourneau à gaz d'essence (Jean Denis). Hygiène : émanateur héliçoïdal, système Delage (J. Guédon). Chemins de fer : la locomotive et le mécanicien (J. Guédon). — *Métallurgie.* Nouveau procédé de soudure pour l'aluminium et divers autres métaux (V. Vincent). Revue scientifique : le ballon électrique à l'exposition d'Anvers (P. D.). Variétés. Une poignée de recettes. Correspondance.

Dessins n°s 422 et 423. — Pendule japonaise (Ferdinand Louis).

Supplément n° 223. — *Sculpture.* Applique Louis XVI à trois branches (X.).

DÉCOUPEUR FRANÇAIS N° 234 (*Collection parisienne n°s 424 et 425*)

Texte. — Explication des dessins. L'art du tourneur (Aristide Poutiers). Revue scientifique : nouveau pavage en bois (J. Guédon). Chemin de fer tubulaire entre l'Angleterre et la France (P. D). Les tramways à air comprimé dans Paris (G. Pérès). Décors incombustibles (J. Guédon). Outillage : tendeur rapide à excentrique pour scies, breveté S. G. D. G. Electricité : téléphone océanique (Jean Denis). Variétés : de l'importance du poids des bicyclettes sur la marche (Léon Lobbé). Une poignée de recettes. Correspondance.

Dessins n°s 424 et 425. — *Découpure.* Volière style mauresque (Maria). (Voir 426, 427, 428.)

Supplément n° 234. — *Marqueterie.* Dessus de coffret, fleurs et feuillage (Petit). — *Sculpture.* Petit enclos rustique pour 3 flacons à liqueurs (X.).

DÉCOUPEUR FRANÇAIS N° 235 (*Collection parisienne n°s 426 et 427*)

Texte. — Explication des dessins. Chemins de fer : la locomotive et le mécanicien (suite) (J. Guédon). L'art du tourneur, cinquième article Aristide Poutiers). Outillage : nouveau mandrin porte-forets avec boîte à forets (A. B.). Hygiène : le pavage en bois et l'hygiène (A. D.). Revue scientifique : fabrication de marbres (J. D.). Les roues en papier. Constructions civiles : les maisons géantes aux Etats-Unis. Variétés. Une poignée de recettes. Correspondance.

Dessins n°s 426 et 427. — *Découpure.* Volière style mauresque (suite).

Supplément. — *Marqueterie.* Motif pour dessus de coffret ou milieu de tiroir. — *Sculpture.* Suite et fin de l'enclos rustique pour flacons à odeur.

DECOUPEUR FRANÇAIS N° 236 (*Collection parisienne n°s 428 et 429*)

Texte. — Explication des dessins. Outillage : drille à ressort à percer les métaux (A. D.). Industrie du bois, premier article (Aristide Poutiers). Informations : la fabrication des machines autrefois et aujourd'hui. Brevets d'invention délivrés du 20 juin au 20 juillet. Les huiles de naphte de Bakou (Caucase) (V. Vincent). Revue scientifique. Electricité : éclairage électrique des voitures de la Compagnie de Paris-Lyon-Méditerranée par les accumulateurs Donato-Tommasi. Une poignée de recettes. Correspondance.

Dessin n° 428. — *Découpure*. Volière style Mauresque (fin).

Dessin n° 429. — *Découpure*. Colonne pour lampe à pétrole (Petit).

Supplément n° 236. — *Sculpture*. Cadre pour photographie, à chevalet (Ludovic).

DECOUPEUR FRANÇAIS N° 237 (*Collection parisienne n°s 430 et 431*)

Texte. — Explication des dessins. Outillage : Mèche américaine à un seul couteau et à tige centrale. Griffe d'établi à pression. Industrie du bois, deuxième article (Aristide Poutiers). Pêche électrique, système Trouvé. Le God Save The Queen ! (A. B.). Les Grands Magasins (du Petit Temps). Le funiculaire de Montmartre. Revue scientifique ; la photographie des couleurs. Variétés. Brevets d'invention. Correspondance.

Dessins n°s 430 et 431. — *Découpure*. Grande croix style Byzantin, par Verdot.

Supplément n° 237. — *Marqueterie*. Classeur Japonais (A. B.). — *Sculpture*. Cadre fantaisie (A. B.).

DECOUPEUR FRANÇAIS N° 238 (*Collection parisienne n°s 432 et 433*)

Texte. — Explication des dessins. Brevets d'invention. Outillage ; les mèches américaines en boîtes. Industrie du bois, troisième article (Aristide Poutiers). Informations ; fabrication de la baleine artificielle. Revue scientifique : Communication acoustique sous-marine ; Canaux interocéaniques et autres ; notre nouveau canon de campagne. Les Sandwiches abyssiniennes. Les lapins d'Australie. Construction ; assainissement de la maison en Angleterre. L'hygiène de la vue. Le sel. Variétés. Une poignée de recettes. Correspondance.

Dessins n°s 432 et 433. — *Découpure*. Coffret à bijoux xve siècle, par Ferdinand Louis (Voir 434).

Supplément n° 238. — *Marqueterie*. Fin du classeur Japonais. — *Sculpture*. Cadre rocaille, par Petit.

DECOUPEUR FRANÇAIS N° 239 (*Collection parisienne n°s 434 et 435*)

Texte. — Explication des dessins. Outillage : Compas à couper les rondelles pour vilebrequins. Industrie du bois ; quatrième article (Aristide Poutiers). Menuiserie d'amateurs ; premier article. Brevets d'invention. — La photographie panoramique. L'écrevisse en agriculture. Un explosif à base d'aluminium. Variétés. Une poignée de recettes. Correspondance.

Dessin n° 434. — Coffret à bijoux xve siècle (fin). — N° 435. Soufflet vide-poches, par Houdayet. Porte-pipes, par Neveux.

Supplément n° 239. — *Sculpture*. Cadre carré, par Petit.

DECOUPEUR FRANÇAIS N° 240 (*Collection parisienne n°s 436 et 437*)

Texte. — Explication des dessins. Outillage : nouvelle boîte à couper, dresser et clouer les moulures (modèle déposé). Industrie du bois, cinquième article (Aristide Poutiers). Menuiserie d'amateurs, deuxième article (Maître Adam). Brevets d'invention. Variétés. Correspondance.

Dessin n° 436. — *Découpure*. Calendrier perpétuel, par Maria. Porte-montre. Cadre ovale pour photographie.

Dessin n° 437. — *Découpure*. Service de fumeur, par Petit. Porte-pipe, par Neveux.

Supplément n° 240. — *Sculpture*. Porte-thermomètre, par Petit. — *Marqueterie*. Cadre pour photographie.

DECOUPEUR FRANÇAIS N° 241 (*Collection parisienne n^os^* 438 *et* 439)

Texte. — Explication des dessins. Outillage : les établis garnis d'outils. Industrie du bois, sixième article (Aristide Poutiers). Menuiserie d'amateurs, troisième article (Maître Adam). Brevets d'invention. Variétés. Une poignée de recettes. Correspondance.

Dessins n°s 438 et 439. — Vitrine Louis XV pour bijoux ou bibelots (Maria). (Voir 440.)

Supplément n° 241. — *Sculpture*. Porte-baromètre.

DECOUPEUR FRANÇAIS N° 242 (*Collection parisienne n°* 440 *et* 441)

Texte. — Explication des dessins. Brevets d'invention. Variétés scientifiques premier article. Les arbres géants. La plus grande ferme du monde. Notre ami le crapaud. Des robes du cheval. Origine des jeux. A travers la science. Variétés. Poignée de recettes. Correspondance.

Dessin n° 440. — *Découpure*. Fin de la vitrine Louis XV. Etagère à trois rayons à poser sur un meuble, par P. Joseph. (Voir 441.)

Dessin n° 441. — Fin de l'étagère.

Supplément n° 242. — *Sculpture*. Couteau à papier, par Petit. — *Marqueterie*. Jardinière.

DECOUPEUR FRANÇAIS N° 243 (*Collection parisienne n^os^* 442 *et* 443)

Texte. — Explication des dessins. Brevets d'invention. Industrie du bois, septième article. Menuiserie d'amateurs, quatrième article. Lexique des principaux termes employés en menuiserie. La disparition des oiseaux. Variétés. Poignée de recettes. Correspondance.

Dessins n°s 442 et 443. — *Découpure*. Pupitre à lire, par Verdot. (Voir 444)

Supplément n° 243. — *Sculpture*. Epinglier avec plateau. — *Marqueterie*. Fin de la jardinière.

DÉCOUPEUR FRANÇAIS N° 244 (*Collection parisienne n^os^* 444 *et* 445)

Texte. — Explication des dessins. Menuiserie d'amateurs, cinquième article. Outillage : le vilebrequin américain à billes. Lexique des principaux termes employés en menuiserie. Variétés scientifiques, deuxième article. Brevets d'invention. La force du vent. Le châtiment et les supplices chez les Chinois. La fabrication du pain au Choah. Tisane. Une poignée de recettes. Correspondance.

Dessin n° 444. — *Découpure*. Fin du pupitre à lire. Corbeille à six pans.

Dessin n° 445. — *Découpure*. Grand cadre feuille de vigne 40×50, par P. Joseph.

Supplément n° 244. — *Sculpture*. Porte-cartes, par Petit. — *Marqueterie*. Motif pour dessus de coffret.

DÉCOUPEUR FRANÇAIS N° 245 (*Collection parisienne n^os^* 446 *et* 447)

Texte. — Explication des dessins. Industrie du bois, huitième article. Menuiserie d'amateurs, sixième article. Lexique des principaux termes employés en menuiserie. Outillage, niveau Goodill's. Brevets d'invention. Origine de la bière. La plus grande fleur connue. La résistance des animaux à la soif. La médecine chez les Siamois. Alimentation. Une poignée de recettes. Correspondance.

Dessin n° 446. — *Découpure.* Petite vitrine à bijoux, par Maria. (Voir 447.)
Dessin n° 447. — *Découpure.* Fin de la vitrine. Porte-bouquet avec vide-poche, par Ferdinand Louis.
Supplément n° 245. — *Marqueterie.* Motif pour lames de cache-pot. — *Sculpture.* Fin du porte-cartes.

DECOUPEUR FRANÇAIS N° 246 (*Collection parisienne n°s 448 et 449*)

Texte. — Explication des dessins. Industrie du bois, neuvième article. Menuiserie d'amateurs, septième article. Lexique des principaux termes employés en menuiserie. Outillage, nouveau nécessaire d'outils américains. Brevets d'invention. L'arbre des buveurs. La bicyclette en médecine. Un tour chez Guignol. Une poignée de recettes. Correspondance.
Dessin n°s 448 et 449. — *Découpure.* Table à ouvrage Louis XV, par F. Louis. (Voir 450, 451, 452, 453, 454 et 455.)
Supplément n° 246. — *Marqueterie.* Panneau de bordure de la jardinière. — *Sculpture.* Cadre à trois places pour photographies.

DECOUPEUR FRANÇAIS N° 247 (*Collection parisienne n°s 450 et 451*)

Texte — Explication des dessins. Industrie du bois, dixième article. Menuiserie d'amateurs, huitième article. Lexique des principaux termes employés en menuiserie. Outillage, tournevis à lames multiples de Billing. Brevets d'invention. Propriétés médicales de la laitue. La prestidigitation et les phénomènes spirites. Variétés. Une poignée de recettes. Correspondance.
Dessins n°s 450 et 451. — *Découpure.* Table à ouvrage Louis XV (suite). — *Sculpture.* Cadre-chevalet (suite). — *Marqueterie.* Frise pour bordures.

DÉCOUPEUR FRANÇAIS N° 248 (*Collection parisienne n°s 452 et 453*)

Texte. — Explication des dessins. Industrie du bois, onzième article. Menuiserie d'amateurs, neuvième article. Lexique des principaux termes employés en menuiserie. Outillage. Boîte à onglets américaine, avec garnitures fonte. Brevets d'invention. Les ongles. Çà et là. Une poignée de recettes. Correspondance.
Dessins n°s 452 et 453. — *Découpure.* Table à ouvrage Louis XV (suite).
Supplément n° 248. — *Sculpture.* Croix-bénitier, style renaissance italienne.

DÉCOUPEUR FRANÇAIS N° 249 (*Collection parisienne n°s 454 et 455*)

Texte. — Explication des dessins. Industrie du bois, douzième article. Menuiserie d'amateurs, dixième article. Lexique des principaux termes employés en menuiserie. Outillage, scie à main. Disston à trois lames. Brevets d'invention. Le poisson-tube. Variétés. Une poignée de recettes. Correspondance.
Dessin n° 454. — *Découpure.* Suite de la table à ouvrage Louis XV.
Dessin n° 455. — *Découpure.* Fin de la table à ouvrage Louis XV. Cadre-album 12 × 15 et cadre pour portrait-carte, par B. Joseph.
Supplément n° 249. — *Sculpture.* Petit cartouche. — *Marqueterie.* Dessous de plat, style mauresque, par Ch. Rauge.

DECOUPEUR FRANÇAIS N° 250 (*Collection parisienne n°s 456 et 457*)

Texte. — Explication des dessins. Outillage : Les scies à découper américaines. Industrie du bois ; treizième article. Marqueterie : Matériel du Marqueteur. Exécution. Variété scientifique : Le papier. Brevets d'invention. Variétés. Une poignée de recettes. Correspondance.
Dessin n° 456. — *Découpure.* Panneau décoratif. Plans superposés. La Parisienne, par L. N° 457. — La Japonaise, pendant.

DESSIN n° 457. — *Découpure*. Panneau décoratif. Plans superposés. La Japonaise, par L. N° 456. — La Parisienne, pendant.
SUPPLÉMENT n° 250. — *Sculpture*. Porte-pipes (P. C.).

DECOUPEUR FRANÇAIS N° 251 (*Collection parisienne n°s* 458 *et* 459)

TEXTE. — Explication des dessins. Note de la Rédaction. Outillage : Les drilles à pivot. Industrie du Bois ; quatorzième article. Variété scientifique : Le papier (suite). Brevets d'invention. Variétés. Une poignée de recettes. Correspondance.
DESSIN n° 458. — *Découpure*. Pied pour lampe, par Ferdinand Louis.
DESSIN n° 459. — *Découpure*. Grand cadre ovale applique 16 × 20 pour glace ou photographie, par Laugier.
SUPPLÉMENT n° 251. — *Sculpture*. Ecusson porte-manteau. — *Marqueterie*. Motif de milieu pour panneau de bibliothèque.

L'abonnement au Découpeur français *et à la* Collection parisienne *réunis est de* **12** *fr. par an pour toute la France* ; **13** *fr. pour l'Etranger ; le numéro complet*, **1** *fr.* **10** ; *chaque feuille dessin séparé*, **0** *fr.* **50** ; *chaque supplément séparé*, **0** *fr.* **25**.

DECOUPEUR FRANÇAIS N° 252 (*Collection parisienne n°s* 460 *et* 461)

TEXTE. — Explication des dessins. Note de la Rédaction. Outillage : Porte-mèche à genouillère mobile fonctionnant dans tous les angles. Industrie du bois ; quinzième article. Brevets d'invention. Variétés. Une poignée de recettes. Correspondance.
DESSIN n° 460. — *Découpure*. Petit lustre-veilleuse à 6 bougies, par F. Louis (voir 461, 462).
DESSIN n° 461. — *Découpure*. Suite du lustre, par F. Louis.
SUPPLÉMENT n° 252. — *Marqueterie*. Motif de milieu pour cache-pots ou vide-poches. — Motif pour écran ou album. — *Sculpture*. Cadre pour glace à main.

NOTA. — A partir du n° 253 (Janvier 1896), le Découpeur Français sera composé d'un dessin Collection Parisienne et un dessin Découpure Illustrée.

DÉCOUPEUR FRANÇAIS N° 253

(*Collection parisienne n°* 462. — *Découpure illustrée n°* 267.)

TEXTE. — Explication des dessins. Outillage : Nouvelles clés américaines. Industrie du bois ; seizième article. Variété scientifique. Brevets d'invention. Variétés. Une poignée de recettes. Correspondance.
DESSIN n° 462 (*Collection Parisienne*). — *Découpure*. Fin du lustre, par F. Louis.
DESSIN n° 267 (*Découpure Illustrée*). — *Découpure*. Diableries, block-notes et calendrier à effeuiller (dessin de Maria).

DÉCOUPEUR FRANÇAIS N° 254

(*Collection parisienne n°* 463. — *Découpure illustrée n°* 268)

TEXTE. — Explication des dessins. Outillage : Arbre pour meules d'émeri ou brosses à polir. Brevets d'invention. Variétés. Nos meubles. Une poignée de recettes. Correspondance.
DESSIN n° 463 (*Collection Parisienne*). — *Découpure*. Candélabre style roman à 5 lumières, par F. Louis.
DESSIN n° 268 (*Découpure Illustrée*). — *Découpure*. Semainier applique. Etude de roses, par Maria.

DÉCOUPEUR FRANÇAIS N° 255

(*Collection parisienne n° 464. — Découpure illustrée n° 269.*)

Texte. — Explication des dessins. Outillage : Fil à plomb américain Plumb-Bob. Industrie du bois ; dix-septième article. Nos meubles. Brevets d'invention. Variété scientifique. Une poignée de recettes. Correspondance.
Dessin n° 464 (*Collection Parisienne*). — *Découpure*. Panneau décoratif à plans superposés. Concert des anges, par Laugier (voir 465).
Dessin n° 269 (*Découpure Illustrée*). — *Découpure*. Fin du semainier-applique, par Maria.

DÉCOUPEUR FRANÇAIS N° 256

(*Collection parisienne n° 465. — Découpure illustrée n° 270.*)

Texte. — Explication des dessins. Outillage : Niveau de poche de Jennigs. Menuiserie d'amateur. Brevets d'invention. Nos meubles. Lexique. Une poignée de recettes. Correspondance.
Dessin n° 465 (*Collection Parisienne*). — *Découpure*. Fin du panneau décoratif, par Laugier.
Dessin n° 270 (*Découpure Illustrée*). — *Découpure*. Petit panier à bascule pour boîte à bascule ou boîte à ouvrage.

DÉCOUPEUR FRANÇAIS N° 257

(*Collection parisienne n° 466. — Découpure illustrée n° 271.*)

Texte. — Explication des dessins. Outillage : Les mèches emmanchées de Jennigs. Menuiserie d'amateur. Brevets d'invention. Nos meubles. Lexique. Variété scientifique. Correspondance.
Dessin n° 466 (*Collection Parisienne*). — *Découpure*. Etagère-dressoir, par Barbé (voir 467).
Dessin n° 271 (*Découpure Illustrée*. — *Découpure*. Coffret à bijoux formant paravent et porte-photographies, par Maria.

DÉCOUPEUR FRANÇAIS N° 258

(*Collection parisienne n° 467. — Découpure illustrée n° 272.*)

Texte. — Explication des dessins. Outillage : Valet à rotule. Variété scientifique. Brevets d'invention. Variétés. Une poignée de recettes. Correspondance.
Dessin n° 467 (*Collection Parisienne*). — *Découpure*. Fin de l'étagère-dressoir, par Barbé. Dessous de plat, par Laugier.
Dessin n° 272 (*Découpure Illustrée*). — *Découpure*. Fin du coffret à bijoux, par Maria.

DÉCOUPEUR FRANÇAIS N° 259

(*Collection parisienne n° 468. — Découpure illustrée n° 273.*)

Texte. — Explication des dessins. Outillage d'amateur : Equerres encastrées. Nos meubles. Brevets d'invention. Variété scientifique. Variétés. Une poignée de recettes. Correspondance.
Dessin n° 468 (*Collection parisienne*). — *Découpure*. Table mythologique, par Laugier (voir 469 et 470).
Dessin n° 273 (*Découpure illustrée*). — *Découpure*. Porte-photographie en éventail, par Maria.

DÉCOUPEUR FRANÇAIS N° 260

(*Collection parisienne n° 469. — Découpure illustrée n° 274.*)

Texte. — Explication des dessins. Outillage d'amateur : Petit nécessaire d'amateur pour souder. Variété scientifique. Le hasard et les inventions. Brevets d'invention. Une poignée de recettes. Correspondance.

Dessin n° 469 (*Collection parisienne*). — *Découpure.* Suite de la table mythologique, par Laugier.

Dessin n° 274 (*Découpure illustrée*). — *Découpure.* Vide-poches. Le puits de l'amour.

DÉCOUPEUR FRANÇAIS N° 261

(*Collection parisienne n° 470. — Découpure illustrée n° 275.*)

Texte. — Explication des dessins. Outillage : Equerre à combinaisons. Industrie du bois ; dix-huitième article. Nos meubles. Industries foraines. Variétés. Correspondance.

Dessin n° 470 (*Collection parisienne*). — *Découpure.* Fin de la table mythologique, par Laugier.

Dessin n° 275 (*Découpure illustrée*). — *Découpure.* Coffret. Chaise à porteurs Louis XV.

DÉCOUPEUR FRANÇAIS N° 262

(*Collection parisienne n° 471. — Découpure illustrée n° 276.*)

Texte. — Explication des dessins. Outillage : Pince coupante Starett. Menuiserie d'amateur. Lexique. Dessin d'amateur. Bombes à lumières. Les expositions. Trésors orientaux. Correspondance.

Dessin n° 471 (*Collection parisienne*). — *Découpure.* Dessous de plat, par L. G. Glace à main, par Prévot. Couteau à papier, par L. Motif pour couverture d'album, dessin de J. L.

Dessin n° 276 (*Découpure illustrée*). — *Découpure.* Lampe de parquet. Voir 277.

DÉCOUPEUR FRANÇAIS N° 263

(*Collection parisienne n° 472. — Découpure illustrée n° 277.*)

Texte. — Explication des dessins. Outillage : Compas en acier de Starett. Menuiserie d'amateur. Dessin d'amateur. Variété scientifique. Variétés. Une poignée de recettes. Correspondance.

Dessin n° 472 (*Collection parisienne*). — *Découpure.* Candélabre renaissance flamande à 5 lumières, par Verdot.

Dessin n° 277 (*Découpure illustrée*). — *Découpure.* Fin de la lampe à parquet.

DÉCOUPEUR FRANÇAIS N° 264

(*Collection parisienne n° 473. — Découpure illustrée n° 278.*)

Texte. — Explication des dessins. Menuiserie d'amateur. Dessin d'amateur : Leçons de perspective (Suite). Arts industriels : Estampes et graveurs. Variétés. Une poignée de recettes.

Dessin n° 473 (*Collection parisienne*). — Objets divers pour cadeaux de Noël et du jour de l'an.

Dessin n° 278 (*Découpure illustrée*). — Cadre à pied à deux places.

COLLECTION PARISIENNE

DESSINS SEULS

Le numéro : **0** *fr.* **50**

1 *Découpage.* Corbeille (sujet de chasse), petite console, 1 cadre rocaille 0,06 × 0,10, cadre pour photographie 0,06 × 0,09, porte-montre applique style XVIe siècle, porte-montre XVIIIe siècle.
2 *Découpage.* Console pour lampes avec personnages, cadre 4 places style François Ier de 0,10 × 0,06 1/2. (*Épuisé.*)
3 *Découpage.* Guéridon grandeur naturelle (palmier et personnages). (Voir la suite au no 4.) Porte-pipes.
4 *Découpage.* Suite du guéridon, miroir à main, dessous de plats.
5 *Découpage.* 1 Cadre à 3 places, 1 cadre à cinq places pour cartes de visite, 1 cadre trois places ovale, 1 cadre ovale une place, 1 cadre une place pour carte de visite.
6 *Découpage.* Grand cadre ovale pour glaces ou tableaux avec personnages de 0,40 × 0,30, cadre pour glace de 0,12 × 0,14, deux cadres pour photographies ovales.
7 *Découpage.* Porte-verres, porte-coupes, cadres pour photographies ronds et ovales.
8 *Découpage.* Suspension vigne et raisin, porte-cannes ou porte-fusils, escabeau.
9 *Découpage.* Bénitier avec personnages, porte-pipes, chimère, flambeau à cinq branches, cadre à 3 places, raisins.
10 *Découpage.* Lanterne de vestibule chinoise. Nous avons en magasin les chinoiseries pour remplacer les verres.
11 *Découpage.* Encoignures chimères de 83 centimètres, encoignures fantaisies de 73 centimètres, porte-montre pouvant servir de coucou, corbeille à 8 pans.
12 *Découpage.* Cave à liqueurs fermant à clef, pour 4 carafons et 16 petits verres. (Voir suite au no 13.)
13 *Découpage.* Cave à liqueurs (suite), vase de salon à 6 côtés avec personnages.
14 *Découpage.* Pendule monumentale avec sujets mythologiques pour cheminée. (Voir suite au no 15.)
15 *Découpage.* Suite de la pendule. Cadre Louis XVI pour 3 médaillons et petites photographies. Console, porte-huilier.
16 *Découpage.* Album pour 48 photographies, tout dans cet album est à découper, chaque feuille est d'un style différent et le tout se relie comme un livre ordinaire. Chaque feuille en supprimant la tranche peut faire un très beau cadre à une ou plusieurs places. (Voir suite au no 17.)
17 *Découpage.* Suite et fin de l'album pour 48 photographies.
18 *Découpage.* Chalet riche pour pendule ou coucou.
19 *Découpage.* Très grand cadre pouvant servir à volonté pour chemin de croix ou pour tableau ou glace par un simple changement d'ornement indiqué sur la feuille. Il peut s'agrandir ou se rapetisser à volonté sans aucun changement pour le dessin. Petit cadre style arabe 0,09 × 0,12.
20 *Découpage.* Etagère avec dossier, cache-pots différents modèles et différentes grandeurs.
21 *Découpage.* Grandes croix d'appliques avec bénitiers Louis XIII. Console style arabe. Chevalet gothique. Chevalet feuillage. Dessous de plats.
22 *Découpage.* Porte-cigares tournant pour monter avec ou sans musique. Porte-missel formant boîte.
23 *Découpage.* Deux éventails. Un Ecran. Un porte-allumettes.

24 *Découpage*. Aquarium style Louis XIV, cariatides et dauphins, porte-cigares et étagère pour 20 cigares.

25 *Découpage*. Nécessaire pour dames, en deux bois, style Louis XV. (Voir suite au n° 26.)

26 *Découpage*. Grand cadre pour gravures 0,30 × 0,20. Cadre de photographie (format visite). Coupe-papier. Suite du coffret pour dames.

27 *Découpage*. Armoire-étagère avec tiroir style mauresque. Cadre pour calendrier à effeuiller ou pour photographie style Louis XIV. (*Epuisé.*)

28 *Découpage*. Psyché miroir de toilette tournant avec tiroir.

29 *Découpage*. Girandoles ou candélabres d'applique pour 3, 5, 7 ou plus ou moins de bougies.

30 *Découpage*. Porte-pipes roses et feuillage. Porte-pipes. Etagère « vive le vin, l'amour et le tabac ». Petite corbeille à ouvrage à 8 pans. Cadre en 2 bois.

31 *Découpage*. Porte-pelotes. Encadrement pour 3 sujets à suspendre ou à poser debout. Porte-pipes style tartaro-slave. Cache-pots ou corbeilles jardinières, en 3 pièces, par l'auteur du *Façonneur*.

32 *Découpage*. Petit panier à ouvrage à anse et fermoir. Garniture de cheminée, candélabre à 5 branches. Lettres découpées par J. Carante : A, B, J, K, Q, R, U, T.

33 *Découpage*. Garniture de cheminée, pendule, corbeille octogonale servant de couronnement à la pendule. Vase à 6 côtés par J. Carante.

34 *Découpage*. Etagère à 4 rayons, par Lithual. Calice à fleurs, par Bourichon.

35 *Découpage*. Grande cage style gothique, par J. Carante. (Voir n° 36.)

36 *Découpage*. Suite de la cage gothique par J. Carante. Etagère de coin, par Decaze.

37 *Découpage*. Boîte à gants, par Bonnod. Grand cadre carré, par Malinvaud. — *Découpure sur métaux*. Cadre par Lemercier. — *Sculpture*. Motifs pour écran, ou encadrement, ou miroir, par P. de Certines.

38 *Découpage*. Nouvelle application de la Découpure, colonnes carrées, utilités pratiques. Echecs et leurs boîtes, par J. Carante. — *Marqueterie ornementée*. Echiquier, par Ch. Rauge. — *Sculpture*. Motif pour calendrier à effeuiller ou cadre, par P. de Certines.

39 *Découpage*. Corbeille ou jardinière style Louis XV, par Maria. — *Sculpture*. Porte-crochets, croix ou bénitier, par P. de Certines.

40 *Découpage*. France, Alsace-Lorraine, par J. Trouvé, en découpure et en sculpture, corbeille montée. Miroir à main. Etoile à dévider. Cadre pour photographie. Cadre pour médaillon ou reliquaires, par Ch. Rauge. (*Epuisé.*)

41 *Découpage*. Deux écrans styles Renaissance et Louis XIII, par Bonnod. Deux rosaces de différents styles, par Bonnod. Manches d'écran, découpure carrée, par J. Carante. — *Marqueterie*. Dessus de table style Louis XIV, par Ch. Rauge. — *Sculpture*. Miroir à main, par Mme Naulot.

42 *Découpage*. Semainier, genre arabe, par Bonnod. Monture d'un baromètre anéroïde, style Louis XIII, par Bonnod. Support-étagère, par Berther. Lettres entrelacées : AB, AK, AS, BJ, DE, DF. — *Marqueterie* : Couverture d'album. Etudes de pointes, par Ch. Rauge. — — *Sculpture*. Vide-poches, par Mme Naulot.

43 *Découpage*. Porte-fusils ou porte-cannes. Deux coupe-papier : 1° Feuilles et muguets ; 2° Forme yatagan, style XVIIe siècle. Cadre pour photographie ovale. Lettres entrelacées : ACP, EA, HH, AM, BB, CR, DM, AE (par divers). — *Marqueterie*. Boîte à thé ou tirelire, par Ch. Rauge. — *Sculpture*. Médaillier ou cadres réunis, par Mme Naulot.

44 *Découpage*. Encrier, style Louis XVI. Porte-coupe. Deux porte-allumettes. Deux porte-couverts. Cache-pots. Cadres à deux places

ovales. Etoile à dévider. Oiseaux et papillons. Pendants d'oreilles. Lettres entrelacées : TC, OS, FR, HM, HR, par Bonnod. — *Marqueterie*. Bénitier, par Ch. Rauge. — *Sculpture*. Porte-montres, par P. Certines.

45 *Découpage*. Porte-fruits Louis XVI, par Bonnod. Grand cadre rectangulaire 29 × 20, par Malinvaud. Deux cadres ovales, styles fantaisie et Louis XV, par Bonnod. Lettres entrelacées : AD, AC, BA, AE, EA, AG, par Maria. — *Marqueterie*. Support de lampe, par Ch. Rauge. — *Sculpture*. Bénitier, par Mme Naulot.

46 *Découpage*. Suspension style François Ier, par Bonnod.

46bis *Découpage*. Porte-allumettes chinois. Miroir à main. Double cadre ovale. Deux coquetiers. Etoiles à évider, papillons et rose gothique, par Bonnod.—*Marqueterie*. Dessin de table, par Ch. Rauge.—*Sculpture*. Encadrement ovale, par Bonnod.

47 *Découpage*. Grand cadre 20 × 15. Girandole du candélabre à 3 lumières. Coupe-papier, style Persan. Porte-lampe. Lettres entrelacées : JCL, OO, ES, EE, AAJ, NN, par Bonnod. — *Sculpture*. Grand porte-pipes, par P. Certines. — *Marqueterie*. Cadre à 3 baies ovales et 5 bois, par Ch. Rauge.

48 *Découpage*. Vide-poches. Porte-photographies, par Maria. Lettres entrelacées : AM, DA, AI, AJ, CCD, LLB. Soucoupe-vide-poches. — *Marqueterie*. Pot à tabac ou boîte fermée à pans, par Ch. Rauge. — *Sculpture*. Porte-cornets, par P. de Certines.

49 *Découpage*. Grand lustre à 12 lumières, par J. Carante.

50 *Découpage*. Jardinière. Scène de la vie indienne, par Mme N..... Croix, broches, boutons, pendants d'oreilles, par Vuilleret. Lettres entrelacées : BA, AE, HA, EA, AC, FA, par Maria. — *Marqueterie*. Cadre miroir 22 × 16, bois et métal blanc, style Renaissance, par Ch. Rauge. — *Sculpture*. Porte-montre, par Mme Naulot.

51 *Découpage*. Cadre ovale pouvant servir pour une gravure ou pour 5 photographies à volonté et fermant, par Maria. Corbeille à ouvrage octogonale et évasée, par Bonnod. — *Marqueterie*. Suite du jeu de dames, du supplément n° 49. Vingt dames ornementées, par Ch. Rauge.

52 *Découpage*. Encadrements de miroirs à biseaux 15 × 21 avec disposition de candélabre, par Maria. Grande étagère, par Malinvaud. Cadre ovale de photographies, par Bonnod. — *Marqueterie*. Dessus de boîte ou de coffret. Etude de marqueterie ombrée, par Ch. Rauge. — *Sculpture*. Couteau à papier, par P. de Certines.

53 *Découpage*. Séchoirs pour cigares, par Bonnod. — *Marqueterie*. Etude de marqueterie ombrée. Grand étui, par Ch. Rauge.

53bis *Découpage*. Porte-coupe. Porte-pipes. Cadre ovale, par Joseph. Lettres entrelacées : TRE, LR, DJ, KY, par Vuilleret. — *Sculpture*. Encrier, par P. de Certines.

54 *Découpage*. Chapelle gothique. Baromètre anéroïde. Bijoux. Pendants d'oreilles. Broches. Attributs. Foi. Espérance. Charité. — *Marqueterie*. Table à ouvrage. Etude de marqueterie ombrée, par Ch. Rauge. — *Sculpture*. Semainier, par P. de Certines.

55 *Découpage*. Casier à musique. Découpure en 3 bois. Nouvelle application de la découpure carrée. Chaîne pour suspension, par J. Carante. — *Marqueterie*. Etude de mosaïque. Ecrin pour bijoux, par Ch. Rauge.

55bis *Découpage*. Casier à musique (suite). Croix montée, style Louis XIV, par P. Joseph. Thermomètre, par Bonnod. Cadre. — *Sculpture*. Encadrement, par Mme Naulot.

56 *Découpage*. Grand vide-poche, par Bonnod. Salière. Etoile à dévider, par J. Carante. — *Marqueterie*. Encadrement 11 × 14, étude de la

Renaissance, par Ch. Rauge. — *Sculpture.* Support pour buste, par P. de Certines.

57 *Découpage.* Porte-coupe. Porte-manteaux, par Bonnod. Chiffonnière. Bijoux. Pendants d'oreilles. Croix. Lettres entrelacées : AT, par J. Carante.

57bis *Découpage.* Console, par Malinvaud. Cadre ovale, feuilles de houblon, pour 3 photographies. Soucoupe. Boutons et pendants d'oreilles. Lettres entrelacées : LG, AM. Etoiles à dévider, papillon, vautour et sanglier, par J. Carante. — *Marqueterie.* Encadrement de pupitre à écrire. Dessin. Roman, 4 bois, par Ch. Rauge. — *Sculpture.* Motif pour coffret, par P. de Certines.

58 *Découpage.* Grand encadrement pour bénitier, par Bonnod. Abat-jour. Essai d'ombres chinoises, par J. Carante. — *Marqueterie.* Couverture d'album, étude de genre, par Ch. Rauge. — *Sculpture.* Divers motifs pour cadre, style Renaissance, par P. de Certines. (*Epuisé.*)

59 *Découpage.* Candélabre à 6 branches, 50 dessins, par Maria.

59bis *Découpage.* Suite du candélabre à 6 branches. Corbeille à fruits, style Renaissance, par P. Joseph. Boîte pour timbres-poste. Découpage sur métaux. — *Marqueterie.* Couverture d'un livre d'heures, genre moyen-âge, études de personnages, par Ch. Rauge. — *Sculpture.* Bougeoir, par P. de Certines.

60 *Découpage.* Deux paniers à ouvrage. Encadrement pour couronne de mariée, dessin de Bonnod. — *Marqueterie.* Bénitier. Etude d'arabesques, de filets et de nielles, par Ch. Rauge. — *Sculpture.* Presse-papier, étude de vigne d'après nature, par P. de Certines.

61 *Découpage.* Boîte à jeux, par Bonnod. Huilier et salière, par Martin. Cadre pour gravures. — *Marqueterie.* Dessin pour milieu de table, par Ch. Rauge. — *Sculpture.* Girandole pour bureau, piano, etc., par P. de Certines.

62 *Découpage.* Papeterie style moderne, semainier, par J. Carante. (Voir 62 *bis.*)

62bis *Découpage.* Papeterie et semainier (suite). Pupitre à musique, par J. Carante. — *Marqueterie.* Bordure pour table et pour guéridon, par Ch. Rauge. — *Sculpture.* Etudes de fruits. Porte-manteaux, par P. de Certines.

63 *Découpage.* Console applique, par J. Maria. Bougeoir. Corbeille à fruits, par Bonnod. — *Marqueterie.* Boîte à jeux, par Ch. Rauge. — *Sculpture.* Angle de cadre, par P. de Certines.

63bis *Découpage.* Lanterne chinoise, par Maria.

64 *Découpage.* Porte-coiffure, par J. Carante. Jardinière de salon, par Bonnod. Nécessaire de cheminée, par J. Maria. Cadre pour photographie avec chevalet.

65 *Découpage.* Chalet gothique pour chapelle ou porte montre, par P. Joseph. Panier à ouvrage, par Martin. Miroir à main, par Bonnod. — *Marqueterie.* Monture de baromètre, par Ch. Rauge. — *Sculpture.* Patère ou porte-crochet pervenches, par P. de Certines.

66 *Découpage.* Porte-missel style gothique. Cadre ovale 23 × 26, pour gravure ou pour miroir, grand style, par Bonnod. Cache-pot, par J. Carante. Lettres entrelacées AF, BA, GA. — *Marqueterie.* Cassette façon algérienne, par Ch. Rauge. — *Sculpture.* Cadres à 3 baies rondes fraisiers, par P. de Certines.

67 *Découpage.* Jardinière de salon XVIIIe siècle, par Dufour.

68 *Découpage.* Plaque d'inscription. Psyché, porte-coupe. Caisse à fleurs. — *Marqueterie.* Bénitier gothique, par Ch. Rauge. — *Sculpture.* Corbeille à 6 ou 8 pans, par P. de Certines.

69 *Découpage.* Coffret Renaissance, par Dufour. Console Louis XV. Bijoux,

pendants d'oreilles, broches, boutons, par Bonnod. — *Marqueterie*. Bonbonnière, par Ch. Rauge. — *Sculpture*. Pupitre à lire, étude de lis, par P. de Certines.

70 *Découpage*. Cadre 11 × 15 pour carte-album. Boîte à gants. Corbeille hexagonale, style Louis XIV. Cache-pot d'après un vase grec antique, par Maria. Bijoux, broches, pendants d'oreilles. — *Marqueterie*. Ecran. Etude de marqueterie au burin, par Ch. Rauge. — *Sculpture*. Chapelle, étude d'olivier, par P. de Certines.

71 *Découpage*. Grande étagère, par Bonnod. — *Marqueterie*. Encadrement 11 × 15 pour carte-album, bois et métal, par Ch. Rauge. — *Sculpture*. Bouquet de roses pour dessus de coffret. Embrasses de rideau, etc. par P. de Certines,

72 *Découpage* Evantails, Coffret style Renaissance. Montures de thermomètres. Bijoux et lettres entrelacées AC, AD, AF, — *Sculpture*. Cadre pour carte-album 11 × 15, par P. de Certines. (*Epuisé.*)

73 *Découpage*. Lustre à 8 lumières, par J. Bonnod. (Voir 73 *bis*.)

73bis *Découpage*. Lustre (suite). Plateau bois ou métal. — *Marqueterie*. Motif pour cache-pot, genre mauresque, par Ch. Rauge. — *Sculpture*. Deux modèles d'encriers, style grec et romain, par P. de Certines.

74 *Découpage*. Couteau à papier, par Laugier. Monogramme ; adieu, porte crochet. Calendrier, éphémérides. Pendule socle Louis XVI, par Laugier. Découpure carrée, par J. Carante. Deux corbeilles. Douze premières lettres d'un alphabet gothique. — *Sculpture*. Couverture d'album, par P. de Certines. (*Epuisé.*)

75 *Découpage*. Etagère style Louis XV, par Laugier. Lettres gothiques MS.

75bis *Découpage*. Etagère (suite). Lettres gothiques. — *Sculpture*. Plaques d'inscription, par P. de Certines.

76 *Découpage*. Pupitre à écrire, genre allemand. Encoignure. Deux cadres pour photographies, par J. Carante. — *Marqueterie*. Motif pour milieu de table. Renaissance italienne, par Ch. Rauge. — *Sculpture*. Cartouche, style Renaissance, par P. de Certines.

77 *Découpage*. Assiette XVIe siècle. Ecran. Plateau. Console. Porte-coupe. Lettres entrelacées BT, SIG, AT, SC, par J. Carante. — *Marqueterie*. Etui style XVIe siècle, par Ch. Rauge. — *Sculpture*. Cadre pour carte-album 10 × 14, style Renaissance, par P. de Certines.

78 *Découpage*. Boîte à gants, style Louis XIV, par Laugier. Grand cadre XVIIe siècle. Cartouche d'inscription. Lettre forme boule, par J. Carante. — *Marqueterie*. Coffret en 2 bois, par Dufour.

79 *Découpage*. Candélabre à 5 branches pour église ou salon, par J. Carante. Coffret genre arabe, par Bonnod. Porte-montre miniature, par Laugier. — *Marqueterie*. Cadre genre soutache, par Ch. Rauge.

80 *Découpage*. Grand cadre, genre rocaille, par J Carante. Thermomètre. Plaques d'inscription avec lettres gothiques, chiffre AD, par Laugier. *Marqueterie*. Boîte à thé, par Ch. Rauge. — *Sculpture*. Croix gothique, par P. de Certines.

81 *Découpage*. Grande suspension pour sept pots de fleurs. Ecran, monogramme, adieu, par J. Carante. — *Marqueterie*. Porte-pipes, tabac et pensées, par Ch. Rauge. — *Sculpture*. Médaillon style gothique, par P. de Certines.

82 *Découpage*. Abat-jour, ombres chinoises, par J. Carante. Dessous de plat japonais, couverture de livre genre arabe, par Laugier. Deux coupe-papier et deux médaillons, par Bonnod Porte-couverts, par Laugier. — *Marqueterie*. Table à ouvrage ou coffret (raisins et cerises). par Ch. Rauge. — *Sculpture*. Cadre pour carte-album 12 × 14, genre suisse, par P. de Certines.

83 *Découpage.* Etagère, par J. Carante. Porte-pipes. Cabaret, par Laugier. Deux cadres photographiques rond et carré, par Bonnod. — *Marqueterie.* Eventail marqueterie ombrée, en bois de couleurs. Lis, pervenches et sujets, par Ch. Rauge. — *Sculpture.* Porte-notes, style Louis XIV, par P. de Certines.

84 *Découpage.* Cadre ovale 16×21 pour miroir, style Renaissance, par Laugier. Etagère, encoignure et porte-pipes, par J. Carante. Pelote, par Bonnod. Plaques de serrures ou de propreté, moyen-âge XIIIe siècle. Couteau-poignard, bijoux, broches et pendants d'oreilles ; lettres entrelacées AB, AC, AD, AE, par J. Carante. — *Marqueterie.* Couverture de livre, imitation d'une reliure allemande, par Ch. Rauge. — *Sculpture.* Girandole ou lustres à branches, par P. de Certines. (*Epuisé.*)

85 *Découpage.* Chapelle gothique (voir nos 86 et 86bis), portefeuille style Renaissance, par J. Carante. Deux cadres pour photographies, deux cadres pour miniatures, par Bonnod. Crochet, par Laugier. — *Marqueterie.* Calendrier, style Renaissance, matières osseuses et métaux, par Ch. Rauge. — *Sculpture.* Angle de cadre genre rocaille.

86 *Découpage.* Chapelle gothique (suite), par J. Carante. Tourelle, encadrement, par Maria. Timbale, rouleaux de serviettes, coquetier, porte-couvert et porte-plume. Bijoux et croix pour dames. — *Marqueterie.* Écritoire, par Ch. Rauge, — *Sculpture.* Porte-montre, style moderne, par P. de Certines.

86bis *Découpage.* Suite et fin de la chapelle gothique.

87 *Découpage.* Armoire algérienne, par Laugier. Miroir à main par Bonnod. Cadre gothique, par Maria. Attributs héraldiques de marquis. — *Marqueterie.* Cadre pour carte-album 11×15, par Ch. Rauge. — *Sculpture.* Ecusson pour dossier de chaise, fauteuil ou canapé, par P. de Certines. (*Epuisé.*)

88 *Découpage.* Thabor, par J. Carante. Attributs héraldiques, couronnes de comte. — *Marqueterie.* Boîte à gants, par Ch. Rauge. — *Sculpture.* Porte-pipes par P. de Certines.

88bis *Découpage.* Candélabres à 5 branches, par Bonnod.

89 *Découpage.* Suspensions pour fleurs, par P. Joseph. Deux pelles à pâtisserie, par J. Carante. — *Marqueterie.* Porte-bijoux, par Ch. Rauge. — *Sculpture.* Boîte à lettres, par P. de Certines.

90 *Découpage.* Corbeille, tombereau fantaisie, par J. Carante. Cadre Renaissance, par Bonnod. Bobines à dévider. — *Marqueterie.* Table à ouvrage, par Ch. Rauge. — *Sculpture.* Pupitre à lire, par P. de Certines. (*Epuisé.*)

91 *Découpage.* Surtout de table style Renaissance, par P. Joseph (voir 92).

92 *Découpage.* Surtout de table (suite et fin). — *Sculpture.* Monture de thermomètre, par P. de Certines. — *Marqueterie.* Couverture d'album ou dessous de coffre, par Ch. Rauge.

93 *Découpage.* Calendrier perpétuel, par Maria, 1re partie (voir 94). (*Epuisé.*)

94 *Découpage.* Calendrier perpétuel (suite). — *Sculpture.* Monture de baromètre, par P. de Certines. — *Marqueterie.* Feuille de cache-pot. (*Epuisé.*)

95 *Découpage.* Etagère glace, par Maria. Album-éventail, par J. Carante (voir 96). Etudes des coupes obliques, par le B. de Sappey. — *Sculpture.* Plateau, feuille d'aubépine stylisée, par P. de Certines.

96 *Découpage.* Album-éventail (suite), par J. Carante. — *Marqueterie.* Ecran à 2 faces, par Ch. Rauge.

97 *Découpage.* Vide-poches-voiture, par Maria. Corbeille octogone. — *Sculpture.* Couteau à papier style roman, par P. de Certines. (*Epuisé.*)

98 *Découpage.* Bonbonnière, par J. Carante. Cadre ovale, par P. Joseph. *Marqueterie.* Coffret en métal fondu, par Ch. Rauge.

99 *Découpage.* Grande suspension pour lampe style Louis XIV, par J. Carante (voir 100). Porte-cornet, par Barge. Coffret à bijoux, par Maria. Couteau à papier genre persan, par Laugier. — *Marqueterie.* Carreau pour service de table.

100 *Découpage.* Suspension de lampe (suite et fin). Cadre pour carte-album (application des coupes obliques), par le B. de Sappey. — *Sculpture.* Encadrement pour menu de table, par P. de Certines.

101 *Découpage.* Nécessaire-canapé, cadres ovales pour 3 photographies, par Maria. Coupes obliques, plaques d'inscription, par le B. de Sappey. — *Sculpture.* Bénitier, par P. de Certines.

102 *Découpage.* Calice pour fleurs et photographie, par J. Carante. — *Marqueterie.* Caisse arabe, par Ch. Rauge.

103 *Découpage.* Armoire-étagère, Renaissance italienne, par J. Carante. Deux couteaux à papier, par J. Bonnod. — *Marqueterie.* Cassette algérienne.

104 *Découpage.* Cadre funéraire pour carte-album 11 × 15, par Maria. Porte-pipes Louis XIII, par Joseph. Pelote, coupes obliques, porte-montre bysantin, par le B. de Sappey.

105 *Découpage.* Cadre-album (avec galerie 11 × 15, voir 106). Grand cadre de salon XVIIIe siècle 39×35.

106 *Découpure.* Cadre-album (suite). Console style Louis XV, par Bonnod. — *Sculpture.* Pendule style Renaissance, par P. de Certines. — *Marqueterie.* Motif de table, par Ch. Rauge.

107 *Découpage.* Boites à lettres avec alphabet, par J. Carante. Coupes obliques, couverture d'album, par B. de Sappey. Cave à liqueurs (première partie de la cave, voir 108 et 110), par Maria. — *Sculpture.* Soubassement de la pendule Renaissance ou Règle plate, par P. de Certines.

108 *Découpage.* Cave à liqueurs (suite). — *Marqueterie.* Boite à thé, par Ch. Rauge.

109 *Découpage.* Médaillier pour 8 photographies ovales et glace 6 × 9, par Bonnod. Coupes obliques. Assiettes bosselées, par B. de Sappey. — *Marqueterie.* Carreau mosaïque pour service de table, cuivre et zinc, par Rauge. — *Sculpture.* Cadre-album 8×12, par P. de Certines.

110 *Découpage.* Cave à liqueurs, le cabaret (suite et fin), par Maria. Lettres entrelacées TA, ET, TM, TL. Petit plateau pour bouteille ou carafe.

111 *Découpage.* Console applique, par Maria. Coffret, par Laugier.

112 *Découpage.* Chandelier style roman, par J. Carante. Petit chevalet pour photographie ou gravure. Coupes obliques. Porte-carafe, par B. de Sappey. — *Marqueterie.* Petite pendule, par Ch. Rauge. — *Sculpture.* Médaillon, par P. de Certines.

113 *Découpage.* Cabaret, par Bonnod. Feuilles de cache-pot. par J. Carante. Petit cadre, par Maria. — *Sculpture.* Croix-bénitier gothique, par P. de Certines. — *Marqueterie.* Grande caisse carrée, par Ch. Rauge.

114 *Découpage.* Guéridon-étagère, par Laugier. Feuille de cache-pot (voir 115 et 116).

115 *Découpage.* Guéridon-étagère (suite). Jardinière, style grec, par J. Carante (voir 116).

116 *Découpage.* Guéridon-étagère (suite et fin). Jardinière (suite et fin). Lettres entrelacées : AC, AK, AL, FA, AF, AA. — *Marqueterie.* Couverture d'album, par Ch. Rauge. — *Sculpture.* Râtelier porte clés ou porte-pipes, par P. de Certines.

117 *Découpage.* Armoire à liqueurs pour chalet de chasse (voir 117), par

Maria. Plateau pour cartes de visite, style Renaissance, par J. Carante.

118 *Découpage.* Armoire à liqueurs pour chalet de chasse, par Maria (suite et fin). Porte-allumettes, bijoux, broches et pendants. — *Marqueterie.* Bonbonnière, par Ch. Rauge. — *Sculpture.* Angles de cadres, par P. de Certines.

119 *Découpage.* Lanterne vénitienne pour vestibule, par J. Carante.

120 *Découpage.* Pendule de salle à manger, XVII° siècle (voir 121), par Maria. — *Marqueterie.* Motifs de marqueterie pour coffret, par Ch. Rauge. — *Sculpture.* Frontispice de cadre, style Renaissance, par P. de Certines.

121 *Découpage.* Suite de la pendule. Cadre et panneau décoratif, cadre médaillon, par Maria. — *Sculpture.* Motifs de patères, par P. de Certines.

122 *Découpage.* Nécessaire avec applique et reliefs, par J. Carante. — *Marqueterie.* Ecran, par Ch. Rauge.

123 *Découpage.* Grande suspension par J. Carante.

124 *Découpage.* Monture de thermomètre-baromètre, par Maria. Cadre pour photographie, par Maria. Etoiles à dévider, lettres entrelacées AST, HIE, et bijoux. — *Marqueterie.* Coffre turc, par Ch. Rauge. — *Sculpture.* Croix et bénitier, par P. de Certines.

125 *Découpage.* Candélabre gothique, par J. Carante (voir 126, 127 et 128).

126 *Découpage.* Suite du candélabre gothique. — *Marqueterie.* Coffret parisien, par Ch. Rauge. — *Sculpture.* Console gothique, par P. de Certines.

127 *Découpage.* Suite du candélabre gothique des n°s 125 et 126.

128 *Découpage.* Lettres entrelacées MEA, JT, PV, CB, et porte-plume. Crochet-applique. Fin du candélabre gothique des n°s 125, 126, 127. — *Marqueterie.* Table à ouvrage, par Ch. Rauge. — *Sculpture.* Jardinière, par P. de Certines.

129 *Découpage.* Cartel, par Maria. Encadrement ovale à 3 baies, par Maria.

130 *Découpage.* Jeu de course, par Maria.

131 *Découpage.* Vase étrusque, par J. Carante. — *Marqueterie.* Semainier, par Ch. Rauge. — *Sculpture.* Encrier fantaisie, par P. de Certines.

132 *Découpage.* Cadre pour carte-album 11×15, lettres entrelacées AA, AF. Cartel porte-montre, par Bonnod. — *Marqueterie.* Porte-lampe, par Ch. Rauge. — *Sculpture.* Motifs pour coffret, cave à liqueurs.

133 *Découpage.* Cadre à trois baies, par Maria. Couverture d'album à musique, par Bonnod. Feuilles de cache-pot, par J. Carante.

134 *Découpage.* Porte-lettres, style XVII° siècle, par Bonnod. Console, par J. Carante.

135 *Découpage.* Panneau décoratif, par Maria. — *Marqueterie.* Cassette à pans coupés, par Ch. Rauge. — *Sculpture.* Dossier de chaise ou de fauteuil, par P. de Certines.

136 *Découpage.* Chiffonnier et lanterne-veilleuse, par Maria (voir 137).

137 *Découpage.* Suite du chiffonnier; cadre carte-album, style mauresque 11×15, par Bonnod. Porte-plume. — *Marqueterie.* Mosaïque en métaux, par Ch. Rauge. — *Sculpture.* Miroir à main, par P. de Certines.

138 *Découpage.* Etagère à compartiments style gothique (voir 139), par J. Carante. Bobine à dévider.

139 *Découpage.* Etagère à compartiments, style gothique (suite et fin). — *Marqueterie.* Couverture d'album, par Ch. Rauge. — *Sculpture.* Porte-cartes, par P. de Certines.

140 *Découpage.* — Vase à fleurs, par Maria (voir 141).

141 *Découpage.* Vase à fleurs, par Maria (suite et fin). Bordure d'encadre-

ment, par Bonnod, Bobines, rosaces et bijoux, par Joseph. — *Marqueterie*. Porte-bouquets, par Maria. — *Sculpture*. Porte-réveil, genre Forêt-Noire, par Laugier.

142 *Découpage*. Boîte à cigares, par J. Carante. — *Marqueterie*. Médaillon, par Ch. Rauge. — *Sculpture*. Cadre xve siècle, par Maria.

143 *Découpage*. Album pour photographie. Cadre 11 × 15 pour chemin de croix, accessoires de bureau, règle d'après un motif Renaissance, coupe-papier, porte-plume.

144 *Découpage*. Attirail de fumeur, plateau monté, pot à tabac, deux coupes à cigares et à cendres, porte-cigares, porte-allumettes, par J. Carante (voir 145).

145 *Découpage*. Attirail de fumeur (suite et fin). Encadrement à plusieurs baies pour 5 photographies, par Maria, lettres entrelacées : CT, SM, ST, et bijoux. — *Marqueterie*. Calendrier à effeuiller, en trois bois, par Ch. Rauge. — *Sculpture*. Patère ou porte-coiffure, le lion dans l'art, dessins d'après l'antique, par P. de Certines.

146 *Découpage*. Panier à ouvrage, par J. Carante.

147 *Découpage*. Exposition pour 6 photographies, par Maria. — *Marqueterie*. Boîte à thé, par Ch. Rauge. — *Sculpture* et *Découpage*. Truelle à pâtisserie, par P. de Certines.

148 *Découpage*. — Corbeille de mariage Louis XV, par Maria.

149 *Découpage*. Corbeille de mariage (suite et fin), par Maria. — *Marqueterie*. Petite jardinière, genre boule, par Ch. Rauge. — *Sculpture*. Deux motifs de porte-carafe ou de dessous de lampe, par P. de Certines.

150 *Découpage*. Cadre 13 × 16, fermant, cariatide, par Maria. Plateau pour cartes de visite, par Maria. — *Marqueterie*. Motifs pour cassette turque, par Ch. Rauge.

151 *Découpage*. Chevalet et casier style Renaissance, par J. Carante. *Sculpture*. Calendrier à effeuiller, par P. de Certines.

152 *Découpage*. Psyché, 1re partie (voir 153), par E. Socqueville. Lettres entrelacées PJ, ABCD, et bijoux.

153 *Découpage*. Calvaire, par J. Carante. Psyché (suite et fin). — *Marqueterie*. Écran, par Ch. Rauge. — *Sculpture*. Pupitre à lire, par P. de Certines.

154 *Découpage*. Surtout de table, genre Renaissance, par Maria.

155 *Découpage*. Porte missel, style gothique, par Bonnod. — *Marqueterie*. Boîte à jeux, par Ch. Rauge. — *Sculpture*. Pan de corbeille, par P. de Certines.

156. *Découpage*. Lustre-suspension, par J. Carante.

157 *Découpage*. Huilier, par Maria. Deux porte-pipes, par P. Joseph. — *Marqueterie*. Porte-montre, par Maria. — *Sculpture*. Porte-coupe, par Maria.

158 *Découpage*. Un cadre ovale fantaisie, 1 baie pour carte-album, style turc; cadre ovale : Retour du Printemps, 2 baies pour visite, par Maria. Encadrement ovale, 6 baies pour visite, par Bonnod Boîte à cigares.

159 *Découpage*. Cadre trophée, par Maria. Porte-pipe, par P. Joseph. Cadre pour album, style turc, par Maria. — *Marqueterie*. Monture de baromètre, par Ch. Rauge. *Sculpture*. Monture de thermomètre, par P. de Certines.

160 *Découpage*. Porte-allumettes et cache-pot, par E. Blin.

161 *Découpage*. Porte-montre, par Maria. Porte-pipes, par Bonnod. Cadre, par Maria. — *Marqueterie*. Bénitier, par Ch. Rauge. — *Sculpture*. Horloge réveil-matin, par P. de Certines.

162 *Découpage*. Le Moulin de l'amitié, chalet pour photographies, par Maria (voir 163).

163 *Découpage.* Le Moulin (suite et fin), calice à fleurs, par J. Carante. Thermomètre, par E. Blin. — *Marqueterie.* Miroir à main. — *Sculpture.* Croix gothique, par P. de Certines.
164 *Découpage.* Encrier, par J. Carante. — *Marqueterie.* Petite cassette, par Ch. Rauge. — *Sculpture.* Porte-photographie, style Louis XIII, par P. de Certines.
165 *Découpage.* Porte-cigarette cheminée (Le Portrait de Bébé), par Maria. Encrier (suite et fin). Lettres entrelacées OH, KV, EU et bijoux, par J. Carante.
166 *Découpage.* Bahut-étagère, style Renaissance, par J. Carante (voir 167).
167 *Découpage.* Bahut-étagère (suite et fin). — *Marqueterie.* Table à ouvrage, par Ch. Rauge. — *Sculpture.* Cadre 12 × 15 roman, par P. de Certines.
168 *Découpage.* Coffret guirlande d'ange, par Maria (voir 169).
169 *Découpage.* Coffret (suite et fin). Entrées de serrures et garnitures pour loqueteaux. — *Marqueterie.* Vide-poche style turc, par Ch. Rauge. — *Sculpture.* Crèche de Noël, par P. de Certines.
170 *Découpage.* Grand cadre pour congé, croix d'honneur, médailles 44 × 56 (voir 171). Tabouret, par Maria (voir 171).
171 *Découpage.* Grand cadre (suite et fin). Tabouret (suite et fin). — *Marqueterie.* Panneau décoratif (Enfant terrible), par Maria. — *Sculpture.* Miroir à main, par Maria.
172 *Découpage.* Cadre à deux baies pour photographies, par Bonnod. Jardinière avec support, par J. Carante (voir 173).
173 *Découpage.* Cadre-miroir 27 × 23, par Bonnod. Porte-coupe, par Bonnod. Jardinière (suite et fin). — *Marqueterie.* Boîte algérienne, par Ch. Rauge. — *Sculpture.* Calendrier à effeuiller, par P. de Certines.
174 *Découpage.* Chalet pour horloge ou encadrement de photographie, par Maria (voir 175).
175 *Découpage.* Chalet (suite et fin). Reliquaire Renaissance, par E. Blin. Cadre ovale 9 × 12, Louis XVI, par Bonnod. Lettres entrelacées MA. — *Marqueterie.* Boîte à allumettes métal blanc et bronze, par Ch. Rauge. — *Sculpture.* Console Renaissance Italienne, par P. de Certines.
176 *Découpage.* Porte-pipes fantaisie mauresque, par Maria. — *Marqueterie.* Bonbonnière, par Ch. Rauge. — *Sculpture.* Plateau pour cartes de visite, par P. de Certines.
177 *Découpage.* Porte-coupe pour bouquet genre moderne, par E. Blin. Cadre XVIe siècle 11 × 15 pour carte-album, par Bonnod. Lettres entrelacées OB, NP, ST, IX, et bijoux.
178 *Découpage.* Etagère-tiroirs, par L***.
179 *Découpage.* Grand cadre pour miroir style grec 37 × 25, par Bonnod. Cadre grec ovale, par E. Blin. Monogramme M sur applique, par Laugier. — *Marqueterie.* Bénitier, par Ch. Rauge. — *Sculpture.* Thermomètre, par Bonnod.
180 *Découpage.* Porte-pipes, par Bonnod. Huilier, par Maria. — *Marqueterie.* Plateau style grec, par Ch. Rauge. — *Sculpture.* Fronton pour meubles, par P. de Certines.
181 *Découpage.* Porte-missel. Boîte à mouchoirs, par F. Dormoy.
182 *Découpage.* Etagère d'applique, par F. Dormoy.
183 *Découpage.* Cadre-reliquaire, style gothique 9 × 13, par Bonnod. Ecran à main. Deux porte-bouquets, par Maria. Monogramme du Christ. Loqueteau et entrée de serrure, par J. Carante. — *Marqueterie.* Cassette (marqueterie ombrée), par Ch. Rauge. — *Sculpture.* Ecusson Renaissance, par P. de Certines.

184 *Découpage*. Réveil-matin, par Em. Blin (voir 185). — *Marqueterie*. Miroir à main, par Ch. Rauge.

185 *Découpage*. Pupitre à lire, par Dormoy. Porte-bouquet, par Maria. Réveil-matin (suite et fin).

186 *Découpage*. Cadre à 3 baies pour photographies, par Bonnod. Cadre reliquaire 9 × 13, par Pressicard. Armoireétagère style gothique, 1re partie (voir 187 et 189), par Thomas. — *Marqueterie*. Couverture d'album, par Ch. Rauge. — *Pseudo-sculpture* Cadre ovale 12 × 16, par Pressicard.

187 *Découpage*. Armoire-étagère (suite).

188 *Découpage*. Porte-bouquet, écran, scène comique, par Maria. Porte-pipes, par Bonnod. — *Marqueterie*. Bonbonnière algérienne, par Ch. Rauge. — *Sculpture*. Dossier de chaise ou de fauteuil, par P. de Certines.

189 *Découpage*. Chariot à vins fins, par Bonnod. Armoire-étagère, style gothique, par Thomas (fin).

190 *Découpage*. Grand vase de salon avec 6 cadres ovales pour photographies, 1re partie (voir 191). Porte-pipes sujet comique, par Bonnod. Cadre à trois baies, par Joseph.

191 *Découpage*. Grand vase de salon (suite et fin). Cadre pour carte-album 9 × 15, par Bonnod. — *Marqueterie*. Couverture de livre, par Ch. Rauge. — *Sculpture*. Monture de thermomètre, par Maria.

192 *Découpage*. Corbeille de salon, par J. Carante, 1re partie (voir 193). Cadre pour photographie 9 × 15 en plusieurs bois superposés. — *Sculpture*. Ecusson Renaissance, par P. de Certines.

193 *Découpage*. Corbeille de salon (suite et fin). Baromètre-thermomètre, par Bonnod. *Marqueterie*. Plateau marqueterie en métaux, par Ch. Rauge.

194 *Découpage*. Vide-poche, par Dormoy. Lettres entrelacées : SN, JLN, et bijoux. — *Marqueterie*. Table à jeu, par Ch. Rauge. — *Sculpture*. Console style Louis XIV, par J. Carante.

195 *Découpage*. Jardinière, guéridon, style Renaissance, par Bonnod, 1re partie (voir aux nos 196 et 197).

196 *Découpage*. Jardinière-guéridon, style Renaissance, par Bonnod (se montant sur les pieds de la jardinière n° 195).

197 *Découpage*. Guéridon (suite et fin). — *Marqueterie*. Cadre déchiqueté pour carte-album. — *Sculpture*. Panneau style Renaissance, par P. de Certines.

198 *Découpage*. Toilette, par Bonnod (voir 199). Grand cadre pour diplôme et certificat d'études, par Maria, 28 × 36 (suite au n° 199).

199 *Découpage*. Grand cadre (fin). Trois cadres réunis (découpure de métaux), par Bonnod. Urnes à 6 ou 8 pans, par ***. Toilette (fin). — *Marqueterie*. Cassette, par Ch. Rauge. — *Sculpture*. Vide-poches, par P. de Certines.

200 *Découpage*. Porte-pipe, par Dormoy. Coupe Renaissance, par J. Carante.

201 *Découpage*. Petite corbeille, par Dantan. Petit cadre, par Maria. Echecs, par ***. — *Marqueterie*. Bénitier, par Ch. Rauge. — *Sculpture*. Corbeille de bureau, par P. de Certines.

202 *Découpage*. Calendrier à effeuiller, sujet comique, par Maria. Cadre 10 × 15 pour carte-album. — *Marqueterie*. Bonbonnière, par Ch. Rauge. Encadrement 3 baies rondes de $0^m,09$ style Louis XIV, par P. de Certines.

203 *Découpage*. Aquarium 1re partie (voir n° 204). Porte-allumettes, par Emile Blin.

204 *Découpage.* Aquarium (suite et fin). Plateau Renaissance, par Bonnod. Porte-cornet, par Laugier. Chevalet gothique, par Thomas.

205 *Découpage.* Etagère à poser sur meuble, par Laugier. — *Marqueterie.* Petit cachepot carré, par Maria. — *Sculpture.* Petit cartel, par le même.

206 *Découpage.* Porte-montre, découpure comique, par Maria. Cadre fermant pour photographie 25 × 17 par Maria, 1re partie (voir n° 207). Lettres entrelacées CD, MQ, RT, OM.

207 *Découpage.* Surtout de table style Louis XVI, par Bonnod, 1re partie (voir 208 et 209). Cadre fermant (suite et fin). — *Marqueterie.* Vide-poches, par Ch. Rauge. — *Sculpture.* Croix gothique, par P. de Certines.

208 *Découpage.* Surtout de table, Louis XVI (suite).

209 *Découpage.* Surtout de table (suite et fin). Colonnettes cannelées, par J. Carante (voir nos 210 et 211). — *Marqueterie.* Coffret, par Ch. Rauge. — *Sculpture.* Cadre fantaisie 16×18, par P. de Certines.

210 *Découpage.* Colonnettes cannelées (suite). Candélabre à 5 branches, par J. Bonnod, 1re partie (voir n° 211).

211 *Découpage.* Chapelle-exposition style gothique, par J. Carante, 1re partie (voir n° 212). Candélabres (suite et fin). Cachepot, par Martin. — *Marqueterie.* Bénitier fantaisie, par Ch. Rauge. — *Sculpture.* Porte-pipes, par P. de Certines.

212 *Découpage.* Chapelle-exposition (suite).

213 *Découpage.* Chapelle-exposition (suite et fin). Bijoux, broches, pendants d'oreilles. Lettres entrelacées RS, AV, HO, LN. — *Marqueterie.* Reliquaire, par Ch. Rauge. — *Sculpture.* Cartouche AT, par P. de Certines.

214 *Découpage.* Cadre moyen-âge 6 × 11. Armoiries (couronne comtale), par Maria. Encrier XVIIIe siècle, par Bonnod. Règle plate, par J. Carante. Coupe-papier, par Dormoy. Etoile à dévider.

215 *Découpage.* Panier à plume, par J. Carante. Flambeau et bougeoir, par le même. — *Marqueterie.* Cassette algérienne, par Ch. Rauge. — *Sculpture.* Monture de baromètre-thermomètre, par P. de Certines.

216 *Découpage.* Panier à ouvrage, par J. Carante. Porte-cigares, 1re partie (voir n° 217), par J. Bonnod.

217 *Découpage.* Porte-cigares (suite et fin). Encadrement à trois baies, par Bonnod. — *Marqueterie.* Ecran, style arabe, par Ch. Rauge. — *Sculpture.* Pupitre à lire, fantaisie, par P. de Certines.

218 *Découpage.* Etagère style Louis XIII, par L***, 1re partie. Coupe (voir le n° 219).

219 *Découpage.* Etagère, style Louis XIII (suite et fin). Corbeille à 8 pans, par J. Carante. — *Marqueterie.* Couverture d'album, moyen-âge, par Ch. Rauge. — *Sculpture.* Bénitier, style Louis XVI, par P. de Certines.

220 *Découpage.* Semainier, par J. Carante. Porte-liqueurs, 1re partie, par Bonnod (voir le n° 221).

221 *Découpage.* Porte-liqueurs (suite et fin). Cadre 11×15 pour carte-album. Chiffres : marquis CB ; comte CN, vidame AE. — *Marqueterie.* Médaillon, par Ch. Rauge. — *Sculpture.* Console, par P. de Certines.

222 *Découpage.* Coupe concave, par E. Blin. Support de lampe, 1re partie, par Bonnod (voir n° 223).

223 *Découpage.* Cadre à 4 baies, par Bonnod. Support de lampe (suite et fin). Armoiries : baron DH, vicomte AP, chevalier LD. — *Marque-*

terie. Boîte à gants, vieux style, par Ch. Rauge. — *Sculpture*. Pendule, genre Renaissance, par Christian de Brion.

224 *Découpage*. Console genre moderne, par J. Carante. Coffret Louis XV, par X**, 1re partie (voir 224). Etoiles à dévider.

225 *Découpage*. Coffret Louis XV (suite et fin). Etoiles à dévider. — *Marqueterie*. Cassette, par Ch. Rauge. — *Sculpture*. Fronton de glace, par P. de Certines.

226 *Découpage*. Jardinière, fantaisie, par J. Carante (voir n° 227).

227 *Découpage*. Jardinière (suite et fin). Porte-coupe applique, par E. Blin. — *Marqueterie*. Milieu de table Louis XV, par Christian de Brion. *Sculpture*. Porte-pipes Renaissance, par P. de Certines.

228 *Découpage*. Monture pour thermomètre, baromètre et calendrier à effeuiller réunis, style Louis XV, par J. Carante. Encrier, style Louis XV, par Bonnod. Plaque d'inscription, par Laugier.

229 *Découpage*. Cadre pour photographies 9×12, chevalet, par Lemaire. Bijoux, broches et pendants. — *Marqueterie*. Plateau pour cartes de visite, fantaisie, par Ch. Rauge. — *Sculpture*. Dossier de chaise ou de fauteuil, par P. de Certines.

230 *Découpage*. Moulin à vent pour 6 verres et un carafon, composition rustique, par Maria (voir 231).

231 *Découpage*. Moulin à vent (suite et fin). — *Marqueterie*. Cadre moyen-âge 9×12, par Ch. Rauge. — *Sculpture*. Panneau décoratif, style gothique, par P. de Certines.

232 *Découpage*. Mois de Marie, temple grec, par J. Carante (voir n° 233). Alphabet gothique, par Laugier.

233 *Découpage*. Mois de Marie (suite et fin). Chaise-pelote, Louis XV, par Bonnod. — *Marqueterie*. Bénitier et encadrement Louis XVI, par Ch. Rauge. — *Sculpture*. Console moyen-âge, par P. de Certines.

234 *Découpage*. Candélabre à 7 branches, par J. Carante. Porte-pipes Renaissance, par Bonnod. Canapé-encrier, par Bonnod (voir 235).

235 *Découpage*. Canapé-encrier (suite). Cadres pour photographies. — *Marqueterie*. Eventail, par Ch. Rauge. — *Sculpture*. Prie-Dieu, style gothique, par P. de Certines.

236 *Découpage*. Service de fumeur, par E. Blin, (voir 237, 238).

237 *Découpage*. Service de fumeur (suite). — *Marqueterie*. Croix gothique. — *Sculpture*. Chevalet Louis XV, par P. de Certines.

238 *Découpage*. Service de fumeur (fin). Bibliothèque, par J. Carante. Mobilier de poupée, armoire à clé, par Bonnod (voir 239).

239 *Découpage*. Mobilier de poupée (suite et fin). Cadre pour photographie. Bobines à dévider. — *Marqueterie*. Coffret Renaissance, par Ch. Rauge. — *Sculpture*. Plateau pour cartes de visite, par P. de Certines.

240 *Découpage*. Caisse à fleurs, par J. Carante. Plateau pour cartes de visite, par Bonnod (voir 241).

241 *Découpage*. Plateau pour cartes de visite (suite et fin). Ecran, par Bonnod. Plumier, par Laugier. Mobilier de poupée (lit), par Bonnod. — *Marqueterie*. Feuille de cachepot, par Ch. Rauge. — *Sculpture*. Chevalet pour photographie de P. de Certines.

242 *Découpage*. Etagère gothique.

243 *Découpage*. Porte-pipes, par Laugier. Lettres et écussons. — *Marqueterie*. Couverture d'album, par Ch. Rauge. *Sculpture*. Panneau décoratif Louis XV, par P. de Certines.

244 *Découpage*. Corbeille à ouvrage, par Maria. Plateau pour dessert, par Bonnod.

245 *Découpage*. Monture de thermomètre. Porte-coupe. Cadre 9×13 pour

carte-album. — *Marqueterie.* Vide-poches, par Ch. Rauge. — *Sculpture.* Porte-montre, par P. de Certines.

246 *Découpage.* Papeterie. par Bonnod.

247 *Découpage.* Croix gothique. Porte-liqueurs, par Bonnod. — *Marqueterie.* Coffret, par Ch. Bauge. — *Scuplture.* Cadre fantaisie 10 × 14 pour carte-album, par P. de Certines.

248 *Découpage.* Album de musique, par Bonnod. Bobines à dévider. — *Marqueterie.* Pendule, par Ch. Rauge. — *Sculpture.* Panneau décoratif, par P. de Certines.

249 *Découpage.* Chapelle gothique, par J. Carante, 1re partie (voir 250). Encadrement à 5 baies ovales, par Bonnod. Couteau à papier, par Dormoy. Entrée de serrure.

250 *Découpage.* Chapelle gothique (suite). Veilleuse suspension XVIIe siècle, par X...

251 *Découpage.* Buffet-étagère (mobilier de poupée), par Bonnod. Lettre ornementée C et monogrammes (Jean et Pierre). — *Marqueterie.* Table à ouvrage, par Ch. Rauge. — *Sculpture.* Porte-pipes (fantaisie), par P. de Certines.

252 *Découpage.* Pendule Louis XVI, par Bonnod, 1re partie (voir 253). — *Marqueterie.* Pupitre mosaïque, par Ch. Rauge. — *Sculpture.* Couverture d'album, Renaissance par P. de Certines.

253 *Découpage.* Pendule Louis XVI (suite et fin).

254 *Découpage.* Coupe ovale et concave, par Emile Blin. Cadre 9 × 12 pour carte-album, par Bonnod.

255 *Découpage.* Etagère Louis XV, par J. Carante. Lettres entrelacées ORT, IM. Bijoux. — *Marqueterie.* Bandes algériennes, par Ch. Rauge. — *Sculpture.* Croix ornementée, par P. de Certines.

256 *Découpage.* Surtout de table (style empire), par J. Carante (voir 258). Monogrammes (Louis et Etienne).

257 *Découpage.* Mobilier de poupée, commode, par Bonnod. Porte-allumettes. — *Marqueterie.* Feuille de cachepot, par Ch. Rauge. — *Sculpture.* Porte-pipes, par P. de Certines.

258 *Découpage.* Surtout de table (suite du 256). — *Marqueterie.* Cadre 9 × 12 pour photographies, genre arabe, par Ch. Rauge. — *Sculpture.* Caisse à fleurs (fantaisie), par P. de Certines.

259 *Découpage.* Boîte à gants, par Maria. Mobilier de poupée. Toilette Louis XV, par Bonnod.

260 *Découpage.* Armoire étagère. Style Renaissance, par J. Carante, 1re partie (voir nos 261 et 262). Boîte à allumettes. Lettres entrelacées LB, JC.

261 *Découpage.* Armoire-étagère, Renaissance (suite). Bobines à dévider. Lettres entrelacées AM. — *Marqueterie.* Plateau pour cartes de visite, Louis XV, par Ch. Rauge. — *Sculpture.* Console, style Renaissance, par P. de Certines.

262. *Découpage.* Armoire-étagère, par J. Carante (suite et fin). Bouton, broche, bijoux, lettres entrelacées, AN, RS, CH, UT. — *Marqueterie.* Encadrement pour miniature, par Ch. Rauge. — *Sculpture.* Chevalet, gothique, par P. de Certines.

263 *Découpage.* Artillerie légère, obusier de l'avenir, pour chariot à vin, par Dicka.

264 *Découpage.* Corbeille de mariage, genre grec, par J. Carante (voir le n° 265).

265 *Découpage.* Corbeille de mariage, genre grec, par J. Carante (suite et fin). Porte-montre. Broches. Lettres entrelacées SM, JS. — *Marqueterie.* Reliquaire, par Ch. Rauge. — *Sculpture.* Monture pour

baromètre, thermomètre, pendule, calendrier à effeuiller, par P. de Certines.

266 *Découpage.* — Panier à ouvrage, par J. Cuny. Couverture d'album, par Laugier. Etoile à dévider. Entrée de serrure.

267 *Découpage.* Caisse à fleurs, par Annette. — *Marqueterie.* Cassette marqueterie (ombrée au feu). Anémones blanches ou rouges, par Ch. Rauge. — *Sculpture.* Porte-notes Renaissance, par P. de Certines.

268. *Découpage.* Coffret style Henri II, par Bonnod (voir 269). Lettres entrelacées, CNS. Voiture à chèvres, porte-cigares, par Dicka (voir nº 269).

269 *Découpage.* Voiture à chèvres (suite et fin). Lettres entrelacées SNC, CPOW. Coffret Henri II (suite et fin). *Marqueterie.* Couverture d'album mosaïque, par Ch. Rauge. — *Sculpture.* Un angle de cadre (style Moyen-âge).

270 *Découpage.* Encadrement ovale à 7 baies, par X. Porte-bouquet, style russe, par Bonnod. Cadre-applique ovale, style turc, par X. Cadre ovale XVIIe siècle, par Maria. Bobine à dévider. Lettres entrelacées: AR, MO.

271 *Découpage.* Porte-pipes, par Laugier. Console pour statuette, par J. Carante. Etoiles à dévider. Lettres entrelacées, EP. — *Marqueterie.* Bénitier Louis XV, par Ch. Rauge. — *Sculpture.* Pendule Louis XIV, par P. de Certines.

272 *Découpage.* — Meuble Louis XV, pour statuette ou objet d'art, par X.

273 *Découpage.* Coffret, par Annette. Ecussons. Lettres S, F, L. Entrées de serrure. — *Marqueterie.* Bandes algériennes pour coffret, par Ch. Rauge. — *Sculpture.* Dossier, pour chaise ou prie-Dieu, par P. de Certines.

274 *Découpage.* Porte-pipes, par Laugier. Porte-coupe, par Bonnod. Bijoux, broches, pendants, par J. Carante. — *Marqueterie.* Semainier (fantaisie), par Ch. Rauge. — *Sculpture.* Plateau pour cartes de visite. Corbeille de fruits.

275. *Découpage.* Cadre pour photographie 11 1/2 × 15. Cage Renaissance, par X. (voir nºs 276 et 277).

276 *Découpage.* Cage Renaissance, par X. (suite).

277 *Découpage.* Cage Renaissance, par X. (suite et fin). Bobines à dévider. — *Marqueterie.* Ecran à main, néo-grec, par Em. Blin. — *Sculpture.* Jardinière, style gothique, par P. de Certines.

278 *Découpage.* Porte-lettres, éventail, par Bonnod (voir 279).

279 *Découpage.* Porte-lettres, éventail, par Bonnod (suite et fin). Coupe concave en bois flexible, par E. Blin. — *Marqueterie.* Carreaux marqueterie, par Ch. Rauge. — *Sculpture.* Porte-missel Renaissance, par P. de Certines.

280 *Découpage.* Pupitre à écrire, par J. Carante. Cadre pour photographie, par X. Etoiles à dévider et bijoux. Lettres entrelacées : HA, AO, DC, CD, PF.

281 *Découpage.* Etagère d'angle, par Bonnod. Cadre pour photographie, par X. Lettres et bijoux. Plaques pour inscription. — *Marqueterie.* Table à ouvrage, par Ch. Rauge. — *Sculpture.* Chaise gothique, par P. de Certines.

282 *Découpage.* Corbeille à dessert, par Laugier.

283 *Découpage.* Porte-cigares avec boîte à allumettes, de Em. Blin. — *Marqueterie.* Feuilles de cache-pot, par Ch. Rauge. — *Sculpture.* Fronton pour meubles ou encadrement.

284 *Découpage.* Pupitre, style Louis XV, par J. Carante. Console XVIIIe siècle, par Bonnod.
285 *Découpage.* Corbeille hexagonale par Bonnod. Cadre pour photographie. Lettres et chiffres. — *Marqueterie.* Couverture d'album Louis XVI, par Ch. Rauge. — *Sculpture.* Coucou ou médaillon, lierre terrestre, par P. de Certines.
286 *Découpage.* Mobilier de poupée (suite), par Bonnod : lit, armoire, commode, chaise (voir 287 et 288).
287 *Découpage.* Mobilier de poupée (suite) : buffet-étagère, toilette, guéridon. — *Marqueterie.* Motif de table ou de cassette, par Ch. Rauge. — *Sculpture.* Ecusson ou panneau décoratif Renaissance, par P. de Certines.
288 *Découpage.* Mobilier de poupée, canapé (fin). Etagère XIIIe siècle. Lettres entrelacées : ET, AT. Lettres : G, M, D, K, O, W.
289 *Découpage.* Classeur, par J. Carante. — *Marqueterie.* Bandes omnibus, par Ch. Rauge. — *Sculpture.* Monture de baromètre et thermomètre, par P. de Certines.
290 *Découpage.* Coffret Henri II pour gants et mouchoirs, par Bonnod. Plateau pour cartes de visite Louis XV, par J. Carante.
291 *Découpage.* Cadre style Henri II et cadre fileté, par Bonnod. Cadre pour carte-album 9 × 12. Monture pour thermomètre. Bobines à dévider. — *Marqueterie.* Boîte à thé fantaisie, par Ch. Rauge. *Sculpture.* — Thermomètre, par X.
292 *Découpage.* Crèche de Noël, chalet rustique, par J. Carante. Monogramme. Sylvie. P, M, S, D.
293 *Découpage.* Encrier de bureau grec, par Em. Blin. Glace à main, applique, porte-montre, par Bonnod. — *Marqueterie.* Porte-montre Louis XV, par Ch. Rauge. — *Sculpture.* Reliquaire genre moderne, par P. de Certines.
294 *Découpage.* Panier à ouvrage, par Maria. Bobines à dévider.
295 *Découpage.* Abat-jour, par Bonnod. Console, par le même. — *Marqueterie.* Coffret (marqueterie ombrée), par Ch. Rauge. — *Sculpture.* Chevalet Renaissance de P. de Certines.
296 *Découpage.* Séchoir à cigares, par J. Carante.
297 *Découpage.* Chevalet à crémaillère, par J. Carante. Lettres entrelacées JCL, AXS, FCK, MN, TR, ST, VL, HDR, par le même. — *Marqueterie.* Cartable, marqueterie-mosaïque, par Ch. Rauge. — *Sculpture.* Etagère Renaissance. Roses de Noël, par P. de Certines.
298 *Découpage.* Cabaret tournant, fac-simile d'une maison de Paris au XVe siècle, par Maria, 1re partie (voir 299 et 300).
299 *Découpage.* Cabaret (suite, voir 300). — *Marqueterie.* Calendrier à effeuiller, par Rauge. — *Sculpture.* Bénitier, par P. de Certines.
300 *Découpage.* Cabaret (suite et fin).
301 *Découpage.* Porte-pipes, par ***. Cadre pour carte-album 11 × 15, par Bonnod. Boîte à allumettes, par J. Carante. — *Marqueterie.* Damier, par Ch. Rauge. — *Sculpture.* Porte-pipes Louis XIV, par P. de Certines.
302 *Découpage.* Nécessaire de bureau, par Maria. Lettres bijoux M, L, A.
303 *Découpage.* Console pour statue de Jeanne d'Arc, par J. Carante. Cadre pour photographie 11 1/2 × 15, style turc, par Bonnod. — *Marqueterie.* Vide-poche, style Renaissance, par Ch. Rauge. — *Sculpture.* Cartel ou encadrement fantaisie, par P. de Certines.
304 *Découpage.* Grue porte-cigares, par A. Maillard.
305 *Découpage.* Vide-poches. Cadre pour photographie ovale, par Bonnod. — *Marqueterie.* Bonbonnière (fleurs de pensée), par Ch. Rauge. —

Sculpture. Panneau décoratif, genre moderne, par P. de Certines.
306 *Découpage*. Grand lustre Louis XIV, par J. Carante (voir nos 307, 308, 309).
307 *Découpage*. Grand lustre Louis XIV (suite) (voir 308, 309). — *Marqueterie*. Milieu de table ou de panneau décoratif, par Ch. Rauge. — *Sculpture*. Cartables ou angles de cadre genre moderne, par P. de Certines.
308 *Découpage*. Grand lustre Louis XIV (suite).
309 *Découpage*. Etagère d'encoignure, par Bonnod. Grand lustre (fin). — *Marqueterie*. Porte-pipes fantaisie, par Ch. Rauge. — *Sculpture*. Rosace de plafond, par P. de Certines.
310 *Découpage*. Chalet-coucou, par J. Carante (voir nos 311, 312).
311 *Découpage*. Chalet-coucou (suite). — *Marqueterie*. Sébile, style romain, par Ch. Rauge. — *Sculpture*. Motif de cadre.
312 *Découpage*. Chalet-coucou (fin), par J. Carante. Chariot à liqueurs, par Bonnod. Porte-cigares et allumettes, par J. Carante. Règle plate.
313 *Découpage*. Cadre ovale 12 × 16 pour carte-album, par Bonnod. Miroir à main, par Joseph. Lettres entrelacées : CHI, SDN, AVE, MNO, JTG, AXT, PLN, PTN. — *Marqueterie*. Porte-missel, style Louis XVI, par Ch. Rauge. — *Sculpture*. Jardinière fantaisie, par P. de Certines.
314 *Découpage*. Meuble chinois, par Bonnod (voir 315 et 316).
315 *Découpage*. Meuble chinois, par Bonnod (suite). *Marqueterie*. Ecran genre moderne, par Ch. Rauge. *Sculpture*. Pendule XVIIIe siècle, par P. de Certines.
316 *Découpage*. Meuble chinois (suite et fin). Nécessaire de bureau avec porte-montre, calendrier à effeuiller et ardoise, par E. Blin. *Marqueterie*. Porte-notes, par Ch. Rauge.
317 *Découpage*. Etagère, par E. Blin. Bijoux, broches. — *Sculpture*. Vide-poches fantaisie, par P. de Certines.
318 *Découpage*. Cartel (voir 319, 320), style Renaissance, par J. Carante. Lettres entrelacées : HL, EF, EB, MT, par J. Carante.
319 *Découpage*. Cartel (suite). — *Marqueterie*. Coffret, marqueterie ombrée, par Ch. Rauge. — *Sculpture*. Calendrier à effeuiller Renaissance italienne, par P. de Certines.
320 *Découpage*. Cartel (fin). Ménagère. par Em. Blin.
321 *Découpage*. Pupitre à lire Louis XV, par Maria. — *Marqueterie*. Plateau pour cartes de visite, par Ch. Rauge. — *Sculpture*. Dossier de chaise Renaissance, par P. de Certines.
322 *Découpage*. Panier à couverts, style Renaissance, par Maria.
323 *Découpage*. Encrier porte-photographie, par Bonnod. Chevalet fantaisie, par J. Carante. — *Marqueterie*. Boîte à thé, genre chinois, par Ch. Rauge. — *Sculpture*. Semainier, Renaissance italienne, par P. de Certines.
324 *Découpage*. Porte-pipes squelette, fantaisie, par Houdayet. Dessous de plats, style Renaissance, par Maria. Couteau à papier, par le même.
325 *Découpage*. Porte-bouquets, vide-poches Louis XV, par Bonnod. Pelote et coquetier, par J. Carante. — *Marqueterie*. Boîte à jeux, par Ch. Rauge. — *Sculpture*. Chevalet, genre moderne, par P. de Certines.
326 *Découpage*. Lanterne de vestibule (imitation de fer forgé), bois ou cuivre, par Maria (voir 327).
327 *Découpage*. Lanterne de vestibule (suite et fin). — *Marqueterie*. Suspension Louis XVI, par Ch. Rauge. — *Sculpture*. Console de meuble, genre moderne, par P. de Certines.

328 *Découpage*. Nécessaire à ouvrage, intérieur Lorrain (voir n° 329), par Maria.
329 *Découpage*. Nécessaire à ouvrage (suite et fin). Lettres entrelacées : OF. — *Marqueterie*. Jardinière, genre moderne, par Ch. Rauge. — *Sculpture*. Cartouche Renaissance, par P. de Certines.
330 *Découpage*. Etagère, genre moderne, par Bonnod (voir 331).
331 *Découpage*. Etagère (suite et fin). Cadre pour carte-album 12 × 15, par J. Carante. — *Marqueterie*. Coffret, genre moderne, par Ch. Rauge. — *Sculpture*. Console, style moyen-âge, par P. de Certines.
332 *Découpage*. Console, statue de Jeanne d'Arc, par J. Carante.
333 *Découpage*. Soufflet porte-aiguilles et épingles, par Houdayet. Cadre écran (as de cœur). Inscription : Bureau, par Bonnod. Plateau-applique, style japonais. *Marqueterie*. Reliquaire moyen-âge, par Ch. Rauge. — *Sculpture*. Buffet de salle à manger, par P. de Certines.
334 *Découpage*. Porte-pipes. Râtelier en coulisse Louis XIV, par Maria. Couteaux à papier, par Joseph.
335 *Découpage*. Monture de baromètre et thermomètre, style russe, lettres et écussons fantaisie, par J. Carante. — *Marqueterie*. Couverture d'album, par Ch. Rauge. — *Sculpture*. Pupitre à musique, par P. de Certines.
336 *Découpage*. Etagère pour bibelots, genre moderne (voir n° 337), par Houdayet.
337 *Découpage*. Etagère (suite et fin). — *Marqueterie*. Table à ouvrage, imitation de travaux d'Eglise, par Ch. Rauge. — *Sculpture*. Pendule style grec. par P. de Certines
338 *Découpage*. Abat-jour en cuivre ou bois incassable, par J. Carante. Cadre pour carte-album 12 × 45 ; plumier par J. Carante.
339 *Découpage*. Console d'angle ; porte-plumes (chenilles et papillons). Couteau à papier (les ciseaux), par J. Carante. — *Marqueterie*. Omnibus (marqueterie pour recouvrement de meubles), par Ch. Rauge. *Sculpture*. Calendrier perpétuel, par P. de Certines
340 *Découpage*. Calendrier Japonais, par Maria (voir 341 342).
341 *Découpage*. Cabinet Japonais, (suite). — *Marqueterie*. Feuilles de cache-pots, par Ch. Rauge. — *Sculpture*. Patères pour rideaux, par P. de Certines.
342 *Découpage*. Cabinet Japonais (suite et fin).
343 *Découpage*. Bougeoir, par Houdayet, deux cadres pour carte-album, 9 × 12, par Bonnod. Porte-plume et coupe-papier, par Houdayet.
344 *Découpage*. Surtout pour fleurs, fruits, cigares, etc., par J. Carante.
345 *Découpage*. Surtout pour fleurs, etc. (voir n° 346).
346 *Découpage*. Surtout pour fleurs (suite et fin).
347 *Découpage*. Pupitre genre moderne, par Bonnod. (Voir n° 348).
348 *Découpage*. Pied pour pupitre à musique n° 347. Chalet pour montre et réveil ou statuettes, par J. Carante.
349 *Découpage*. Grand cadre (feuille de vigne 30 × 25). Assiette à dessert, équerre et règle de bureau, lettres entrelacées : RT, ON, VC, TL, et bijoux, par J. Carante.
350 *Découpage*. Meuble japonais (voir 351), porte-couverts, par Bonnod.
351 *Découpage*. Meuble japonais (suite et fin). Alphabet gothique, par J. Carante.
352 *Découpage*. Suspension à fleurs, Renaissance, par Ramen.
353 *Découpage*. Vide-poche, style arabe, par Ramen. Grand cadre, feuilles de vigne 40 × 30, par Bonnod.
354 *Découpage*. Etagère moderne, par Bonnod (voir n° 355). Lettres entrelacées et bijoux : RSC, AHN.

355 *Découpage*. Etagère genre moderne (suite et fin). Lettres : OPS, MOK.
356 *Découpage*. Surtout de table XVIe siècle, par Ramen. (voir 357).
357 *Découpage*. Surtout de table (suite et fin), encrier genre moderne, par Houdayet. Bobines à dévider (papillon), par le même.
358 *Découpage*. Etagère japonaise, par Maria (voir 359).
359 *Découpage*. Etagère japonaise (suite), voir 362.
360 *Découpage*. Porte-bouquets, par Houdayet.
361 *Découpage*. Casier pour carte-album, par Ramen. Grand cadre 23×16. Lettres entrelacées : LM, OP, XJ, GH, NR, ST.
362 *Découpage*. Etagère japonaise (suite et fin). Pèse-lettres, par Maria.
363 *Découpage*. Porte-cigares, par J. Carante. Chevalet de salon genre moderne, par X.
364 *Découpage*. Candélabre 5 branches, par Houdayet.
365 *Découpage*. Corbeille à fruits (combat de taureaux), par Ramen. Calendrier à effeuiller, lettres et armoiries : NB, CR, couronne de comte et de prince.
366 *Découpage*. Corbeille à ouvrage, forme réchaud, par Ramen. Miroir à triple face, genre moderne 30 × 24, par Maria (voir 367).
367 *Découpage*. Miroir à triple face, genre moderne (suite et fin). Croix et bénitier, par X.
368 et 369 *Découpage*. Nécessaire à ouvrage (Kiosque rustique), par Maria.
370 et 371 *Découpage*. Table japonaise, par Maria (suite au n° 372).
372 *Découpage*. Fin de la table japonaise, par Maria. Cahier à lettres (chasse), par Ramen.
373 *Découpage*. Porte-cigares, par Houdayet. Cadre à 2 baies 9 × 13, par Bonnod.
374 *Découpage*. Cabaret (pavillon rustique), par X (voir 375).
375 *Découpage*. Fin du cabaret (pavillon rustique). Coffret style Henri II avec appliques (cuivre ou nickel), par Houdayet.
376 et 377 *Découpage*. Casier à musique style Renaissance, par Maria.
378 *Découpage*. Boîte à gants, genre moderne, par Bonnod. Porte-pipes rustique, par Joseph.
379 *Découpage*. Huilier-ménagère, par Houdayet. Plateau porte-bouteilles ou carafes, par Houdayet.
380 *Découpage*. Etagère-dressoir, par G.
381 *Découpage des métaux*. Cadre pour glace XVe siècle ou vitraux, par X.
382 *Découpage*. Boîte à couteaux, par Houdayet.
383 *Découpage*. Patère chimère à deux ailes, par Ramen. Chevalet, cadre pour photographies, par Joseph. Porte-pipes, par Bonnod. Porte-couverts, par Houdayet.
384 *Découpage*. Armoire gothique de Saint-Rémy de Troyes. Réduction et reproduction, par X. (voir le n° 385).
385 *Découpage*. Fin de l'armoire gothique, par X. Deux cadres fantaisie : 9 × 13 et 11 × 15.
386 *Découpage*. Pied de lampe, par Ramen.
387 *Découpage*. Cadres ovales pour portraits, par Bonnod. Plaques d'inscription pour portes, par Barré.
388 et 389 *Découpage*. Applique gothique en fer et cuivre ou en bois faisant garniture de candélabre à 5 branches.
390 et 391 *Découpage*. Armoire de poupée, pouvant servir de petit meuble, par Maria.
392 *Découpage*. Console japonaise, par Maria.
393 *Découpage*. Petite boîte à 6 pans, par Houdayet. Cadre 9 × 12

pour carte-album, par Bonnod. Bijoux. Lettres entrelacées, TG, AS, AMC.
394 *Découpage*. Chalet porte-réveil et porte-bouquet, par Joseph (voir 395).
395 *Découpage*. Chalet porte-réveil et porte-bouquet (fin). Encrier gothique, par Verdot. Couteau à papier gothique, par Barbé.
396 *Découpage*. Grand cartouche pour porte-pipes ou panoplie, par Barbé. Plaques de propreté, par X.
397 *Découpage*. Cadre avec appliques, par Houdayet. Eventail, par Maria.
398 *Découpage*. Nécessaire pour couverts de table, par Houdayet (voir n° 399).
399 *Découpage*. Nécessaire pour couverts de table (fin).
400 *Découpage*. Armoire à colonnade (style byzantin), par Houdayet (voir n° 401).
401 *Découpage*. Armoire à colonnade (fin). Cadre à 10 baies ovales pour photographies, par Bonnod.
402 *Découpage*. Horloge (style Renaissance Flamande) (voir n°s 403, 404, 405), par Maria.
403 *Découpage*. Horloge (style Renaissance Flamande) (suite).
404 *Découpage*. Horloge (style Renaissance Flamande) (suite).
405 *Découpage*. Horloge (style Renaissance Flamande) (fin). Encrier Henri II.
406 *Découpage*. Petite lanterne en métal, par Verdot.
407 *Découpage*. Baromètre, style Renaissance. Découpage métallique repoussé. Cadre XIIIe siècle, 10×14, pour glace ou pour porte-photographie, carte-album, par Verdot.
408 et 409 *Découpage*. Locomotive servant de chariot pour les vins fins (voir n° 410).
410 *Découpage*. Locomotive servant de chariot, pour les vins fins (fin).
411 *Découpage* Surtout de table.
412 *Découpage*. Porte-cigare, par X... Cadre-chevalet pour photographie.
413 *Découpage*. Bout de table gothique, par Verdot. Cadre ovale, 2 baies 12×15 pour photographies, par Bonnod.
414 et 415. *Découpage*. Isba (maison russe), par Maria (voir 416).
416 *Découpage*. Isba (maison russe), par Maria (fin).
417 *Découpage*. Applique Louis XV à 2 lumières, par Ferdinand Louis.
418 *Découpage*. Coffret (Vital-Dannepont), (voir 419). Grande croix gothique, par Laugier.
419 *Découpage*. Coffret (fin). Cadre Renaissance 10×14, (V***). Grand porte-pipes (Houdayet).
420 *Découpage*. Etagère d'applique avec encoignures (F. J. Henderson) (voir 421). Plaque de porte et alphabet gothique (Houdayet).
421 *Découpage*. Fin de l'étagère. Plaque de porte et alphabet penché (Houdayet).
422 et 423 *Découpage*. Pendule Japonaise, par Ferdinand Louis.
424 et 425 *Découpage*. Volière style mauresque, par Maria (Voir 426, 427, 428).
426 et 427 *Découpage*. Volière style mauresque (suite).
428 *Découpage*. Volière style mauresque (fin).
429 *Découpage*. Colonne pour lampe à pétrole (Petit).
430 et 431 *Découpage*. Grande croix style byzantin, par Verdot.
432 et 433 *Découpage*. Coffret à bijoux XVe siècle, par Ferdinand Louis. (voir 434).
434 *Découpage*. Coffret à bijoux XVe siècle (fin).
435 *Découpage*. Soufflet vide-poches, par Houdayet. Porte-pipes, par Neveux.

436 *Découpage*. Calendrier perpétuel, par Maria. Porte-montre, cadre ovale pour photographie.
437 *Découpage*. Service de fumeur, par Petit. Porte-pipes, par Neveux.
438 et 439 *Découpage*. Vitrine Louis XV pour bijoux et bibelots, par Maria (voir n° 440).
440 *Découpage*. Fin de la vitrine Louis XV. Etagère à trois rayons à poser sur meuble, par P. Joseph (voir 441).
441 *Découpage*. Fin de l'étagère.
442 et 443 *Découpage*. Pupitre à lire, par Verdot (voir 444).
444 *Découpage*. Fin du pupitre. Corbeille à 6 pans.
445 *Découpage*. Grand cadre feuille de vigne 40 × 50, par P. Joseph.
446 *Découpage*. Petite vitrine à bijoux, par Maria (voir n° 447).
447 *Découpage*. Fin de la vitrine. Porte-bouquet avec vide-poche, par Ferdinand Louis.
448, 449, 450, 451, 452, 453, 454 *Découpage*. Table à ouvrage Louis XV, par P. Louis (voir n° 455).
455 *Découpage*. Fin de la table à ouvrage Louis XV. Cadre-album 12 × 15 et cadre pour portrait-carte, par P. Joseph.
456 *Découpage*. Panneau décoratif à plans superposés : La Parisienne, par L, pendant la Japonaise n° 457.
457 *Découpage*. Panneau à plans superposés. La Japonaise, par L, pendant La Parisienne n° 456.
458 *Découpage*. Pied pour lampe, par Ferdinand Louis.
459 *Découpage*. Grand cadre applique ovale 16 × 20, pour glace ou photographie, par Laugier.
460, 461, 462 *Découpage*. Petit lustre-veilleuse à 6 bougies, par F. Louis.
463 *Découpage*. Candélabre style Roman à 5 lumières, par F. Louis.
464, 465 *Découpage*. Panneau décoratif à plans superposés. Concert des anges, par Laugier.
466 *Découpage*. Etagère-dressoir, par Barbé (voir 467).
467 *Découpage*. Fin de l'étagère-dressoir, par Barbé. Dessous de plat, par Laugier.
468, 469, 470 *Découpage*. Table mythologique, par Laugier.
471 *Découpage*. Dessous de plat, par L. G. Glace à main, par Prévot. Couteau à papier, par L. Motif pour couverture d'album, dessin de J. L.
472 *Découpage*. Candélabre renaissance flamande à 5 lumières, par Verdot.
473 *Découpage*. Objets divers pour cadeaux de Noël et du Jour de l'An, par A.B. Broche avec monogrammes entrelacés. Anne, Bébé, Marie, Louise. Broche noms : Marie, Louise. Croix byzantine applique. Epingles à cheveux style Louis XIV et Louis XV. Boucles pour ceintures de dames.
474 *Découpage*. Bénitier byzantin applique, par J. L.
475, 476, 477 *Découpage*. Suspension pour lampe et 10 bougies, style Renaissance, par F. Louis.
478 *Découpage*. Panneau décoratif à plans superposés. La course, par L. (Voir 479).

479 *Découpage.* Fin du panneau décoratif la course. Grand porte-cornet, par Laugier.

480, 481 }
482, 483 } *Découpage.* Cabaret tournant style mauresque.
484, 485 }

SUPPLÉMENTS
AUX NUMÉROS DU DECOUPEUR FRANÇAIS

Contenant un dessin de Sculpture et un dessin de Marqueterie.

Le numéro : 0 fr. 25

193 *Marqueterie.* Calendrier à effeuiller (trophée allégorique), par Ch. Rauge.
Sculpture. Panneau décoratif, style arabe, par P. de Certines.
194 *Marqueterie.* Coffret (rose sur fond sombre), par Ch. Rauge.
Sculpture. Divers motifs de sculpture rudimentaire, par J Carante.
195 *Marqueterie.* Carreau pour dessous de carafe, bois ou métal, par X...
Sculpture. Divers motifs de sculpture rudimentaire, par J. Carante.
196 *Marqueterie.* Porte-thermomètre, par Ch. Rauge.
Sculpture. Motif de sculpture Renaissance, par P. de Certines.
197 *Marqueterie.* Bénitier, genre moderne, par Ch. Rauge.
Sculpture. Masque, urne, poivrier Renaissance, par P. de Certines.
198 *Marqueterie.* Nœud de ruban, rosace, par Petit.
Sculpture. Fronstispice, Renaissance, par P. de Certines.
199 *Marqueterie.* Rosace, amphore et coquillage, par Ch. Rauge.
Sculpture. Cartouche, bandelettes, par P. de Certines.
200 *Marqueterie.* Baldaquin, fleur d'acanthe, par Ch. Rauge.
Scuplture. Console Louis XIII, par P. de Certines.
201 *Marqueterie.* Tulipe gland, par Ch. Rauge.
Sculpture. Pot de feu, Louis XIII. Guirlande, par P. de Certines.
202 *Marqueterie.* Globe terrestre et carquois, par Ch. Rauge.
Sculpture. Cartouche et masque, par P. de Certines.
203 *Marqueterie.* Guirlande sans bandelettes.
Sculpture. Cartouche Louis XIV, par Petit.
204 *Marqueterie.* Trépied pour parfums, forme Archaïde, par Petit.
Sculpture. Pendentifs, par X.
205 *Marqueterie.* Ecusson, par X.
Sculpture. Choux et palmettes, par Petit.
206 *Marqueterie.* Décor musical, par Ch. Rauge.
Sculpture. Cadre (style Louis XIV), pour médaillon ou photographie, par P. de Certines.
207 *Marqueterie.* Fleurs et feuillages, par Ch. Rauge.
Sculpture. Grand médaillon, style Louis XV, par P. de Certines.
208 *Marqueterie.* Dessus de boîte, coffret, pupitre, guéridon, etc., par X.
Sculpture. Fragment de frise Louis XIV, par Petit.
209 *Marqueterie.* Corne d'abondance pour coffret, pupitre, etc., par X.
Sculpture. Petite console (style Louis XV), par Petit.
210 *Marqueterie.* Ornement pour boîte de peinture, palette, etc., par X.
Sculpture. Console (style Louis XV). Motifs pour clous à tableaux, par Petit.
211 *Marqueterie.* Etude classique d'ornement, par X.
Sculpture. Glace à main, style Louis XVI, par Petit.

212 *Marqueterie*. La tulipe, par X.
Sculpture. Fronton, style Renaissance, par Petit.
213 *Marqueterie*. La rose, par X.
Sculpture. Cartel pour réveil, style Louis XVI, par Petit.
214 *Marqueterie*. Tige de campanule pour petit meuble, par X.
Sculpture. Boîte à gants, par Petit.
215 *Marqueterie*. Motif d'ornement, par X.
Sculpture. Boîte à gants, par Petit.
216 *Marqueterie*. Panneau de fleurs, par X.
Sculpture. Porte-montre Louis XIII, par Petit.
217 *Marqueterie*. Panneau à fleurs, par X.
Sculpture. Huilier, style Renaissance, par Petit.
218 *Marqueterie*. Fleur de lys pour panneau, par Petit.
Sculpture. Petit bout de table.
219 *Marqueterie*. Branchette de clématite pour panneau, par Petit.
Sculpture. Couverture d'album.
220 *Marqueterie*. Motif pour panneau, par Petit.
Sculpture. Couverture d'album.
221 *Marqueterie*. Motif pour panneau, par Petit.
Sculpture. Petite glace Louis XV avec tablette.
222 *Marqueterie*. Motif de fleurs pour guéridon, par Petit.
Sculpture. Porte-cornet à fleurs.
223 *Marqueterie*. Fleurs pour panneau.
Sculpture. Petite jardinière.
224 *Marqueterie*. Motif de fleurs.
Sculpture. Petite jardinière.
225 *Marqueterie*. Fleur pour panneau, par Petit.
Sculpture. Porte-réveil.
226 *Marqueterie*. Classeur double à pieds.
Sculpture. Porte-réveil (suite).
227 *Marqueterie*. Classeur double à pieds (suite).
Sculpture. Motifs de panneau pour meubles.
228 *Marqueterie*. Motifs décoratifs pour panneau, par Petit.
Sculpture. Motifs de panneau pour meuble : la peinture.
229 *Marqueterie*. Motif de décoration.
Sculpture. Couronnement pour cadre, par P. de Certines.
230 *Marqueterie*. Motif pour panneau, par X.
Sculpture. Porte-thermomètre, par Petit.
231 *Marqueterie*. Fleurs et oiseaux, par X.
Sculpture. Encrier Louis XV, par Petit.
232 *Marqueterie*. Motif pour dessus de coffret ou milieu de guéridon, par Petit.
Sculpture. Encrier Louis XV, par X.
233 *Sculpture*. Applique Louis XVI, à trois branches, par X.
234 *Marqueterie*. Dessus de coffret, fleurs et feuillage, par Petit.
Sculpture. Petit enclos rustique pour 3 flacons à liqueurs, par X.
235 *Marqueterie*. Motif pour dessus de coffret ou milieu de tiroir.
Sculpture. Suite et fin de l'enclos rustique pour flacons à odeur.
236 *Sculpture*. Cadre pour photographie à chevalet (Ludovic).
237 *Marqueterie*. Classeur japonais, A. B.
Sculpture. Cadre fantaisie, A. B.
238 *Marqueterie*. Fin du classeur Japonais.
Sculpture. Cadre Rocaille, par Petit.
239 *Sculpture*. Cadre carré, par Petit.
240 *Marqueterie*. Cadre pour photographie.
Sculpture. Porte-thermomètre, par Petit.

241 *Sculpture*. Porte-baromètre.
242 *Marqueterie*. Jardinière.
Sculpture. Couteau à papier, par Petit.
243 *Marqueterie*. Fin de la jardinière.
Sculpture. Epinglier avec plateau.
244 *Marqueterie*. Motif pour dessus de coffret.
Sculpture. Porte-cartes, par Petit.
245 *Marqueterie*. Motif pour lames de cache-pot.
Sculpture. Fin de porte-cartes.
246 *Marqueterie*. Panneau de bordure de la jardinière.
Sculpture. Cadre à 3 places pour photographies.
247 *Marqueterie*. Frise de bordures.
Sculpture. Cadre-chevalet.
248 *Sculpture*. Croix-bénitier, style Renaissance italienne.
249 *Marqueterie*. Dessous de plat, styte mauresque, par Ch. Rauge.
Sculpture. Petit cartouche.
250 *Sculpture*. Porte-pipes, par P. de Certines.
251 *Marqueterie*. Motif de milieu pour panneau de bibliothèque.
Sculpture. Ecusson, porte-manteau.
252 *Marqueterie*. Motif de milieu pour cache-pot ou vide-poches.
Sculpture. Cadre pour glace à main.

LE PETIT DÉCOUPEUR

Publications de dessins de découpures, éditées par la Maison.

Deux numéros par mois, le numéro **0** *fr.* **10** *c.;*
Abonnement : **2** *fr.* **50** *c. par an, pour la France;*
— **3** *fr.* — — *l'Etranger.*

NUMÉROS PARUS :

1 Calendrier perpétuel.
2 Cadre pour photographie, à huit places.
3 Porte-pipes et porte-allumettes.
4 Corbeille à 6 côtés, à pied.
5 Etagère avec ses pièces.
6 Cadre pour photographie.
7 et 8 Croix, porte-montre.
9 Cadre à 3 places.
10 Cadre à quatre places.
11 Bénitier et écran.
12 Etagère pouvant servir pour porte-pipes.
13 Miroir à main. Petite croix.
14 Bénitier avec encadrement.
15 et 16 Petit placard, cadre pour photographie, porte-médaillon ou couverture de carnet.
17 et 18 Porte-huilier et porte-salière.
19 Petit panier, corbeille à anse. (Voir le N° 20.)
20 Suite de la corbeille, petite console.
21 Etagère, portc-cigares.

22 Porte-pipes, couteaux à papier.
23 et 24 Etagère avec dossier, liseron.
25 Croix avec bénitier.
26 Boîte à gants.
27 et 28 Grande corbeille à pied.
29 et 30 Pot à tabac.
31 Boîte à gants.
32 Cadre pour trois photographies.
33 Semainier.
34 Cadre pour photographie, cadre à deux places, étoiles à dévider.
35 Suspension gothique.
36 Corbeille gothique, cache-pot.
37 Cadre 20/15 intérieur, porte-montre.
38 Rosace pour crochet de porte-montre ou dessous de carafe, écran.
39 Cache-pot, style Louis XVI.
40 Bénitier gothique, feuille de vigne.
41 Cadre feuille de lierre, à cinq places, bobines à dévider.
42 Couchette de poupée, lettres entrelacées modernes GA, AA.
43 et 44 Suspension, fleurs champêtres, lettres entrelacées : XC, VL, SC.
45 Suite de la suspension, plaques de porte, main indicatrice, lettres entrelacées : MF, MC, GD.
46 Chandelier, cadre à deux places, étoiles à dévider.
47 Porte-cornets, cadre comique pour glace ou photographie, cadre Renaissance, porte-coupe.
48 Chapelle gothique.
49 Petit buffet. (Voir le N° 50.)
50 Suite du buffet.
51 Glace à main, coquetier, porte-cornets, pour fleurs.
52 Cadre ovale pour gravure; cache-pot, feuille de nymphe.
53 Deux cadres pour photographies, coquetier, cadre comique pour glaces ou photographies.
54 Boîte à gants, cadre oriental.
55 Assiettes à dessert XVIIe siècle, cadre pour photographie, cadre pour médaillon.
56 Nécessaire XVIIe siècle à photographie.
57 Assiettes à dessert Louis XIV, cadre médaillon, pieds pour porte-cigares.
58 Grand porte-pipes.
59 et 60 Cadre à neuf places, porte-pipes, petites croix, porte-thermomètre.
61 Boîte à gants, cadre.
62 Dessous de plat, petit panier à ouvrage.
63 Porte-pipes, attributs héraldiques. Prince CN. Marquis LN. Vicomte JS.
64 Petit cadre en deux bois. Attributs héraldiques. Duc TT, Baron OR.
65 Cadre pour gravure. Petit cadre pour photographies.
66 Cadre pour photographie, avec médaillon ou porte-montre. Chevalet pour plumes.
67 Miroir à main, porte-thermomètre, étoiles à dévider.
68 Cadre Louis XVI, couteau à papier, coquetier, cadre. Médaillon Louis XVI.
69 Pieds pour pot de fleurs XIXe siècle, couteau à papier, lame incrustée, cadres-médaillons.
70 Petit banc, étoiles à dévider.
71 Brouettes, porte-bobines.

72 Porte-montre à deux faces du XVIe siècle, couverture de carnet.
73 Pupitre à lire, Louis XVI, à double châssis. (Voir le N° 74.)
74 Suite du pupitre à lire, étui à cigares.
75 Chandelier, style Renaissance.
76 Nécessaire style arabe. Cadre pour photographie.
77 Vase ou porte-bouquets, à 6 pans, 3 pieds.
78 Calice à fleurs.
79 Cadre pour 3 photographies, 2 cadres pour photographie.
80 Glace Psyché, porte-pipes.
81 et 82 Porte-montre XIIe siècle, genre pendule.
83 Etagère (voir N° 84), porte-lettres, porte-pipes, porte-allumettes.
84 Suite de l'étagère, étoile à dévider.
85 Corbeille à 4 pans, cadre pour photographie.
86 Console-applique, étoiles à dévider.
87 Boîte à gants.
88 Cadre chinois.
89 et 90 Porte-montre.
91 Coffret Louis XV, croix.
92 Porte-cachets ou porte-pipes.
93 Cadre Renaissance.
94 Grand cadre.
95 Cadre pour carte-album.
96 Cadre feuillage.
97 Porte-cornets (sirènes).
98 Porte-veilleuse, dessous de plat.
99 Porte-fleurs Henri II, cadre ovale.
100 Cadre feuillage, cadre ovale pour photographie.
101 Support d'encoignure.
102 Cadre feuillage pour photographie, 3 croix pour dames.
103 Cadre à cinq places pour portraits-carte.
104 Etagère.
105 Grande boîte à gants.
106 Cadre pour carte-album, porte-allumettes, peigne pour dame.
107 Table ronde pour poupée.
108 Secrétaire et commode pour poupée.
109 Armoire (Voir le N° 110) et chaise pour poupée.
110 Suite de l'armoire.
111 Trois cadres pour photographie.
112 Ecran, bobines à fil, dessous de plat.
113 Cadre pour carte-album.
114 Cadre pour carte-album.
115 Cache-pot Louis XII.
116 Dessous de plat Henri II, deux couteaux à papier, croix pour dames.
117 Porte-allumettes XVIIIe siècle, couteau à papier, étoiles à dévider, initiales RM, GV.
118 Cache-pot arabe.
119 Trois cadres pour photographies, deux couteaux à papier.
120 Bénitier gothique.
121 Deux pendants d'oreilles, cadre pour carte-album.
122 Porte-allumettes, cadre Renaissance, boucles d'oreilles, broche.
123 Cadre-vigne à 4 places.
124 Porte-allumettes, dessous de plat.
125 Glaces à main, 4 croix pour dames.
126 Cadre-vigne à 3 places, croix pour dames.
127 Papeterie. (Voir les Nos 128 et 129.)

128 Suite de la papeterie.
129 Fin de la papeterie, cadre primevères, initiales AA à AN.
130 Porte-pipes, initiales AO à AZ.
131 Grand cache-pot s'assemblant sans pointes ni colle. (Voir le N° 132.)
132 Suite du grand cache-pot.
133 Voiture d'enfant, porte-bobines et pelotes.
134 Vingt-neuf étoiles à dévider.
135 et 136 Suspension murale pour pot de fleurs.
137 Porte-montre, vide-poches, couteau à papier persan.
138 Cadre losange avec appliques, porte-couverts.
139 Corbeille à ouvrage russe (Voir le N° 140.)
140 Suite de la corbeille.
141 Porte-cigares et allumettes.
142 Ecran japonais, porte-cornets pour fleurs.
143 Porte-plat ovale, porte-montre.
144 Panoplie de fumeur à crochet pour une blague à tabac ou autre, monogramme VC et Marie.
145 et 146 Nécessaire de table pour sel, poivre et moutarde et porte-huilier.
147 Etagère porte-pipes, cigares et allumettes.
148 Console d'angle ou à plat, à volonté (la tablette peut également faire une rosace de plafond).
149 Suspension pour fleurs ou pour lampe.
150 Suite de la suspension, cadre de photographie.
151 et 152 Etagère de coin à une, deux ou plusieurs tablettes.
153 Reliquaire du XVIIe siècle.
154 Cadre à deux places (médaillon).
155 Cabaret-tonneau à six verres.
156 et 157 Pieds d'aquarium.
158 Corbeille à six pans.
159 et 160 Petite étagère, cadre pour photographies.
161 Petit banc.
162 Glace à main biseautée, porte-pipes.
163 Porte-montre pupitre, chevalet pour gravure ou photographie.
164 Boîte à gants.
165 Horloge-chalet (suite au n° 166).
166 Horloge-chalet, cadre pour photographie.
167 Jardinière à 8 pans (voir pour suite les n°s 168 et 169).
168 Jardinière.
169 Jardinière (suite et fin).
170 Girouette pour pigeonnier, croix avec ou sans bénitier, thermomètre.
171 Tire-lire, cadre pour photographie, monogrammes AD et LOL.
172 Assiette à dessert, dessous de carafe, porte-couteau.
173 Corbeille à six faces.
174 Porte-allumettes et porte-cigares (XVIIe siècle).
175 Cadre pour carte-album, étoiles à dévider, ferrure.
176 Pieds d'aquarium, bordure du cadre-album du n° 175.
177 Dessous de plat ou de carafe, autre dessous de plat rond pouvant se faire carré à volonté.
178 Corbeille de 4 à 6 pans.
179 et 180 Grand vide-poches, bobines, petite croix.
181 et 182 Suite du vide-poches, écran, abat-jour, palmette, pour panneau, petite croix.
183 Porte-pipes, porte-montre applique style néo-grec.
184 Porte-coupe.

185 Grand porte-montre à pivot.
186 Cadre-lierre, cadre rustique pour carte-album.
187 Galerie de bureau, dessous de plat, porte-montre applique, couteau à papier.
188 Grand cadre carré pouvant s'agrandir ou se diminuer à volonté.
189 Suite du grand cadre, monture pour verre à pied amputé.
190 Cadre amandier, cadre automne pour carte-album.
191 Suspension pour fleurs à 6 ou 8 côtés.
192 Alphabet oncial, dessous de plat, étoiles à dévider.
193 Petite jardinière en découpure applique ou marqueterie, ferrures antiques, étoiles à dévider.
194 Porte-baromètre et thermomètre rustique, ferrure antique.
195 Chevalet rustique pour portraits, alphabet gothique, ferrures antiques.
196 Dessous de plat, petit porte-pipes, couteau à papier, ferrures antiques.
197 Porte-allumettes, dessous de plat, couteau à papier.
198 Porte-pipes 6 places, porte-montre applique, étoiles à dévider.
199 Console feuillage, porte-montre applique, dessous de carafe.
200 Cadre zouave pour carte-album, deux coquetiers.
201 Le chasseur, porte-pipes, sujets comiques, couteau à papier, dessous d'assiette.
202 Console grecque, porte-allumettes.
203 et 204 Cage en forme de chalet.
205 Cadre comique, le bonnet d'âne pour portrait-carte, porte-bouquet applique.
206 Porte-allumettes comique, la pipe du gendarme.
207 et 208 Porte-journaux d'applique, porte-pipes.
209 et 210 Abat-jour, une croix pour bénitier, cadre pour photographie, La Fontaine.
211 Plaque de porte, étagère à trois rayons.
212 Suite de l'étagère, cadre à 5 places.
213 Grand cadre-album avec pied.
214 Bordure du cadre-album, cadre pour photographie, porte-montre à poser.
215 Porte-bouquets style japonais (voir 216), dessous de lampe.
216 Porte-bouquets style japonais (fin), chevalet pour photographie, ferrure antique.
217-218-219 Coffret à odeurs, porte-bouquets.
220 Porte-pipes, couteau à papier, ferrure antique.
221 Grand porte-pipes singe (voir 222), initiales BB, BC, BD, BE, BF, BG, BH, BI, BJ, BK.
222 Fin du porte-pipes, cadre applique pour photographies.
223 Porte-liqueurs.
224 Suite du porte-liqueurs, porte-pipes.
225 Abat-jour, les douze signes du zodiaque (voir 226).
226 Suite de l'abat-jour, cadre à deux places pour photographie : le vélocipédiste.
227 Vide-poche, sujet comique.
228 Suite du vide-poches, petite console d'applique.
229 Cadre pour carte-album.
230 Cadre pour carte-album.
231 Réveil-matin.
232 Suite du réveil, porte-pipes à 6 places.
233 Porte-lampes ou porte-pot de fleurs.

234 Suite du porte-lampes, cadre pour carte-album.
235 Porte-pipes à 6 places, bobines à dévider.
236 Cadre pour carte-album (style Louis XIV), bobines à dévider.
237 Cadre de photographies à 3 places, lettres entrelacées BS, BT, BU, BV, BX, BY, BZ. CC, CD, CE, CF, CG, CH, CI, CJ, CK, CL, CM.
238 Dessous de plat, monture de coupe, lettres entrelacées CN, CO, CP, CQ, CR, CS, CT, CU, CV, CX, CY, CZ.
239 Porte-huilier XVIIe siècle, cadre pour photographie.
240 Encrier porte-plumes.
241 Porte-pipes XVIe siècle, cadre pour photographie, bobines à dévider.
242 Bénitier, corbeille à 8 pans.
243 et 244 Vide-poches et porte-thermomètre (sujet comique). Couverture d'album ou de buvard, miroir de toilette, bobines à dévider, ferronnerie antique, dessous de carafe.
245 Cadre à chevalet pour 2 photographies, porte-montres et vide-poches.
246 Encrier Renaissance (chimère).
247 et 248 Cadre pour 4 cartes de visite, dessous de carafe, porte-allumettes applique, lettres entrelacées DD, DE, DF, DG, DH, DI, DJ, DK, DL, DM, DN, DO, DP, DQ, DR, DS, DT, DU, DV, DX, DY, DZ.
249 et 250 Séchoir à cigares.
251 et 252 Cadre pour 5 cartes de photographies, porte-allumettes, applique (chimère).
253 et 254 Riche corbeille pour cave à liqueurs.
255 et 256 Cadre pour carte-album, porte-pipes à 6 places, ferronnerie antique, bobines à dévider.
257 Cadre à chevalet pour carte-album, bobines à dévider.
258 Cadre pour carte-album (style néo-grec), petit cadre pour photographie ~~et miroir à main~~.
259 et 260 Table console formant étagère (style Louis XV).
261 et 262 Coffret ou boîte à ouvrage.
263 Porte-cornets à fleurs, bobines à dévider, couteau à papier, dessous de verres.
264 Grand cadre pour carte-album.
265 Porte-pipes XVIIe siècle, fleurs, personnages et animaux, couteau à papier, porte-couteau, étoiles à dévider.
266 Ecran chimère, porte-pipes, bobines.
267 Porte-cornets, plantes aquatiques, lettres entrelacées de EE à EZ.
268 Dessous d'assiette, dessous de carafe, dessous de verres, bobines.
269 et 270 Porte-cigares à 18 places, 2 cadres à photographie.
271 Porte-clefs à 8 places.
272 Grande boîte à gants (suite au n° 273).
273 Suite et fin de la boîte à gants.
274 Cadre pour carte-album, cadre pour photographie.
275 Vide-poche, porte-montre.
276 Glace à main, porte-allumettes, porte-cornet.
277 Dessous de plat à pieds.
278 Croix gothique pour placer un christ, chevalet pour photographie, cadre pour photographie.
279 Porte-pipes Renaissance, cadre pour photographie, chevalet.
280 Petit pupitre de cabinet, lettres entrelacées, EF à FO.
281 Cadre fermant pour photographie album, aux armes néerlandaises.
282 Cadre pour photographie, carte album Henri II.
283 et 284 Vide-poche XVIIIe siècle, porte-pipes.
285 et 286 Pendule Borne.
287 et 288 Suite de la pendule, coupe allant sur la pendule.

289 et 290 Couteau à papier, coffret XVIIe siècle. Cadre 2 photographies, cadre pour carte-album.
291 Porte-montre avec vide-poche, style Renaissance, 2 petites croix.
292 Cadre pour photographie, porte-allumettes, étoiles à dévider.
293 et 294 Candélabre à 5 branches, formant garniture de cheminée avec la pendule-borne publiés dans les n°s 285-286.
295 et 296 Panier vide-poche, porte-montre avec baguier, porte-allumettes.
297 et 298 Cadre rustique. Porte-allumettes. Semainier. Lettres entrelacées FF, FG, FH, FO, FK, FJ, FL, FM, FN.
299 Pot de fleurs, porte-pelote.
300 Porte-cigares à 12 places. Etoiles à dévider. Lettres entrelacées DE.
301 et 302 Etagère à 3 rayons. Support pour statuette.
303 et 304 Encrier Henri II avec classeur. Flambeau applique.
305 Porte-bouquets. Bénitier applique.
306 Cadre à 2 places, porte-montre ou cadre pour médaillon.
307 et 308 Chalet porte-réveil.
309 Deux cadres pour photographies, pique-notes, porte-pelote.
310 Vide-poche (applique).
311 Porte-verres à 6 places, couteau à papier (souvenir).
312 Croix à pied, cadre pour carte-album. Lettres entrelacées FP, FS, FR, FT, FY, FZ, FV, FU, FO, FJ (à suivre).
313 et 314 Etagère à trois rayons (fleurs aquatiques). Porte-thermomètre, bobines à dévider (animaux). Lettres entrelacées HP, HK.
315 Porte-pipes applique (sujet héraldique) 12 places, bobines à dévider, animaux.
316 Glace à main, deux cadres pour photographies.
317-318 Porte-cigares et porte-allumettes à poser.
319-320-321 Cage rectangulaire style Renaissance.
322 Cadre feuille de vigne pour 2 photographies.
323-324 Candélabre à 5 branches. Porte-bouquet.
325 Cadre ovale chinois.
326 Deux cadres, feuillage, pour photographies.
327-328 Petit meuble pour statuette.
329 Chevalet pour porte-plume. Porte-montre.
330 Cadre-médaillon. Console.
331-332 Chariot porte-liqueur pour un tonneau et 8 verres à anse.
333 Grande console, style russe.
334 Porte-lettres.
335-336 Cinq cadres pour photographies.
337-338 Voiture porte-cigares. Calendrier à effeuiller.
339 Cadre ovale pour glace sur pied (voir 340).
340 Bordure du cadre n° 339. Porte-pipes.
341-342 Grande console d'angle.
343-344 Boîtes à gants. Bobines à dévider.
345 Cadre pour carte-album à deux places.
346 Cadre pour photographie. Boîte à allumettes à pied.
347 Porte-cornet.
348 Glace à main. Pelote à poser.
349-350 Coffret. Plaque de porte.
351 Les petits maraudeurs. Porte-cornet.
352 Cadre Louis XV deux places. Cadre pour photographie.
353 Cache-pot.
354 Porte-pipes arabe. Bobines à dévider.
355-356 Boîte aux lettres.
357 Cadre pour carte-album.

358 Etagère à deux rayons.
359-360 Porte-pipes comique. Jardinière carrée.
361 Cadre Louis XV pour cadre ou photographie.
362 Console d'angle. Plaque de porte.
363 Trois cadres pour photographies.
364 Girandole pour porte-bougie. Deux entrées de serrure antiques.
365 Le nid attaqué, cadre pour photographie. Dessous de plat.
366 Porte-allumettes et porte-cigares. Dessous de carafe.
367-368 Grand cadre de 40 × 28 intérieur. Porte-pipes.
369 Grande croix sur pied (voir 370).
370 Fin de la croix, corbeille à 8 pans.
371-372 Hotte-thermomètre et baromètre, corbeille à ouvrage.
373 Console style russe.
374 Coffret style arabe, corbeille à 6 pans.
375-376 Ménagère à 5 places.
377 Porte-allumettes à puiseur.
378 Panier à ouvrage.
379-380 Caisse pour fleurs. Boîte à mouchoirs.
381 Plumier de bureau.
382 Boîte pour timbres-poste et cartes postales.
383 Boîte à gants.
384 Chalet porte-montre et petite croix.
385 Petit meuble pour porter un réveil, porte-cachets.
386 Grand dessous de plat à pieds.
387-388 Papeterie.
389 Cadre-album.
390 Encoignure, porte-montre à poser.
391 Porte-cornet bougeoir. Dessous de carafe.
392 Porte-cigares (l'éléphant savant).
393-394 Grand encrier (syrène).
395 Croix avec pied, croix applique.
396 Porte-cartes. Coquetiers.
397-398 Soufflet vide-poches 2 cadres.
399-400-401 Kiosque chinois.
402 Porte-pipes, porte-montre.
403-404, 405-406 Table étagère Louis XV. Porte-lettres.
407 Porte-pipes.
408 Grand cadre-album.
409 Croix murale avec bénitier.
410 Jardinière pour fleurs artificielles.
411-412 Porte-montre avec vide-poches et tiroirs.
413-414 Petit buffet-étagère.
415-416 Grand cadre omnibus.
417 Cadre, chevalet.
418 Dessous de plat, coquetier, couteau à papier.
419-420 Vase à fleurs (style François Ier) (voir 421).
421 Fin du vase à fleurs. Cadre ovale pour glace ou photographie.
422 Nécessaire de table.
423-424 Corbeille à six pans. Porte-pipes.
425-426 Grande console. Cadre-chevalet.
427-428 Chaise-étagère.
429 Porte-allumettes. Cadre Renaissance.
430 Croix-applique pour bénitier.

431-432 Coffret.
433-434 Etagère de bureau Henri II.
435 Ménagère à cinq places.
436 Deux cadres-chevalet.
437-438 Chalets porte-réveil et porte-cornets.
439 Corbeille à six pans.
440 Croix-bénitier. Bobines à dévider.
441-442 Mobilier de poupée. Lit et table.
443-444 Porte-cigares de paroi. Cadre pour portrait-carte.
445-446 Mobilier de poupée. Armoire à glace.
447 Mobilier de poupée. Chaise, fauteuil, canapé.
448 Candélabre de paroi. Cadre.
449-450 Porte-liqueurs pour deux flacons et huit verres.
451-452 Pied pour lampe.
453 Cadre ovale Louis XV avec chevalet pour glace ou photographie (voir 454).
454 Bordure du cadre n° 453. Porte-allumettes.
455 Cadre pour carte-album.
456 Porte-liqueurs pour un carafon et huit verres.
457 Panier à fil.
458 Console d'angle.
459 Vide-poches avec cadre.
460 Fin du vide-poches. Porte montre.
461 Porte-pipes.
462 Cadre avec portes.
463 Coffret à bijoux (voir 464).
464 Coffret à bijoux (fin). Cadre à chevalet.
465 Traîneau russe pour flacons à odeurs.
466 Grande croix applique.
467 Trois cadres dont un à chevalet.
468 Grand dessous de plat ovale Louis XV.
469-470 Corbeille à 6 pans.
471-472 Grand candélabre à 6 lumières (1re partie) (voir 473).
473 Fin du candélabre.
474 Cadre pour deux photographies.
475 Alphabet fantaisie.
476 Console d'angle.
477-478 Boîte aux lettres.
479 Porte-pipes XVIe siècle.
480 Cadre-album feuilles de vigne.
481-482 Petit banc.
483-484 Porte-cigares et porte-allumettes.
485-486 Bénitier, porte-montre.
487-488 Deux cadres-album faisant pendant.
489 Porte-pipes.
490 Porte-lettres.
491-492 Cage (1re partie) (voir 493-494).
493-494 Fin de la cage.
495 Cadre pour trois photographies.
496 Grande console.
497-498 Coffret.
499 Console.
500 Porte-montre chevalet.
501 République médaillon.
502 Porte-pipes 15 places.

503 Cadre à fermeture pour glace ou photographie (voir 504).
504 Suite du cadre à fermeture.
505-506 Porte-journaux.
507 Alphabet oncial.
508 Petit miroir de toilette avec pied.
509 Porte-thermomètre.
510 Dessous de plat.
511-512 Grande console d'angle pour statuette ou vase de fleurs.
513 Petit panier à ouvrage.
514 Petit bénitier et porte-thermomètre.
515-516 Grand cadre de 35 1/2 c/m × 24 1/2 c/m d'ouverture.
517 Cadres pour photographies.
518 Alphabet.
519-520 Psyché à coffret (voir 521-522).
521-522 Fin de la psyché à coffret.
523 Cadre-album (voir le pendant au n° 524).
524 Cadre-album (voir le pendant au n° 523).
525-526 Console d'angle 2 tablettes.
527-528 Cadre à 12 places.
529-530 Porte-pipes à 10 places, et porte-montre gothique.
531-532 Etagère à 3 rayons.
533-534 Cadre Louis XV, pour glace ou photographie.
534 Dessous de plat.
535-536 Cabaret pour 1 tonneau et 6 timbales.
537-538 Porte-cigares et porte-allumettes.
539-540 Grand cadre ovale.
541-542 Cadre pour portrait-carte. Dessous de plat. Le cuirassier porte-cachets. Porte-montre. Cadre pour photographie.
543-544 Plateau porte-fruits.
545 Porte-montre vide-poche. Soulier Louis XV.
546 Cadre en as de pique, pour accrocher ou pour prendre à la main comme un écran.
547-548 Encrier avec casiers à tiroirs.
549-550 Porte-cornet et cadre.

LA DÉCOUPURE ILLUSTRÉE

dessins très fins

Abonnements pour la France, **6** *fr.* — *Pour l'étranger*, **7** *fr.*
Le numéro **0** *fr.* **50**

1 Corbeille à six pans, à pied, style Renaissance (voir n° 2).
2 Suite de la corbeille.
3 Deux cadres pour photographies, 1 cadre-album.
4 Porte-pipe, chasse au cerf. Psyché, temple de l'amour.
5, 6, 7 et 8 Etagère allégorique à double face. Cadre pour photographie.
9 Corbeille à pied.
10 et 11 Chalet porte-montre.
12 et 13 Suspension feuille de vigne.
14 Un cadre pour photographie, plantes exotiques, un dito XVIIe siècle, un dito à trois places chimères.
15 et 16 Psyché à tiroir grec et fleurs.

17 Encrier et bénitier Renaissance.
18 Etagère universelle Louis XIII.
19 Deux corbeilles à six pans.
20 Bougeoir d'appartement.
21 Jardinière porte-photographies, les quatre saisons.
22 Chapelle gothique pour statuettes.
22 *bis* et 23 Porte-cigares chimères.
24 Couronne pour tombe.
25 et 26 Lustre pour 24 bougies, rocaille.
27 Calendrier allégorique, amours cherchant à arrêter le temps.
28 Etagère à fruits pour bout de table.
29 Porte-manteaux ou chapeaux, cadre Louis XIV.
30, 31 et 32 Pendule.
33 Corbeille carrée à pieds découpés, fantaisie.
34 Vase à fleurs en forme d'urne, chimères, lettres entrelacées AA, AB, BA, AC, CA, AD, DA, AE, EA, AF, FA, AG, GA, Renaissance.
35 Grande corbeille à six pans, chimères.
36 Suite de la corbeille chimères, corbeille liserons.
37 Cadre pour cinq ou six photographies.
38 Cadre pour photographie. Petites corbeilles salamandres.
39 Corbeille vigne et raisins. Attributs héraldiques.
40 et 41 Nécessaire, carrosse du sacre de Charles X.
42 et 43 Boîte à ouvrage en découpo-sculpture ou application de découpure en relief.
44 Psyché ou miroir de toilette (voir 45).
45 Suite de la psyché, porte-cigares et allumettes, cadre pour photographie.
46, 47, 48 et 49 Collection complète de lettres entrelacées par deux lettres.
50 Porte-coupe de salon.
51, 52 et 53 Chalet porte-montre.
54 et 55 Fontaine-lavabo.
56, 57 et 58 Jardinière à pieds.
59 Hotte applique pour fleurs.
60 Veilleuse avec réflecteur, couverture d'album.
61 Porte-cigares à deux faces, pour 34 cigares.
62 à 68 Cave à liqueurs, en découpo-sculpture ou découpure en relief, porte-coupe.
69 et 70 Petite armoire pour liqueurs ou autres.
71 Porte-cigares tournant.
72 Quatre cadres à photographie.
73 Porte-pipes, vide-poches puits de la vérité.
74 Porte-montre, porte-allumettes. Cadre pour carte-album.
75 Un cadre Printemps, un dito Urne du souvenir, un dito surprise.
76 à 79 Table à ouvrage.
80, 81 et 82 Intérieur de cave à liqueurs pour les n°s 62 à 68, peut également servir seul.
83 et 84 Cadre pour menu et 17 cartes de table pour mettre le nom des convives.
85 et 86 Psyché tournant en tous sens.
87 et 88 Statue de la place de la République à Paris, panneau décoratif pour calendrier à effeuiller, baromètre ou autre.
89 Un cadre jasmin, un dito pervenche, un dito laurier, un dito églantine, plateau de carafe.
90, 91 et 92 Candélabre. Cadre pour thermomètre.
93 Panneau décoratif pour appartement (un coin du parc).
94 Cabaret à liqueurs, tonneaux et six verres (plateau tournant permettant d'amener successivement chaque verre sous le robinet (voir 95).
95 Cabaret à liqueurs (suite). Cadre fermant pour six photographies.

96 Porte-montre sphère. Cadres pour photographies-bijoux (voir 98).
97 Console-applique pour statuette ou vase à fleurs.
98 Console-applique (suite). Porte-photographie genre coucou.
99 Vide-poche avec pelotte, formant lit.
100 Corbeille à pain.
101 Boîte à toilette (voir 102).
102 Suite de la boîte à toilette. Cadre pour carte-album.
103 Surtout de table (voir 104).
104 Fin du surtout. Cadre à cinq places.
105 Hotte-applique pour appartement, faisant vide-poche.
106 Cadre ovale, cadre pour carte-album, cadre fermant ; autel de Bacchus.
107 Cadres pour photograp.: l'Amour à l'affût ; l'Amour captif ; la saison des nids.
108 Eventail, cadre fantaisie.
109 Les mois : Octobre, baguier applique. Novembre, porte-montre, cadre manoir pour photographies.
110 Porte-pipes, dessous de plat, cadre métamorphoses.
111 Cave à odeurs, palais fantastique pour fleurs artificielles (v. 112, 113 et 114).
112, 113 et 114 Suite du palais fantastique.
115 Panier rustique en groseillier pour deux flacons à liqueurs (voir 116).
116 Suite du panier rustique, cadre pour glace.
117, 118, 118 *bis* Tramway de Paris, cabaret pour 12 verres à madère et 12 verres à liqueurs.
119 Porte-bouquets pour un grand et deux petits cornets, porte-bouquet simple.
120 Porte-thermomètre à comparaison : Souvenir de Robinson.
121 et 122 Cabinet applique à 16 tiroirs (voir 123).
123 Fin du cabinet. Cadre pour panneau décoratif (voir 124).
124 Les Baigneuses, panneau décoratif pour le cadre n° 123 ; la Fontaine, cadre de photographie ; découpure comique : l'Instruction obligatoire, cadre pour carte-album.
125 Hotte double à bijoux.
126 L'entrée du village, tableau en découpure, à plans superposés (1re partie) (v. 127).
127 Suite de l'entrée du village.
128 Découpure comique : les Bains de mer, 2 cadres pour photographies. Une nuit de noce au village, cadre pour une photographie petit format.
129 Surtout de table Louis XIV formant vase à fleurs et salières (voir 130).
130 Suite du surtout de table.
131 Les mois : Janvier, porte-cigares applique, balançoire cabaret tournant pour 12 verres à liqueurs et 2 carafons (voir 132-133).
132 et 133 Suite de la balançoire cabaret tournant.
134 Râtelier pour plumes, assiette artistique : char gaulois conduit par des femmes, au temps préhistorique (voir 135).
135 Suite de l'assiette artistique, hommage à Bacchus, buffet à liqueurs pour 12 petits verres et 2 tonneaux de cristal (voir 136).
136 Suite du buffet à liqueurs.
137 Découpure comique : la banlieue de Paris, porte-pipes : Pochardum, petit cadre fermant pour portrait.
138 Découpure comique : nos enfants, hotte à fleurs, l'Auvergne à Paris, console-applique, le triompe des arts, cabaret pour 2 carafons et 12 petits verres à anses (voir 139-140).
139 et 140 Suite du cabaret à liqueurs.
141 Cadre pour glace à biseaux, 2 cadres à deux places pour photographies (fuite et retour).
142 et 143 Garniture de cheminée, pendule-borne et vide-poche.
144 et 145 Pendule sujet mythologique (voir pour le socle n° 150) (voir 146).

146 Suite de la pendule. Croix-bénitier.
147 Pupitre de bureau, encriers.
148 et 149 Sèche-cigares Louis XV (fin au n° 150).
150 Fin du sèche-cigares, socle pour la pendule des n°s 144 à 146, bénitier rustique, porte-allumettes applique, couteau à papier.
151 Chariot à vins fins.
152 Obélisque fantaisie, contenant encrier, thermomètre, calendrier perpétuel.
153 Classeur formant papeterie, encrier et buvard parisien (voir 154-155).
154 Suite du classeur.
155 Cadre Louis XVI pour glace ou photographie, cadre pour carte-album, presse-papier, suite du classeur.
156 Jardinière sans pied (voir 157).
157 Suite de la Jardinière. Petit cartel, porte-thermomètre. Coffret à bijoux (arabe).
158 Cabaret rustique pour 4 flacons et 12 verres à liqueurs (voir 159).
159 Suite du cabaret rustique.
160 Nécessaire de toilette, avec miroir à double face (voir 161-162).
161 Suite du nécessaire de toilette.
162 Fin du nécessaire de toilette. Porte-montre. Cadre Louis XV.
163 Porte-pipes à 3 tablettes, 10 places. Petit cadre bonne fête.
164 Chevalet à double face pour carte-album.
165 Porte-huilier.
166 Etagère Louis XV (voir 167-168).
167 Suite de l'étagère Louis XV.
168 Fin de l'étagère Louis XV. Coffret à bijoux. Alphabet moyen âge. Alphabet moderne.
169 Cache-pot Louis XVI et sa console. (voir 170).
170 Suite du cache-pot. Ecran à main.
171 Petit cabinet Louis XIV (voir 172).
172 Suite du cabinet. Porte-plat.
173 Chaise à porteurs rustique pour fleurs artificielles. Ornements pour panneau de buffet de salle à manger.
174-175-176 Colonne Louis XIV pour vase à fleurs ou statuette.
177 et 178 Candélabre faisant garniture avec la pendule 30, 31 et 32.
179 Boîte à mouchoirs
180 Boîte à gants double.
181 et 182 Boîte à jeu de nain jaune. Cadre pour photographie : hiver et printemps.
183 Miroir de toilette avec place pour une boîte à poudre et deux flacons à odeur.
184 Brouette pour fleurs artificielles. Chaises à porteurs pour deux flacons à odeur et une glace.
185 Ménagère faisant garniture de table avec l'huilier paru au n° 165.
186 L'entrée de la ferme (1re partie). Miroir de toilette (voir 187).
187 L'entrée de la ferme (fin). Deux cadres fantaisie nouvelle, pour photographie.
188 Boîte longue pour grands gants.
189 Porte-cornet, avec vide-poche. Boîte à bonbons.
190 Lit de poupée (1re partie) (voir 191).
191 Lit de poupée (fin). Guéridon.
192 Pendule (1re partie) (voir 193-194).
193 Pendule (2e partie).
194 Pendule (fin). Glace à main. Chaise de poupée.
195 Corbeille à ouvrage (1re partie) (voir 196).
196 Corbeille à ouvrage (fin). Un brigand, cadre pour photographie.

197 Trois cadres pour photographies : la Pêche, la Chasse et la Culture.
198 Trois cadres pour photographies : la Guerre, la Marine et les Courses.
199 Porte-réveil et porte-montre.
200 Mobilier de poupée, commode-toilette.
201 Cadre-album à 2 places. Cadre pour portrait-carte : La musique.
202 Porte-cigares. Porte-cornet vide-poches. Mobilier de poupée : Cadre.
203 Ecran Louis XVI (1re partie) (voir 204-205).
204 Ecran Louis XVI (suite).
205 Ecran Louis XVI (fin). Cadre pour photographie (chinoiserie).
206 Un maraudeur, cadre pour photographie. Eglise de village. Porte-montre et cadre pour 2 photographies.
207 Suspension pour fleurs (1re partie) (voir 208).
208 Suspension pour fleurs (2e partie).
209 Support Louis XIV pour 3 photographies. Cadre fantaisie pour carte-album.
210 Coffret Louis XIV avec pieds.
211 Panier porte-liqueurs (1re partie) (voir 212).
212 Panier porte-liqueurs (fin).
213 Le Vertige (cadre photographique). Petit cadre rosaces pour crochets.
214 Classeur japonais.
215 Petite bibliothèque (1re partie) (voir 216).
216 Petite bibliothèque (fin).
217 Chevalet fermant pour 8 photographies (1re partie) (voir 218).
218 Chevalet fermant (fin). Brouette pour fleurs artificielles.
219 et 220 Cadre-paravent.
221 Porte-pipes fantaisie.
222-223-224 Cage fantaisie.
225 Cadre pour carte-album, attributs du génie. Paire de candélabres-appliques à trois lumières.
226 Grand plateau ovale.
227 Cave à liqueurs ouverte (style Louis XV), pour 3 carafons et 12 verres.
228-229-230 Petite table pour fumeur.
230 Nécessaire de bureau.
231 Lanterne de vestibule, fin au n° 232.
232 Fin de la lanterne de vestibule. Vide-poches, porte-montre (traîneau Louis XV).
233 Petit support pour plusieurs pots de fleurs.
234 Nécessaire à odeurs.
235 Vide-poches. Porte-pipes.
236 Deux cadres-album.
237 Table-étagère à poser sur un meuble (voir 238).
238 Fin de la table-étagère. Porte-cornet à fleurs (voir 239). Manège de vélocipèdes (voir 239).
239 Fin du porte-cornet. Manège de vélocipèdes.
240 Etagère à pied pour fleurs (voir 241).
241 Fin de l'étagère pour fleurs, 2 cadres.
242 Troïka, traîneau russe à 3 chevaux pour 4 flacons à odeur.
243 Kiosque de Paris.
244 Porte-réveil ou baromètre anéroïde et thermomètre avec tiroir à bijoux.
245 Pupitre à lire.
246 Porte-pipe fermant (1re partie) (voir 247).
247 Porte-pipe fermant (fin).
248 Bateau porte-fleurs.
249 Vide-poches à chevalet (3 places).
250 Chevalet pour cartes de visite ou photographie.

251 Cabaret échelle (1re partie) (voir 252).
252 Cabaret échelle (fin).
253 Ecran pour photographies.
254 Jardinière fantaisie.
255 et 256 Miroir à triple face.
257-258-259-260-261-262 et 263 Grand lit de poupée.
264 Souvenir de Tunisie : Nécessaire pour fumeur (1re partie) (voir 265-266).
265 Suite du nécessaire de fumeur.
266 Fin du nécessaire de fumeur.
267 Diableries, block-notes et calendrier à effeuiller.
268 Semainier applique porte-montre. (Etude de roses) (voir 269).
269 Fin du semainier porte-montre.
270 Petit panier à bascule pour boîte à bascule ou boîte à ouvrage.
271 Coffret à bijoux formant paravent et porte-photographies (voir 272).
272 Fin du coffret à bijoux.
273 Porte-photographies en éventail.
274 Vide-poches (*Le puits de l'amour*).
275 Coffret, chaise à porteurs Louis XV.
276 Lampe de parquet (voir 277).
277 Fin de la lampe de parquet.
278 Cadre à pieds à 2 places.
279-280 Toilette avec glace, flacons et vide-poche.
281-282 Petit panier pour fleurs.
283 Cadres pour les petites photographies, se faisant pendant.
284-285 Toilette Louis XV, avec glace et tiroir.
286-287-288 Porte-photographies, écran.
288-289 Paravent porte-photographies.

L'ART DE DECOUPER

comprenant également la marqueterie et la sculpture simple.

Editée anciennement par la maison Morel et Cᵒ.

Jusqu'au nᵒ 360, la feuille, composée de deux numéros, 0 fr. 25.
A partir du nᵒ 361, la feuille composée de deux numéros, 0 fr. 50.

PREMIÈRE ANNEE, 1872

1 et 2 Chalet pour baromètre anéroïde, étoile à dévider, croix pour dame, pelote, encadrement de thermomètre, porte-montre de cheminée, porte-couteau et fourchette.
3 et 4 Encrier, croix pour dame.
5 et 6 Croix feuillage et oiseau, pot à tabac.
7 et 8 Petite pelote à pied, porte-montre ou pelote, porte-notes à six cases.
9 et 10 Corbeillle dentelle, psyché d'étagère, croix pour dames, grand vide-poche (voir pl. 11 et 12), étoile à dévider, fauteuil d'étagère.
11 et 12 Détail du vide-poche (voir pl. 9-10), étoile à dévider, étagère feuille de chêne, oiseaux, bénitier ou pelote.
13 et 14 Boîte à gants, bénitier à la Vierge, deux cadres photographiques.
15 et 16 Cadre riche, étoile à dévider, petite chaise d'étagère, médaillon,

DEUXIÈME ANNÉE, 1873

TROISIÈME ANNÉE, 1874

89 et 90. Ecusson pour tête de chevreuil, porte-pipes, lettres ornées.
93 et 94 Lanterne chinoise, croix pour dames (marqueterie), coffret (marqueterie), lettres entrelacées RG.
97 et 98 Coffret à châle, style russe, marqueterie (v. pl. 99), écusson, découpage et marqueterie plein bois, porte-allumettes style mauresque, croix pour dame (découpage et sculpture).
99 et 100 Petite chapelle style gothique, côté du coffre à châle (v. pl. 97).
103 et 104 Jardinière avec cache-pot (XVIIIe siècle).
105 et 106 Ecran de cheminée, lettres russes, support de cache-pot porcelaine.
109 et 110 Psyché (feuillage et oiseau), cadre d'image religieuse, autre dentelle pour la jardinière (pl. 103).
111 et 112 Boîte à thé chinoise (marqueterie), étagère dessin élisabéthéen (anglais) XVIe siècle.
117 et 118 Cadre pour petite glace, sculpture (hollandais), lettre russe (XIIe siècle), couteau à papier (hallebarde allemande), cache-pot gothique, porte-photographie, album photographique, éventail (XIVe siècle).
119 et 120 Cadre photographique byzantin, cache-pot mauresque; coupe (sculpture). Renaissance, boucles d'oreilles, gr. pendants, lettres russes XIIIe siècle, coffret (marqueterie russe).
121 et 122 Cadre groupe (28 cases).
123 et 124 Papeterie (marqueterie ombrée).
125 et 126 Jardinière à main (marqueterie), planches en couleurs.
127 et 128 Cadre ovale, feuillage, reptiles et oiseaux, compotier à trois étages, pour bonbonnière ou mendiants.
129 et 130 Grand porte-pipes (dorure).
131 et 132 Candélabre (découpage et sculpture), console, cadre photographique, bénitier.

QUATRIÈME ANNÉE, 1875

139 et 140 Compotier à fruits à trois étages, croix pour dames, et lettres S. H.
143 et 144 Papeterie bout de table (métal blanc ciselé), petit cadre.
145 et 146 Grande chapelle gothique pour le mois de mai (1re partie) pouvant servir de reliquaire (découpage) (voir 149-150-151-152).
147 et 148 Porte-missel Louis XV.
149 et 150 Grande chapelle gothique (2e partie).
151 et 152 Plans et explications de la chapelle, porte-réveil-matin, petite horloge.
155 et 156 Jardinière ou milieu de table.
157 et 158 Cadre à ovale, grand cache-pot, grande croix gothique.
161 et 162 Pendule borne (v. pl. 163), chaîne en bois.
163 et 164 Corbeille de la pendule (v. pl. 161 et 162), cadre photographique ovale, râtelier de bureau pour plumes et crayons, couverture de buvard arabe (couleurs).
165 et 166 Caisse à bois (devant).
167 et 168 Caisse à bois (côté).
169 et 170 Caisse à bois (couvercle).
171 et 172 Kiosque chinois, cage ou suspension.
179 et 180 Vide-poche, porte-cartes de visite.
181 et 182 Petit bureau de dame (arabe).

CINQUIÈME ANNÉE, 1876

SIXIÈME ANNÉE, 1877

249 et 250 Carte de France.
251 et 252 Carte de France muette.
261 et 262 Grande console gothique pour la chapelle (planche 145), étoiles superposées (découpage), lettres LD, EM, chiffres JM.
263 et 264 Croix à poser ou à suspendre (découpage), écusson, étoiles superposées (découpage), éventail (découpage), deux dessous de plat (découpage), coin pour cadre ou coffre (marqueterie cuivre), rosace pour cadre ou coffre (marqueterie cuivre).
267 et 268 Motifs pour cadres ou chiffres (découpage et sculpture).
269 et 270 Plumier (découpage ou marqueterie), porte-pipes en étagère, genre algérien, écusson L et oiseau, petite suspension pour pot de fleurs (découpage).
271 et 272 Grand compotier milieu de table (découpage ou sculpture).
273 et 274 Encadrement de thermomètre (découpage), pelote ou porte-montre (découpage), porte-montre à poser avec baguier (sculpture), râtelier de bureau avec boîte à poussière (découpage), bouton de lampe (découpage cuivre), bonbonnière (marqueterie cuivre).
275 et 276 Monocle marqueterie Boule, cuivre et ébène (6e leçon).
277 et 278 Calendrier perpétuel (découpage ou marqueterie).
279 et 280 Pelote (découpage), style grec, porte-montre, double baguier (découpage), coffret (marqueterie Boule). Etoile rosaces à superposer (découpage), bouchon de lampe (découpage), croix pour dame (sculpture fine), cadre (découpage ou marqueterie), couteau à papier (découpage).

SEPTIÈME ANNÉE 1878

281 et 282 Encoignure (découpage), porte-bouquets (découpage), lettres J, C, M, S, couverture de calepin (marqueterie), croix pour dame (découpage).
283 et 284 Guéridon servante de la salle à manger (marqueterie) (voir 285 et 286).
285 et 286 Rayon de guéridon (marqueterie) (voir 284), cadre avec superposition (découpage), petite chapelle pour image (découpage), hotte pour allumettes (découpage). (Voir pour le dessin du guéridon 319-320.)
287 et 288 Chapelle gothique pour vierge (découpage). (Voir pour les clochetons 313-314.)
289 et 290 Jardinière à pieds russes (découpage et sculpture) (voir 291-292).
291 et 292 Jardinière (suite et fin).
293 et 294 Grand coffre Renaissance (marqueterie), abat-jour passe-partout avec effet de lumière (cuivre).
295 et 296 Candélabre à 4 ou 5 branches (découpage et marqueterie), lettre RS et AR, enlacées, porte-allumettes.
297 et 298 Bahut hauteur 1m,10, largeur 0m,66 (découpage et marqueterie) (voir 299-300-301-302-303-304).
299 et 300 Suite du bahut.
301 et 302 Suite du bahut (côté), écusson pour crochets ou pique-notes (découpage), support pour vase (découpage), presse-papier (découpage applique), porte-allumettes (découpage), initiales AF.
303 et 304 Suite du bahut (côté), profil, AM enlacées, croix pour dame, porte-clefs.
305 et 306 Porte-baromètre et thermomètre (marqueterie), écusson, tête fantastique (sculpture), porte-manteau, petit cache-pot.
307 et 308 Cadres photographiques, ornements et oiseaux, neuf cases (décou-

page), écusson, encrier de bureau (découpage), cache-pot à trente-deux lames (découpage).

309 et 310 Grand porte-manteau d'antichambre (découpage), petite console (découpage) (voir 311-312-313-314).

311 et 312 Suite du grand porte-manteau, bougeoir (découpage).

313 et 314 Fin du grand porte-manteau, clochetons de la chapelle, planches 287 et 288, porte-bouteilles ou garde-nappe (découpage).

315 et 316 Porte-lettres à double casier (découpage), porte-cartes ou râtelier de plumes (découpage), pelote de bureau (découpage), essuie-plumes (découpage).

317 et 318 Coupe avec pied (découpage), cadre (découpage), porte-pipes (découpage), hercule du Nord, pantin articulé.

319 et 320 Dessin de guéridon de salle à manger, planche 283; 7e leçon de marqueterie, fleurs à diverses teintes, coffret genre Henri II, ébène et ivoire; 8e leçon de marqueterie.

321 et 322 Cadre chinois, 0m,20 sur 0m,30 intérieur (découpage), corbeille à six pans arabe (découpage), applique (voir planche 323).

323 et 324 Cadre de glace avec applique, trois lumières (découpage), couverture d'album (marqueterie, bois unis).

325 et 326 Grande console pour la chapelle de Noël, avec balustrade et porte en découpage.

327 et 328 Grande niche pour Vierge, avec console de 0m,15 sur 0m,55.

HUITIÈME ANNÉE 1879

329 et 330 Pavillon de jalousie, découpage simple et sculpture, porte-montre, cache-pot, pose-plume, genre arabe.

331 et 332 Tabouret tunisien (marqueterie), cadre marqueterie ou découpage applique, char romain, manche de poignard (marqueterie), pantin articulé.

333 et 334 Pendule Louis XIV, marqueterie ou découpage applique (v. 335-336).

335 et 336 Suite de la pendule Louis XIV.

337 et 338 Médaillons photographiques, réunis, petite console, prie-Dieu (voir 339-340-341-342-343-344).

339 et 340 Suite du prie-Dieu, porte-cigares avec boîte d'allumettes.

341 et 342 Suite du prie-Dieu.

343 et 344 Fin du prie-Dieu, porte-pipes.

345 et 346 Casier de bureau genre arabe, grand cadre ovale.

347 et 348 Coffret-nécessaire de toilette (découpage applique ou marqueterie), couverture de livre de prières (marqueterie), boîte ronde (marqueterie).

349 et 350 Cadre découpage applique ou marqueterie, rosace d'après des ornements indous (sculpture), candélabres, cadre pour photographie, boucles d'oreilles.

351 et 352 Porte-bouquets, baguier, tablette de guéridon (marqueterie) (voir 353-354).

353 et 354 Suite du guéridon, boîte vide-poches genre algérien (voir 355-356).

355 et 356 Fin du grand vide-poches.

357 et 358 Piédestal dit gaîne style Louis XV, découpage applique ou marqueterie (voir 359-360), console style grec, dessous de pots à fleurs, porte-couteau et fourchette.

359 et 360 Suite du piédestal, porte-lettres, support pour plumes et crayons.

NOTA. — A partir de ce numéro, la feuille composée de deux numéros est du prix de 0 fr. 50.

361-362-363-364 Grande étagère à kiosque et rayon vitré, avec colonnes carrées ou tournées à volonté.
365 et 366 Cadre à poser, découpage d'applique ou marqueterie.
367 et 368 Porte-correspondance, porte-coupe, porte-lettres, couverture de boîte, cadre à photographies.
369 à 376 Grande bibliothèque vitrée, porte-manteaux, plaque de propreté.

NEUVIÈME ANNÉE 1880

377 et 378 Chapelle en marqueterie et découpure carrée.
379 et 380 Bénitier, console porte-lampe.
381 et 382 Pendule avec thermomètre, boîte à tiroir marqueterie.
383 et 384 Petit buffet à suspendre (découpure ou marqueterie) (voir 385-386).
385 et 386 Etagère chasse et feuillage, huilier, suite du buffet 383-384 (voir 387-388).
387 et 388 Suite de l'étagère et suite du buffet.
389 et 390 Table de salon (marqueterie) (voir 391-392-393-394-395-396).
391 et 392 Suite de la table de salon, boîte à poussière (marqueterie), étagère porte-plume, croix à suspendre.
393 et 394 Suite de la table de salon, cache-pot carré.
395 et 396 Fin de la table de salon en marqueterie.
397 et 398 Candélabres.
399 et 400 Chevalet, porte-dossier ou porte-lettres.
401 et 402 Encrier, écusson avec porte-pelotes.
403 et 404 Tabouret, style russe.
405 à 408 Nécessaire de chasse ou petite armoire à cartouches.
409 et 410 Console avec application de découpage carré, dessus de coffret, bonbonnière à huit pans (voir 411-412).
411 et 412 Suite de la console, encoignure, coffret, enveloppe de livre.
413 à 416 Bibliothèque tournante de salon, d'après des ornements arabes (voir 417-418).
417 et 418 Suite de la bibliothèque de salon, couteau à papier, cadre souvenir (découpure ou sculpture), parquetage ou jeu de patience.
419 et 420 Rosace de plafond.
421 et 422 Grande suspension avec couronnement, pour pot de fleurs (voir 423-424).
423 et 424 Suite de la grande suspension, cadre long et cadre ovale en découpure relief.

DIXIÈME ANNÉE 1881

425 et 426 Cadre russe et cache-pot en simili-sculpture.
427 et 428 Etagère de salon (voir 429-430).
429 et 430. Suite de l'étagère, porte-pipes néogène avec porte-allumettes.
431 et 432 Pendule réveil-matin en simili-sculpture, baromètre avec thermomètre.
433 et 434 Cadre riche pour photographies, découpure-sculpture, noir et or, croix à suspendre.
435 et 436 Support pour lecture, cadre néogène pour photographie.
437 et 438 Cabinet d'horloge (découpage).
439 et 440 Cadre pour glace (découpage et sculpture ou marqueterie), caisse à fleurs ou cache-pot.
441 et 442 Miroir à main (découpage), cadre pour photographie (découpage ou marqueterie), couteau à papier.
443 et 444 Porte-missel à crémaillère.

445 et 446 Cartel de salle à manger (découpage applique ou sculpture).
447 et 448 Croix-bénitier (découpage, sculpture ou marqueterie), cadre (simili-sculpture), boîte à gants (marqueterie ou découpage applique, ou simili-sculpture).
449 et 450 Jardinière destinée à être placée sur une cheminée de salon (découpage applique ou simili-sculpture) (voir 451-452-453-454).
451 et 452 Suite de la jardinière, lambrequin pour rideaux de fenêtre.
453 et 454 Suite de la jardinière, grand cadre ovale noir et or pour glace ou portrait.
455 et 456 Plateau porte-dessins (chromo), découpage, cadre photographique (simili-sculpture).
457 et 458 Niche pour statue religieuse ou autre (découpage-applique ou marqueterie) (voir 459-460).
459 et 460 Niche, etc. (suite).
461 et 462 Caisse à bois (découpage ou marqueterie simple à deux couleurs).
463 et 464 Caisse à bois (voir 465-466).
465 et 466 Suite de la caisse à bois.
467 et 468 Cadre (marqueterie ou découpage-applique), vide-poche (découpage), boîte (marqueterie ou découpage-applique).
469 et 470 Porte-cigares, calendrier à effeuiller (découpage), petit bénitier.
471 et 472 Encadrement d'ardoise ou de gravure, vide-poche en forme de soufflet (découpage-applique ou simple).

ONZIÈME ANNÉE 1882

473 et 474 Grande croix avec écusson (simili-sculpture).
475 et 476 Jardinière (découpage-applique ou marqueterie).
477 et 478 Jardinière de cheminée, feuillage et chimère (découpage) (voir 479-480).
479 et 480 Suite de la jardinière de cheminée, croix-bénitier (simili-sculpture).
481 et 482 Encadrement d'écrin en tapisserie ou grand cadre à glace (découpage) (voir 483 et 484).
483 et 484 Suite de l'encadrement, etc.

LA DÉCOUPURE PRATIQUE

POUR CHALETS, MEUBLES, BATIMENTS, ETC.

Publications de dessins de découpure, éditées par la Maison.

Le numéro : **0** *fr.* **45**.

1 Pavillon de jalousie ou balcon, console de Tabarin.
2 Galerie de bureau, galerie de comptoir, fronton de crête.
3 Panneau.
4 Lambrequin de marquise.
5 Galerie courante pour métaux, rampe d'escalier.
6 Bandes à répétition.
7 Galerie pour fronton.
8 et 9 Rayons pour balustrade.
10 Panneau, galerie courante.
11 Galerie (bois et métaux), galerie égyptienne, balustre.
12 Plate-bande, fronton de crête.
13 Pavillon de jalousie, galerie de comptoir, lambrequin de crête.

14 Lambrequin de galerie, fronton de crête.
15 Pavillon de jalousie, galerie courante (métal ou bois).
16 Cadre pour glace, fenêtres ou autres, panneau graduel.
17 Galerie courante, parquet, console.
18 Lambrequins, galerie de caisse, haut de cloison à jour.
19 Panneaux de porte à deux vantaux, motif de barre d'appui.
20 Rosace pour plafond de vestibule, console pour tablette.
21 Couronnement de jalousie, motifs de dessous de cloison à jour.
22 Couronnement de cloison, partie de marquise.
23 Ouverture pour porte de basse-cour, grenier et commun, appui de croisée, ouverture pour grande porte ou porte de remise.
24 Pavillon pour jalousie ou barre d'appui, fronton de crête, galerie de comptoir.
25 Rampe d'escalier, galerie de bureau.
26 Marquise.
27 Fonds, parquets ou dallages.
28 Panneau.
29 Fronton simple, fronton avec cadre, frise de couronnement.
30 Alphabet, par Laugier, frise courante.
31 Panneau pour porte, pouvant former cloison, panneau vertical ou horizontal.
32 Bande plate (feuillage), bande plate grecque, couronnement pour porte.
33 Etagère (voir 34).
34 Suite de l'étagère.
35 Panneau (voir 37).
36 Panneau (voir 37).
37 Fronton du panneau de la planche 35, fronteau du panneau de la planche 36, par Bonnod.
38 Porte-fusils.
39 Frise courante, lettres, couronnement de porte, palmette, rosace pour panneau plein.
40 Chapiteau, palmette, panneau d'applique pour boiseries intérieures et porte à deux vantaux.
41 Recouvrement pour jalousie, lambrequin.
42 Recouvrement pour jalousie, lambrequin.
43 Girouettes pour châteaux ou maisons bourgeoises, girouettes pour communs, maisons de garde, etc.
44 Balcons.
45 Galeries pour bureau, caisse ou autre, tableau.
46 Alphabet et chiffres, fantaisie, galerie pour bureau.
47 Panneau de cloison pour café ou restaurant.
48 Balustres.
49 Girouettes pour maisons bourgeoises, panneau servant de frise, galerie courante.
50 Angle décoratif, rosaces, ouverture ornée pour la porte d'un caveau, fragment d'une frise courante, galerie ou moulure découpée.
51 Couronnement de pignon, panneau de clôture.
52 Consoles, panneau pour pignon.
53 Galerie courante pour bois et métaux, XVI° siècle, galerie de bureau ou de balustrades.
54 Recouvrement pour jalousies, clef de voûte pour croisées de chalets, fronton en zinc, galerie courante.

485 et 486 Grande bibliothèque, bonbonnière à 8 pans (voir 487-488).
487 et 488 Suite de la bibliothèque, porte-pipes.

489 et 490 Bibliothèque de moyenne grandeur (voir 491-492).
491 et 492 Suite de la bibliothèque, cadre à chevalet.
493 et 494 Cabaret à liqueurs.
495 et 496 Encadrement de fenêtre (voir 497-498).
497 et 498 Suite de l'encadrement de fenêtre, porte-chapeau, pied de tabouret.
499 et 500 Rosace de plafond.
501 et 502. Console pour trois fusils (voir 503-504).
503 et 504 Suite de la console.
505 et 506 Ornementation intérieure d'un chalet de pêche et de chasse. Console à étagère de 2 m. 33 (voir 507 à 516).
507 et 508 Suite de la console étagère.
509 et 510 Suite.
511 et 512 Suite.
513 et 514 Suite.
515 et 516 Suite et fin de la grande console.
517-518-519-520 Etagère de buffet de salle à manger.

DOUZIÈME ANNÉE 1883

521 et 522 Etagère et rayon.
523 et 524 Rosace de plafond.
525 et 526 Porte-missel pouvant servir de panneau, galerie.
527 et 528 Frise courante, fronton, galerie fleurie, panneau.
529 et 530 Frise courante, galerie de bureau, coins.
531 et 532. Galerie chimérique pouvant se rétrécir ou s'allonger à volonté, grande frise courante.
533 et 534 Guéridon chimères, ouvertures pour portes ou volets (voir 535-536).
535 et 536 Suite du guéridon.
537 et 538 Grande étagère avec encoignures.
541 et 542 Grande étagère, fantaisie avec dossier (voir 543-544).
543 et 544 Suite de l'étagère, carré en marqueterie pour parquets.
545 et 546 Lanterne de vestibule (1re partie), support pour statuette style Louis XV (voir 547-548).
547 et 548 Suite de la lanterne de vestibule (fin).
549 et 550 Moitié de plein-cintre, support de tablette.
551 et 552 Lambrequin de petite galerie, support de rayon.
553 et 554 Grand lambrequin, support de tablette.
555 et 556 Grand support de tablette pour église, deux croix.
557 et 558 Panneau, plate-bande.
559 et 560 Pavillon de jalousie, console.
561 et 562 Couronnement de pignon.
563 et 564 Revêtement de chevron, console du revêtement, jambe de force de modillon.
565 et 566 Modillon de corniche, couronnement.
567 et 568 Couronnement de pignon.

TREIZIÈME ANNÉE 1884

569 et 570 Grande croix d'applique, rampant d'escalier.
571 et 572 Etagère, petits panneaux.
573 et 574 Grand panneau, ouverture de lucarne.
575 et 576 Grand panneau, deux consoles.
577 et 578 Grande croix avec bénitiers et consoles, grande étagère.
579 et 580 Porte-pipes, encadrement pour porte, grande glace ou autre.

581-582-583-584 Porte-fusils.
585 et 586 Petite jardinière d'applique pour croisée (voir 587-588).
587 et 588 Suite de la jardinière, grand cadre ovale.
589 et 590 Suspension murale pour pot de fleur.
591 et 592 Galerie pour tour de fenêtre, galerie cintrée pour fenêtre ou rosace.
593 et 594 Panneau de $0^m,53$ sur $0^m,34$, côté d'étagère.
595 et 596 Panneau carré de $0^m,50$, panneau Henri II, de $0^m,50$ sur $0^m,18$.
597 et 598 Panneau pour porte de 1^m sur $0^m,64$ (voir 599-600).
599 et 600 Suite du panneau de porte.
601 et 602 Cadre pour chemin de croix ou pour tableau ou glace, chevalet pour petit tonneau.
603 et 604 Côtés d'étagère à trois rayons.
605 et 606 Autel pour petit oratoire (voir 607 à 610).
607 et 608 Suite de l'autel.
609 et 610 Suite de l'autel, dessous de plat.
611 et 612 Panneau de $1^m,10$ sur $0^m,42$, chevalet pour petit tonneau.
613 et 614 Trois motifs dentelés pour superposition de galerie à barre fixe, 2 galeries cintrées.
615 et 616 Rampant d'escalier, galerie de bureau, panneau carré de $0^m,38$, panneau carré de $0^m,53$.

QUATORZIÈME ANNÉE 1885

617 et 618 Six motifs dentelés pour superposition de galerie.
619 et 620 Rampant d'escalier, coin, motif pour superposition de galerie.
621 et 622 Crédence (voir 623 et 624).
623 et 624 Suite de la crédence.
625 et 626 Etagère (voir 627-628).
627 et 628 Suite de l'étagère, motif pour superposition de galerie.
629 et 630 Lambrequin, chevalet pour petit tonneau.
631 et 632 Motif pour galerie, panneau de frise, bordure d'encadrement, frise courante, galerie courante en bois ou en métal.
633 et 634 Lambrequin, panneau pour métal de $0^m,50$ sur $0^m,40$ (voir 655-656).
635 et 636 Panneau pour bois ou métal de $0^m,60$ sur $0^m,45$ (voir 655-656).
637 et 638 Cloison avec porte au milieu (voir 639 à 648).
639 et 640 Suite de la cloison.
641 et 642 Suite de la cloison.
643 et 644 Suite de la cloison.
645 et 646 Suite de la cloison.
647 et 648 Suite de la cloison, dessous de plat.
649 et 650 Panneau à découper en métal de 1^m sur $0^m,55$.
651 et 652 Rosace-applique pour plafond de salle à manger.
653 et 654 Tablette pour supporter des livres.
655 et 656 Bordure pour galerie allant avec les panneaux des planches 633-634 et 635-636, 3 modèles de bordure pour bureau ou cloison à jour.
657 et 658 Armoire d'angle à 2 vantaux.
659 et 660 Console d'angle, petit banc.
661 et 662 Porte-manteaux à 3 crossettes, 3 petites consoles.
663 et 664 Grande console d'angle, porte-manteaux à 2 crossettes, coupe-papier.

QUINZIÈME ANNÉE 1886

665 et 666 Râtelier pour fusil et cannes à pêche (voir 667-668).

667 et 668 Suite du râtelier pour fusil, support pour petit tonneau.
669 et 670 Panneau pour fenêtre cintrée ou niche de poêle (voir 671-672).
671 et 672 Fin du panneau pour fenêtre cintrée, grand cache-pot à 6 côtés.
673 et 674 Panneau cintré pour fenêtre ou niche de poêle (voir 675-676).
675 et 676 Fin du panneau cintré, deux porte-chapeaux, bordure pour bureaux, deux coupe-papier, alphabet majuscule.
677 et 678 Trois balustres pour balcons, balustres pour rampant d'escalier.
679 et 680 Etagère de coin à un rayon.
681 et 682 Grande croix avec monogramme applique, galerie de bureau.
683 et 684 Porte-manteaux à cinq crossettes.
685 et 686 Lambrequin, balustre pour balcon, rampant pour escalier.
687 et 688 Console, petit banc, lambrequin.
689 et 690 Guéridon, bordure pour bureau (voir 691-692).
691 et 692 Suite du guéridon, jardinière pour le dessus de guéridon.
693 et 694 Jardinière à 6 faces, dessus de guéridon (voir 695-696).
695 et 696 Suite du guéridon jardinière, bordure et galerie pour bureau (métal).
697 et 698 Dessus de guéridon en marqueterie (voir 699-700).
699 et 700 Suite du dessus de guéridon, tabouret de pied.
701 et 702 Grand bénitier, applique, frises.
703 et 704 Console, tour de caisse.
705 et 706 Grand porte-pipes, pavillon pour fenêtres.
707 et 708 Pavillon de jalousie, bordure de bureau, frises ou crêtes.
709 et 710 Grande étagère.
711 et 712 Etagère à colonnes.

LE FAÇONNEUR DE BOIS

Ancienne collection de M. du MÉDIC, de Brest.

Je viens de me rendre acquéreur de cette magnifique collection, et j'ai fait réimprimer tous les numéros épuisés, réclamés depuis si longtemps par nos amateurs.

Je puis aujourd'hui l'offrir au grand complet et à l'ancien prix de

Le numéro : 35 centimes.

1, 2, 3 et 4 Etagère-crédence pour poser sur un meuble, avec toutes ses pièces.
5 Corbeille à huit pans, porte-pipes, console, bobine à fil.
6 Miroir à main, porte-allumettes, champignon pour coiffures, écussons.
7 Console, porte-pelotes, bobines à fil, porte-pipes.
8 et 9 Etagère à trois tablettes, porte-pipes.
10 Porte-pipes, console.
11 Corbeille à neuf côtés, grande corbeille à six côtés, porte-pipes.
12 Vide-poches.
13 et 14 Grande corbeille à ouvrage.
15 Etagère à deux tablettes, corbeille à six côtés, couteaux à papier, porte-pipes.
16 Grand cadre, cadre pour photographie, deux corbeilles.
17 Pupitre, porte-missel, deux bobines.
18 Corbeille à huit pans, étagère à trois tablettes, couteau à papier, porte-pipes.
19 Etagère de coin à deux tablettes, corbeille à douze pans.
20 Ecran à main, grande corbeille à six pans.
21 Corbeille à six pans, deux tablettes d'applique, cadre de photographie.

22 Grande console d'applique, porte-pipes, couteau à papier.
23 Etagère d'applique à trois tablettes.
24 Grand cadre carré, corbeille à six pans.
25 Etagère en éventail.
26 Horloge applique, couteau à papier.
27 Etagère de coin, monture à trois pieds pour assiette, cadre vieux bois, corbeille.
28 Applique-bénitier, cadre, couteau à papier.
29 Applique à trois tablettes, couteau à papier. Corbillon.
30 Suspension, couverture d'album, socle de vase.
31 et 32 Etagère chinoise, cade de photographie.
33 Console pouvant se mettre de coin ou d'applique, corbeille à 6 ou à 12 côtés.
34 Porte-pipes, cadre de photographies, cache-pot, corbeille à 12 côtés, glace à main.
35 Cadre ovale, pieds pour potiches, corbeille, porte-pipes.
36 Jardinière pour meuble de salon, attributs héraldiques.
37 Petit meuble d'oratoire pour statuette (voir nº 38).
38 Suite du petit meuble. Lettres entrelacées RU, petite corbeille à fiches.
39 Cadre à sept places, support pour pipes. Lettres entrelacées AC, EB.
40 Boite à gants. Lettres entrelacées AP, PB, QB, écran de cheminée.
41 Table à ouvrage. Lettres entrelacées QA (voir les nºs 42 et 43).
42 Suite de la table. Lettres entrelacées CF, GG, applique pour crochet.
43 Suite de la table. Lettres entrelacées CN, OH, écusson pour adresse.
44 Petite étagère, petite corbeille. Lettres entrelacées AE, bobine à dévider.
45 Petit écran à main, support pour vase, écran. Lettres entrelacées CV, CX, DV, DX ; en plus grand, LM.
46 Cadré pour image ou gravure, support pour assiette. Lettres entrelacées, AD, DB, BE, bobine à dévider. Cadre photographique à 5 places.
47 Grande console (voir la suite au nº 48). Porte-montre. Lettres entrelacées AA.
48 Suite de la grande console. Applique de crochets à suspendre, cadre ou porte-montre. Lettres entrelacées AB, DZ.
49 Grand cadre de 90c/m sur 66c/m (voir la suite aux nºs 50, 51, 52, 53). Almanach à effeuiller. Lettres, M, BB.
50 Suite du grand cadre. Lettre N, couronne rustique (marquis), crochets et navettes pour filets. Lettres entrelacées BG, cadre pour photographie, petite console.
51 Suite du grand cadre bénitier, couteau à papier, corbeille cache-pot, couronne de vidame. Lettres entrelacées CC, CD.
52 Suite du grand cadre, porte-montre d'applique, attribut héraldique, casque titré, râtelier pour plumes et crayons. Lettres entrelacées DZ.
53 Suite du grand cadre. Semainier (voir 54-55). Etagère, encoignure, attribut héraldique. Lettres entrelacées ED, NB.
54 Suite du semainier. Couverture d'album en marqueterie, corbeille légère à huit côtés, attribut héraldique. Lettres entrelacées AF, ZC.
55 Suite du semainier. Porte-thermomètre, écran, pendants d'oreilles, étagère rectangle (voir 56-57-58). Lettres entrelacées LM, AA, DC, couteau à papier, attribut pour dédicace.
56 Suite de l'étagère rectangle. Marqueterie pour guéridon, manche de canif, boucles d'oreilles, corbillon, cadre pour photographie.
57 Suite de l'étagère. Porte-huilier, bâton de porte-plumes, couteau à papier. Lettres entrelacées, GA, boucles d'oreilles.
58 Suite de l'étagère. Croix pour *ex-voto*, porte-bijoux, corbeille en marqueterie, pince-notes, manches pour grattoir. Lettres entrelacées, AD.
59 Encadrement pour porte-baromètre et thermomètre (voir la suite au nº 60), cryptique pour image de piété, corbeille à six côtés, râtelier pour

plumes et crayons, pendants de boucles d'oreilles. Lettres entrelacées, FB, GB.

60 Suite du porte-baromètre. Ecran, encadrement pour une vierge, attribut héraldique, croix Jeannette. Lettres entrelacées DD.

61 Cave à liqueurs en vingt-quatre pièces (v. 62-63-64), croix Jeannette, abat-jour à 8 pans, lettres rustico-gothiques, majuscules A. Lettres entrelacées MVV.

62 Suite de la cave à liqueurs, couteau à papier, étoile à dévider, corbeille coquette avec support, alphabet rustico-gothique et lettres entrelacées CABB.

63 Suite de la cave à liqueurs, ornement [hermine] pour agrafe, pied de canif à lame fixe, pied fixe pour monture de loupe d'optique. Lettres entrelacées AG.

64 Suite de la cave à liqueurs, pince-feuilles, encrier-râtelier, grande console applique en quatre pièces (voir 65-66-67). Lettres entrelacées AG.

65 Grande console applique en quatre pièces [suite], dessous de lampe, porte-notes en deux pièces, croix Jeannette. Lettres entrelacées BC, majuscule anglaise B.

66 Grande console applique en quatre pièces [suite], chandelier à onze pièces, corbeille en marqueterie, casque de comte pour attributs. Lettres entrelacées EA.

67 Console applique en quatre pièces [fin], plant de tabac, râtelier, porte-cigares ou pipes, marqueterie pour dessus de guéridon, râtelier pour armes genre turc (voir 68-69). Lettres entrelacées AJ, AI.

68 Ratelier pour armes genre turc [suite], applique porte-bougie en quatre pièces, couronne de prétention [fantaisie], encadrement bois sec pour miroir. Lettres entrelacées AK, KB.

69 Râtelier pour armes genre turc [fin], éventail Panca à main en deux pièces, couronne fantaisie, niche-support pour statuette (voir 70-71). Lettres entrelacées AV.

70 Niche-support pour statuette [suite], applique porte-assiette à deux bougies, plaquettes pour pendants d'oreilles, encadrement pour émaux et peintures. Lettres entrelacées LW, UP.

71 Niche [suite et fin], encadrement pour émaux et peinture, encadrement à suspendre, croix Jeannette [hermine], porte-bijoux d'applique en deux pièces, cryptique pour image de piété en huit pièces. Lettres entrelacées I ou JL.

72 Cryptique pour image de piété en huit pièces, cache-pot à pied en trois pièces, écusson accolé pour femme mariée, couteau à papier, encadrement à couronne, suspension en deux pièces, corbeille clissée en deux pièces. Lettres entrelacées HG.

L'ALBUM DU DÉCOUPEUR

Collection éditée anciennement par la Maison POUILLOT, imprimée au trait et teintée sur beau papier grand format.
Le numéro : 30 centimes.

2 Porte-pipes [chasse au cerf], cadre carré pour photographies [fantaisie], cadre carré XVIIIe siècle, pour photographies, 2 étoiles à dévider.

3 Thermomètre, cadre XVIIe siècle, à deux places, porte-pipes.

4 Cadre ovale pour photographies [feuilles de lierre], cadre carré [liserons et oiseaux chimériques], glace à main [fleurs et roses].

5 Porte-réveil XVIIIe siècle.

6 2 chevalets à supports pour photographies, cadre XVIIe siècle et cadre Renaissance pour photographies.
8 et 9 Jardinière à pieds Renaissance.
10 Corbeille carrée à pieds Renaissance, couverture de carnet.
11 et 12 Etagère chinoise avec fond et trois rayons.
13 Cadre XVIIIe siècle, pour photographie, petit cadre ovale [fleurs et roses], 2 chevalets à supports, pour photographies.
14 Etagère d'angle à deux rayons.
15 et 16 Psyché à pied et à tiroir [style Renaissance].
17 Chalet porte-montre.
18 Deux éventails.
19 Chapelle et bénitier pour statuette [gothique].
20 Croix à pieds, abat-jour, dessus de carnet.
21 Support-applique pour statuette [fleurs et feuillages], couteau à papier.
22 Cadre à trois places, XVIIIe siècle, 2 chevalets-support pour photographie.
23 Pupitre à lire [écusson supporté par deux lions], couteau à papier, cadre à photographie.
24 Glace à main, porte-allumettes à pieds et à anses.
25 Corbeille à ouvrage octogone [Renaissance], coffret à bijoux [Renaissance].
26 Grande jardinière octogone sur pied bas.
27 Grand cadre pour gravure ou 6 photographies.
28 Semainier, deux couteaux à papier.
29 Porte-allumettes, cache-pot à douze côtés, boîte à gants XVIe siècle.
31 Grand coffret [découpage ou marqueterie].
32 Lit à pans coupés pour poupées XVIIIe siècle.
33 Pendule arabe.
34 Etagère à trois rayons.
35 Support d'angle, 2 cadres à photographie (arabesque).
36 et 37 Suspension octogone.
38 et 39 Pendule Renaissance.

COLLECTION ÉLÉGANTE

Ancienne Collection DUBREUIL

Le numéro : **0** *fr.* **30** *c.*

1 3 cadres pour photographies, porte-montre à suspendre.
2 2 consoles pour statuettes.
3 Porte-pipes le cheval libre, 2 cartes pour menu, carte pour invité.
4 Porte-pipes chimère, porte-montre genre pendule.
5 2 cadres album avec pied.
6 Coffret à bijoux.
7, 8, 9 et 10 Etagère pouvant se monter de quatre façons différentes.
11 Porte-pipes console.
12 Porte-bouquets chimère.
13 4 cadres pour portraits-cartes, avec pieds.
14 Grand cadre album ou chevalet, porte-montre chalet.
15 11 couteaux à papier, 2 porte-plumes.
16 et 17 Encrier chalet avec porte-montre, buvard et boîte à plumes (voir au 18).
18 Fin de l'encrier, console d'angle.

20 Vide-poches à suspendre.
21, 22 et 23 Papeterie de bureau, 2 cadres pour photographie.
24 Porte-pipes, cadre à 2 places pour portrait-carte.
25 Cadre à 3 places pour photographies format visite. Râtelier pour pipes, chiffres MS, ED, HB, ST.
26 Grand cadre de 14 × 22cm intérieur avec appliques.
27, 28, 29, 30, 31 et 32 Tour Eiffel (haut. 1m,25) pour cave à liqueurs (3 tonneaux et 24 verres à anse).
33 et 34 Grand coffret (Renaissance).
35 Boîte à gants.
36 Cadre de 27 × 19cm intérieur.
37 et 38 Croix avec socle (hauteur totale 65cm).
39 et 40 Support pour statuette ou Thabor.
41 Croix applique, boîte à mouchoirs.
42 3 cadres pour portraits-cartes, 2 petites galeries.
43 Cadre de 31 × 17cm (sujet religieux). Cadre album.
44 Glace à main, coffret à bijoux de 22 × 14cm.
45 Cadre album ovale, cadre chevalet pour portrait-carte.
46 3 Cadres pour portraits-cartes, dont 2 avec pieds.
47 Cadre de 28 × 19cm, porte-thermomètre.
48, 49, 50 et 51 Grande pendule.
52 Grand cadre-chevalet pour carte-album.
53 Encrier Renaissance.
54 Porte-thermomètre avec pied, pouvant se transformer en cadre-album.
55 Porte-baromètre et thermomètre.
56 Porte-pipes (cheval au galop), 2 plaques de portes.
57 2 cadres album, porte-plats.
58 Séchoir pour cigares à suspendre.
59 Grande console à 2 supports.
60 Petite console, chandelier.
61 Cadre album ovale avec chevalet (clowns), alphabet et jeu de chiffres.
62 2 alphabets monogrammes, AA à CC.
63 Alphabets monogrammes, CD à HI.
64 — — HJ à MT.
65 — — MU à ZZ.

DESSINS ARTISTIQUES

POUR LA PYROCHROMIE ET LA PYROGRAVURE

Cartes de menus, médaillons portraits, le cent	18 »
» » » fleurs, le cent	19 »
Études, 8 motifs	5 »
Études de fleurs, 8 motifs	5 »
Cartes de visite, médaillons portraits, le cent	9 »
» » » fleurs, le cent	10 »

NOUVELLE APPLICATION DU DECOUPAGE BREVETEE S. G. D. G.

INCRUSTA MARMOR

INCRUSTA MARMOR
BREVET TIERSOT
INSTRUCTION
VIOLET
JAUNE
ORANGE
BLANC
NOIR
VERT
A. TIERSOT PARIS

Ce nouveau procédé complète le découpage de la façon la plus heureuse, et permet d'en obtenir de véritables œuvres d'art. Il consiste à remplir les vides d'un panneau découpé avec une pâte, un stuc spécial coloré en toutes nuances, qui acquiert en séchant une grande dureté, se polit et se vernit à la perfection. Les ressources de cette décoration polychrôme n'ont pas de limites et permettent d'obtenir des effets variés à l'infini.

La boîte-nécessaire d'Incrusta-Marmor contenant 8 boîtes de poudres colorées, 1 flacon huile, 1 flacon vernis, 1 flacon dissolution de gomme, 1 flacon sulfo-cyanure de potassium, 1 pinceau pour le vernis, un couteau à boucher, un couteau à palette, 1 pinceau à mouiller, 1 crayon à graver, 1 compte-gouttes, 1 cale à polir, 1 palette en verre pour préparer la pâte, 2 feuilles papier de verre . . . . 25 »

Nous y ajoutons sur demande un échantillon formé par un cadre porte-photo de nos collections, incrusté, afin que l'on puisse juger de l'effet. En plus . . . . 5 »

NOTICE EXPLICATIVE ET MODE D'EMPLOI

Préparation du Panneau.

Dans un projet de remplissage d'un panneau découpé, il se présente deux cas : 1° Le panneau est destiné à n'avoir qu'une face en vue; 2° les deux faces du panneau devront être utilisées dans l'ornementation.

Il est indispensable de coller le panneau découpé sur un autre panneau de même épaisseur et de bois plus commun, tous deux plaqués à *contrefils,* opération empêchant la torsion du panneau qui se produirait par l'action de la pâte humide au remplissage et qui empêcherait l'adhérence des deux corps. Mais, tandis qu'un panneau ainsi collé, ne nuit pas à l'effet d'un découpage dont une face seule reste en vue, et, bien au contraire, contribuant à la solidité de la pièce, reste plaqué à demeure, les deux panneaux devront pouvoir être facilement décollés, le travail de remplissage fini, pour les découpages du second cas.

Pour cela, en interposant au collage une feuille de papier assez épais entre les deux panneaux, il sera aisé de séparer ceux-ci par des pesées faites au joint; le papier se déchirant détruira l'adhérence.

Il est bon, pour la commodité, de laisser le panneau de fond déborder le découpage d'environ un centimètre sur les deux dimensions et de clouer le tout sur une planche épaisse. Il ne reste plus, pour avoir un panneau en état d'être empli, qu'à enlever dans les vides, la poussière ou la sciure qui peut s'y trouver, avec un pinceau humecté d'eau gommée.

Préparation du Mastic de remplissage.

Cette opération est excessivement simple. Il suffit de gâcher nos poudres colorées sur la palette *avec aussi peu d'eau que possible* jusqu'à consistance de pâte épaisse et le mastic coloré est prêt à être employé quand il n'adhère plus aux doigts. Le couteau à palette est affecté à cette préparation.

Nous donnons une dissolution de sulfo-cyanure de potassium destinée à être versée à raison de vingt gouttes pour un litre, dans l'eau servant à la préparation du mastic. Ce corps a pour mission de fixer indélébilement les teintes employées.

Toutes les teintes sont obtenues, celles offertes, les composantes du prisme, ont une valeur moyenne.

Pour éclaircir un ton, on incorpore de la poudre blanche; pour le foncer, l'on ajoute plus ou moins de poudre noire.

Nous tenons à la disposition de nos clients, des poudres de toutes teintes à la demande, et, particulièrement celle dont la nomenclature ci-contre.

Remplissage du Panneau.

On peut emplir un découpage, soit par teintes unies, principalement dans les motifs ornementaux, soit en teintes marbrées, pour les sujets. Par l'un ou l'autre de ces procédés, on obtient des effets infinis. L'étendue des combinaisons obtenues par les dispositions choisies des teintes unies, dans un motif ornemental, est sans limite; de même, les tons formés par l'union de plusieurs teintes sont innombrables. D'où la possibilité d'obtention facile de multiples effets féconds.

Les marbrures s'obtiennent très facilement dans le remplissage d'un même creux avec plusieurs pâtes de tons différents. Le couteau à palette qui sert au remplissage, provoque par l'écrasement le mélange partiel des divers mastics et donne tous les accidents, veinages, dégradations de tons, cailloutage du marbre naturel.

Ici, nous ne saurions trop le répéter, comme en toutes choses, l'expérience est le meilleur des maîtres, et, nul doute que l'apprentissage fait, chaque amateur ne trouve des tours de main et des procédés propres, lui permettant d'obtenir, avec une grande facilité, tous les effets spéciaux inhérents à nos mastics et qui en font des produits hors de pair.

La disposition arrêtée, emplir les vides milieu et bien faire adhérer tout d'abord le mastic aux parois des trous du découpage, puis emplir complètement en insistant avec le couteau, jusqu'à refoulement du mastic. L'opérateur devra surtout, dans cette opération, s'appliquer à ne pas laisser subsister de surépaisseur, car cet excédent devient, une fois sec, très long à enlever au ponçage.

Si malgré tout, il existait une sérieuse surépaisseur, il serait possible de la faire disparaître, en tranchant horizontalement le mastic encore tendre, avec le couteau à palette.

Il pourrait se faire que la composition, ayant été faite et employée trop liquide, se retire en séchant et détermine des fissures, des fendillements et même se décolle des parois ; c'est un signe certain d'une mauvaise préparation de la pâte. Nous ne saurions trop insister sur ce point : n'employer qu'aussi peu d'eau que possible.

Néanmoins, cet inconvénient peut se prévenir ; il suffit d'appuyer fortement sur le mastic avant qu'il ne soit complètement sec. Ou bien encore, reboucher ces fissures, soit avec le même ton, dans le cas des applications unies, soit après les avoir retaillées au besoin, avec l'outil spécial, d'une teinte différente dans le cas de teintes marbrées.

Ponçage et Vernissage.

Il ne reste plus, le tout parfaitement sec, qu'à poncer, bien à plat, avec du gros papier de verre sur un tampon de bois, à reboucher les creux qui pourraient exister, puis poncer au papier de verre fin et à l'huile et vernir, soit au tampon, soit au pinceau au vernis spécial. Le vernis au tampon est, de beaucoup, supérieur. Pour celui-ci, le ponçage parfait du panneau s'impose, car, au vernissage, les moindres défauts apparaissent et peuvent compromettre et même en gâter absolument l'aspect.

Un morceau de tricot de laine constitue le tampon, un bout de toile un peu usé lui sert d'enveloppe. Le panneau, après le ponçage, huilé et bien essuyé, est prêt à être verni. Pour cela, après avoir empli le tampon de vernis et graissé d'une goutte d'huile son enveloppe, on le promène sur le panneau, *sans appuyer*. L'on décrit continuellement des séries de cercles enchaînés, le pouce et les deux premiers doigts serrant constamment le tampon.

Bien prendre soin de ne revenir que sur les endroits secs. Il ne faut pas arrêter le tampon sur le panneau, sous peine d'une tache. Remettre du vernis dans le tampon à mesure des besoins, et graisser l'enveloppe d'une goutte d'huile chaque fois. Vers la fin de l'opération, pour unir et sécher, on ajoute au vernis, dans le tampon, quelque peu d'alcool pur. Le vernis est obtenu, quand le tampon ne marque plus; il suffit alors de sécher avec du talc et de frotter avec la paume, pour obtenir un brillant superbe.

Prix de la Boîte : 25 fr. — Prix des couleurs séparées pour remplacer celles qui sont contenues dans les boîtes. La boîte de 500 grammes : 1 fr. 75

PRINCIPALES POUDRES DE COULEUR QUE NOUS FOURNISSONS PAR BOITES DE 500 GRAMMES ENVIRON

Violet Magenta	2.60	Jaune brillant	1.90
Violet pourpre	2.25	Ocre de Ru	1.90
Bleu de Prusse	1.90	Terre d'ombre naturelle	1.90
Coeruleum	4.35	Terre d'ombre brûlée	1.90
Bleu lumière	1.90	Terre de Sienne	1.90
Bleu paon	1.90	Jaune d'or	1.90
Cendre verte	1.90	Jaune de Naples	2.25
Terre verte naturelle	1.90	Mine orange	2.25
Terre verte brûlée	1.90	Laque carminée	2.60
Vert irlandais	1.90	Carmin	5.75
Vert olive	2.25	Vermillon	2.25
Vert Schweinfurt	2.60	Rouge de Venise	1.90
Gomme gutte	2.25	Brun rouge	1.90
Ocre jaune	1.90	Brun Havane	1.90
Jaune de chrome	1.90	Brun de Norwège	1.90

LE " PYROCHROME "

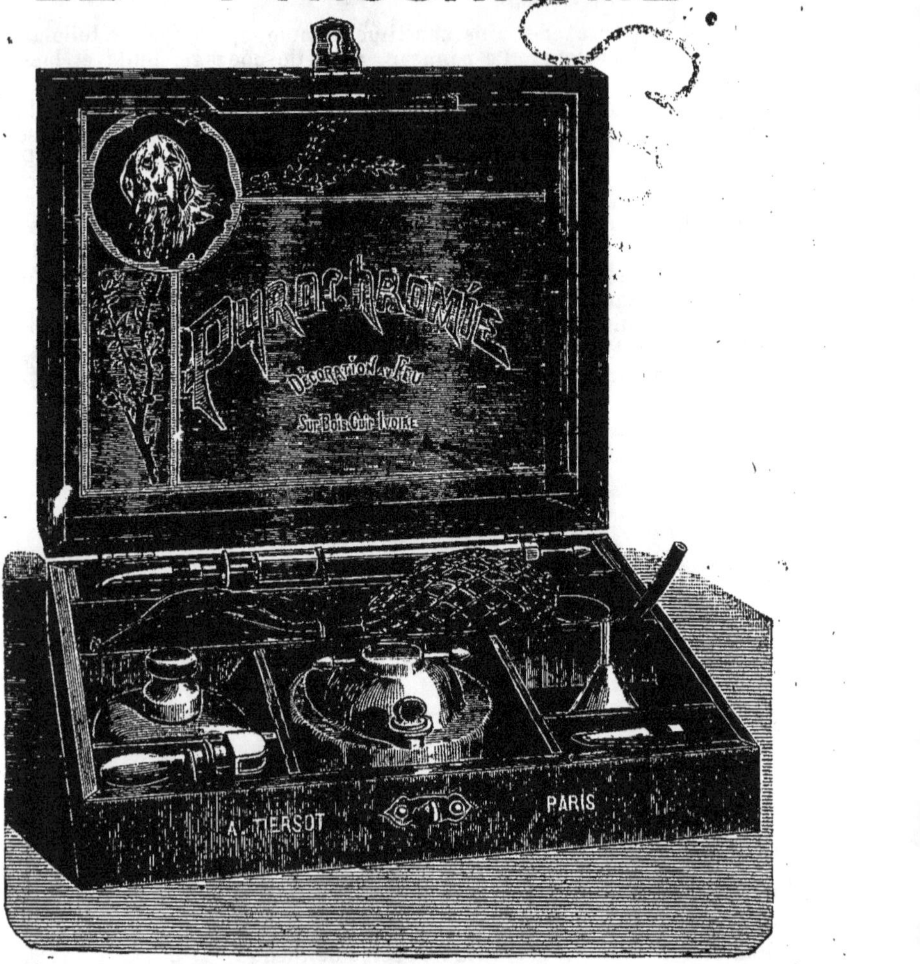
Pyrochromie
Décoration au Feu
Sur Bois Cuir Ivoire
A. TIERSOT
PARIS

L'APPAREIL COMPLET dans sa boîte : 25 francs.

DÉFINITION

Les **Pyrochromes** sont des instruments à feu : crayons et pinceaux de création toute récente, qui servent à dessiner, graver et peindre, d'une manière nouvelle et durable, sur bois, ivoire, cuir, papier, étoffe, etc.

Cette nouvelle méthode que nous appelons la **Pyrochromie**, est, de toutes origines, un art essentiellement français qui laisse loin derrière lui la Décalco-Pyrographie ou Pyrogravure primitive des Allemands.

CARACTÈRES DISTINCTIFS DES PYROCHROMES

Ces instruments donnent le trait, l'ombre et la teinte fondue, en les colorant de toute la gamme des jaunes, des gris et des bistres foncés. On voit quelle variété de tons et d'exécution il en peut résulter.

Il y a plus : sous le crayon ou le pinceau pyrochromique, le sujet prend un ton chaud qu'il emprunte à l'instrument lui-même et qui varie avec l'espèce et la nature des matières que l'on veut graver ou peindre.

Aucun instrument analogue (mèche, tisonnier, galvano et thermo-cautère) ne rend ces effets.

Les **Pyrochromes** ont d'autres avantages.

Le crayon n'exige pas la délicatesse de touche que réclame le thermo-cautère.

Ce dernier, en des mains inhabiles, brûle et carbonise les surfaces avec lesquelles on le met en contact, et compromet de ce fait la durée de l'œuvre.

Le crayon pyrochromique n'a pas cet inconvénient.

Quant au pinceau, on peut avec lui prendre un point d'appui direct sur l'objet à peindre, ce qui, naturellement, donne une grande sûreté de main et par suite une grande précision. On en tire en outre les effets les plus vaporeux.

Avoir soin de commencer par les tons les plus faibles et porter les teintes ensuite à leur degré, en revenant avec des tons plus chauds.

Enfin, crayons et pinceaux, ainsi qu'on le verra au chapitre *Instructions* se substituent l'un à l'autre et se remplacent dans une certaine mesure.

Il n'est pas sans intérêt d'ajouter que ces instruments sont très bon marché.

DESCRIPTION

L'appareil comprend :

Le **Pyrochrome** proprement dit, un carburateur, une soufflerie à double vent, deux tuyaux de raccord en caoutchouc, une petite clef, une lampe à alcool et ses accessoires, un panneau peint au **Pyrochrome**, l'album de modèles, le tout enfermé dans une boîte.

L'un des tuyaux fait partie de la soufflerie qu'il relie au carburateur; l'autre est indépendant et relie le carburateur au **Pyrochrome**.

Le **Pyrochrome** proprement dit se compose d'un manche à poussette, comme celui de nos anciens canifs; d'un tube de platine mobile, dit tube foyer; de deux gaînes en maillechort.

L'une des gaînes est fermée, c'est le crayon; l'autre coudée est ouverte en forme de petite gueule, c'est le pinceau, sorte d'estompe d'où s'échappent des gaz brûlés qui servent à ombrer.

Ces gaînes se vissent sur le manche ou s'en séparent à l'aide de la clé.

Le foyer mobile occupe le centre des gaînes; il est commandé par la poussette au moyen de laquelle il exécute des mouvements de va-et-vient qui le rapprochent ou l'éloignent de l'extrémité agissante du **Pyrochrome**.

FONCTIONNEMENT

Le jeu de l'appareil est très simple.

Le foyer une fois allumé, la soufflerie chasse dans le carburateur l'air qu'elle puise dans l'atmosphère; cet air s'y imprègne de vapeurs combustibles. Du carburateur, le mélange gazeux se rend au foyer du **Pyrochrome** où il brûle sans flamme.

L'artiste, suivant la manière dont il manie la poussette, modifie à sa volonté et le degré de chaleur de la pointe du crayon, et celui des gaz brûlés qui sortent du pinceau. C'est ainsi qu'il arrive à produire la gamme des jaunes, des gris et des bistres foncés.

INSTRUCTIONS

1° N'employer d'autre liquide combustible que l'essence minérale qui est une essence de pétrole pesant de 700 à 710 gr le litre. Cette essence est incolore, très volatile, d'odeur éthérée, caractères auxquels on la reconnaît facilement.

2° Remplir le carburateur de manière à imprégner complètement le corps poreux qu'il contient; puis reverser tout ce qui n'a pas été absorbé.

3° Agencer l'appareil comme l'indique la description

4° Amener au moyen de la poussette le tube-foyer vers l'ouverture de la gaîne, puis en chauffer la partie médiane sur une flamme (lampe à alcool), pendant une demi-minute environ. Au bout de ce temps, actionner doucement la soufflerie de la main gauche et porter le foyer au rouge cerise vif.

5° Avant tout, l'artiste doit avoir la connaissance parfaite du jeu de la poussette et de celui de la soufflerie.

Ces points acquis, il n'aura plus qu'à régler la pression de la main et la durée du contact de l'outil selon les effets qu'il désire produire.

Qu'il se souvienne bien qu'en retournant l'outil on fait du crayon un pinceau et du pinceau un crayon.

En effet, avec le dos du crayon, on obtient les ombres en teintes fondues et graduées comme si on opérait avec le pinceau; avec la lèvre supérieure du pinceau qui, lorsque l'instrument est retourné, devient lèvre inférieure, on trace des traits aussi fins qu'avec le crayon.

L'artiste voit toutes les ressources que lui offre le **Pyrochrome**.

6° A la fin du travail *porter le tube-foyer au blanc*, puis détacher vivement le **Pyrochrome** de la soufflerie.

7° Au début de chaque séance, recharger le carburateur suivant l'indication ci-dessus, car il ne fournit environ que deux heures de travail continu.

8° Rincer de temps en temps le carburateur avec de l'essence complètement neuve et jeter le produit du rinçage.

SCULPTURE

OUTILS DE PARIS

acier fondu, QUALITÉ GARANTIE, marqués « TIERSOT »

264 **Ciseaux** droits et coudés, biseaux ou nez ronds droits et coudés, à droite et à gauche. Gouges droites, cintrées, coudées et contre-coudées, (fig. A à U) : De 1 à $14^{m}/_{m}$ . . . . ».65
De 15 à $22^{m}/_{m}$ . . . . ».85
De 23 à $27^{m}/_{m}$ 1.15

264bis **Ciseaux**, gouges et biseaux, forme spatule (f. A', B' et C'), aux mêmes prix.

265 **Ciseaux** et gouges gradinés (fig. W et Z), de 4 à $13^{m}/_{m}$ . . . . . ».90

266 **Burins** angulaires droits, cintrés ou coudés (fig. V, X, Y), de 2 à $13^{m}/_{m}$, ... ».90

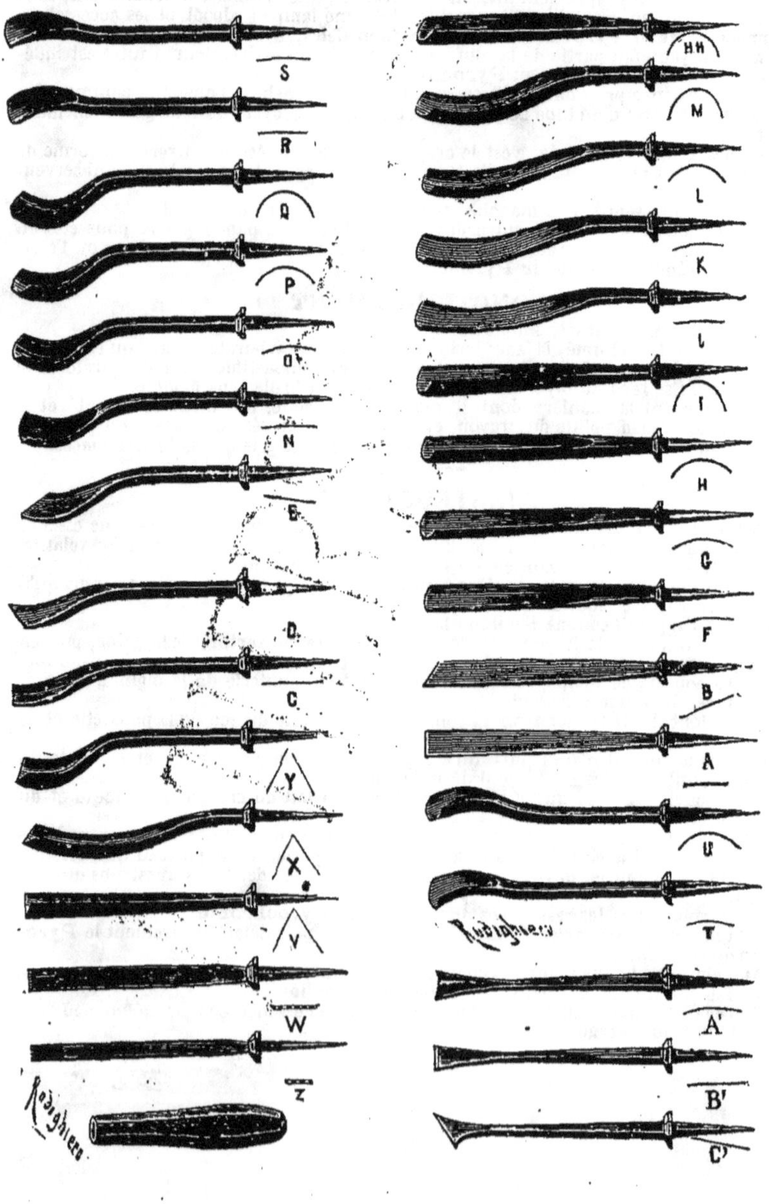
S
R
Q
P
O
N
E
D
C
Y
X
V
W
Z
HH
M
L
K
L
I
H
G
F
B
A
U
T
A'
B'
C'

OUTILS ANGLAIS S. J. ADDIS

première marque anglaise, QUALITÉ GARANTIE

266bis

	De 4 à 12,	15,	19 m/m
Ciseaux droits et obliques (ou nez ronds) (fig. A, B)	».75	».75	».75
Ciseaux droits et obliques (ou nez coudés) (fig. C, D, E)	».80	».80	».80
Gouges droites tous pas jusqu'à 3/4 creuses (fig. F, G, H)	».75	».75	».75
Gouges droites creuses (fig. I)	».85	».85	».95
Gouges droites très creuses	».85	».95	1.30
Gouges coudées et contre-coudées tous pas jusqu'à creuses (fig. N, O, P)	».90	».90	1. »
Gouges cintrées tous pas et très creuses coudées (fig. J, K, L, M, N, Q)	».90	1.10	1.35

Les gouges contre-coudées ne se font que jusqu'à 1/2 creuses.

Burins angulaires de	4 à 11	14	16	18 m/m
Droit (fig. V)	1.10	1.25	1.35	1.70
Cintrés ou coudés (fig. X, Y)	1.20	1.35	1.50	1.80

269 **OUTILS SUISSES**, plus courts, première qualité, ciseaux droits et coudés, biseaux ou nez ronds, droits et coudés, gouges droites, cintrées, coudées, burins droits, cintrés, coudés, de 2 à 12 m/m. La pièce. . ».50

Affûtage soigné des outils, par pièce, en plus. . . . . ».15

Outils emmanchés (manche frêne à pans), en plus . . . . . . ».15

Outils emmanchés, manche cormier à pans, en plus. . . . . . . ».30

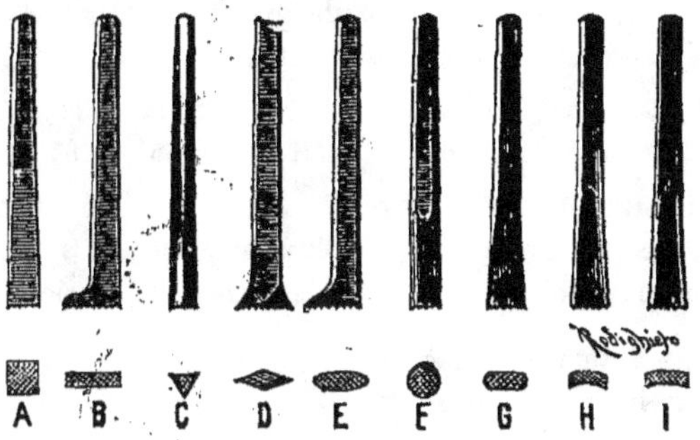
A
B
C
D
E
F
G
H
I

267

267 **Sabloirs** pour les fonds. . . . . ».50

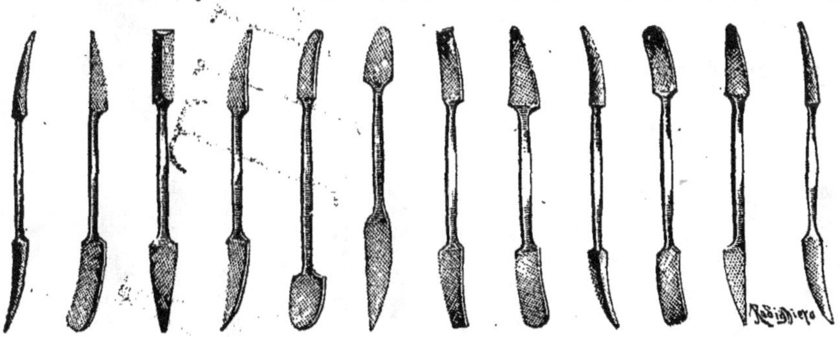

268

268 **Rifloir-Râpe**, 36 formes différentes, qualité extra.

125	150	175	200 m/m
».75	».80	».90	1.25

269bis **Ciseaux** courts, tout **acier fondu,** dits de sculpteurs : **qualité garantie.**

Largeur.	2 et 4	6 à 10	12 et 15	18 et 20	22	25 à 28	30	35m/m
Prix . .	».45	».55	».60	».70	».75	».85	0.90	1.20

La douzaine assortie, de 2 à 28m/m. 6.50

269 bis

270

270 **Gouges,** tout **acier fondu,** dites de sculpteurs : plates, 1/2 plates, 1/2 creuses et creuses, **qualité garantie.**

Largeur.	2 à 4	6 à 8	10 à 15	18 à 20	22 à 25	28	30	35m/m
Prix. . .	».50	».60	».65	».75	».85	».95	1. »	1.20

La douzaine assortie, de 2 à 28m/m. . . . . 7. »
Emmanchés avec manches à pans, en plus par pièce 0.15
Emmanchés avec manches cormier méplats, en plus par pièce. . 0.35

Jeux d'outils à tige taraudée avec manche universel en bois façon ébène, virole en bronze.

271 Composés de 12 outils avec un manche. . . . . 9. »

272 Composés de 24 » » » » . . . . 16. »

273 **Manche** de rechange 1.90

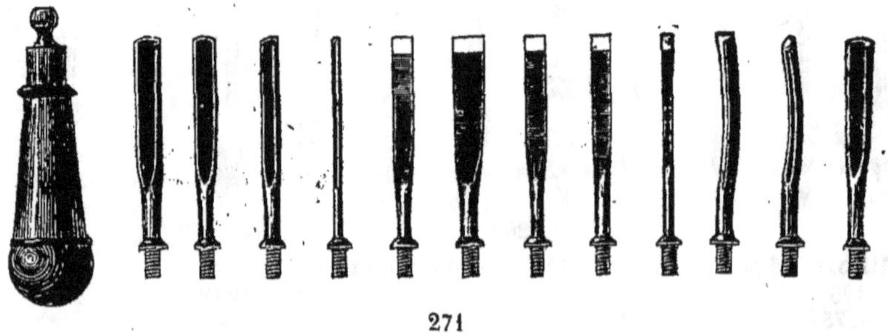

271

274 **Meules en plomb** pour affûter les gouges et les burins.
Longueur 25c/m . . . . 10. »

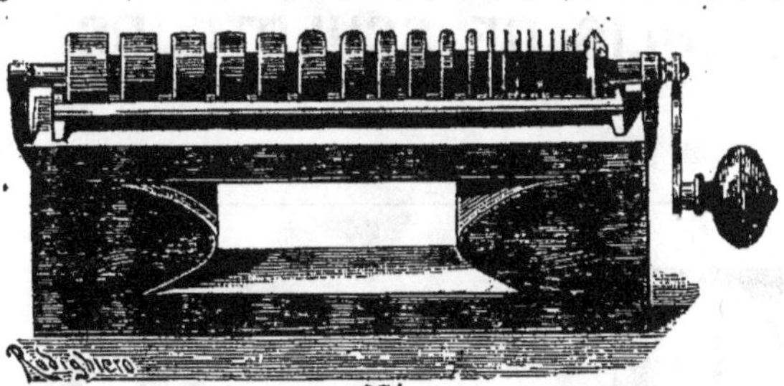

274

NOTA. — *Employer ces meules avec du grès ou de l'émeri et de l'eau et les laver quand on cesse de s'en servir.*

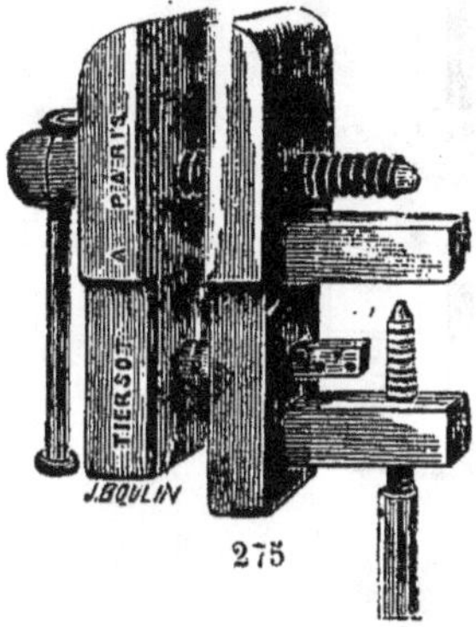
PARIS
TIERSOT
J.BOULIN

275

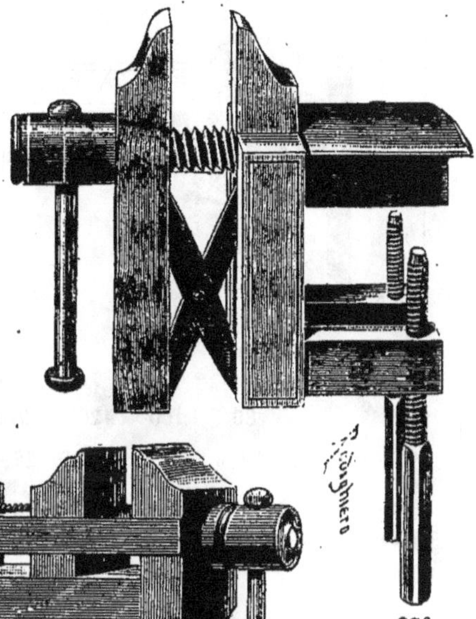

276

275 bis

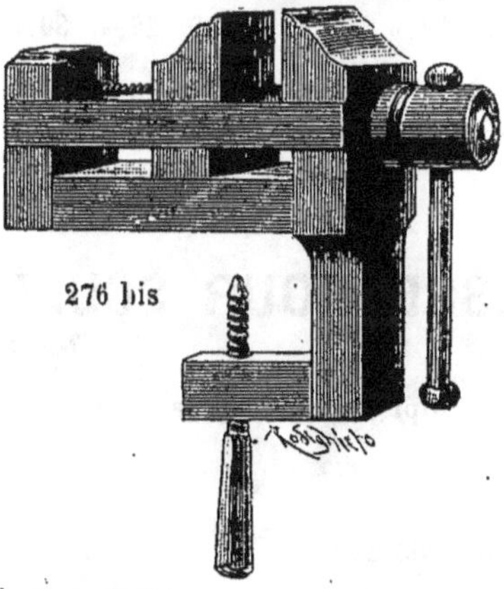

276 bis

275 **Étau de sculpteur** à une presse 5.50
275bis **Étau de sculpteur** avec presse fonte, à vis fer. 7.50
276 **Étau de sculpteur** s'ouvrant parallèlement, à deux presses . . 9.25
276bis **Étau parallèle** de sculpteur à coulisse, grande ouverture, vis
bois 15.50
Vis fer. 20.50

ÉTABLIS DE SCULPTEURS

Longueur en centimètres :

	80	100	120	140	165	180	200	250	300
Hauteur 90 c/m. Prix.	**18.»**	**19.»**	**22.50**	**26.»**	**30.»**	**32.»**	**36.»**	**43.»**	**55.»**

PRESSE POUR SCULPTEURS

282bis **Presse** pour sculpteurs de 0m80 de long avec chariot bois, et crochets en fer . . . . **18. »**

La même, de 1m00 de long **21.50**

Presse pour sculpteurs de 0m80 de long avec chariot en fonte, vis en fer et écrou cuivre avec manivelle . . . . **37. »**

La même, de 1m00 de long . . . . **40. »**

277 **Valet** à vis soigné, patin articulé . . . . 10. »

277bis **Valet** à rotule, tige tournée, entièrement poli, très soigné . . . 18. »

278 **Vis françaises** ou vis à valet :

Diamètre	14	16	18m/m
La pièce	5. »	6. »	7. »

278bis **Vis anglaises** (sans tête), la pièce . 4. » 5 » 6. »

279 **Râcloirs** toutes formes emmanchés. . . . . ».65

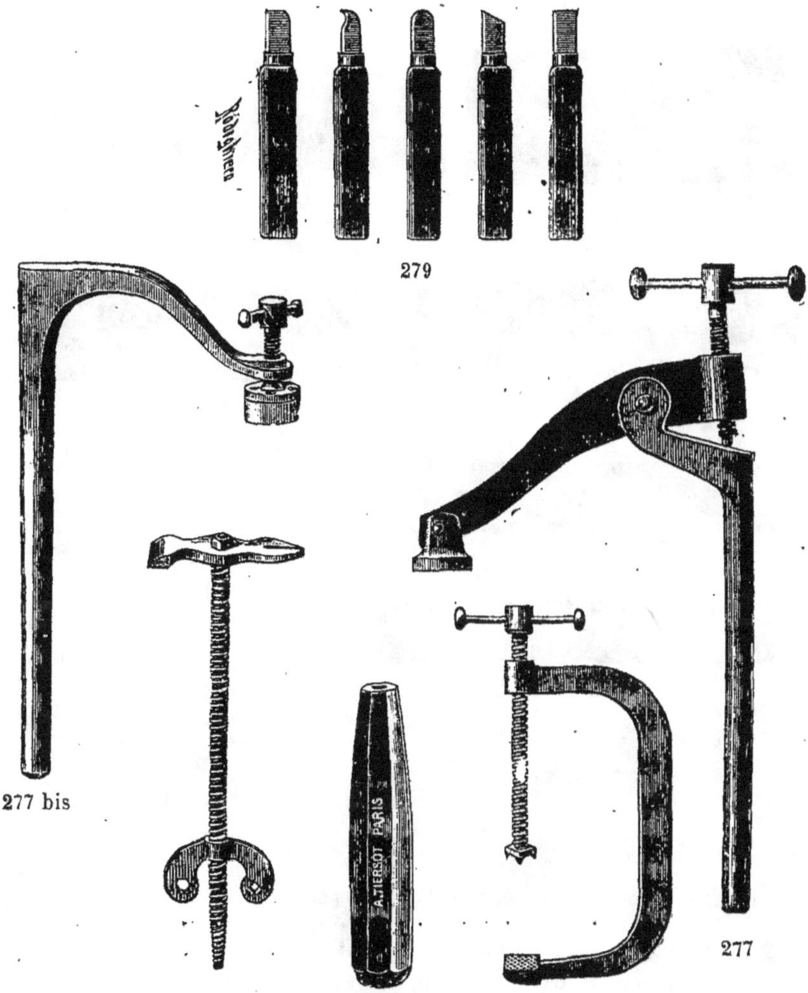
A.TIERSOT PARIS

279 — 277 bis — 277 — 278 — 280-281 — 282

280 **Manches à pans** en frêne pour outils de sculpteurs. . . . . . . » 10

281 **Manches à pans** en cormier . . . . ».25

282 **Presses** de sculpteurs en fer forgé.

Ouverture	10	15	20	25 et 30	35 et 38c/m
La pièce	2.50	4.50	7. »	9 50	10.90

Petites pattes en bronze avec vis, longueur 50$^{m}/_{m}$, la paire. . . ».75

A **Pierres** à gouges, du Levant : petites, ».75 c. ; grandes . . . . . ».95

B **Pierres** à gouges, du Levant, arrondies des deux côtés, ... 1.10

C **Pierres** à gouges, d'Amérique, Arkansas grandes extra, arrondies des deux côtés. 4.75

Pierres à gouges, d'Amérique, Arkansas moyennes extra, arrondies d'un côté 3.75

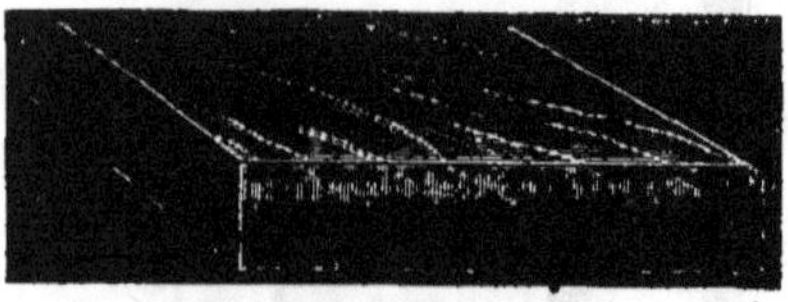

A

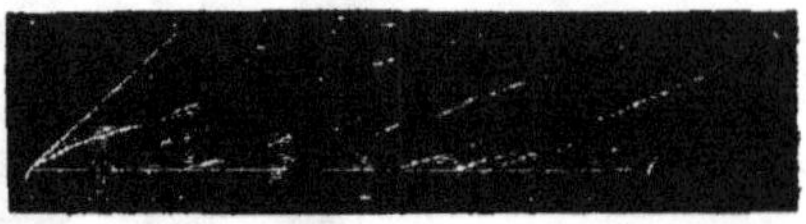

B

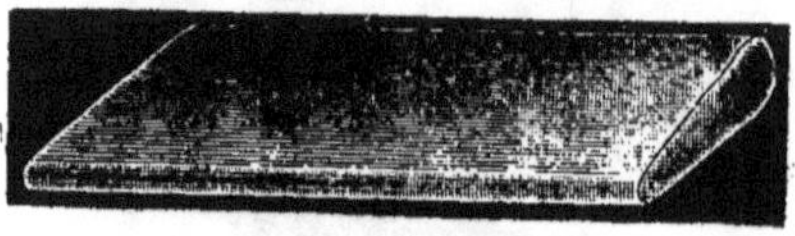

C

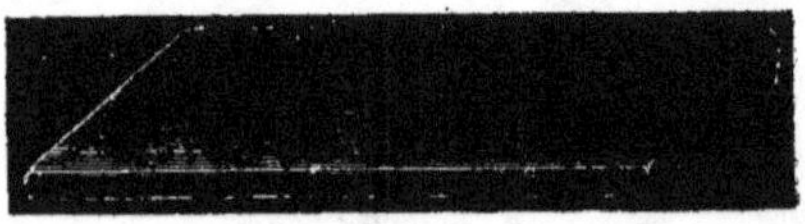

D

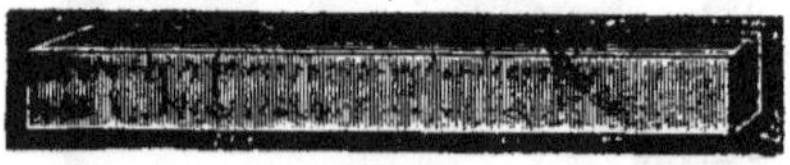

E

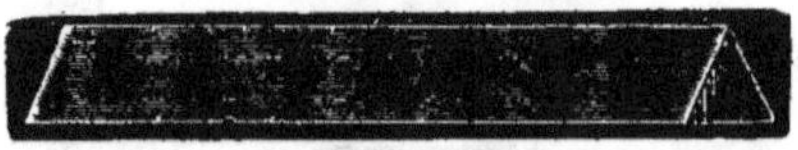

F

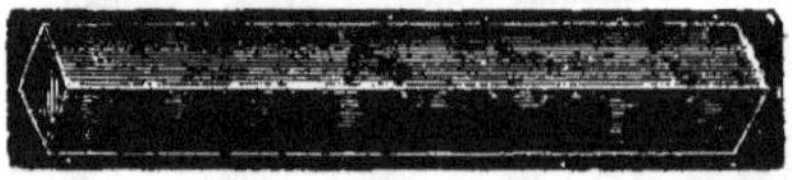

G

284

Pierres à gouges, d'Amérique, Arkansas petites extra, arrondies d'un côté 2.75

D **Pierres** à gouges, d'Amérique, Vashita extra 1.95

EFG { **Pierres** à tiges, du Levant, carrées, triangulaires ou losanges, pour burins d'environ 10$^{m}/_{m}$ de côté, en 8 à 10$^{c}/_{m}$ de longueur, la pièce. 1.10
Pierres à tige d'Amérique Arkansas 1er choix . . . . 2. »

Maillets pour sculpteurs, en charme . . . . ».75

284 **Maillets** pour sculpteurs, en cormier poli. 1.20

Bois pour sculpture, toutes essences et épaisseurs.

Râtelier porte-outils, le mètre . . . . ».70

BOITES D'OUTILS POUR SCULPTEURS

OUTILS DE PARIS, marqués A. TIERSOT, garantis.

285 **Boîte** noyer ciré, 25 outils, 30 fr.; avec les outils affûtés. . . . . . 32 fr.
L'assortiment de 25 outils sans la boîte, emmanchés et affûtés . . 24 50
286 **Boîte** noyer ciré, 50 outils, 57 fr.; avec les outils affûtés. 62 40
L'assortiment des 50 outils sans la boîte, emmanchés et affûtés . . 50. »

TIERSOT A PARIS

286

286bis **Boîte** noyer ciré, 75 outils, 84 fr.; avec les outils affûtés 92.25
286ter **Boîte** noyer ciré, 100 outils, 110 fr. » » » » 121.25

OUTILS ANGLAIS, marqués S. J. ADDIS.

Boîte noyer ciré de 25 outils, 34 fr.; avec les outils affûtés . . 36.10
Boîte noyer ciré de 50 » 64 » » » » . . 69.40
Boîte noyer ciré de 75 » 95 » » » » . . 103.25
Boîte noyer ciré de 100 » 125 » » » » . . 136.25

OUTILS SUISSES, 1re qualité.

287 **Boîte** bois blanc, 25 outils, 21 fr.; avec les outils affûtés 23.10
L'assortiment des 25 outils sans la boîte, emmanchés et affûtés. . 18. »
288 **Boîte** bois blanc, 50 outils, 40 fr.; avec les outils affûtés 45.40
L'assortiment des 50 outils sans la boîte, emmanchés et affûtés. . 38. »
288bis **Boîte** bois blanc, 75 outils, 59 fr.; avec les outils affûtés 67.25
288ter **Boîte** bois blanc, 100 » 75 » » » » 86.25
Les outils tranchants de ces boîtes sont avec manches en frêne ; pour les avoir avec manches cormier, en plus par boîte de 25 outils. 1.40
En plus, par boîte de 50 outils 3.60
» » 75 » 5.50
» » 100 » 7.50

TOURS ET OUTILS DE TOURS

TOURS

TOURS POUR TOURNER ASSIS, Nos 368bis ET 369bis

Très soignés, hauteur de pointes 7c/m, coulisse fonte rabotée, table bien vernie, avec mandrin à toc et mandrin à vis, dit queue de cochon.

368bis Longueur de coulisse, 50c/m . . . . 70 fr.

369bis Longueur de coulisse, 75c/m . . . . 80 »

Tour américain, nouveau modèle, avec machine à découper, meule d'émeri et perceuse sur le bout de l'arbre de la poupée, pour travailler assis, hauteur totale du tour $80^{c}/^{m}$, avec la machine $1^{m}05$, longueur du banc ~~$86^{c}/^{m}$~~, hauteur des pointes $72^{m}/^{m}$, profondeur de la machine à découper $46^{c}/^{m}$. 60

Prix avec les accessoires . . . . 80. »
Emballage. 3.25

La scie à découper fonctionne au moyen d'une petite bielle qui s'adapte au mandrin à toc du tour. Elle se monte instantanément à l'aide d'un des boulons des supports.

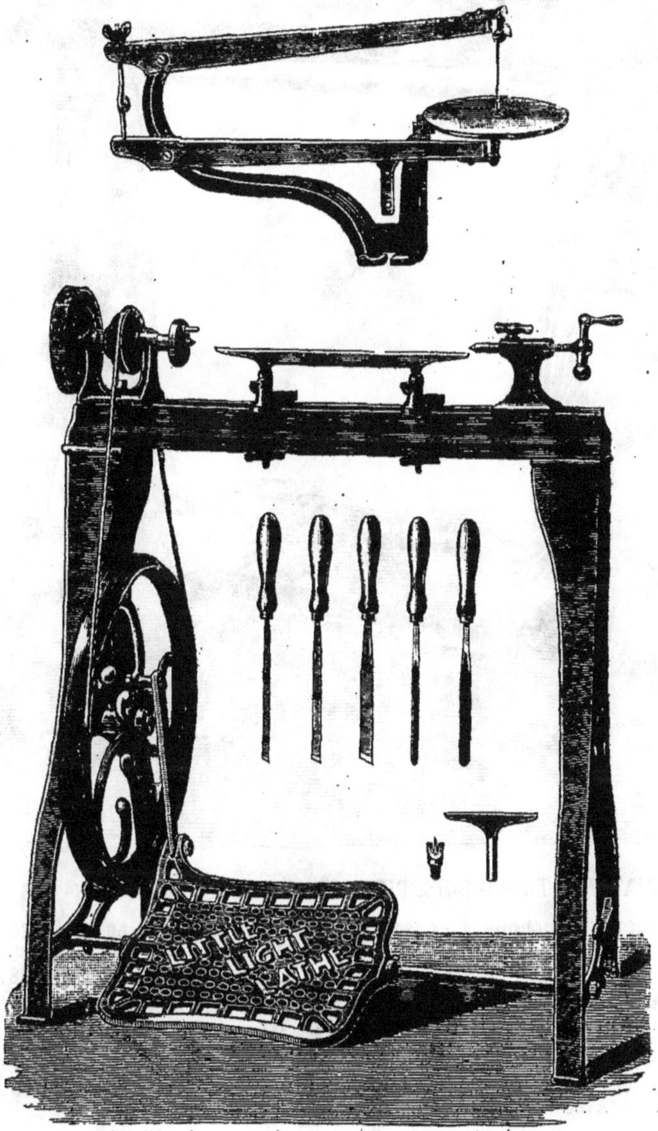
LITTLE LIGHT LATHE

356 **Tour d'amateur**, sur pieds fonte avec volant tourné, à deux vitesses, hauteur de pointes 9c/m, longueur de banc 1 mètre, hauteur totale 1m10.

Prix avec volant de 50c/m. . . . . . . 100. »

356bis Hauteur de pointes, 10c/m. » » » 60 » . . . . . . 120. »

356ter » » ». . 12c/m. » . » » 70 » . . . . . . 143. »

TOUR AMATEUR, TABLE BOIS, PIEDS FONTE RENFORCÉS. — No 356

357 Le même, à manchons, avec 3 manchons, 9c/m, volant de 50c/m. 120. »

357bis » » » » » 10 » » 60 » 135. »

357ter » » » » » 12 » » 70 » 168. »

NOTA. — Ces tours sont montés avec des poupées de la nouvelle série déposée

Bancs seuls avec volants à deux vitesses de. . 50 60 70c/m

Prix. . . . . 65. » 75. » 85. »

Avec volant fort à 4 vitesses . . . . . 92 fr.

TOUR NOUVEAU MODÈLE

Coulisse fonte de $90^{c}/^{m}$ encastrée dans un banc en chêne ciré massif de $100 \times 40^{c}/^{m}$. Pieds forts en fonte, volant à deux gorges tournées.

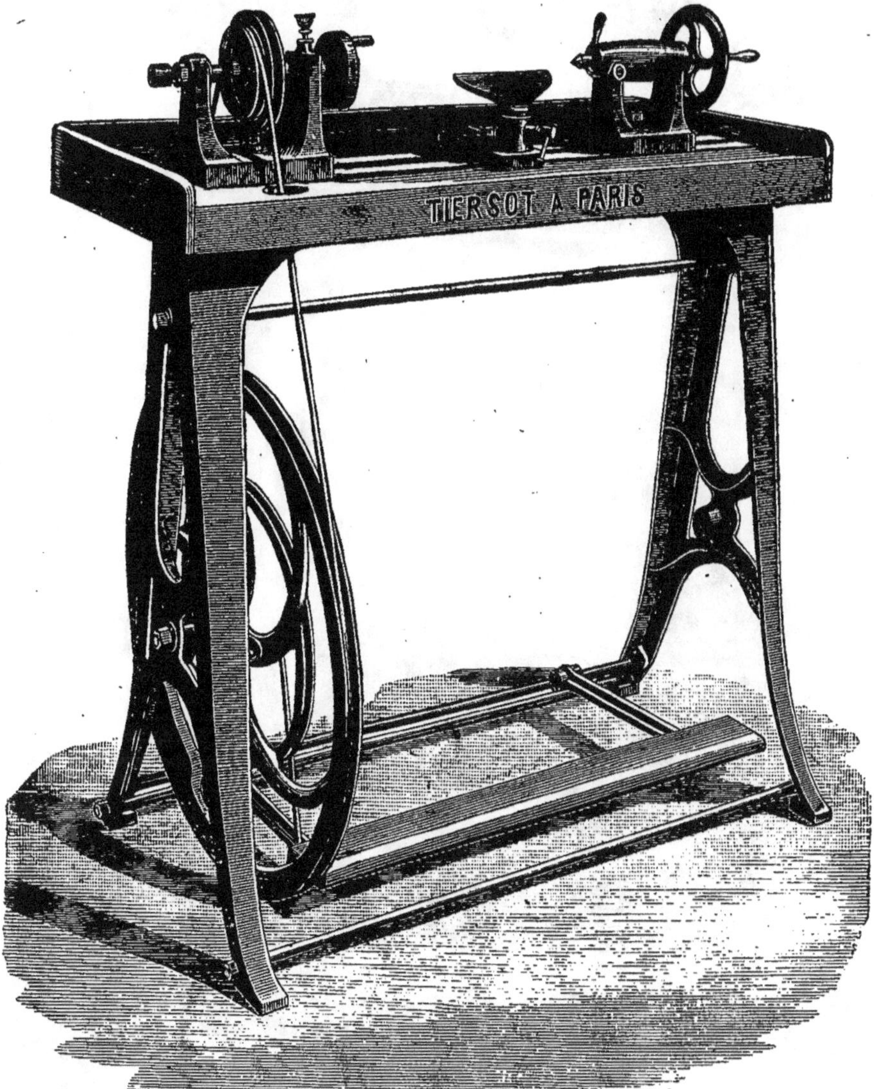
TIERSOT A PARIS

TOUR NOUVEAU MODÈLE N° 902

N° 900	A bidet, hauteur de pointes, $9^{c}/^{m}$	125 f. »
901	» » » » 10 »	145 »
902	» » » » 12 »	165 »
903	A manchons, avec 3 manchons de rechange, $9^{c}/^{m}$	150 »
904	» » » » » 10 »	165 »
905	» » » » » 12 »	195 »

NOTA. — Ces tours sont montés avec les poupées de la nouvelle série déposée.

Bancs seuls, avec volant à deux vitesses de	50	60	$70^{c}/^{m}$
Prix	80 »	90 »	105 »

Tour amateur, pieds fonte renforcés, hauteur de pointes $9^c/^m$.

TOURS AMATEURS, PIEDS RENFORCÉS. — N°s 364bis ET 365bis

364bis	A bidet, longueur de coulisse $78^c/^m$, pieds renforcés	135 »
365bis	» » » 90 »	150 »
366bis	A manchons, avec 3 manchons en bronze, $78^c/^m$	155 »
367bis	» » 3 » » 90 »	170 »

Les mêmes, en $10^c/^m$ de hauteur de pointes, 15 fr. en plus.

NOTA. — Tous ces tours sont montés avec des poupées de la nouvelle série déposée.

Banc seul de 1 mètre, sans la coulisse, table vernie, volant de 55 à deux vitesses . . . . 65 fr.

Coulisses seules, alésées à $28^m/^m$, de . . . 78 — 90$^c/^m$ de long.
35. » — 40. »

Tours, série forte, très soignés, arbres en acier, coussinets bronze, **nouveaux modèles déposés.**

Les trois pièces : Poupée, contre-pointe, support et les boulons nécessaires au montage :

Hauteur de pointes.	7	9	10	12	14	16	18	20c/m
A bidet, n° 343.	**28**	**35**	**50**	**65**	**80**	**96**	**108**	**125 f.**

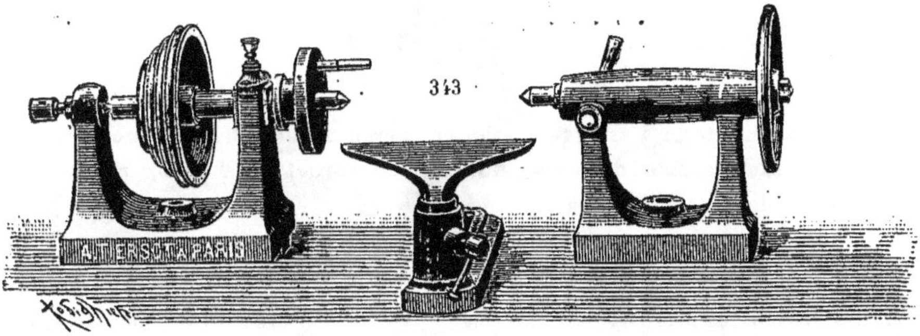
A. TIERSOT A PARIS

343

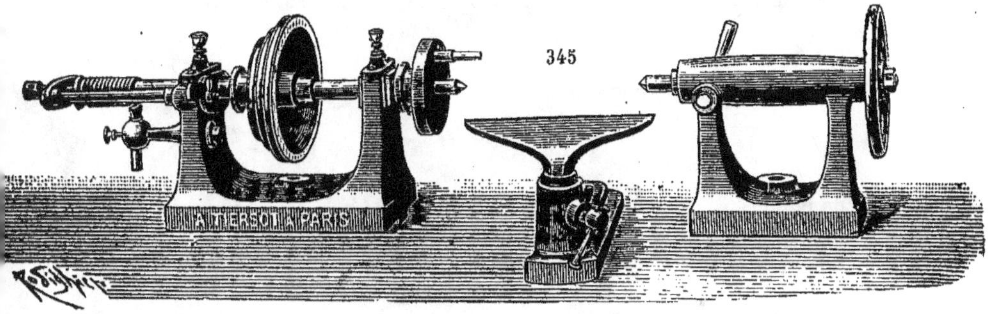
A. TIERSOT A PARIS

345

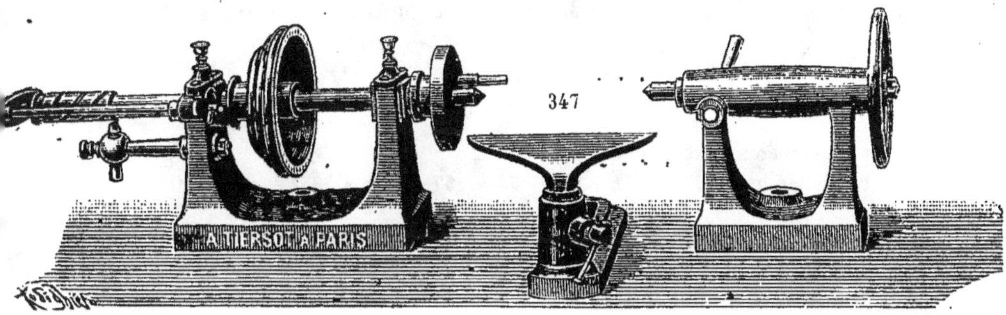
A. TIERSOT A PARIS

347

A manchons, n° 345, hauteur de pointes .	9	10	12	14	16	18	20c/m
Avec 3 manchons.	**60**	**72**	**100**	**122**	**135**	**152**	**167 f.**

A torser, n° 347, hauteur de pointes	12	14	16	18	20c/m
Avec 3 manchons à vis et 3 manchons à torser . .	**125**	**152**	**168**	**190**	**210 f.**

906 **Tours**, série forte, très soignés, arbre en acier, coussinets en bronze, **nouveaux modèles déposés**, poupées simples, **avec doubles coussinets et butée.**

Hauteur de pointes	9	10	12	14	16	18	20c/m
Prix des 3 pièces.	40.»	57.»	82.»	100.»	116.»	125.»	150.»

907 **Tours**, série forte, très soignés, arbre en acier, coussinets en bronze, **nouveaux modèles déposés, doubles coussinets et butée**, arbre percé de toute sa longueur.

Hauteur de pointes.	9	10	12	14	16	18	20c/m
Diamètre du trou de l'arbre. . .	8	9	11	12	13	14	16m/m
Prix des 3 pièces.	48.»	65.»	92.»	112.»	130.»	153.»	170.»

Prix des pièces séparées des tours de la série forte, nouveaux modèles déposés.

Hauteur de pointes.	9	10	12	14	16	18	20c/m
Prix de la poupée à bidet n° 343.	21.»	30.»	40.»	58.»	65.»	72.»	80.»
Prix de la poupée à manchon n° 345 avec ses trois manchons.	45.»	54.50	74.50	94.50	104.»	116.»	122.»
Prix de la poupée à torser n° 347 avec ses six manchons	»	»	99.50	123.50	138.»	154.»	165.»
Prix de la poupée à double coussinet et butée n° 906.	26.»	34.»	57.»	78.»	85.»	99.»	105.»
Prix de la poupée à arbre creux n° 907.	34.»	42.»	67.»	90.»	99.»	117.»	135.»
Prix de la contre-pointe.	11.50	15.»	19.»	21.»	24.»	29.»	37.»
Prix du support	4.»	5.»	6.75	7.75	10.50	12.75	15.»

Les boulons sont compris dans les prix ci-dessus.

Tours, série forte, très soignés, pour marcher au moteur, arbres en acier, **larges coussinets en bronze, nouvelle série, déposée.**

TIERSOT Cie À PARIS

Hauteur de pointes en c/m	12	14	16	18	20
Prix avec poulies fixes et folles. . .	**90.»**	**110.»**	**128.»**	**140.»**	**160.»**
Prix, à cône, cône à 4 vitesses . . .	»	»	**125.»**	**135.»**	**155.»**
Renvois pour tours à cône. (Dans ces prix ne sont pas compris l'alésage ni le clavetage)	»	»	**15.»**	**18.50**	**21.50**

Tours montés sur banc en bois, série forte, très soignés, arbre en acier, coussinets bronze, volant à l'anglaise, gorge tournée.

N° 344, hauteur de pointes.	9	10	12	14	16	18	20 c/m
A bidet.	**90**	**105**	**125**	**140**	**160**	**175**	**192** fr.

TIERSOT A PARIS

TOUR A BIDET — N° 344

N° 346 hauteur de pointes.	9	10	12	14	16	18	20 c/m
A manchons, avec 3 manchons	**120**	**131**	**160**	**182**	**195**	**220**	**240** f.
347bis, à torser, hauteur de pointes			12	14	16	18	20 c/m
Avec 3 manchons à vis et 3 à torser.			**185**	**212**	**218**	**258**	**283** f.

Bancs de tour seuls, en hêtre, très forts, avec pédale et accotoir, sans volant (indiquer si le volant doit se fixer en l'air ou au-dessous du banc) avec crapaudines et tourillons pour fixer la pédale :

Longueur en c/m . .	80	90	100	110	120	130	140	150	165	180	200
Prix.	**22**	**23**	**26**	**28**	**29**	**30**	**32**	**34**	**37**	**40**	**45**

NOTA. — Tous ces tours sont montés avec les poupées de la nouvelle série déposée.

Tours montés sur banc fonte, série forte, très soignés, arbre en acier, coussinets en bronze avec pédale simple et volant à gorge tournée.

TIERS.O.T. BRÉVETÉ S.G.D.G. PARIS

Bancs bien rabotés et dressés, avec table en noyer verni (modèle de la maison); hauteur des pointes.

		9	10	12	14	16	18	20 c/m
348	A bidet, banc de 1^m de long . .	139	150	169 fr.				
349	A bidet, banc de 1^m25 » . .	150	161	179	194	210 fr.		
350	A bidet, banc de 1^m50 » . .			188	204	220	232	249 fr.
351	A manchons, banc de 1^m. . . .	170	179	204	225 fr.			
352	A manchons, banc de 1^m25. . .	180	189	214	235	245	266 fr.	
353	A manchons, banc de 1^m50. . .			223	246	255	276 fr.	
	A manchons et torses, hauteur des pointes.			12	14	16	18	20 c/m
354	Bancs de 1^m25			239	265	282	304 fr.	
355	Bancs de 1^m50				275	292	314	334 fr.

Tous ces tours avec volant à trois vitesses, gorges tournées, **19** francs en plus.

Bancs seuls sans volant ni pédale, coulisse rabotée et dressée à la lime, entretoise 28 m/m :

Longueur.	1^m00	1^m25	1^m50
Prix	**75.** »	**90.** »	**105.** »

Les mêmes bancs avec volant de 700 m/m gorge tournée, pédale ordinaire :

Longueur.	1^m00	1^m25	1^m50
Prix	**105.** »	**120.** »	**135.** »

Les mêmes, avec volant de 600 à 4 gorges, en plus par tour. . . **8** fr.

NOTA. — Tous ces tours sont montés avec les poupées de la nouvelle série déposée.

TOURS SUR BANC FONTE, nouveau système, avec arbre à deux vilebrequins et volant à trois vitesses, gorges tournées. Avec ce système, la pédale se trouve également suspendue aux deux extrémités, le mouvement est plus doux et il n'y a plus de porte-à-faux.

A. TIERSOT · PARIS
VERANY - PARIS

	Hauteur de pointes	9	10	12	14	16	18	20c/m
389	**A bidet**, banc de 1m de long.	183	198	213 fr.				
390	**A bidet**, banc de 1m25 » . .	194	209	223	238	254 fr.		
391	**A bidet**, banc de 1m50 » . .		218	232	248	264	276	293 f.
392	**A manchons**, banc de 1m . .	214	231	248	269 fr.			
393	**A manchons**, banc de 1m25 .	224	241	258	279	289	310 fr.	
394	**A manchons**, banc de 1m50 .			267	290	299	320	335 f.
	A manchons et torses : .							
395	Banc de 1m25 de long			283	309	326	348 fr.	
396	Banc de 1m50 »				319	336	358	378 f.

Bancs seuls avec arbre à deux vilebrequins comme ci-dessus :

Longueur.	1m	1m25	1m50
Prix	145	158	170 fr.

NOTA. — Tous ces tours sont montés avec les poupées de la nouvelle série déposée.

TOURS SYSTÈME TIERSOT, brevetés S. G. D. G.

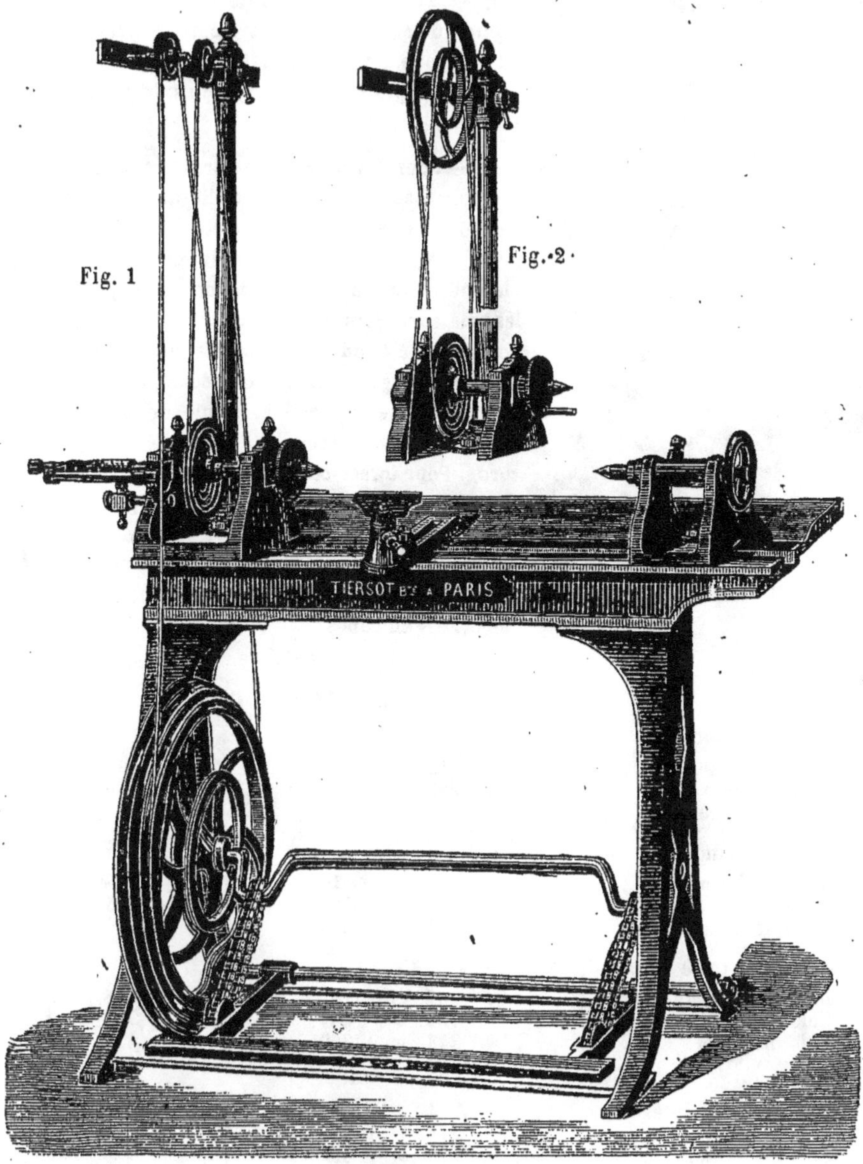
TIERSOT BTÉ A PARIS

Fig. 1

Fig. 2

Ces tours ont sur ceux connus jusqu'à ce jour les avantages suivants :

1° — La colonne montée en dessus du banc augmentant la longueur de la corde, la conduit à envelopper la poulie de commande sur la plus grande partie de sa circonférence; par suite, adhérence complète et utilisation de toute la force dépensée (fig. 1).

2° — Par un changement très simple des poulies on peut tripler la vitesse du tour sans modifier en rien l'allure de la pédale (fig. 2).

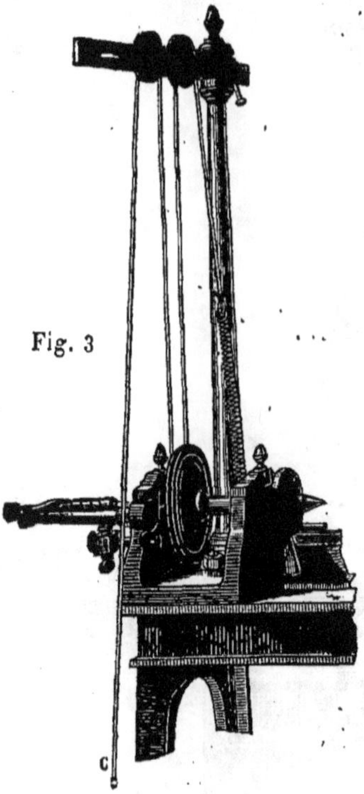

Fig. 3

3° — Le volant est monté sur arbre à 2 vilebrequins. — Avec ce système la pédale est soutenue à ses deux extrémités, le mouvement est plus doux, il n'y a plus de porte-à-faux.

4° — Pour les tours à torser, je remplace avantageusement par la nouvelle disposition ci-contre la perche ou l'arbalète, employées jusqu'à ce jour, qu'on était obligé de fixer au plafond, ce qui était un grand inconvénient pour les amateurs. Pour ce genre de travail, j'ajoute un ressort à boudin sur la table, au pied de la colonne (fig. 3), et sur la pédale, du côté du volant, une tige rigide, munie de pitons distancés, pour recevoir l'extrémité de la corde. Pour torser on n'emploie pas le volant et la corde passe non pas sur les gorges du cône, mais sur l'arbre, autour duquel elle fait deux tours. Elle doit être placée de façon à ce que la pédale soit levée quand le ressort est au repos.

PRIX DES TOURS SYSTÈME TIERSOT, BREVETÉS S. G. D. G.

A manchons, bancs de 1m25 :

Hauteur de pointes	12	14	16	18c/m
Colonne noire	293. »	315. »	325. »	345. »
Colonne entièrement polie	308. »	330. »	340. »	360. »

A manchons, bancs de 1m50 :

Hauteur de pointes	12	14	16	18c/m
Colonne noire	303. »	325. »	335. »	355. »
Colonne polie	318. »	340. »	350. »	370. »

A manchons et torses, bancs de 1m25 :

Hauteur de pointes	12	14	16	18c/m
Colonne noire	328. »	354. »	370. »	393. »
Colonne polie	343. »	369. »	385. »	408. »

A manchons et torses, bancs de 1m50 :

Hauteur de pointes	14	16	18	20c/m
Colonne noire	370. »	380. »	403. »	423. »
Colonne polie	379. »	395. »	418. »	438. »

Notre système de colonne peut s'appliquer à tous les tours déjà existants et vaut :

Pour tours sur bancs en bois : colonne noire 53 fr. 50, colonne polie 64 fr. 50
Pour tours sur bancs en fonte : » » 55 fr. » » 70 fr.

NOTA. — Tous ces tours sont montés avec les poupées de la nouvelle série déposée.

TOURS A OVALE

TRÈS SOIGNÉS, PLATEAU FONTE ET BRONZE

	Hauteur de pointes.	14	16	18	20 c/m
372	Les trois pièces	**336**	**385**	**435**	**480** fr.
373	Montés sur banc bois, prêts à marcher	**396**	**449**	**502**	**547** fr.
374	Montés sur banc fonte de 1m25 . . .	**450**	**499**		
375	» » » » de 1m50 . . .	**460**	**509**	**559**	**604** fr.

Avec volant à trois vitesses, en plus **19** francs.

Avec volant 3 vitesses et pédale à deux vilebrequins, en plus **44** francs.

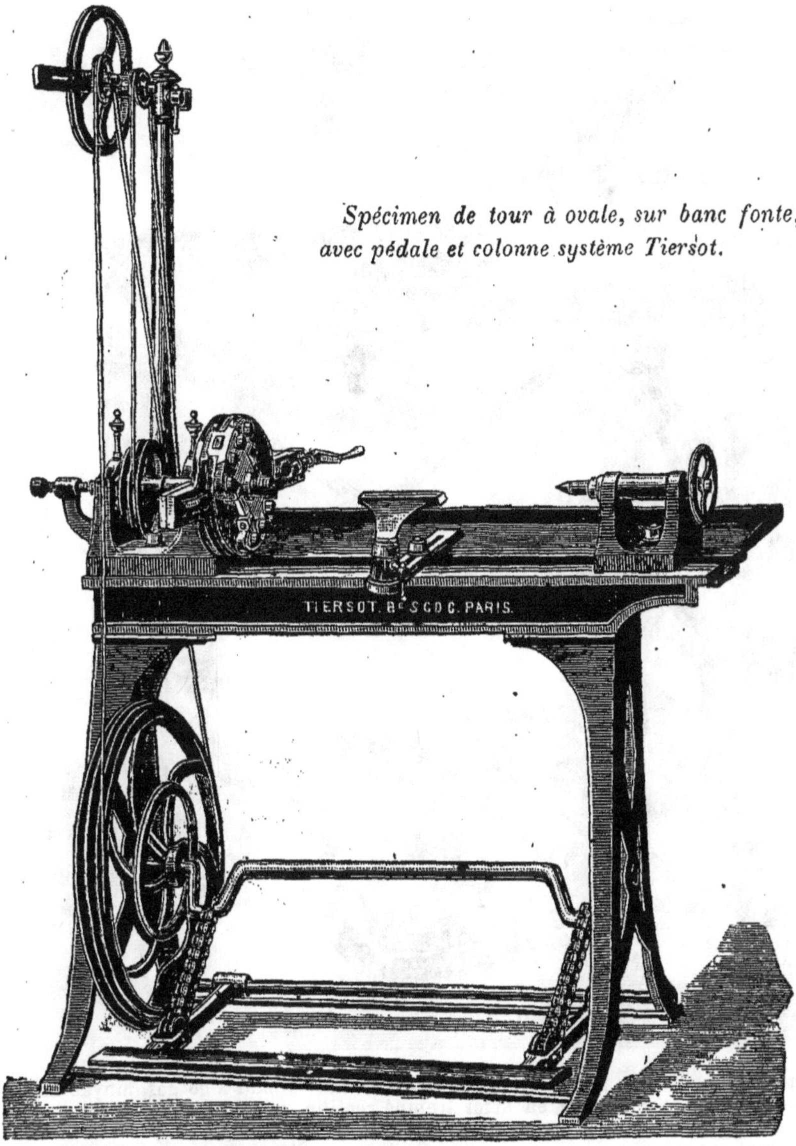
TIERSOT. Bté S.G.D.G. PARIS.

Spécimen de tour à ovale, sur banc fonte, avec pédale et colonne système Tiersot.

Ces tours peuvent tourner rond comme les tours ordinaires ou faire les ovales plus ou moins prononcés.

Tour de précision à verge prismatique pour grosse horlogerie, électricité, télégraphie, petite mécanique. Monté sur pilastre articulé, boulonné sur le banc, permettant un déplacement vertical ou horizontal pour dégager le travail. Arbre en acier creux, trempé et rectifié, hauteur de pointes $85^{m}/^{m}$, longueur entre pointes $320^{m}/^{m}$, longueur totale $620^{m}/^{m}$. Chariot à porte-outils tournant réglable en hauteur pour outils de 8 à $10^{m}/^{m}$ et outils ronds, poupées avec fermoir à verrou, pointes et broches acier fondu trempé et rectifié. Ce tour est livré avec 1 chariot double mouvement à lunette divisée en 360 degrés, 1 poupée contre-pointe avec levier à percer, deux broches et plateau poussoir, 1 mandrin à coussinets à patins trempés et rectifiés serrant jusqu'à $18^{m}/^{m}$ et support à éventail, 1 lunette à disque tournant, un plateau toc, pointes pleines et creuses, clés.

G. PHILIPPE

L'établi est en bois de hêtre ciré noir, croisillon fer, volant 3 gorges, moyeu en acier trempé et rodé, axe en acier trempé rectifié, pédale à chape fonte sur pointes, galet réducteur de frottements, etc.

Prix, tout monté, ... 745. »
Prix, sans banc . . . . 545. »

371 **TOURS très soignés, sur coulisse en fonte rabotée et dressée, pour monter sur banc en bois.**

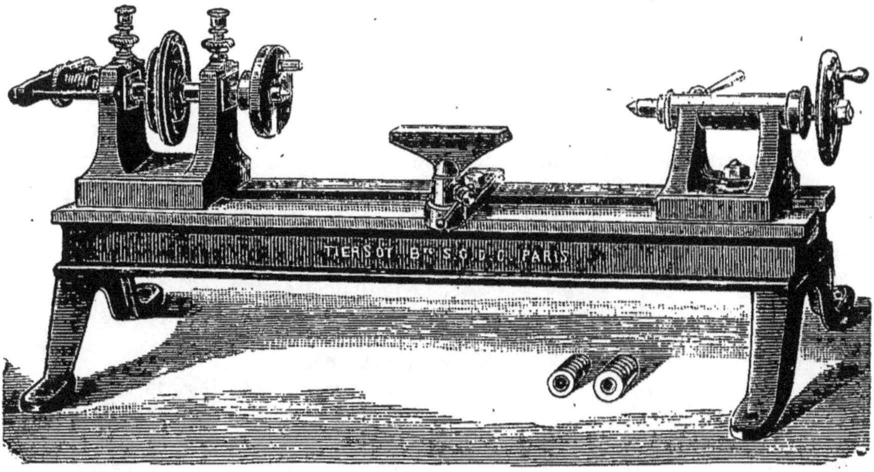
TIERSOT Bté S.G.D.G. PARIS

Hauteur de pointes	9 c/m
Longueur de coulisse	78 c/m
Prix, à bidet.	**60 fr.**
A manchons, avec trois manchons	**85 fr.**

Hauteur de pointes	9 c/m
Longueur de coulisse	90 c/m
Prix, à bidet.	**70 fr.**
A manchons, avec trois manchons	**95 fr.**

TOURS A CONE pour force motrice, très soignés.

Hauteur de pointes, 15 cent. Les 3 pièces. . . . . **110 fr.**

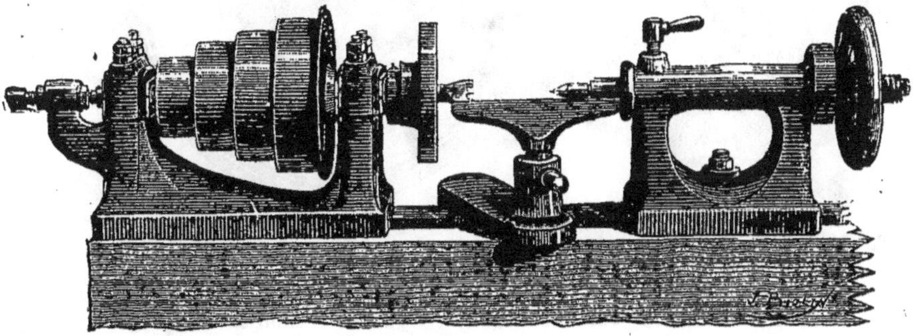

Ces tours se font également pour marcher au pied.

Pour les Tours à engrenages et les Tours parallèles voir au Tarif spécial d'outils pour la mécanique.

OUTILS ET ACCESSOIRES

POUR TOURS

289 **Roues de tours ou volants,** nouvelle série déposée, montés à l'anglaise, avec les boulons nécessaires au montage.

Diamètre.	52	60	70	80°/m
Prix . . .	**24**	**27**	**29**	**32 fr.**

289bis **Volants à l'anglaise,** gorge tournée, très soignés.

Diamètre.	52	60	70	80°/m
Prix	**26**	**30**	**33**	**36 fr.**

289ter **Volants à l'anglaise,** 2 vitesses, gorges tournées.

Diamètre.	52	60	70	80°/m
Prix . . .	**30**	**35**	**38**	**42 fr.**

VOLANT AVEC PÉDALE

290

290 **Volants à trois vitesses,** gorges tournées, montés à l'anglaise.
Diamètre. 60°/m Prix. **42 fr.**

Volants renforcés, 5 gorges. » 70 » » **52 fr.**

Volant à étrier, fonctionnement très doux par un mouvement de va-et-vient du pied : il se visse sur le plancher et peut actionner tours, tourets, machines à percer, meules, etc . . . . . . Diamètre. 52°/m
Prix. . . **50 fr.**

Volants forts avec arbre et vilebrequin en fer forgé, montés sur patins en bois pour monter en l'air avec la gorge tournée.

Diamètre.	70	80	90	100c/m
Prix . . .	**43. »**	**47. »**	**54. »**	**58. »**

MARICHAL

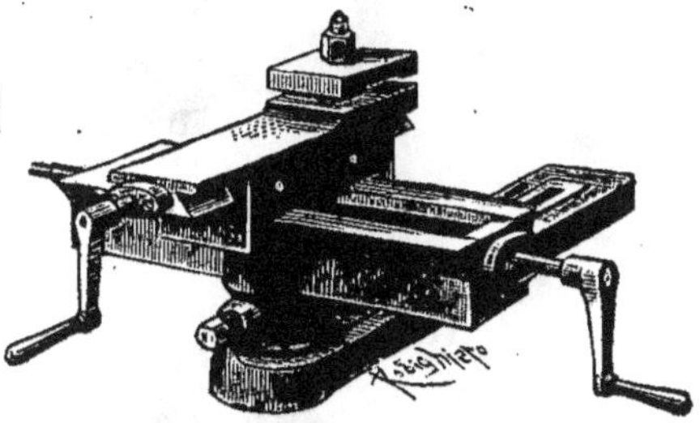

291

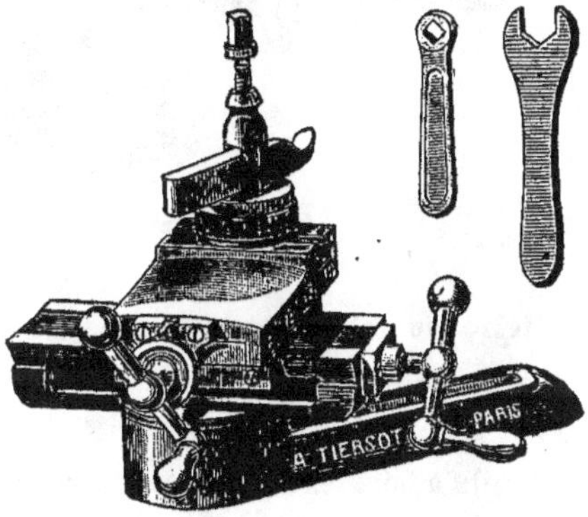
A. TIERSOT
PARIS

291 **Supports** à chariot, nouvelle série, très soignés.

Longueur de table.	10	12	15	20	25	30	35	40	45c/m
Prix	**35**	**37**	**45**	**52**	**60**	**70**	**85**	**100**	**115 f.**

Supp orts à chariot nouveau modèle, de précision, tournant, vis couvertes, porte-outils mobile en tous sens, et réglable en hauteur.

Pour tour de 14 et 16c/m, long de table 18c/m. . . . . **80 fr.**

» » » 16 et 18 » » » » 25 » . . . . **105 fr.**

» » » 18 et 20 » » » » 35 ». . . . . **130 fr.**

Outils pour ces supports, la pièce . . . . **1 fr. 50**

291bis **Tables** de scies circulaires, avec support et boulon pour tours,

de	9	11 à 12	14 à 16	18 à 20c/m
Prix	12	16	22	25 fr.

291 bis

291 ter

Bielle de volant de tour avec tige filetée pour la régler à longueur nécessaire. Prix. 3.25

291ter **Outils** à faire les boules pour tours de 14 à 20c/m. Avec cet outil on peut faire des boules de différents diamètres, très régulières. Prix. 75 fr.

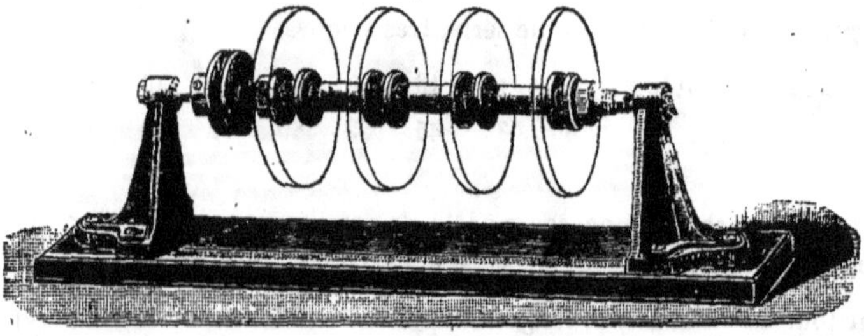

Arbre pour meules d'émeri ou brosses à polir avec supports à pointe en acier, poulie à gorge. Prix . . . . 28 fr.

130 **Machine à découper pour le tour**, déposée, profondeur de sciage, 50c/m, pour tours de 8 à 12c/m, bras acier poli ; on peut l'actionner par le mandrin toc sur lequel on fait une gorge pour la corde, ou par un mandrin en bois. Prix . . . . 26 fr.

Emballage . . . . 2 fr. 25

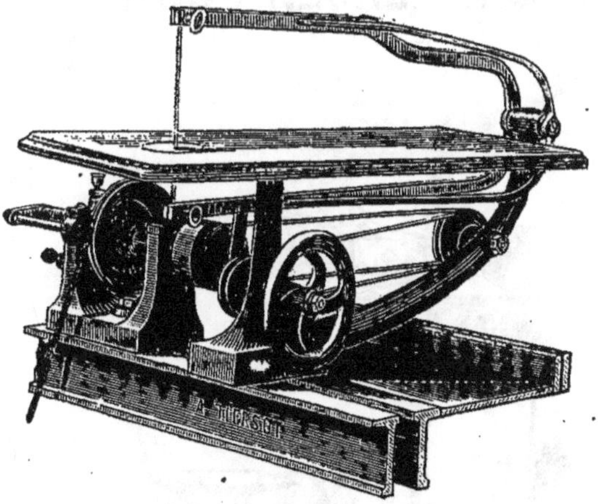
TIERSOT

130

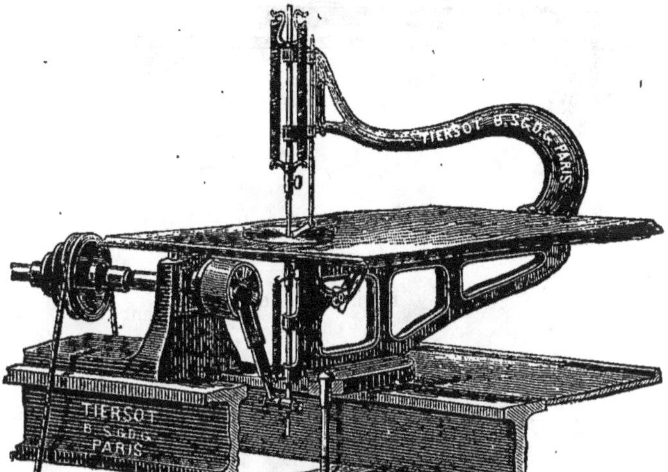
TIERSOT B.S.G.D.G PARIS
TIERSOT
B.S.G.D.G.
PARIS
J. Boulin

42

42 **Machine rectiligne à découper, pour le tour**, parfaitement rectiligne, table inclinable en noyer massif verni, avec 1/4 de cercle, bielle à coulisse et plateau à excentrique, pouvant se monter sur n'importe quel tour.

Profondeur de sciage, 0m50. Prix avec boulon pour la fixer sur le banc de tour . . . . 45 fr.

Emballage. . . . . 2 fr. 25

MACHINE A PERCER POUR TOUR

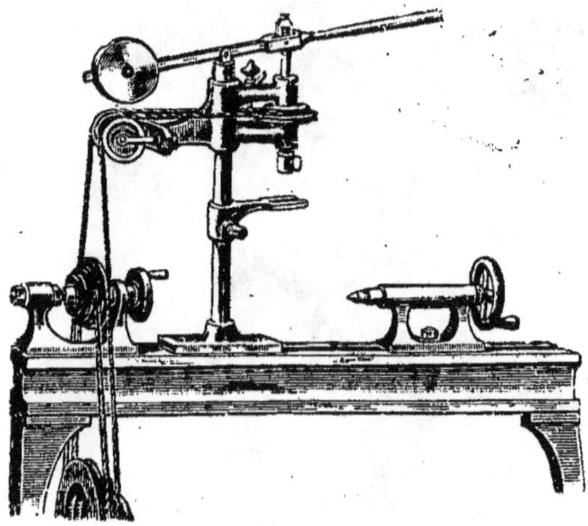

	Distance du foret à la colonne	Perçant	Prix
N° 1	175 m/m	7 m/m	70 fr.
N° 2	225 m/m	9 m/m	90 fr.

292 **Plateaux universels** avec poupées en acier et vis de rappel.

Diamètre	14	16	20	25	30	40	50c/m
Prix	**42**	**47**	**52**	**55**	**85**	**107**	**132** fr.

293 **Plateaux universels** à trous, avec poupées à pompe. Prix . . . . . . **35** **37** **42** **46** **60** **92** fr.

294 **Plateaux universels** américains, à levier rapprochant les 3 griffes à la fois et centrant parfaitement la pièce à tourner.

Diamètre	75	100	150	230m/m
Prix	**45**	**55**	**80**	**118** fr.

295 **Plateaux universels** américains, à serrage concentrique, à levier, dits *amateurs*, avec deux séries de griffes : l'une pour serrer extérieurement, l'autre pour serrer les pièces creuses par l'intérieur.

Diamètre	51	64	75	100	125m/m
Prix	**30.50**	**32.50**	**35.50**	**42.50**	**47.50**

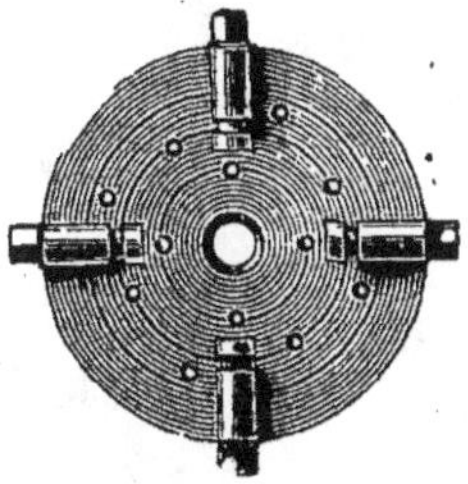

293

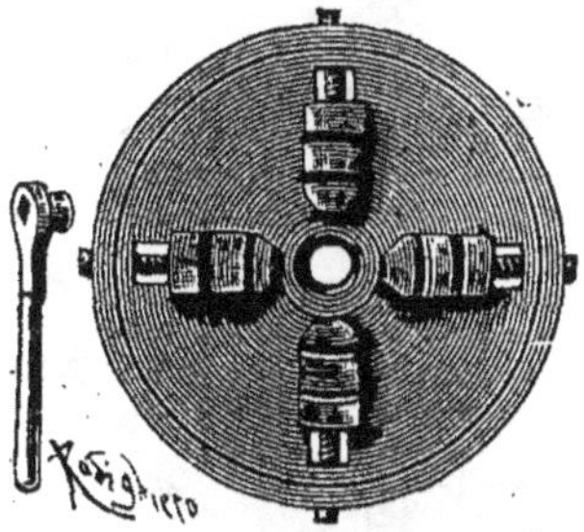

292

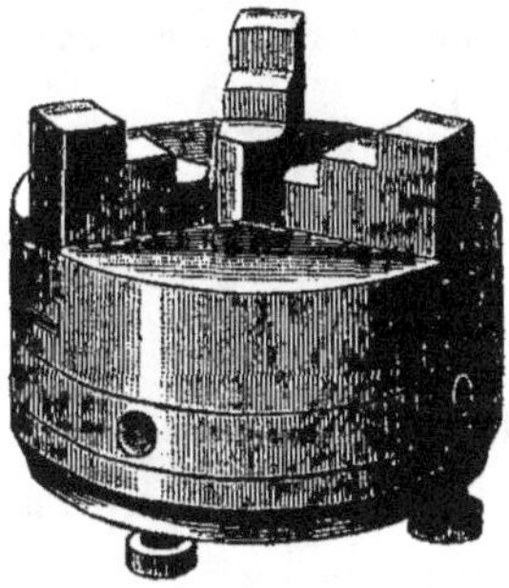

294

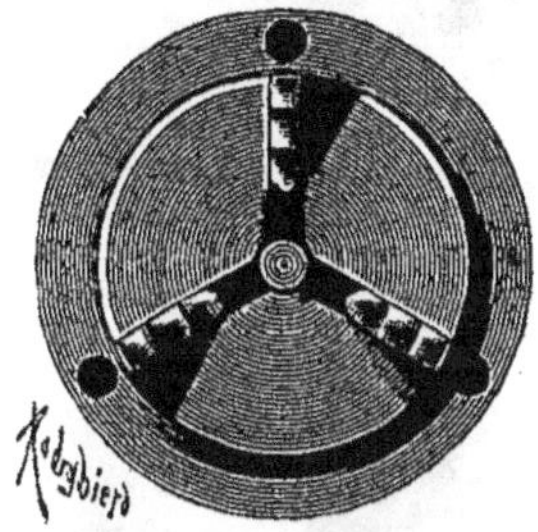

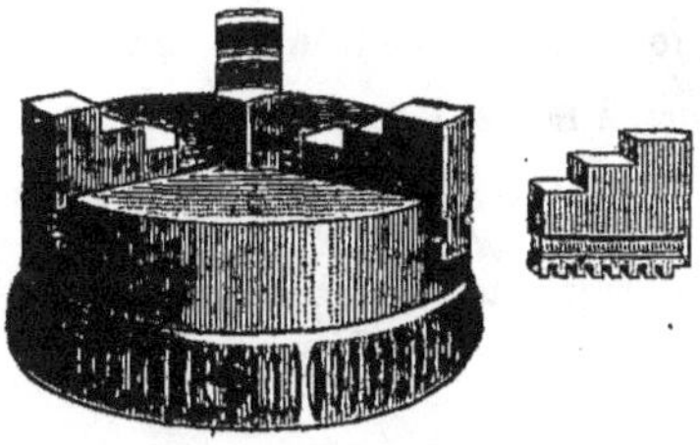

295

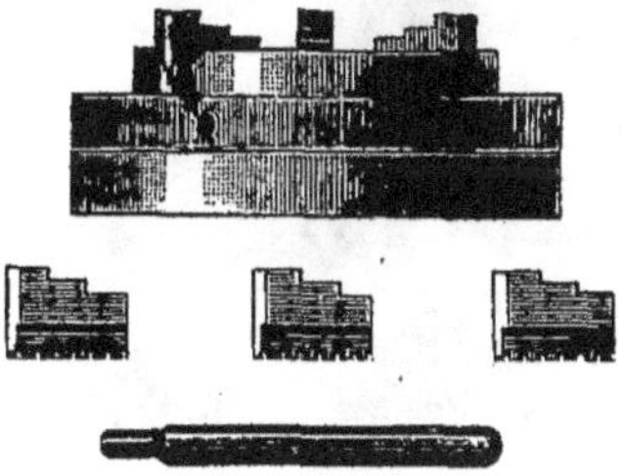

295 bis

295bis **Plateaux universels** français, serrage concentrique à levier, à deux jeux de mâchoires, construction très soignée ; leur disposition augmente la puissance de serrage et facilite le montage.

Diamètre extérieur	75	94	104	139m/m
Diamètre effectif de serrage	55	72	90	105m/m
Prix	**38**	**42**	**50**	**63** fr.

A

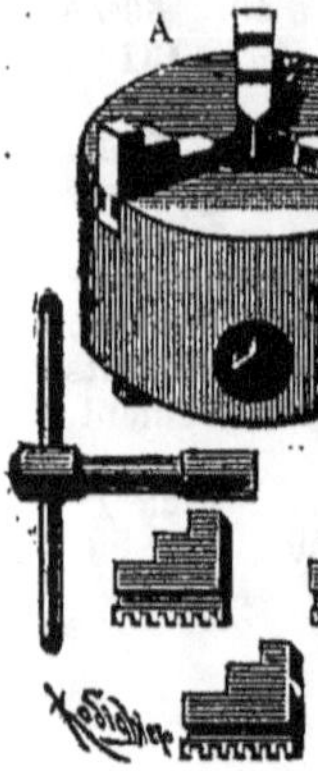

PLATEAUX UNIVERSELS AMÉRICAINS A, à clé, avec deux séries de mâchoires.

Diamètre.	63	76	102m/m
Prix	45.25	63.»	75.60
Diamètre.	127		153m/m
Prix	89.45		107.10

B

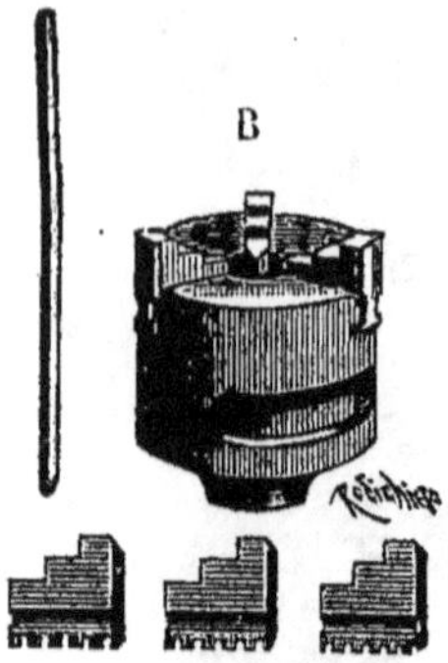

PLATEAUX UNIVERSELS AMÉRICAINS B, à levier, avec deux jeux de mâchoires, pour serrer par l'intérieur et l'extérieur.

Diamètre.	50	80	102m/m
Prix	35. »	41.50	47.50

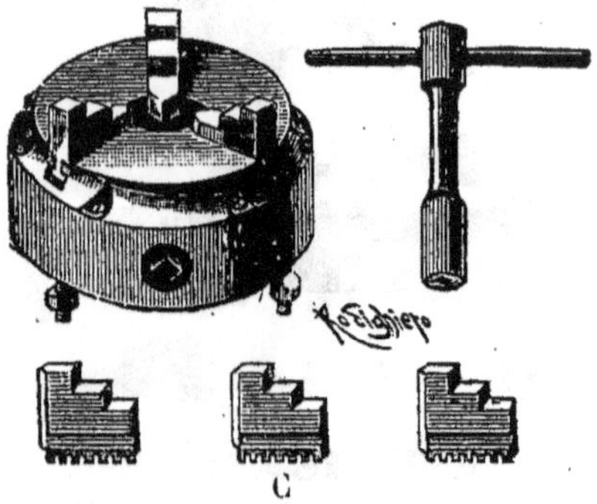

C

PLATEAUX UNIVERSELS FRANÇAIS C, à clé, avec deux séries de mâchoires, construction très soignée et très solide. Tous les pignons et les couronnes sont en acier, taillés et trempés.

Diamètre	130	152m/m
Serrage maximum .	110	128m/m
Prix.	85.»	100.»

Petit plateau universel, dit *horloger*, avec deux jeux de mâchoires, diamètre 38m/m, serrage très énergique.

Prix . . . . 38. »

Poupées à pompe pour plateau de tour, corps en fer forgé, vis et pompe en acier.

Nos.	1	2	3	4
Prix de la pièce.	6. »	8. »	10. »	12. »

	Supports à lunettes pour tour de	10	12	14	16	18	20c/m
296	A coussinets.	**12. »**	**12.50**	**14. »**	**15.50**	**17.25**	**19. »**
297	A disque en bronze . .	**18.50**	**20. »**	**22. »**	**24. »**	**25.50**	**27. »**

298 **Supports à lunette** universels (modèle déposé), à trois contacts,

tiges en acier, pour tour de. .	9 à 10	11 à 12	14 à 16	18 à 20c/m
Prix avec le boulon	**19. »**	**21. »**	**26. »**	**32. »**

296

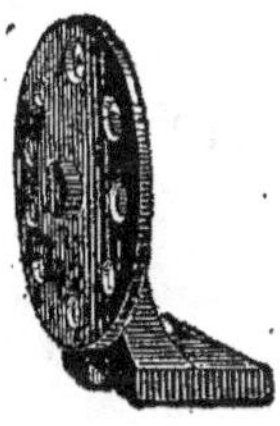

297

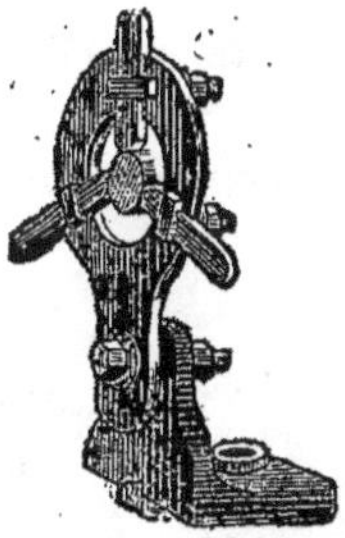

298

320 bis

300 **Equerres** à centrer, en bronze et acier.

8	10	12	15	18c/m
3.25	**3.75**	**5. »**	**6.50**	**7.75**

301 **Tocs** fer forgé, polis.

Nos.	000	00	0	1	2	3	4	5	6
Ouverture.	9	12	14	19	24	26	32	36	40m/m
Prix	**1.25**	**1.35**	**1.40**	**1.60**	**2.25**	**2.65**	**3.50**	**4.20**	**5.60**

301bis **Tocs à coussinets,** Nos

Nos	2	3	4	5
Tout acier, serrant de.	7 à 15	10 à 25	20 à 35	30 à 45
	3.25	**4. »**	**5. »**	**6.50**

301ter **Tocs** fer forgé noir, vis acier, très solides.

Ouverture.	10	12	20	25	30	40	50m/m
	1.80	**2. »**	**2.90**	**3.20**	**4. »**	**5. »**	**6. »**

Touret à percer, à l'archet, à poulie buis : Prix **4.50**

Forets pour ce touret, la pièce . . . . . **».45**

301 bis

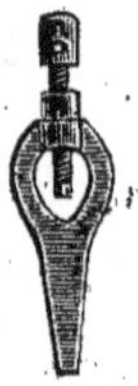

301

320

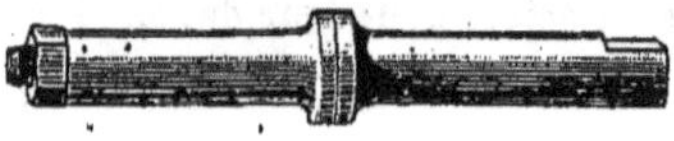

320 bis

320 **Porte-scies circulaires**, en acier, pour monter sur le tour, entre pointes **6.50**

320bis **Porte-scies circulaires**, à monter entre pointes, avec la scie au centre. **8.50**

Mandrin dit *gueule de loup*, à montage direct, à grande ouverture, pour pièces rectangulaires carrées ou à pans; en y ajoutant 2 mâchoires en bois ouvertes en V on peut serrer les parties rondes

nº 1; *diamètre du plateau* 15c/m. **40 fr.**
Nº 2; *diamètre du plateau* 22c/m. **50 fr.**

Nota. — *C'est par erreur que le dessinateur a représenté les têtes de vis en saillie, elles ne dépassent pas le plateau.*

310 309 302 303 307 305

311 314

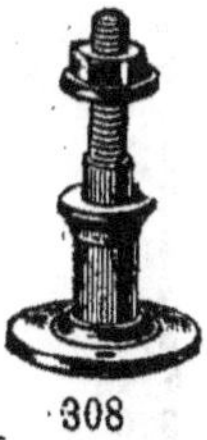   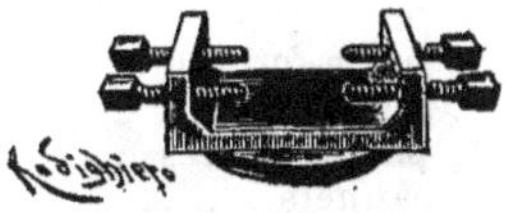

308 304 306 312

Mandrins à monter sur bois :

	Nos	1	2	3	4	5	6
302	A vis, dits *queue de cochon*.	».70	».80	».90	1.10	1.20	1.30
303	A trois pointes	1.40	1.70	2.10	2.75	3.50	4.20
304	A huit vis en cuivre	5.50	7.20	10. »	12. »	14. »	
305	Brisé.	3.75	4.25	4.50	4.95	5.40	
306	A gobelet.	3.50	4 25	5. »	5.50	6.25	
307	Porte-scies en cuivre . . .	3.50	3.80	4.25	4.50	4.80	
308	Porte-meules » . . .	4.20	4.50	4.90	5.50		
309	Porte-forets » . . .	2.20	2.40	2.75	3.10	3.50	
310	Porte-mèches » . . .	2.20	2.40	2.75	3.10	3.50	
311	**Mandrin** cannelé en fonte.	2 50	2.80	3.10	3.50	4.30	
312	**Mandrin** à 4 vis en cuivre.	8.40	12.50	17. »			
313	**Mandrin** à 4 vis en fonte.	4.10	5.60	7. »	9.25		
314	**Mandrin** à coussinets . .	6.50	8.50	11.50	13.50	15.50	

Mandrin porte-foret, à monter sur bois, en boîte avec 10 forets cannelés assortis.
Prix 4.25

319ter **Mandrin** porte-foret en acier, nouveau modèle

pour les petits forets 7.90

Mâchoires de rechange 2.25

MANDRINS EN BRONZE SE MONTANT SUR UNE PLAQUE MÈRE

	Série forte.	Petite série.
319bis **Plaque mère** (fig. 0), se vissant sur manchon en bois.	5.50	3.70
Montée directement sur le nez du tour	9.90	6.60

PRIX DES MANDRINS BRONZE AJUSTÉS A VIS ET CONE SUR LA PLAQUE MÈRE

	Série forte.	Petite série.
Fig. 1, à 8 vis.	7.50	5. »
Fig. 2, petit plateau avec poupées en acier	22. »	15.75
Eig. 3, à coussinets	11. »	8.40
Fig. 4, brisé	7 75	5.25
Fig. 5, porte-foret double	5.50	4. »
Fig. 6, porte-scies	5.50	4. »
Fig. 7, porte-mèches	4. »	3. »
Fig. 8, cannelé	7.25	5.10
Fig. 9, à 3 pointes.	5.25	3.60
Fig. 10, à 5 pointes.	5.25	3.60
Fig. 11, à vis, dits *queue de cochon*	5.25	3.60
Fig. 12, porte-meule, avec cône.	8. »	5.60
Fig. 13, gobelet	5.50	3.70
Fig. 14, a 4 vis.	6.50	4.25

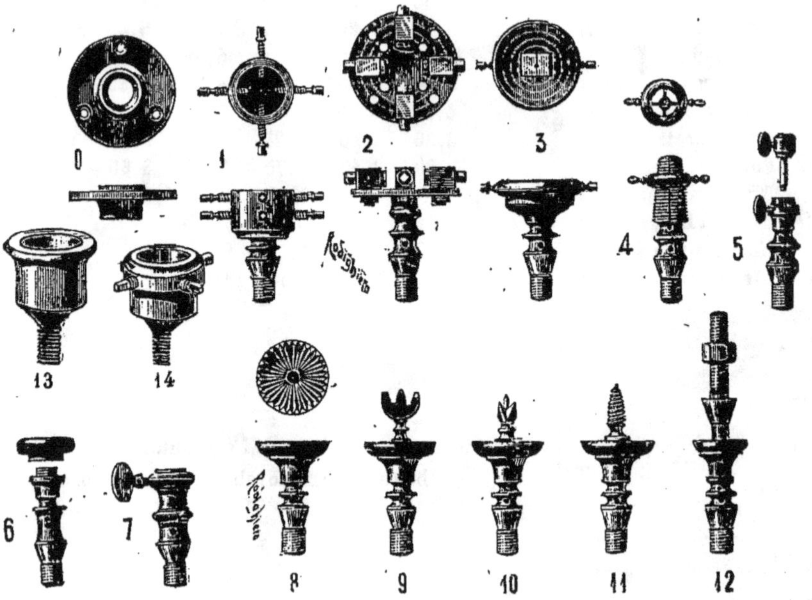
0
1
2
3
4
5
13
14
6
7
8
9
10
11
12

La série complète de 14 mandrins et la plaque mère.

Pour monter sur bois.	Série forte	107.75	Série légère	72.80
Pour monter sur métal	»	111.75	»	76.70

NOTA. — *Pour faire les mères à montage direct, il est indispensable que nous ayons l'arbre du tour.*

315	**Mandrin** porte-foret Beach	serrant de	0 à 4m/m	28. »
316	**Mandrin** porte-foret Beach	»	0 à 6 »	32. »
316bis	**Mandrin** porte-foret Beach	»	0 à 10 »	44. »
316ter	**Mandrin** porte-foret Beach	»	3 à 13 »	53. »
317	**Mandrin** Français, mod. 1880, perfectionné	»	0 à 13 »	26. »
318	**Mandrin** Américain, mod. 1883, perfectionné	»	0 à 12 »	21. »
317bis	**Mandrin** Américain, nouveau modèle . . .	»	0 à 12 »	20. »

315

316

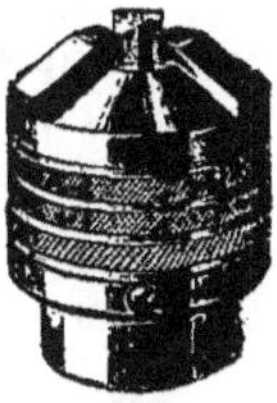
318

316 bis

317 bis

317

318 bis

318bis **Mandrin américain, porte-foret** dit **Hercule**, serrant de 0 à 16m/m. Ce mandrin se serre d'abord à la main comme les porte-forets ordinaires, et l'on donne un supplément de serrage avec la clé. Les forets sont ainsi maintenus avec une très grande puissance.

Prix 39 50

MANDRIN PRAT

Mandrin américain Prat à clé, avec toc d'entraînement breveté pour recevoir et entraîner la queue du foret, et plaque de recouvrement en acier, toutes pièces interchangeables.

Numéros . . .	1	2	3
Serrant. . . .	13	19	25m/m
Prix	45. »	51 50	57. »

Nota. — *Au moyen de douilles coniques en acier, ces mandrins peuvent employer les forets à queue conique avec une très grande puissance d'entraînement.*

Douilles coniques pour mandrins Prat.

Numéros. .	1	2	3
Serrage de.	7 à 15	7 à 24	7 à 31m/m
Prix. . . .	2 20	4 30	7 30

MANDRIN SKINNER

Mandrin américain Skinner, centrant le foret, solide et précis.

Numéros.	1	2	3
Serrant jusqu'à. .	4 1/2	8	12m/m
Prix	29. »	30. »	52. »

MANDRIN LITTLE GIANT

Mandrin américain à clé **Little Giant** à mâchoires croisees et profondes, serrant les forets à tiges rondes ou carrées.

N° 00 corps droit

Serrant de 0 à 6 1/2m/m. 37.15

N° 0 corps évidé

Serrant de 0 à 12m/m 42.20

MANDRIN HORTON

Mandrin nouveau modèle **Horton,** tout en acier.

Serrant de. . . .	0 à 6	0 à 12	0 à 18
Prix.	36.75	42. »	47.25

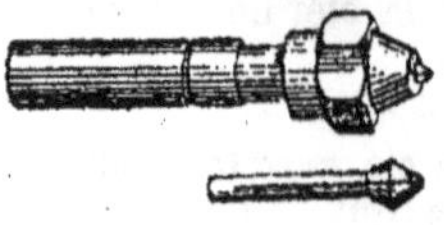

Porte-foret tout acier, centrant le foret, mâchoire mobile, pour monter sur tours ou machines à percer, serrant de 0 à 3 1/2.

Prix. . . . . 7. »
Mâchoire de rechange. 2.25

321 **Ciseaux de tour,** tout acier fondu, courts, qualité garantie :

2	4	6	8	10	12	15	18	20	25m/m
» 55	».55	».55	».60	».60	».60	».65	».65	».70	».80

322 La série complète 5.75

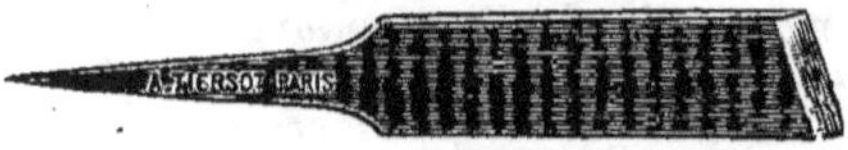

A. TIERSOT PARIS

321

A. TIERSOT PARIS

322

A. TIERSOT PARIS

323

323 **Ciseaux de tour,** tout acier fondu, longs, qualité garantie :

8	10	12	15	18	20	22	25	28	30	35m/m
».65	».70	».80	».85	».90	1. »	1.15	1.30	1.45	1.60	1.90

323 bis **Ciseaux de tour, acier fondu anglais,** qualité extra garantie, marque AT. Cast. steel :

8	10	12	15	18	20	22	25	28	30	35m/m
».75	».80	».90	1. »	1.05	1.15	1.30	1.45	1.65	1.80	2.10

Ciseaux de tourneurs, acier fondu anglais **Sorby** :

7	9	11	14	16	18m/m
».65	».70	».75	».80	».85	».95
20	25	27	30	34m/m	
1. »	1.20	1.40	1.70	1.80	

324 **Gouges de tour,** tout acier fondu, courtes, qualité garantie :

2	4	6	8	10	12	15	18	20	25%
».60	».60	».60	».60	».65	».65	».65	».70	».75	».85

325 La série complète 6 50

326 **Gouges de tour,** tout acier fondu, longues, qualité garantie :

8	10	12	15	18	20	22	25	28	30	35%
».75	».80	».90	1. »	1.15	1.30	1.40	1.55	1.65	1.70	1.90

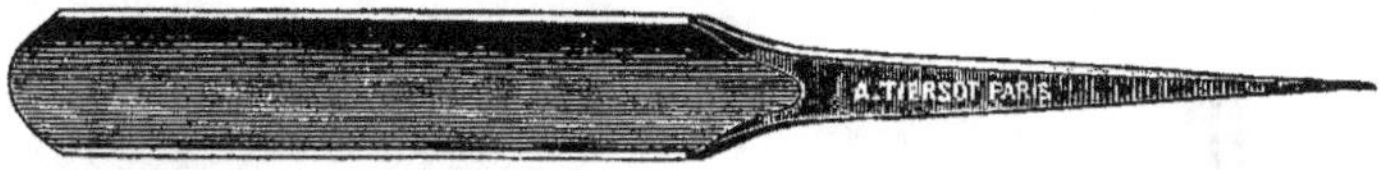
A. TIERSOT PARIS

326

326bis **Gouges de tour, acier fondu anglais,** qualité extra garantie, marquées AT. Cast. steel.

8	10	12	15	18	20	22	25	28	30	35%
».85	».90	1. »	1.15	1.30	1.45	1.55	1.70	1.85	1.90	2.15

Gouges de tourneur, acier fondu anglais Sorby.

2	4	5	7	9	11%
».70	».70	».70	».70	».75	».90
14	16	18	20	23	25%
».95	1.05	1.20	1.30	1.40	1.60

327 **Outils de tour** de toutes formes (voir p. 228). La pièce 1.20

327bis **Outils de tour** pour le cuivre. La pièce 1.20

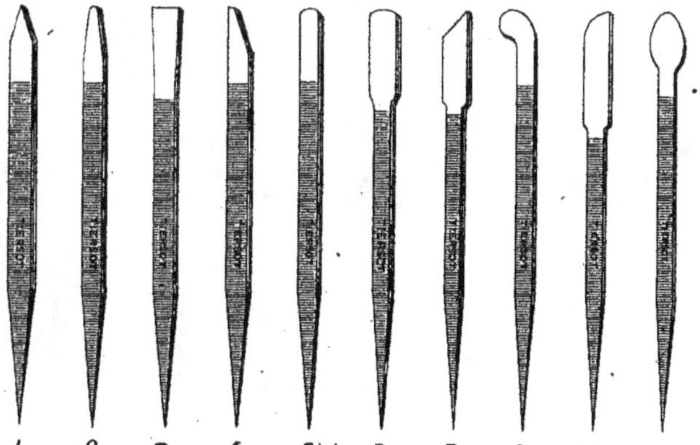

1 2 3 4 5 6 7 8 9 10

327 bis

A. TIERSOT PARIS

327 ter

327ter **Bédanes** pour le tour, de 2, 4, 6, 8, 10%. . . . . . . La pièce. . 1. »

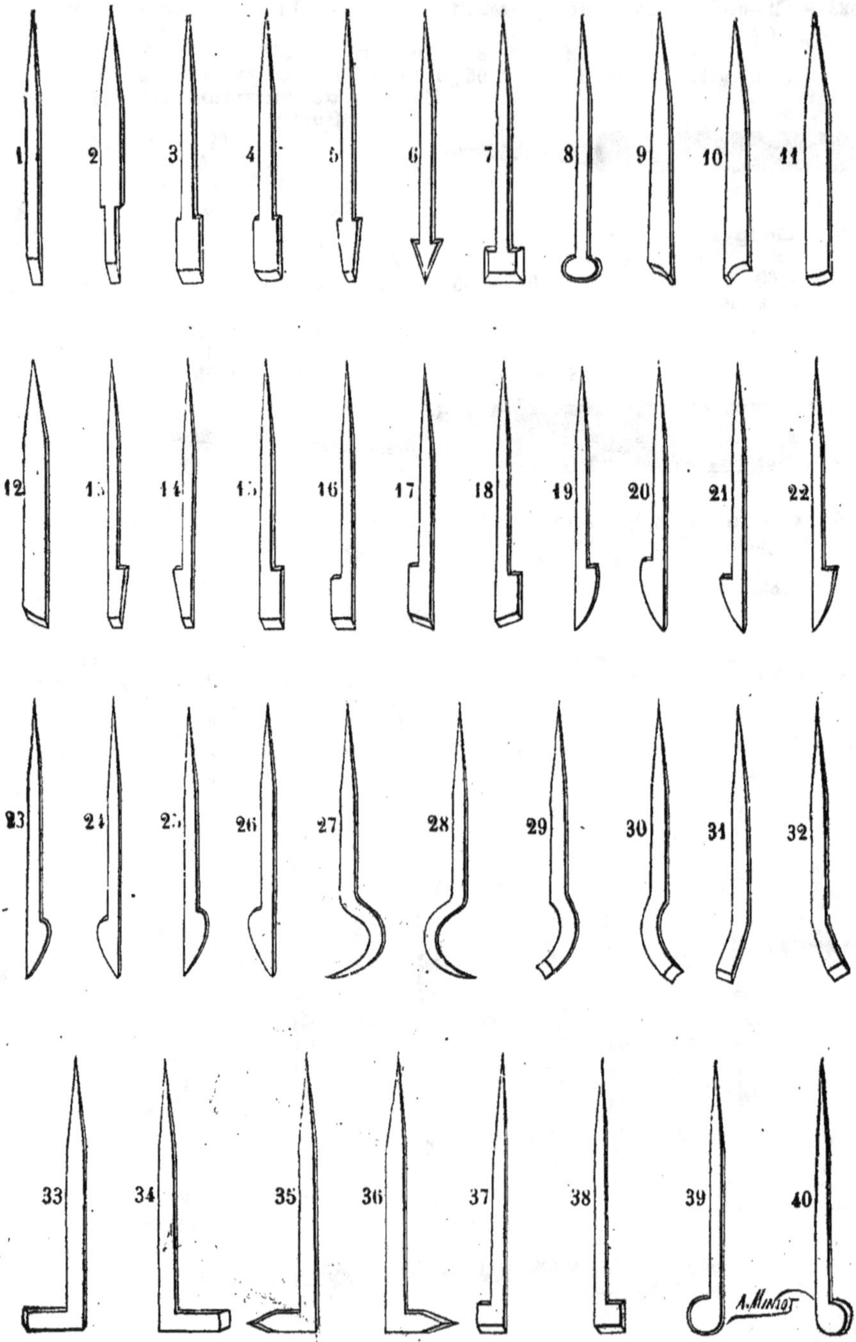
1
2
3
4
5
6
7
8
9
10
11
12
13
14
15
16
17
18
19
20
21
22
23
24
25
26
27
28
29
30
31
32
33
34
35
36
37
38
39
40
A. MINOT

OUTILS DE TOUR N° 327

350 **Bédanes de tourneurs**, acier fondu anglais Sorby :

2	5	7	9	11	14 m/m
».85	».90	».95	1. »	1.15	1.35

350bis **Outils à creuser**, largeur 6, 8, 10, 12 m/m. . . . . . La pièce. . 1.10

Râteliers porte-outils. . . . . Le mètre . ».70

328 **Crochets** acier fondu pour tourner les métaux . . . La pièce. . 1.45

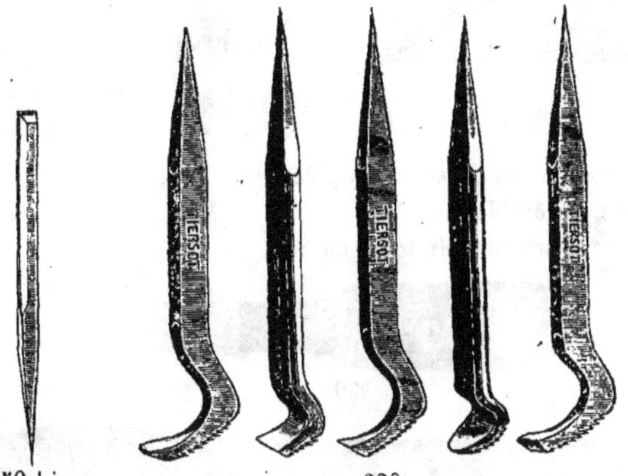

350 bis 328

329 **Outils à charioter**, acier fondu, pour métaux durs, nos 1 à 12.

Force de l'acier	8	10	12	14	16 m/m
Prix	».85	1.10	1.25	1.50	1.90

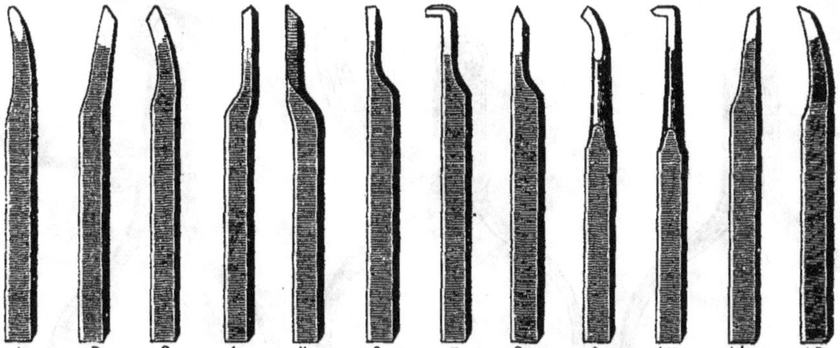

1 2 3 4 5 6 7 8 9 10 11 12

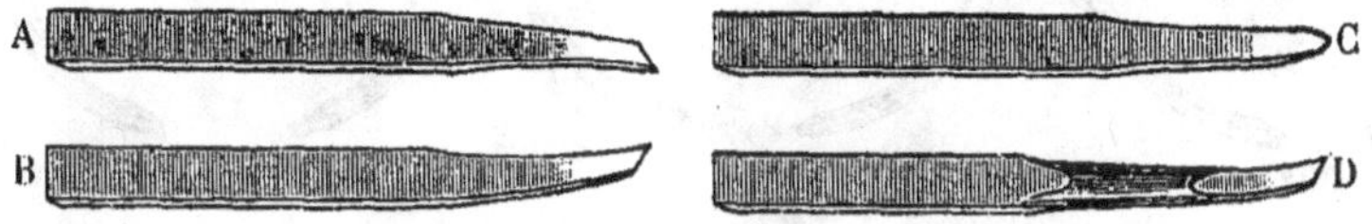
A
C
B
D

329bis **Outils à charioter** pour le cuivre, mod. A. B. C. D.

Force de l'acier . .	8	10	12	14	16 m/m
Prix.	».85	1.10	1.25	1.50	1 90

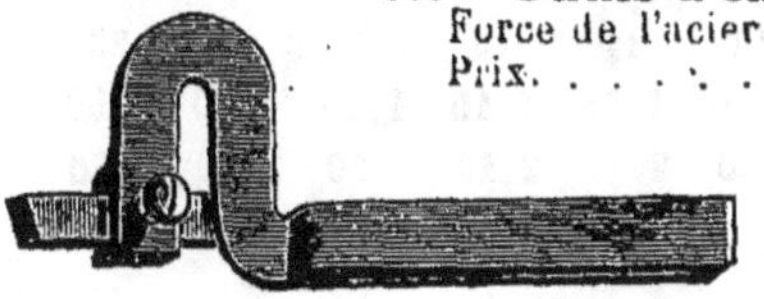

Porte-outils à ressort pour tourner, charioter, fileter, etc. 6.50
(L'outil n'est pas compris dans le prix du porte-outils).

Outils pour porte-outils à ressort la pièce. . . . . ».75

Outil à centrer,

américain

Bell centering Punch

tout acier

Prix. 5.50

330 **Manches** pour outils de tours, la pièce . . . . » 20
Les mêmes, en érable moucheté. . . . . ».40
331 **Manches** pour crochets de tour, en 30%, ».40 ; en 40% . . . . ».50

A. TIERSOT PARIS

330

A. TIERSOT PARIS

331

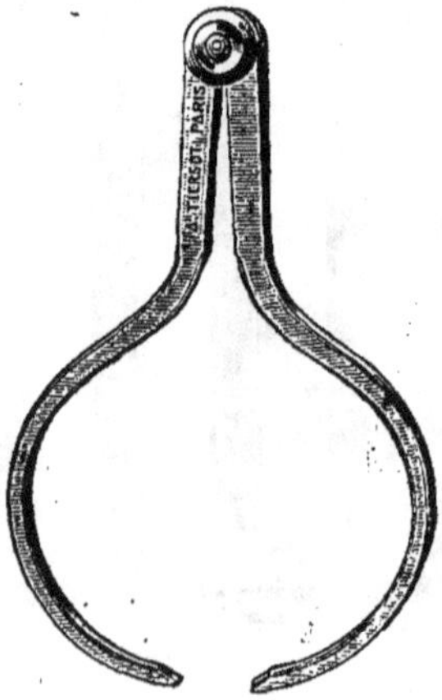

332

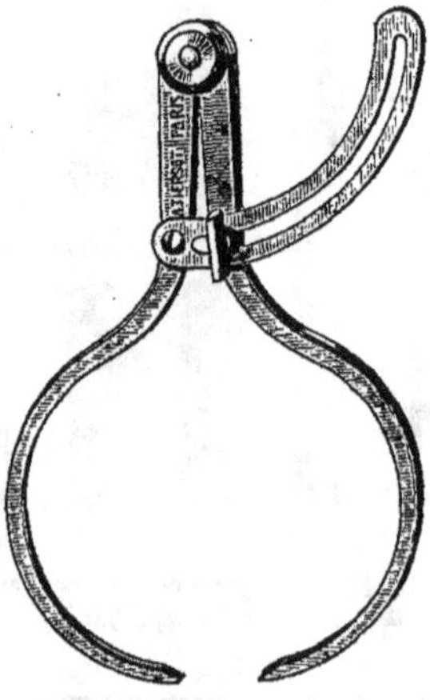

333

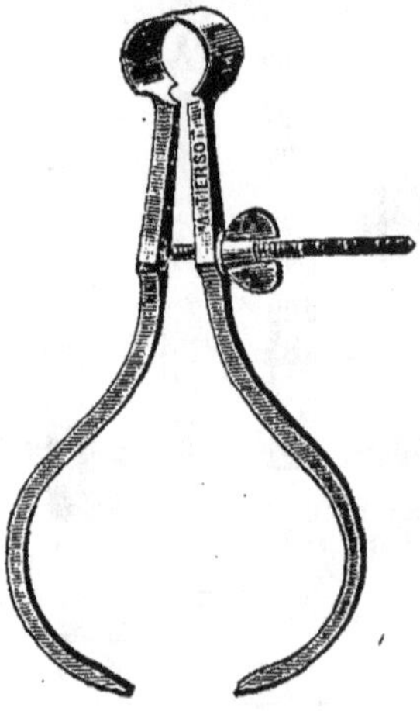

334

Compas d'épaisseur :

	Centimètres	12	14	16	19	22	25
332	Ordinaires.	1. »	1.05	1.10	1.20	1.30	1.50
333	Fins, 1/4 de cercle	1.90	2. »	2.10	2.20	2.50	2.70

334 A ressort et vis de rappel.

Centimètres .	8	10	12	14	16	19	22	25
Prix.	1.70	1.80	2. »	2.10	2.20	2.40	2.75	2.90

334bis **Compas** d'épaisseur à ressort et 1/4 de cercle divisé, donnant le diamètre exact de la pièce mesurée.
La pièce. 2.75

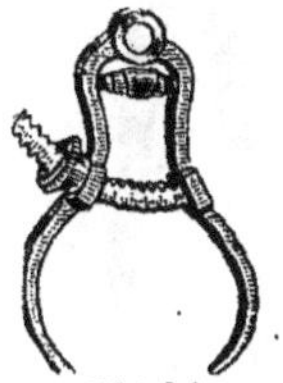

334 bis

335

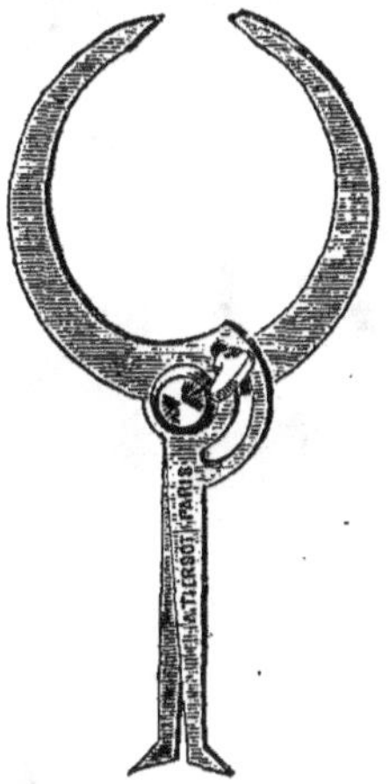

335 A

335	**Compas** maître de danse de	13	16	19c/m
	Prix.	2. »	2.40	2.70
335A	**Les mêmes** avec 1/4 de cercle et vis de pression	3. »	3.40	3.70

Fig. 1
Fig. 2
Fig. 3

No.85.

335bis **Petit compas universel** de poche, nickelé, faisant compas d'épaisseur (fig. 1), compas d'intérieur (fig. 2), et compas droit (fig. 3).
Prix. 2 10

Compas universel américain à quatre usages, servant de compas droit, d'épaisseur, d'intérieur et de porte-crayon, fabrication très soignée, tout en acier, à 1/4 de cercle.
Prix . . . . 16 »

Compas américains perfectionnés à écrou rapide, tout acier, à large ressort en acier plat s'articulant sur les branches, pouvant mesurer une dimension égale à leur longueur. L'écrou n'agissant que sous la pression du ressort, glisse librement si l'on tient à la main les branches du compas, ce qui permet de le mettre immédiatement à l'ouverture voulue et ensuite de l'amener au point avec précision en employant l'écrou qui reprend sa fonction, sous la pression du ressort. Ce compas se fait en trois modèles : droit, modèle 77 ; d'épaisseur, modèle 75 ; d'intérieur, modèle 74.

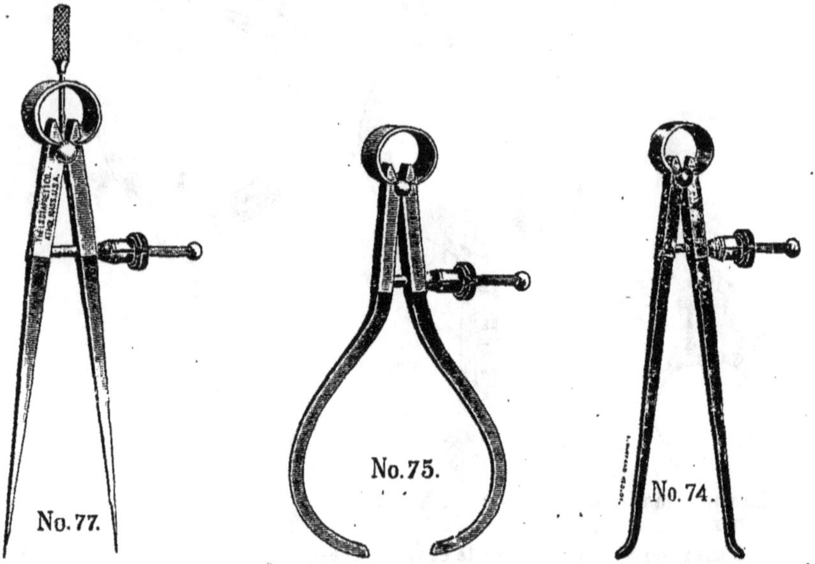
No.77.
No.75.
No.74.

Longueur	100	125	150	200 m/m
Prix	5.50	5.75	6. »	6.50

Les trois modèles sont au même prix.

Compas américains perfectionnés en acier plat, légers et très solides, avec vis de réglage pour se mettre exactement au point, et bouton d'arrêt.

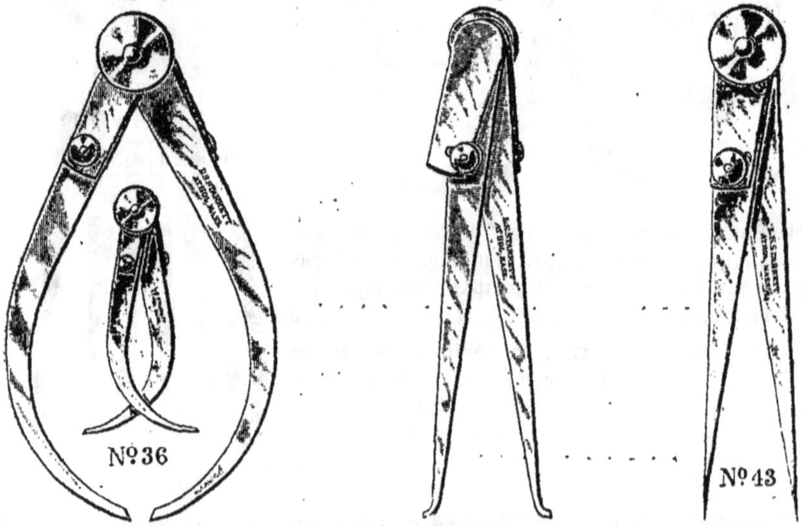
N°36
N°43

N° 36 Compas d'épaisseur — N° 37 Compas d'intérieur — N° 43 Compas à pointes

Ces compas sont munis d'une branche spéciale qui permet de conserver l'ouverture dont on a besoin, tout en prenant d'autres mesures.

Longueurs	110	155	205	255 m/m
Prix du n° **36** d'épaisseur	»	7.90	9.20	10.40
Prix du n° **37** d'intérieur	6 50	7.90	9.20	10.40

Prix du nº 43 à pointes :

Longueurs	155	205	255m/m
Prix	5.25	6.50	7.20

Corde pour tours, le mètre :

	Diamètre (millim.)	2	2 1/2	3	4	5	6	7	8
458	Boyaux	».35	».40	».50	».65	».90	1.55	2.40	
459	Cuir (Fabrication française)		».30	».40	».60	».80	1. »	1.50	

461

461 **Crochets** pour corde de tour :

jusqu'au	3 1/2	4	4 1/2	5	5 1/2	6	6 1/2	7	7 1/2	8	9m/m
La paire.	50	60	60	60	60	70	80	90 c.	1.»	1.20	1.50

336 **Molettes** pour tours :

	1re série,	2e sér.,	3e sér.,	4e sér.,	5e sér.,	6e sér.
La molette	».40	».50	».65	».90	1. »	1.25

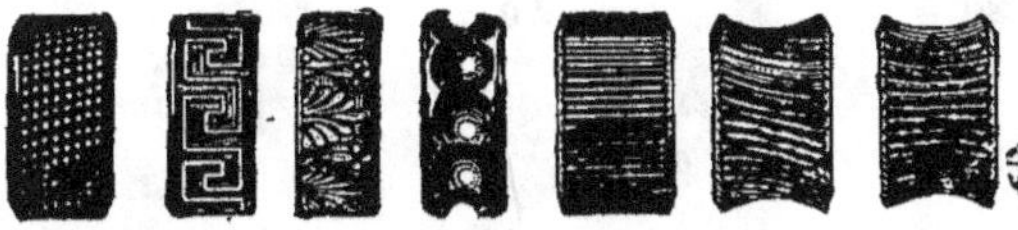

336

337

338

337 **Porte-molettes** . . . . . petit : ».30 | moyen : ».40 | grand : ».50

338 **Porte-molettes** universels 1.60

339

339 **Mèches** de tourneurs, tête carrée.

La pièce de 2 à 8m/m . . ».15

» 10 à 14 » . . . ».25

340 **Mèches** dites de tabletiers, longueur 19c/m, pour être emmanchées et percer à la main sur le tour :

	2 à 8	10 à 12	14 à 16m/m
La pièce	».30	».40	».50

340

340 bis

340bis **Mèches françaises** pour bois, en acier fondu, cylindriques, pouvant s'employer avec les mandrins américains, fabrication très soignée, garanties.

Diamètre	1	1 1/2	2	2 1/2	3	3 1/2	4	4 1/2
Prix	».35	».35	».40	».45	».45	».50	».50	».55
Diamètre	5	6	7	8	9	10m/m		
Prix	».70	».70	».75	».85	1. »	1.20		

Sur commande, par au moins 6 pièces, on fait toutes les dimensions intermédiaires par 1/10 de millimètre.

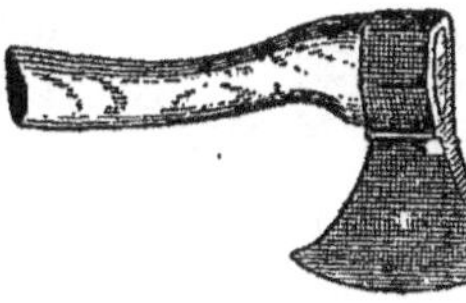

341

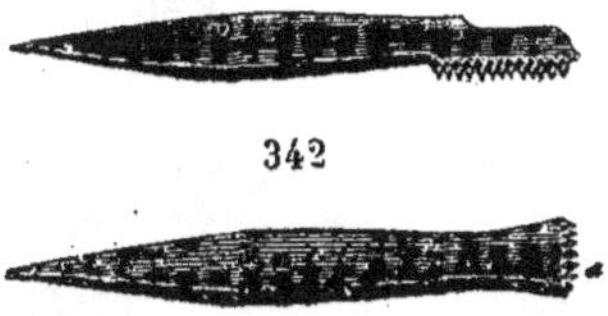

342

341 **Haches** pour tourneurs, 1 biseau, emmanchées :

Poids approximatif	500 gr.	750 gr.	1 kil.	1 k. 500	2 kil.
Prix	2.60	3.30	4.20	6.25	8.10

342 **Peignes de tour**, la paire 1 40

Indiquer si les peignes sont pour bois ou métal.

Meules et brosses à polir (voir les dessins aux *Outils divers*, n° 572) :

A	En feutre, intérieur bois	40 sur 7	52 sur 12	67 sur 16m/m	
	Prix	».70	1.40	3. »	
B	Tout en feutre	35 sur 12	48 sur 16	58 sur 23m/m	
	Prix	».80	1.70	3.30	
C	En crin blanc, gris ou noir. . . .	2	3	4	6 rangs.
	Diamètre	55	75	100	110m/m
	Prix	».80	1.70	3.70	5.75
D	En coton, pour finir. Diamètre.		40	70	85m/m
	Prix		».80	1.50	2.30

E Coniques pour tubes, longueur utilisable : 75 à 80m/m.

En crin	feutre	coton
1.30	1.40	1.60

F Forme champignon :

crin	feutre	coton
1.30	2. »	».70

NOTA. — *Dans les brosses en crin, les noires sont dures, les grises demi-dures, et les blanches douces.*

Mandrin spécial pour monter les meules à polir sur le tour.
Prix. 2.50

Cuivre étiré en barres rondes, spécial pour le tour :

Diamètre	8	10	15	20m/m
Longueur approximative au kil.	2m35	1m,34	0m,65	0m37

Prix du kilog. 2.90

BOIS POUR LE TOUR

En morceaux de 2 à 8c/m **carrés**, sur la longueur demandée :

Acajou	1.20 le kil.
Palissandre	1.50 »
Citronnier	1.50 »
Ebène fin.	3. » »
Ebène ordinaire.	2. » »
Santal rouge	1.40 »
Noyer d'Amérique	1.10 »
Bois de fer	1.50 »
Bois de rose.	2.25 »
Bois de violette	3.75 »
Olivier	1.50 »
Iris.	1.50 »
Erable moucheté	1.50 »
Amourette moucheté . .	4.50 »
Cochenille	1.50 le kil.
Magnifique	1.10 »
Amaranthe	1.25 »
Abeille	1.50 »
Epi de blé.	1.25 »
St-Martin.	1.25 »
Bois d'or.	1.90 »
Bouleau de Norwège. . .	1.50 »
Ebène rouge	1.50 »
Grenadille	2 25 »
Buis en rondin de 2 à 8c/m	
de diamètre.	0.90 »
De 9 à 12c/m	1.40 »
De 14 à 18c/m	2. » »

Nous pouvons fournir ces bois en plus grandes dimensions.

Prix sur demande.

Touret universel pour aiguiser, percer, polir, rafraîchir les boîtes de montres, etc., avec les accessoires suivants :

1 Mandrin à vis conique, pour brosses et tampons :
1 » porte-meules ;
1 » à vis de serrage ;
1 » universel ;
1 Brosse circulaire inclinée ;
1 » » droite ;
1 Brosse garnie de coton ;
1 Tampon en feutre ;
1 Tampon en coton ;
1 Meule en émeri ;
1 Meule garnie de feutre ;
16 Forets acier fondu, bien assortis ;

Le tout renfermé dans une boîte. Prix : 16 fr. 50.

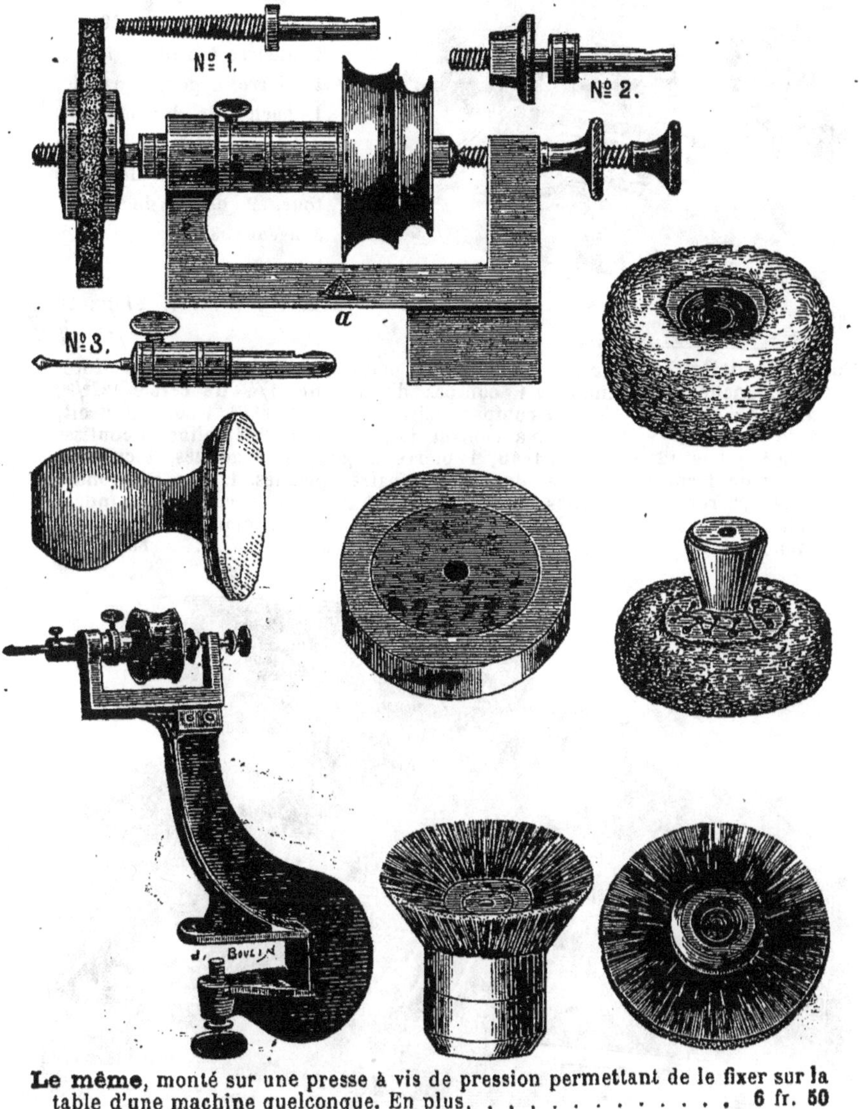
N° 1.
N° 2.
N° 3.
a
J. BOULIN

Le même, monté sur une presse à vis de pression permettant de le fixer sur la table d'une machine quelconque. En plus. . . . . 6 fr. 50
Hauteur du touret avec la presse : 25 centimètres.

BOITES D'OUTILS DE TOUR

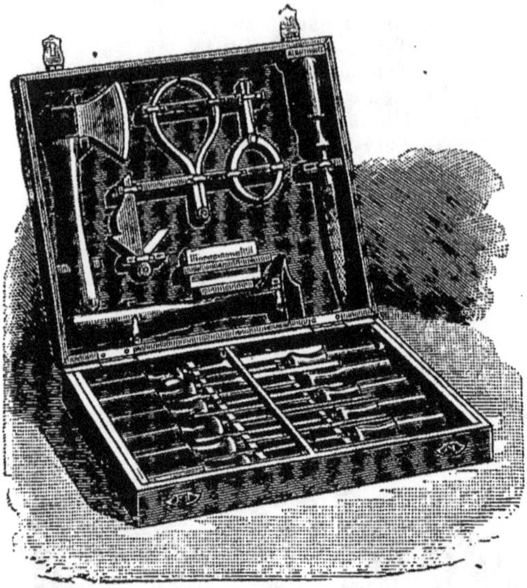

Boîte d'outils de tour n° 1, en noyer massif; outils en acier fondu, emmanchés et affûtés ; contenant 1 compas maître de danse 16c/m, 1 compas d'épaisseur 19c/m, 1 équerre à centrer 16c/m, 1 pierre à gouge grande, 1 hache de tourneur, 2 mèches tabletier, 1 râpe 1/2 ronde, 1 bédane de tour, 2 outils de forme, 3 ciseaux, 3 gouges, 1 marteau.

Prix . . . . . . 37 fr. 50

Boîtes d'outils de tour n° 2, en noyer massif, outils acier fondu affûtés et emmanchés, contenant : 1 compas d'épaisseur 1/4 de cercle 22c/m, 1 compas d'épaisseur 16c/m, 1 compas maître de danse 16c/m, 1 compas droit, 1/4 de cercle 19c/m, 1 équerre à centrer 12c/m, 1 toc n° 2, 1 calibre à coulisse 20c/m, 1 plane 12c/m, 1 marteau, 1 pierre à gouges, 4 gouges, 4 ciseaux, 5 outils de forme, 2 bédanes de tours, 3 paires peignes. 1 râpe 1/2 ronde, 1 lime 1/2 ronde. 3 mèches de tabletier, 1 hache de tourneur, 1 mandrin gobelet, 1 mandrin 3 pointes, 1 mandrin cannelé, 2 mandrins queue de cochon. Prix . . . . 88 fr. 50

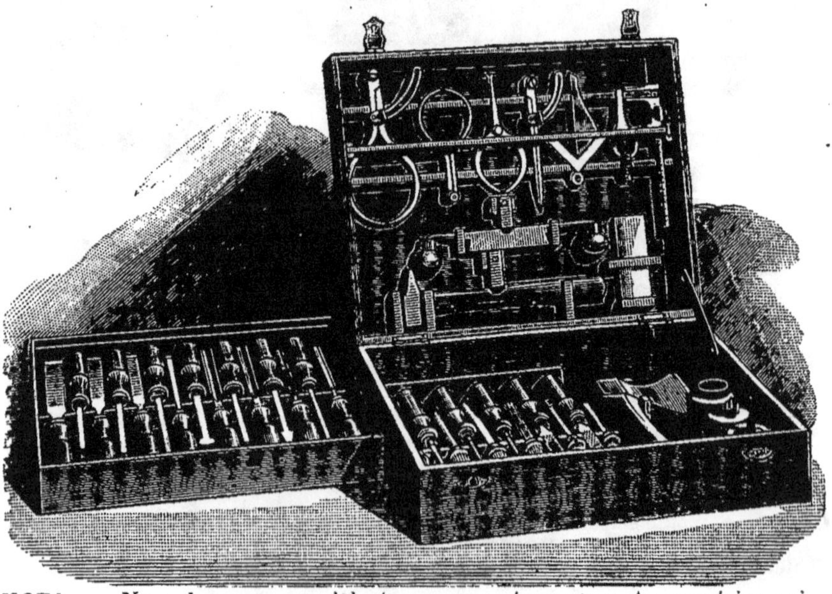

NOTA. — *Nous donner un modèle de pas pour le montage des mandrins ; si on les prend sans être montés, il y a* **3** *francs à déduire du prix de la boîte. — Indiquer les numéros des peignes que l'on désire.*

L'ART DE TOURNER

LE BOIS, L'IVOIRE, LA CORNE, L'ALBATRE, ETC.

Publication de dessins en grandeur d'exécution, éditée par la Maison.

Le numéro . . . . **50** *centimes.*

1 Manches d'outils, bouchons de lampes, coquetiers, crochet pour chapeau, coupe, pelote avec baguier, porte-montre, pot à tabac, bouchon de bouteille, petit vase d'étagère, coupe à odeurs, rosace, porte-lampe.
2 Suspension, patère, chandeliers, bilboquet-pomme, glands pour cordons de sonnettes, boîte à poussière, râtelier pour porte-plumes, encrier, vase, bobèche, coupe pour garniture de chambre.
3 Corbeille ou compotier à fruits, base pour porte-bouquets, râtelier pour plumes et crayons, porte-cigares, coupe-gland.
4 Guéridon.
5 Psyché (tour et marqueterie).
6 Pied de table (sculpture et guillochage).
7 Nécessaire de fumeur, pot à tabac, pot à cigares, pot à cigarettes, pot à allumettes, porte-flambeaux, etc.
8 Tabouret de piano, manche d'écran, écran à main, boîte avec pelote.
9 Grande étagère, vases étrusques pour étagère, porte-chapeaux, coupe.
10 Cache-pots divers, porte-coupe en cristal, cache-pots à seize pans, salière.
11 Guéridon, couteau à papier, manche de cachet.
12 Porte-missel, pupitre mobile, porte-veilleuse, porte-bouquet.
13 Grande bibiothèque à 5 rayons, pied du porte-bouquet de la planche 12, coquetier, porte-couteau et fourchette.
14 Etagère de salon à quatre pieds, coupe albâtre avec base noire.
15 Tabouret élevé à quatre pieds, porte-huilier bout de table à cinq trous, miroir à main, manches de porte-plumes.
16 Table à ouvrage, guéridon avec corbeille.
17 Dévidoir (tour et sculpture), coupe fruitière (milieu de table, mélange de tour, sculpture, découpage et marqueterie), boîte à ficelle.
18 Tabouret de pied, boîte magique à quadruple fond, encrier de bureau, disque tournant, le vulgaire tourbillot, toupie ronflante.
19 Casier à musique, bougeoir.
20 Suite du casier à musique, salière.
21 Chaise d'enfant.
22 Suite de la chaise d'enfant.
23 Pliant, porte-cigares, boîte à poussière dite l'inversable, encrier, tonneau, tonneau à secret, croix.
24 Porte-journaux, porte-pipes.
25 Caisse à fleurs ou cache-pot, baguier.
26 Table-étagère.
27 Jardinière à pied.
28 Candélabre, encrier, boîte à plumes.
29 Porte-manteaux et cannes avec milieu en tapisserie, râtelier de bureau.
30 Monture d'écran.
31 Support de lecture, pied de bureau, couteau à papier.
32 Sèche-serviette, grand et petit modèle, psyché avec pot à odeur, baguier avec pelote.

33 Porte-chapeaux, pieds pour oiseaux empaillés, suspension.
34 Miroir psyché avec coupe porte-bijoux, console, essuie-plumes.
35 Chaise orientale, 2 pots à tabac.
36 Suite de la chaise orientale, nécessaire de fumeur, chevalet pour photographie.
37 Guéridon à 3 pieds.
38 Vase pour cheminée, dévidoir.
39 Grand encrier.
40 Porte-bougie, porte-montre avec coupe, pagode chinoise pour statuette, baguier-perchoir.
41 Grand métier à tapisserie.
42 Tabouret de piano, pour morceau à quatre mains, sertisseur de cartouches Lefaucheux, râtelier pour plumes avec pelote.
43 Guéridon de salon.
44 Flambeau, 2 porte-allumettes, panier à sucre, cuillère à moutarde, pied pour pot de fleur ou statue, manche à gigot.
45 Boîte à ouvrage, avec pieds.
46 Etude de torse, tabouret, pied de table, dévidoir.
47 Porte-cannes et parapluies, cadre, chevalet, double manche de marteau.
48 Lanterne de vestibule à six pans.
49 Etude pour jeunes amateurs, 23 sujets.
50 Chevalet pour photographie, râtelier pour porte-plumes, monture pour noix de coco, manche de porte-plumes.
51 Porte-pipes à trois tablettes, étagère de bureau, 1re partie.
52 Suite de l'étagère de bureau, porte-journaux, porte-cartes.
53 Suspension, encrier de bureau, pieds en croix pour table de salle à manger.
54 Porte-cigares, boîte à ouvrage avec pieds et colonnes torses.
55 Porte-manteaux (4 modèles), console, porte-allumettes, coquille de bénitier.
56 Grande console, porte cigarettes, 2 râteliers pour plumes.
57 et 58 Niche pour enfant Jésus.
59 Cadre pour glace (tour méplat).
60 Tabouret à 4 pieds avec colonne au milieu.
61 Porte-huilier, porte-embrasse, deux lambrequins.
62 Tabouret genre chinois, couteau à papier, pirouette.
63 Chaise basse.
64 Poinçons pour faîtage et pignons, gland, pomme pour poteau.
65 Encrier, boîte magique, bougeoir, candélabres à 2 branches, coupe aux colonnes.
66 Support pour entonnoir de verre pour filtrer, modèles pour tourner en os : poinçons, essuie-plumes, petit dévidoir d'étagère.
67 Etagère, 4 colonnes, petits objets en os pour étagère.
68 Porte-bouquets, pied pour bureau, colonnes pour meubles.
69 Nécessaire de fumeur, fruitier à trois étages.
70 Sèche-serviette.
71 Casier à musique, petite console.
72 Côté du casier à musique, 2 porte-bouquets.
73 Nécessaire de bureau, surtout avec tulipe, grande coupe pour cartes de visite.
74 Panier à liqueurs, petite coupe, porte-bouquet.
75 Prolonge de fauteuil Voltaire, porte-allumettes, peloté, porte-cure-dents.
76 Suite de la prolonge, porte-cure-dents, porte-allumettes.
77 Encadrement de thermomètre, couronnement de bahut, boîte à timbres-poste, pelote creuse, vase d'étagère.
78 Vase pour couronnement de bahut, tabouret à plateau mobile, porte-plumes, pique-notes.

79 Jardinière-étagère.
80 Suite de la jardinière, nécessaire tournant pour bureau, porte-chapeau, écran pour bougie de piano.
81 Grande bibliothèque avec armoire.
82 Suite de la grande bibliothèque.
83 Pendule borne.
84 Grande suspension.
85 Porte-cannes et parapluies.
86 Milieux de tables pour 7 bouquets de fleurs, râtelier pour plumes, crayons, etc., avec pelote au milieu, baguier avec miroir mobile.
87 Balustre, colonnes, pieds de tabourets, etc. (20 modèles divers).
88 Petite table à ouvrage.
89 Tabouret de piano, coquetier, porte-allumettes, objet d'étagère, tabouret-chaise, tabouret de piano, écran, 5 pendants pour tiroir.
90 2 modèles arc de lit.
91 Porte-manteaux à têtes tournantes, porte-manteaux à cinq branches.
92 Jardinière (étude de torse).
93 Corbeille de la jardinière, baguier soleil, couteau à papier, pieds de table, rouleau à pâte.
94 Casier de musique.
95 Pupitre ou porte-missel.
96 Nouveau vide-poche.
97 Compotier milieu de table, 9 modèles de coupes.
98 24 modèles rouleaux de serviettes, dessous de plat, pied de lampe, coquetier, casse-noisettes.
99 2 milieux de table bonbonnière.
100 Mosquée pour pendule.
101 Grande étagère à poser sur un meuble.
102 Onze modèles sucrier, vase et coupe.
103 et 104 Toilette-étagère.
105 Baguier, chaise d'enfant, porte-bouquet, pelote, petite boîte à allumettes.
106 Suite de la chaise d'enfant, coupe.
107 2 modèles de vide-poches, 2 modèles pot à tabac, 10 modèles de coquetiers.
108 Vide-poches japonais, 2 vases, 2 porte-cigares, 5 modèles de coquetiers.
109 Etagère à poser, vase.
110 Balustres pour pied de table se posant sur une croix, coupe avec colonne torse à jour.
111 Corbeille à ouvrage.
112 Cabarets à liqueurs, pour tonneau et 6 verres à anses.
113 Jardinière.
114 Suite de la jardinière, vase rond et carré, 2 porte-bouquets, porte-flacon.
115 Porte-fusils.
116 Suite du porte-fusils, 16 modèles de sébile à poussière, coupes, support, baguier.
117 Grand vestiaire, porte-manteau, chapeau, canne et parapluie.
118 Vase, colonne, deux coupes, pieds de chaise, pieds de tabouret, colonne pour étagère, porte-huilier.
119 Lustre à huit branches.
120 Etagère à 4 rayons.
121 Nécessaire de fumeur.
122 Pied de guéridon.
123 Dessous de plat, pelote tournante, baguier, porte-bouquet et 3 pelotes à épingles.
124 et 125 Chaise prie-Dieu.
126 Grand porte-pipes.

127 et 128 Panier à liqueurs, porte-notes.
129 Porte-plume et crayon, 2 niches pour statuettes, porte-allumettes applique.
130 Cache-pot, six modèles, grandeurs différentes.
131 Cave à liqueurs.
132 Deux porte-veilleuse, encrier, porte-bouquet, coupe, petit vase
133 Deux chevalets simples, un chevalet à deux étages.
134 Milieu de table.
135 Jardinière.
136 Pied pour guéridon ou jardinière.
137 Porte-manteaux, 2 pieds de lampe.
138 Grand candélabre.
139 Candélabre bout de table, 2 pieds de lampe.
140 Niche pour statuette.
141 Bibliothèque, porte-bouquet, pot à tabac.
142 Etagère à quatre rayons.
143 Tabouret à ouvrage, liquoriste.
144 Encoignure, modèle de fuseaux, tabouret à ouvrage.
145 Tabouret de coin avec dossier.
146 Suite du tabouret, râtelier pour plumes.
147 Porte-pelle et pincettes pour garniture de cheminée.
148 Guéridon avec tablette carrée.
149 Guéridon avec planchette carrée, chandelier torse et sculpture.
150 Guéridon avec tablette carrée, baguiers à trois étages.
151 Grande jardinière.
152 Suite de la jardinière
153 Guéridon-étagère.
154 Suite du guéridon-étagère.
155 Etagère à poser.
156 Ecrans à mains, vases.
157 Grande jardinière.
158 Suite de la grande jardinière.
159 Guéridon avec colonnes torses.
160 Tabouret de pieds.
161 Sèche-cigares, coquetier.
162 Suite du sèche-cigares.
163 Deux porte-allumettes, guéridon à 3 colonnes, console.
164 Tabouret de pied, panier à papiers.
165 Jardinière à trois ou quatre pieds.
166 Porte-vase, tabouret élevé.
167 Tabouret rond avec pieds à évasement.
168 Etagère-bibliothèque à 4 rayons.
169 Jardinière-étagère.
170 Tabouret à ouvrage avec corbeille.
171 Nécessaire de fumeur.
172 Suite du nécessaire de fumeur.
173 Nécessaire de bureau, porte-couvert et fourchettes, 12 modèles.
174 Cave à liqueurs.
175 Chaise d'enfant, coupe, porte-allumettes.
176 Suite de la chaise d'enfant.
177 et 178 Casier à musique à 2 ou 3 compartiments.
179 Porte-vase à 4 pieds. Porte-lettres.
180 Tabouret de coin, riche.
181 Dossier de tabouret psyché.
182 Sèche-serviettes. Bougeoir.

183 Support pour rideaux de grande fenêtre, quatre vases styles tunisien, italien, mexicain, balustre.
184 Clocheton pour poulaillier, support pour rideaux. Vases styles japonais et bengali. Coupe.
185 Grande console. Corbeille à ouvrage. Sucrier en noix de coco. Cachepot.
186 Clocheton. Vases persans, de Yeddo et napolitain.
187 Petit lustre à quatre branches. Salière double, râtelier, perchoirs pour oiseaux.
188 Grande console pour rideaux de fenêtre, petit vase, étagère à poser, baguier.
189 Suspension à 6 lumières. Chevalet, porte-plumes.
190 Jeu de croquet.
191 Petite étagère à suspendre, trois rayons, deux modèles : torse ou moulure.
192 Porte-chapeau sur écusson, milieu tapisserie, très élégant.
193 Ecran en éventail pour foyer, milieu découpage cuivre et soies de diverses teintes.
194 Guéridon chinois, bambou [deux modèles].
195 Guéridon à trois corps, forme chinoise, nouveauté.
196 Flambeau pour autel.
197 Pelote pour porte-pelote pour épingles, porte-alumettes, porte-cure-dents. Encadrement de thermomètre. Nécessaire de bureau.
198 Panier à bois, meuble à la mode.
199 Guéridon à trois étages. Porte-montre avec baguier. Porte-chapeau. Pique-notes [tour méplat]. Baguier à deux étages et pelotes.
200 Applique à trois branches. Bougeoir. Poussier. Encrier. Râtelier pour porte-plumes.
201 Panier à ouvrage sur pied. Râtelier de bureau. Boîte à triple fond. Chandelier [tour et sculpture].
202 Plan et détail du panier à ouvrage.
203 et 204 Fauteuil style Louis XIII.
205 Tabouret japonais. Porte-bouquet.
206 Lampadaire.
207 Croix, avec porte-bouquet et veilleuse.
208 Chandelier ou candélabre à trois ou quatre branches. Chevalet porte-photographie. Encrier de bureau.
209 Chevalet. Sucrier. Petit vase. Manche de cachet. Epingle à cheveux. Boutons de manchettes.
210 Salière double. Console. Tabouret à pied élevé. Porte-allumettes. Petite coupe.
211 Plateau porte-cartes. Etagère pour plumes. Porte-plume. Pelote.
212 Ménagère-porte-huiliers. Guéridon-étagère à deux rayons.
213 La Tour Brocard.
214 Kiosque chinois.
215 Etagère japonaise.
216 Chaise de salle à manger Louis XIII.
217 Sèche-linge. Chevalet pour photographie.
218 Liquoriste sur chevalet. Porte-coupe-poivrière. Porte-montre. Couteaux à papier.

OUTILS DIVERS

OUTILS FRANÇAIS, ANGLAIS ET AMÉRICAINS

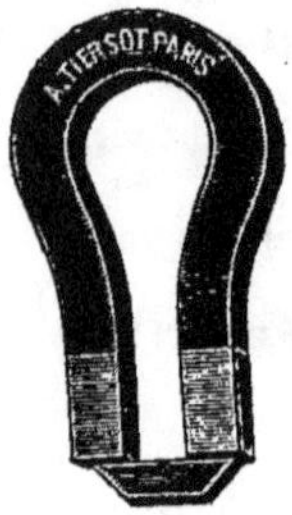
A. TIERSOT PARIS

Aimants puissants et permanents, cémentation et trempe spéciale :

Nos . . .	1	2	3	4	5	6	7	8	10	12
Hr en c/m	5	6	7	8	9	10	11	12	14	16
Prix . .	».40	».50	».80	».90	1. »	1.25	1.60	1.90	2.50	3.50

ALPHABETS ET CHIFFRES A JOUR

		Grandeur. . . .	4 à 9	10 à 18	20 à 30	35	40	50m/m
389	Cuivre ordinaire.	Alphabets.	».50	».60	».80	1.10	1.40	1.80
		Chiffres. .	».25	».30	».40	».55	».70	».90
		Grandeur. . . .		60	70	80	95	110m/m
390	Cuivre ordinaire.	Alphabets.		2.60	3.30	4. »	5. »	7. »
		Chiffres. .		1.30	1.60	2. »	2.50	3.50
		Grandeur. . . .	4 à 9	10 à 18	20 à 30	35	40	50m/m
391	Cuivre renforcé.	Alphabets.	1. »	1.20	1.50	2. »	2.50	3. »
		Chiffres. .	».50	».60	».75	1. »	1.25	1 50
		Grandeur. . . .		60	70	80	95	110m/m
392	Cuivre renforcé.	Alphabets.		5. »	6.50	8. »	9. »	12. »
		Chiffres. .		2.50	3.25	4. »	4.50	6. »

393

A B C D E
F G H I J
K L M N O
P Q R S T
U V X Y Z
393

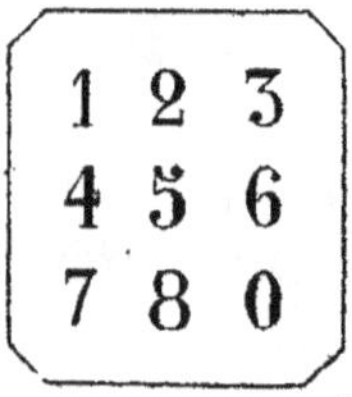
1 2 3
4 5 6
7 8 0
393

A
389

ALPHABETS ET CHIFFRES POINÇONS

		Grandeur. . . .	2 à 4	4 1/2 à 6	7	8	10	12m/m
393	Acier ordinaire pr plomb, cuivre et bois	Alphabets.	1.50	1.60	2. »	2.25	3. »	4.50
		Chiffres. .	».55	».60	».70	».80	1.10	1.65
		Grandeur. . . .	1 à 4	4 1/2 à 6	7	8	10	12m/m
394	Acier fondu ordinaire pour cuivre et bronze.	Alphabets.	3.50	3.75	4.25	5.25	7.50	9.50
		Chiffres. .	1.20	1.30	1.40	1.80	2.50	3.25
395	Acier fondu renforcé pour fer.	Alphabets.	5.75	7.25	8.25	9.75	13.75	17.75
		Chiffres. .	1.90	2.40	2.75	3.25	4.75	5.75
396	Acier fondu très renforcé, pr acier	Alphabets.	7.25	8.75	10.75	12.75	15.75	18.50
		Chiffres. .	2.40	2.90	3.50	4.25	5.25	6.25

Qualité spéciale pour mécaniciens, *voir au tarif spécial d'outils pour la mécanique.*

AFFUTAGES composés de la varlope et de la demi-varlope ou riflard.

		Charme.	Cormier.
398	A double fer sans vis, fer de 1re qualité	9. »	12. »
399	A double fer sans vis, fer acier fondu garanti	10. 50	13. 50
400	A double fer vis longue garanti	11. 50	15. 50
401	A double fer, fer anglais Sorby	» »	18 »

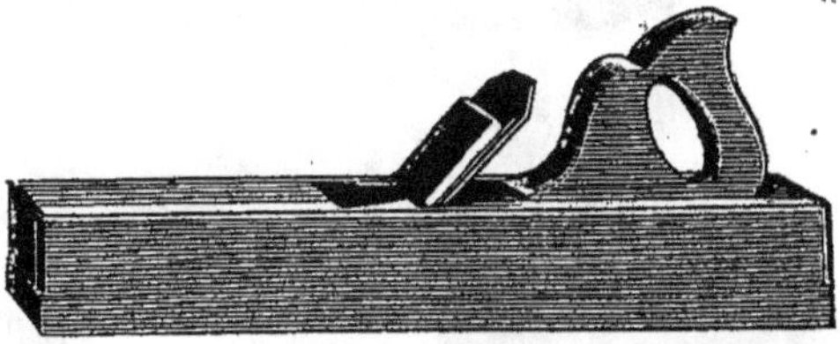

399

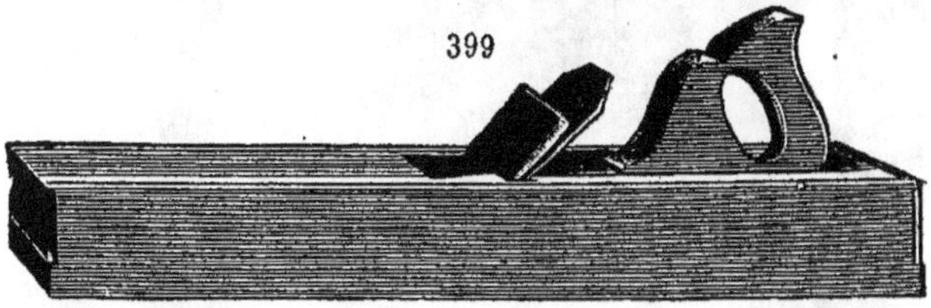

399

402

402 **Affiloirs** emmanchés pour racloirs, 12c/m, ».60 ; 14c/m. . . . . . ».75

402bis **Alésoirs** pour mécanique, **acier supérieur, rectifiés après la trempe,** (*voir au Tarif spécial d'outils pour la Mécanique*).

Arbres en acier montés sur coussinets pour scies circulaires (*voir au Tarif spécial d'outils à bois*).

No 1 No 3 No 2

403 **Archets** pour porte-forets 1.10, grands. 1.25

Arrache-clous, pour déclouer sans endommager ni fendre le bois.

Nos	1	2	3
Longueur du corps	19	27	33c/m
Prix	4. »	5. »	6. »

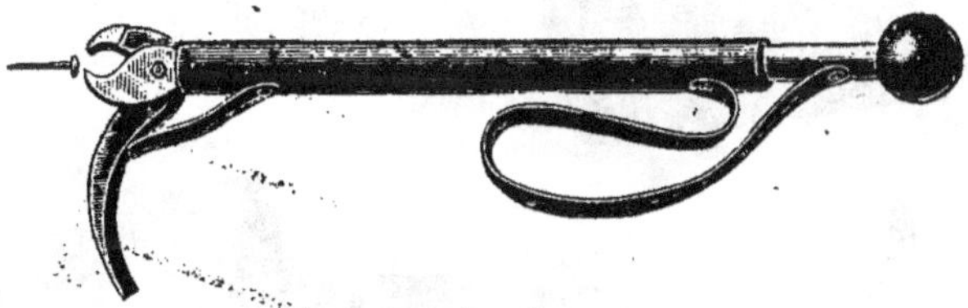

Arrache-clous

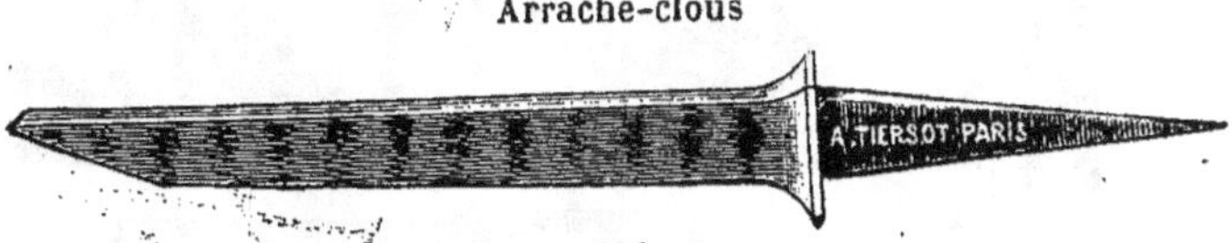
A. TIERSOT PARIS

404

Bédanes (millimètres)	2	4	6	8	10	12	14	16	18
404 Qualité supérieure	».50	».70	».80	».90	1.05	1.35	1.45	1.65	1.90
405 Tout acier fondu . .	».70	».80	».90	1.15	1.40	1.70	2.10	2.50	2.80

Emmanchés, en plus, de 0 fr. 15 à 0 fr. 25.

Bédanes acier fondu anglais **IH Sorby** :

2	5	7	9	11	14c/m
».70	» 75	» 80	1.05	1.10	1.35

406 **Bigornes** bien aciérées, polies	11	12	14	16	18c/m
La pièce	2.50	2.75	3.25	4. »	4.25

406bis **Les mêmes,** montées sur pied en bois verni de 10c/m de hauteur, en plus : 11 et 12c/m, 1 fr. 50 ; 14, 16 et 18c/m 2.20

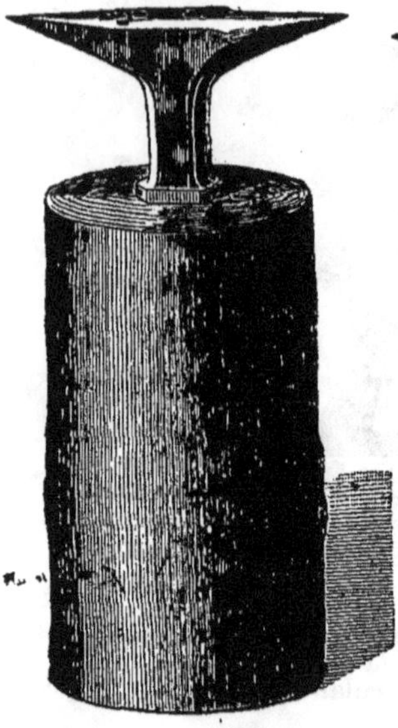

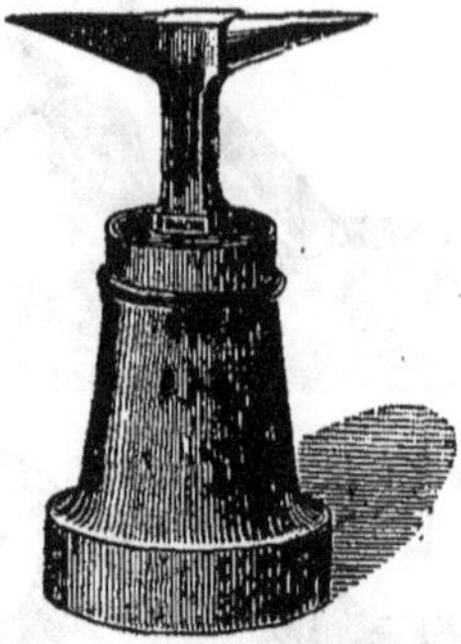

406 bis

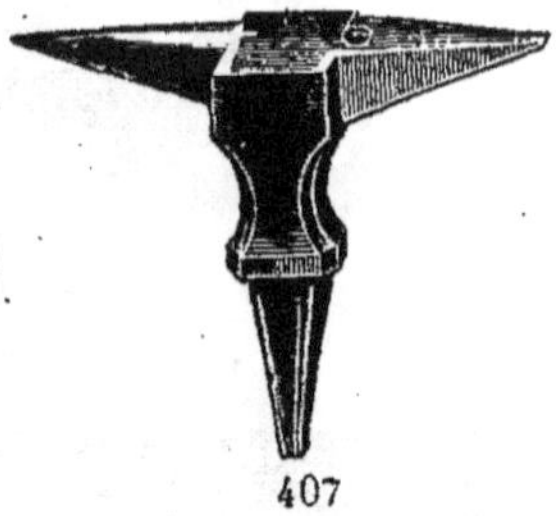

407

407 **Bigornes** au-dessus de 18c/m, le kilog 4.85

407bis **Bigornes** noires fortes, bien aciérées, de 5 kilog. et au-dessus, le kilog. 1.60

Ces bigornes peuvent se monter sur un pied, prix suivant dimensions.

407bis

Brosses à polir (voir nos 372 à 377).

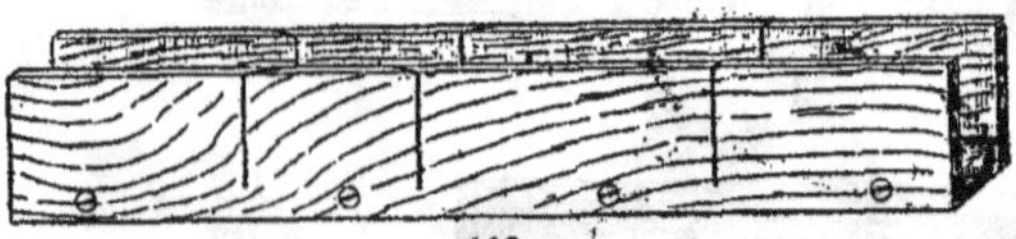

408

408 **Boîtes** à couper les onglets pour encadrements.

	40	50	60c/m
La pièce .	2. »	2 50	3. »

Boîte avec garniture cuivre, 3 coupes . . . . . 18. »

Cut of No. 3 and 4.

Boîte à onglets américaine à garniture fonte réglable, très précise, avec taquets pour l'arrêter au bord de l'établi. S'emploie avec la scie égoïne. Longueur 33c/m. Largeur intérieure 78m/m, à 3 coupes.

Prix 8.50

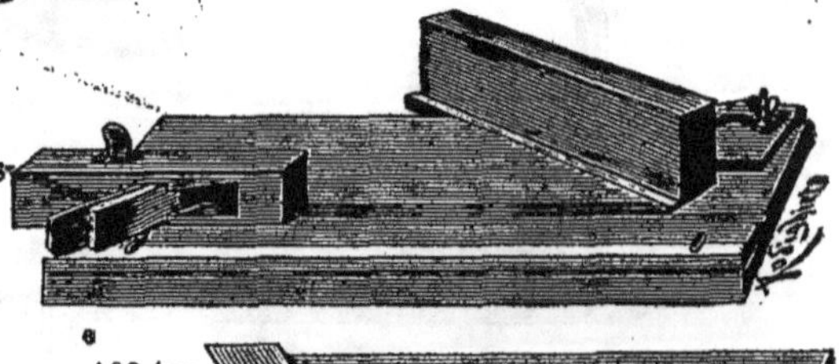

408 bis

408 ter

408bis **Boîtes** à recaler et à redresser (*voir au tarif spécial d'outils à bois*).

Boîtes à couper, dresser et clouer les moulures pour cadre, jusqu'à 60m/m de largeur, avec rabot cormier, *modèle déposé*. Prix 16.50

BOUVETS pour joindre les planches.

		Charme.	Cormier.
409	A languette fer pour bois de 6, 8, 10, 12%	3.25	4. »
410	A languette fer pour bois de 14, 16, 18, 20%	3.75	4.50
411	A languette bois pour bois de 22 à 30%	3.75	4.75
412	A languette bois pour bois de 32 à 35%	4.25	5.25

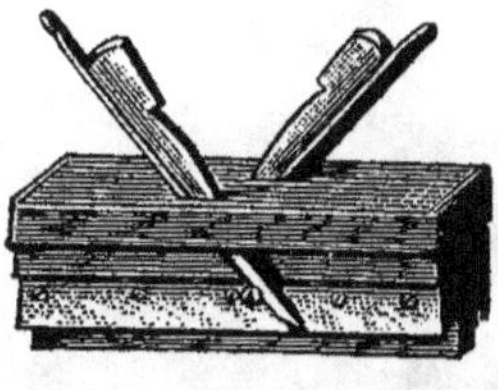
409

410

411

BOUVETS de deux pièces.

		Charme.	Cormier
413	Languette bois, fer de 10 à 14%	5. »	6. »
414	Languette bois, fer de 16 à 20 »	5.25	6.25
415	Languette fer, fer de 7%	6.75	8.50
416	A descente à T	9.50	~~17.50~~ 10.80

Pour d'autres bouvets, (*voir tarif spécial d'outils à bois*).

418 **Burins** ou ciseaux à froid, tout acier fondu.
Petits, **90** c.; moyens, **1** fr. **20**; grands . . . 1.60

418bis **Burins** ou ciseau à froid tout acier fondu anglais, en acier quadrangulaire, ce qui permet de refaire le burin à la meule sans avoir besoin de le reforger.
Petits, **1** fr. **40**; moyens, **1** fr. **70**; grands . . . 2.10

418

418 bis

202 **Burettes**, pour graisser, zinc poli, » fr. **30**; cuivre poli . . . » 50
203 **Burettes** fer blanc fort, à piston, » fr. **75**, » fr. **90** et . . . 1 25
204 **Burettes** à boules, agrafées, inversables, nos

1	2	3
1.10	1.25	1.50

203

204

202

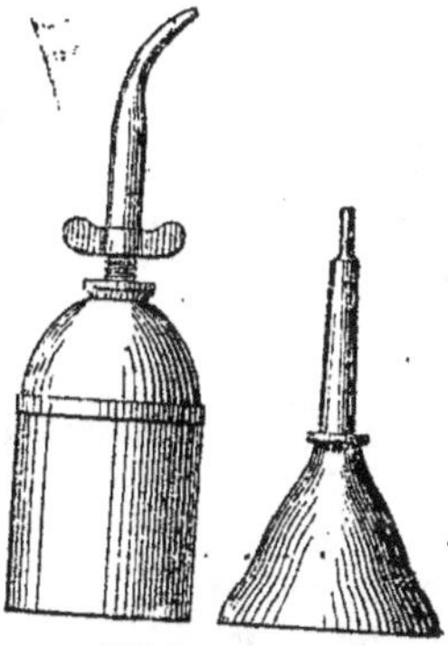
418 ter

418ter **Burettes américaines** à siphon tout en acier embouti, inusables.

Nos	1	2
Diamètre	63%	68%
Prix	2.75	3. »

Burettes incassables coniques, bec et corps en fer, fond en cuivre, contenant environ 70 grammes d'huile.
Prix . . . 1 fr. 75

Pour les burettes plus fortes, voir au *Tarif spécial d'outils pour la Mécanique.*

Burette américaine de poche, " Magic cycle oiler ".
La plus solide, la plus parfaite des burettes de poche, à fermeture complètement étanche, solidement nickelée, d'un emploi très commode. 1.75

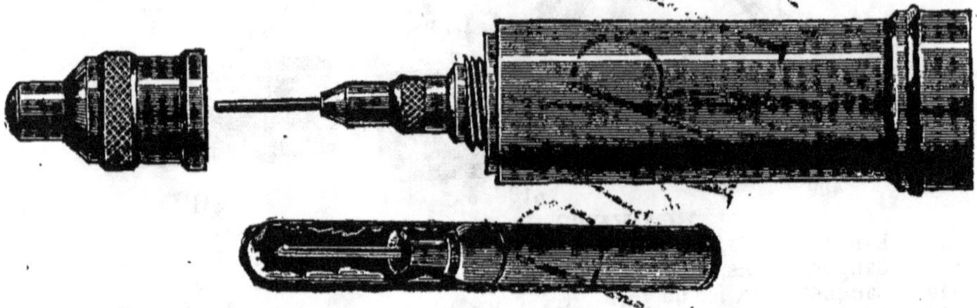

Burette américaine de poche, tube à ressort, fermeture de sûreté, nickelée, la pièce. 1.25

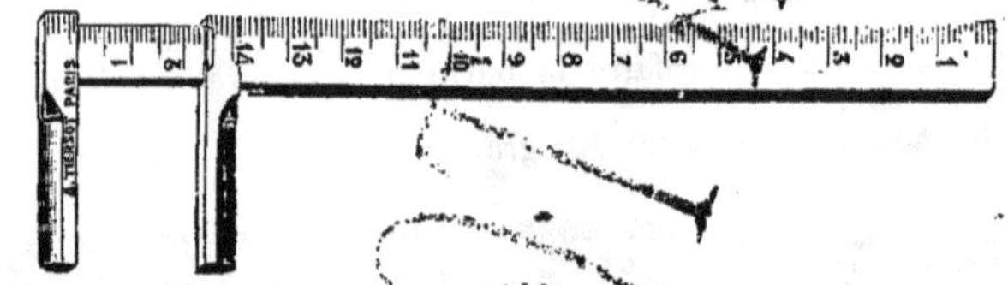

419

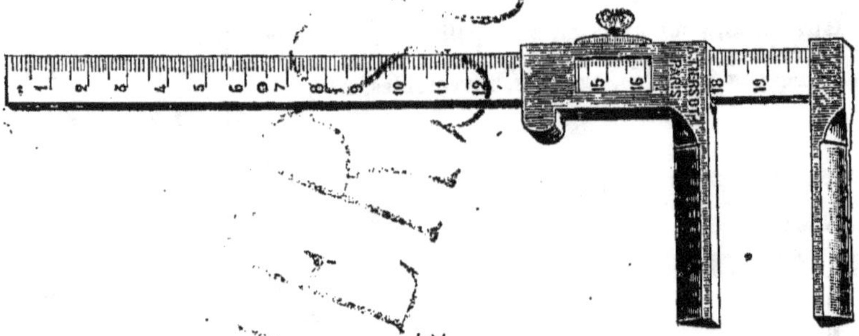

421

419 **CALIBRES** à coulisses ou pieds à becs, à fourreau en cuivre :

	Longueur.	8	12	15 et 20	25c/m
	Prix	1.50	1.75	2.10	» »
420	A douille en fer	» »	2.25	2.75	» »
421	A douille en fer 1/2 renforcés.	» »	» »	2.90	» »
422	A douille en fer renforcés.	» »	» »	3.75	4.90

424 **Calibres** à douille fer, à vernier pour mesurer les 10es de millimètre :

Longueurs.	15	20	25c/m
1/2 renforcés.	3.25	4.40	» »
Renforcés	4. »	5.25	6.40

425 **Calibres** de précision, douille bronze, becs et tiges acier :

Centimètres	15	20	25
1/2 renforcés	5.75	7.25	8.40
Renforcés	6.50	7.75	9. »

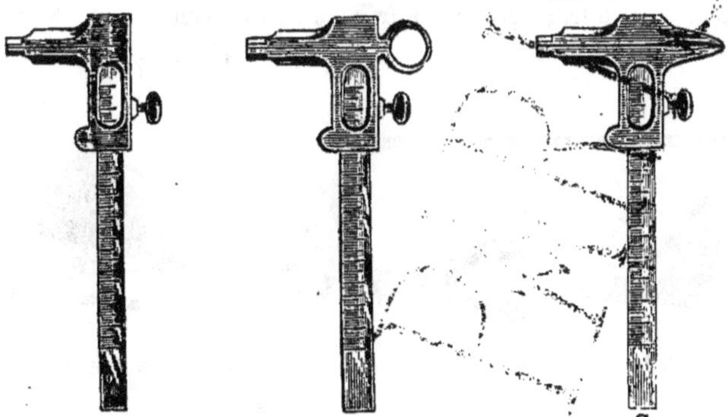

A B C

425bis **Calibres** à coulisses, de précision, tiges acier, becs acier forgé, avec vernier au 1/20, très soignés :

Modèle	A	B	C
Longueur 20c/m	10.50	13.50	13.50
» 25 »	11.75	14.75	14.75

CALIBRES DITS PALMERS

	Ouverture	15	20	25	30	40m/m
426	En acier, divisés au 1/20	4. »	5. »	6. »	7.50	10.50
427	En maillechort	4.25	5.75	6.75	8.50	11.50

429 **Palmers** divisés au 1/100, vis de précision avec bouton à friction :

Ouverture	15	20	25	30	40m/m
Acier	7.40	9.10	10. »	11.80	14.80
Maillechort	9.10	10. »	10.80	13. »	16. »

426 429 429bis 429 ter

429bis **Palmer de précision**, nouveau modèle, divisé au 1/100, tambour en bronze d'aluminium, corps en maillechort, bouton à friction, ouverture 20m/m très soignés . . . . **15.** »

429ter **Palmer à ressort**, à cadran de 1/10, mesurant jusqu'à 8m/m d'épaisseur, très soigné . . . . **15.** »

Pour d'autres calibres et palmers, *voir au tarif spécial d'outils pour la mécanique.*

Carde ou brosse en fil de fer pour nettoyer les limes :

430 Montée sur bois, la pièce **0.45**

431 Sans être montée, le mètre **0.60**

432 **Chalumeaux** à essence (article breveté) pour souder à l'étain, à l'or, à l'argent, au cuivre, pour fondre le verre, etc., avec instruction :
Petits . . . 2 fr. ; moyens. . . 2 fr. 50 ; grands. . . 3 fr.
On se sert de ces chalumeaux à la bouche ou au moyen d'un soufflet.

432bis **Prix du soufflet à ressort avec poche de caoutchouc et chaînette pour pédale :**
Petit. . . 5 fr. ; grand, 6 fr. ; à double vent. . . 6 et 7 fr.

433 **Chalumeaux** ordinaires. . . . . 0 40 et 0.45

432

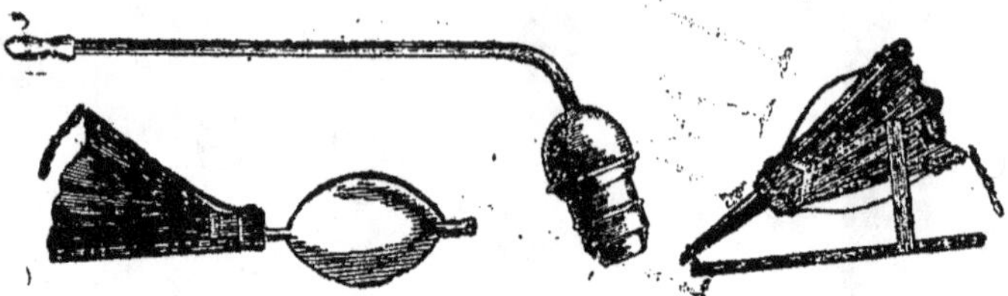

432 B simple vent   432 B double vent

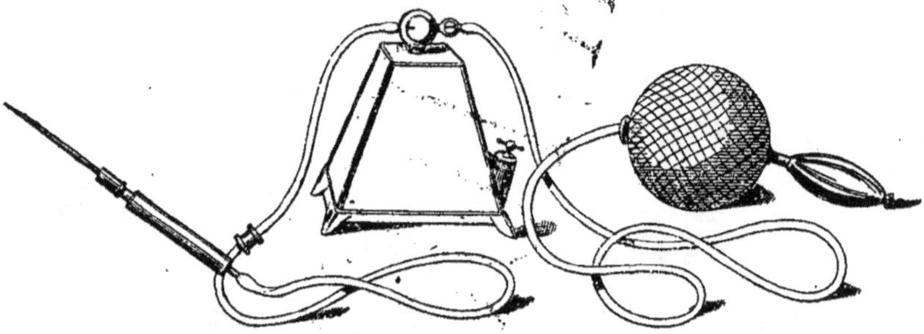

433 bis

B

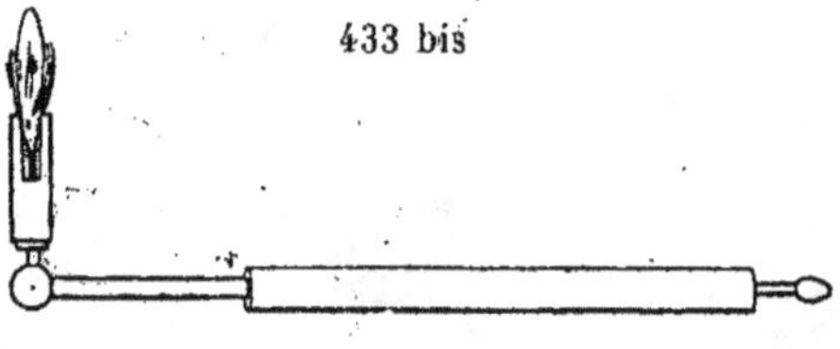

433bis **Chalumeau** à essence du Dr Paquelin, breveté s. g. d. g., donnant une température voisine de 1800 degrés, flamme à pointe filiforme se réglant à volonté, régulation à volonté de la température et de la flamme. Appareil complet avec 1 chalumeau à tige droite et instruction détaillée . . . . 32. »

Chalumeau à tige courbe 4.25

Fer à souder . . . . 7. »

Monture de chalumeau. . . . . 1. »

Chalumeaux à gaz et à essence plus forts, (*voir au tarif spécial d'outils pour la mécanique*).

434 **Chasse-pointes** acier fondu. 0.40

435 **Châssis** à coller (*voir au tarif spécial d'outils à bois*).

435bis **Cisailles** d'établi, acier fondu (*voir au tarif spécial d'outils pour la mécanique*).

436	**Cisailles** de ferblantier . .	11	12	14	16	19	22	25	27c/m
	Acier fondu, polies	2.50	2.90	3.10	3.60	4.25	4.70	5. »	6.25

Cisailles de ferblantiers américaines, anneaux plats, lames de 76m/m, tout acier fondu.
Prix . . . . 8 fr.

CISEAUX DE MENUISIERS

	Millimètres. . .	10	15	20	25	30	35	40
437	Qualité supérieure.	».60	».65	».70	».80	».95	1.10	1.35
438	Acier fondu garanti.	».75	».80	».85	».90	1.05	1.20	1.50
439	**Ciseaux bédanes**	»	».80	» 90	1.10	1.40	1.65	1.90

Ciseaux menuisiers, acier fondu anglais **IH Sorby** :

7	11	14	20	25	30	34m/m
».70	».80	».90	».95	1.10	1.15	1.30

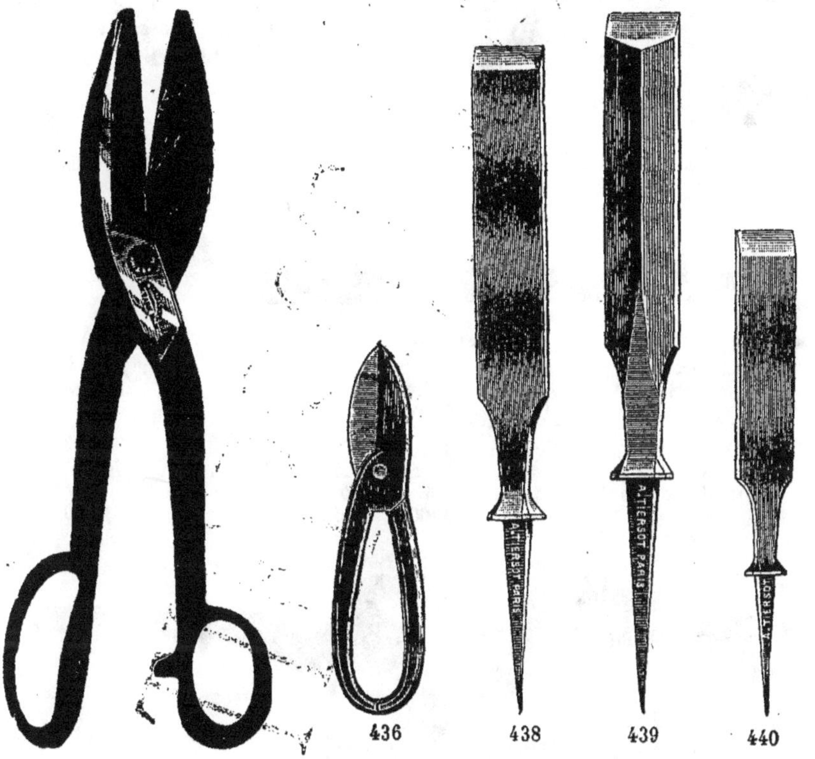
A. TIERSOT PARIS
A. TIERSOT PARIS
A. TIERSOT
436 438 439 440

440	**Ciseaux** courts, tout acier fondu, dits de sculpteurs, **qualité garantie** :								
	Millim.	2 et 4	6 à 10	12 à 15	18 et 20	22	25 et 28	30	35
		».45	».55	».60	» 70	».75	».85	».90	1.20

441 La douzaine assortie, de 2 à 28 millimètres 6.50

Ciseaux sculpteurs, acier fondu anglais IH Sorby :

2	4	5	7	9	11	14	16	18	20	23	25	30	34m/m
».50	» 50	».50	».55	».55	» 55	».60	».65	».70	».70	».75	».90	».95	1.25

Emmanchés, avec manches à pans en frêne, en plus. . . . . ».15
Avec manche cormier méplat. . . . . ».30

Ciseaux acier fondu américains, emmanchés, C.-E. Jennings. — Ces ciseaux se recommandent par leur qualité et leur fini irréprochables. Le manche enfoncé dans une douille qui fait corps avec l'outil ne peut se briser sous le coup de maillet.

Dimensions.	13	15	20	25	30	35m/m
Prix	2 85	3. »	3.25	3.50	4. »	4.50

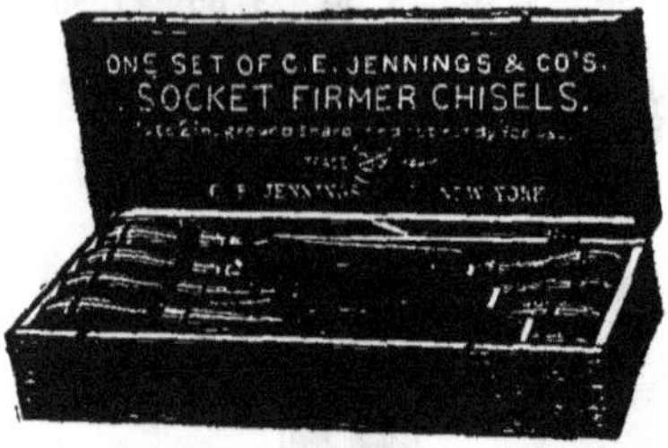
ONE SET OF C.E. JENNINGS & CO'S.
SOCKET FIRMER CHISELS.

Les mêmes ciseaux, en boîte de 6 assortis, de 12 à 50m/m, la boîte, 26 fr. ; par boîte de 12 assortis, de 6 à 50m/m, la boîte, 42 francs.

Ciseaux à froid (voir Burins). **Ciseaux** de tourneurs (v. nos 321 et suiv.). **Ciseaux** de sculpteur (v. no 264-265).

441 ter

441bis **Ciseaux** à déballer, droits, 20c/m 1.50
441ter » » à pied de biche 35c/m 2.75

CLÉS A ÉCROUS

442	Dites anglaises, soignées .	15	17	20	22	25	27	30	33/cm
		5.20	5.65	5.75	5.90	6.60	7.30	8.70	9.75

443	**A molette**, tout acier. .	15	20	25	30	35c/m
		4.60	4.75	5.90	8. »	8.50

442

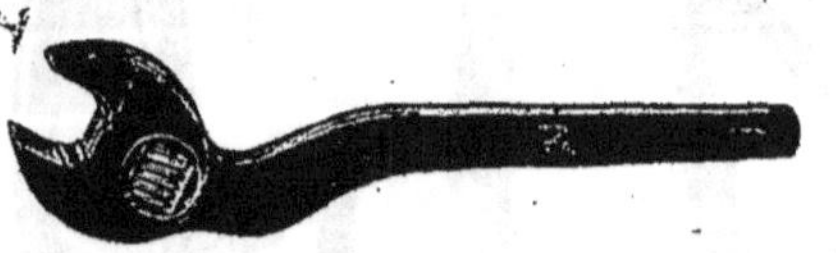

443

443 bis

444

443bis **A molette**, poignée courte, dite « sans Rivale ».

Ouverture	20	23	27m/m
Longueur totale	105	120	130
Prix	4.15	4.25	4.50

444 **Clés** à fourche calibrées, trempées, têtes polies.

Ouverture	10-12	14-16	18-20	22-24
	».55	».65	1. »	1.10

CLÉS DE POCHE

447 **Clé** tout acier, dite parfaite, mâchoires obliques, longueur totale 160m/m, ouverture maxima 35m/m. Prix 2.25

448 **Clé anglaise** de poche, bleuie, tout acier, garantie.
Longueur de la clé fermée, 12c/m. Prix. . . . . 2. »
Les mêmes, nickelées. . . . . 3. »

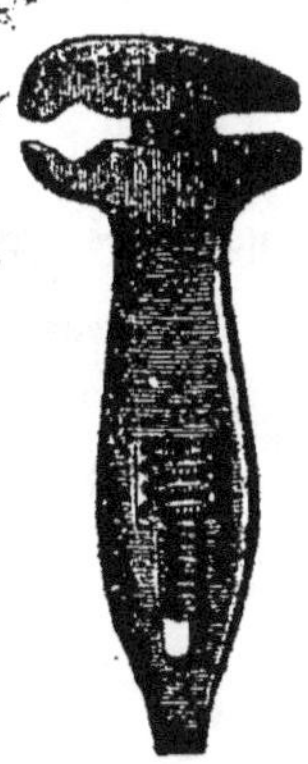

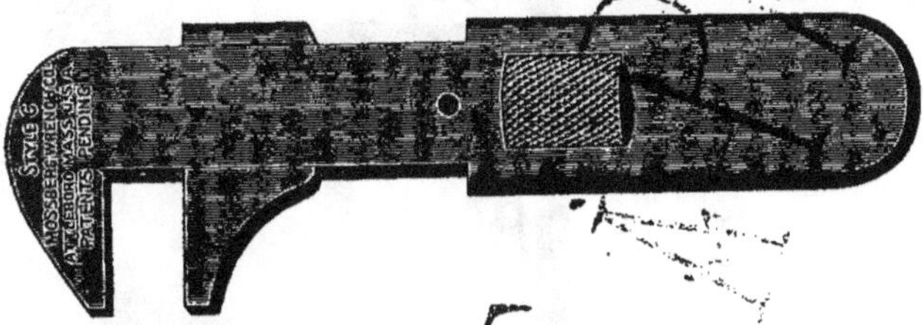
STYLE B
MOSSBERG WRENCH CO.
ATTLEBORO, MASS. U.S.A.
PATENTS PENDING

448

448bis **Clé Mossberg,** tout acier, longueur totale, 128m/m. Ouverture, 30m/m.
Prix jaspée. 2.75
— nickelée 3.25

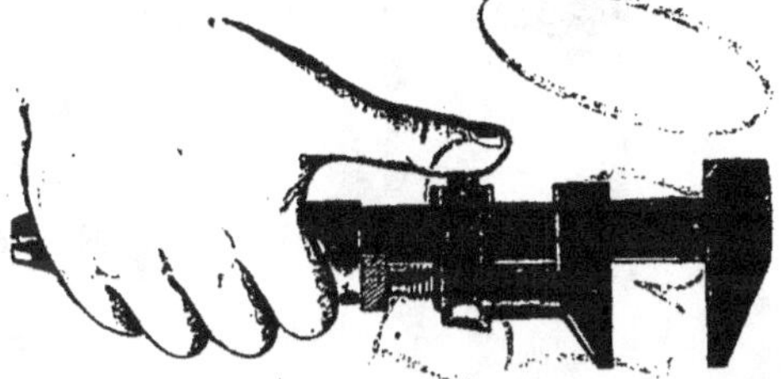

Clé rapid Transit, mâchoire fixe et tige en acier renforcé, mâchoire mobile en acier fondu et trempé. Une pression du pouce sur la plaque mobile dégage la vis et permet de pousser rapidement la mâchoire au point voulu ; en lâchant la plaque mobile, l'écrou reprend sa fonction et fixe la mâchoire.
Longueur totale 215m/m. Ouverture maxima, 32m/m. Prix. 5.25

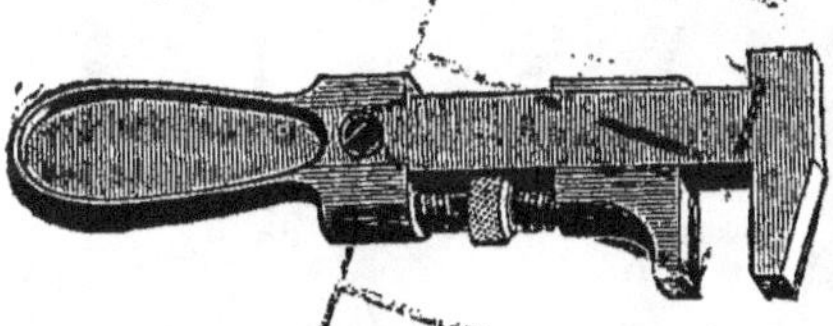

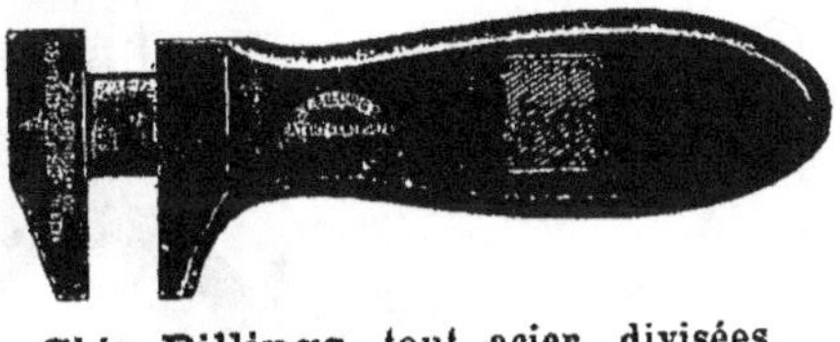

Clés Williams, tout acier, double vis rapide, trempées et jaspées, longueur totale, 140m/m. Ouverture maxima 29m/m 4.50

Clés Billings, tout acier, divisées. Division métrique, longueur totale, 110m/m. Ouverture maxima, 30m/m
Prix 4 25

Clés Billings, tout acier.
Ces clés se recommandent par leur légèreté et leur solidité.
Longueur totale, 140m/m.
Ouverture, 35m/m.
Trempées, Noires. . . . 2.50
Trempées, Jaspées . . . 3.10

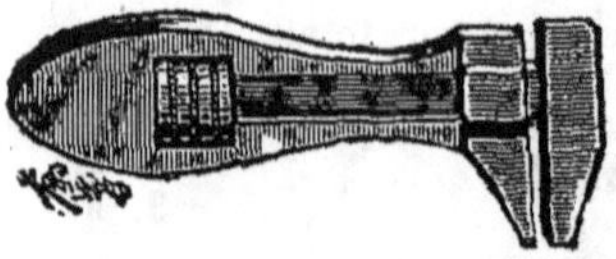

Clés véritables King Dick, acier trempé, bleuies et jaspées . . . . 4. »

COMPAS

Compas à découper les rondelles en cuir, carton, caoutchouc :

Longueur en c/m	18	20	22
Poignée noire simples.	**8.50**	**9. »**	**10.25**
» » doubles.	**9.75**	**10.50**	**11.50**
Les mêmes avec manche en corne de cerf, en plus.			**1.50**

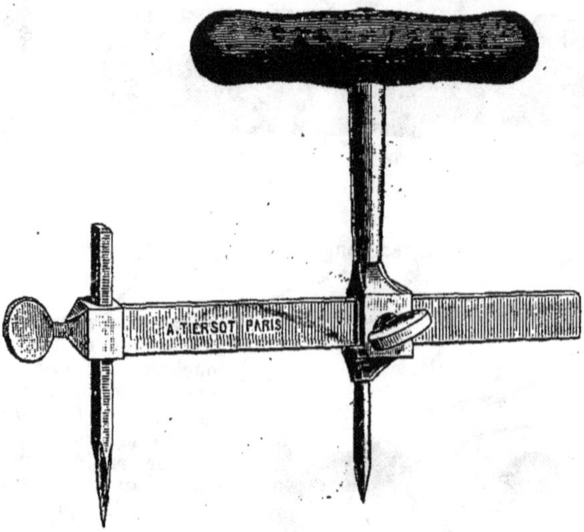
A. TIERSOT PARIS

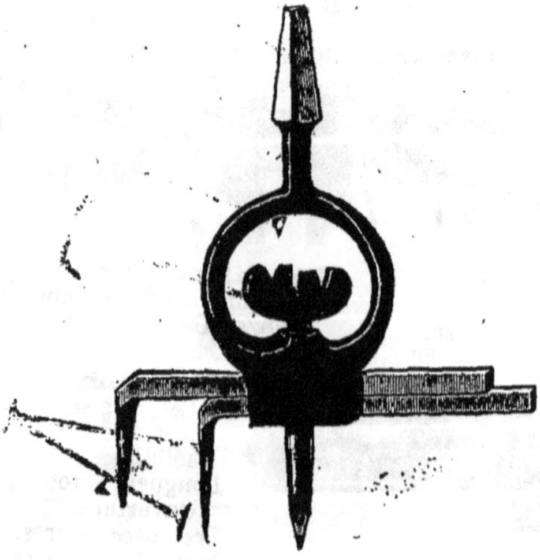

Compas à rondelles américain, à 2 couteaux, pour vilebrequin. . . **2.95**

COMPAS DROITS

	Longueur.	13	16	19	22	25	30 c/m
449	Qualité ordinaire	».60	».65	».75	».90	1.05	1.40
450	Tout acier fondu renforcé ..	1.60	1.80	2.50	2.75	2.90	4.10
451	1/2 fins à 1/4 de cercle ...	1.45	1.55	1.70	1.90	2.10	»
452	1/4 de cercle tout acier fondu.	2.20	2.50	2.90	3.10	3.60	»

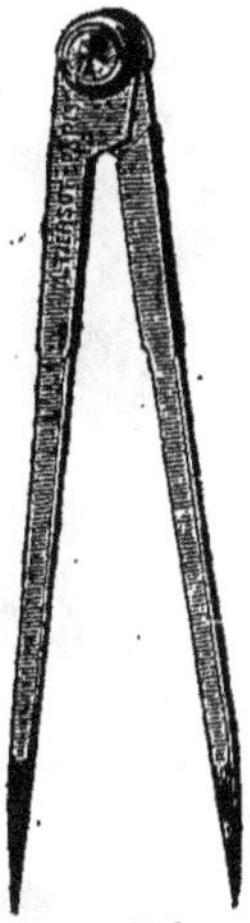
450

451

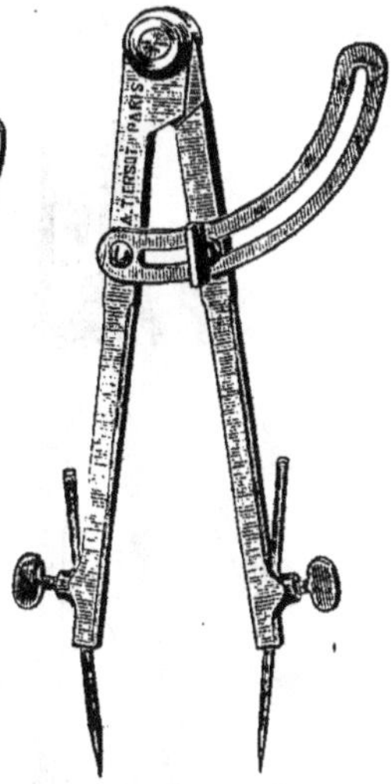
453

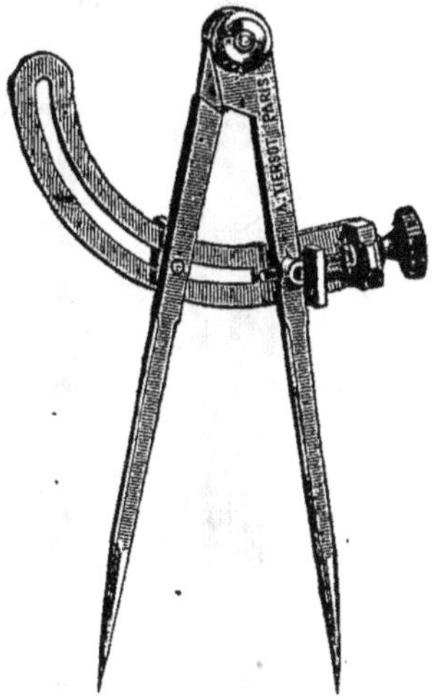
454

453 **Compas** à 1/4 de cercle à pointes rapportées, pouvant se changer à volonté :

	Longueur.	13	16	19	22	25 c/m
	Prix................	3.10	3.25	3.60	3.95	4.50
454	**Les mêmes** à vis de rappel ...	4.90	5.10	5.30	5.80	6.50

454 bis

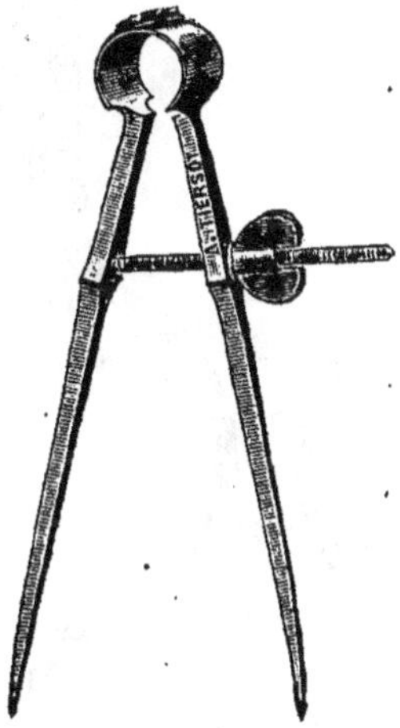
455

454bis	**Compas** fins 1/4 de cercle et porte-crayon....					19	22	25 c/m
	Prix................					2.90	3.20	3.50
455	**Compas** à ressort .	8	10	12	14	16	19	22 c/m
	Prix	1.60	1.70	1.85	2. »	2.20	2.40	2.85

COMPAS DROITS NOUVEAUX MODÈLES

	Longueur en centimètres	16	19	22	25	28	31
A	A tiges rondes.	1. »	1.10	1.25	1.40	1.65	2. »
B	A tiges rondes et porte-crayon :		2 25		2.65		3.05
C	A tiges rondes à régulateur. . .	1.60	1.70	1.80	2.10	2.40	2.75
D	A tiges rondes, à régulateur et à porte-crayon		2.80		3.25		3.90

A

B

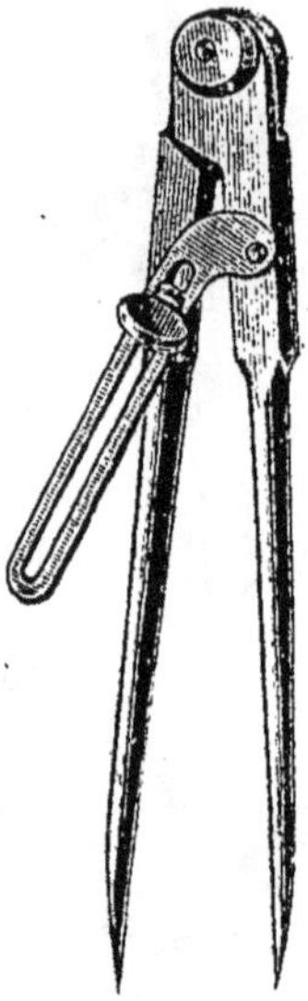
C

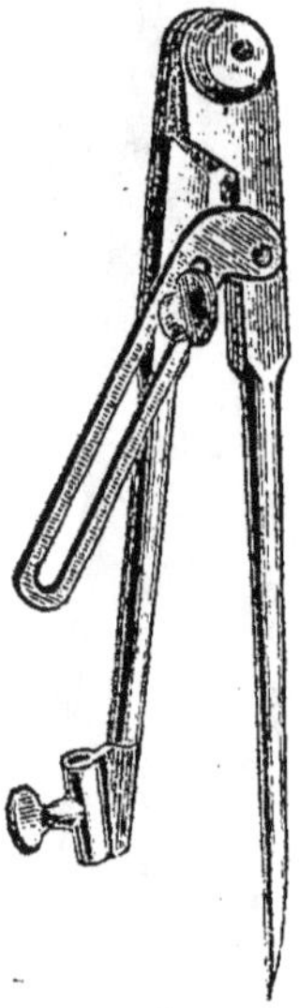
D

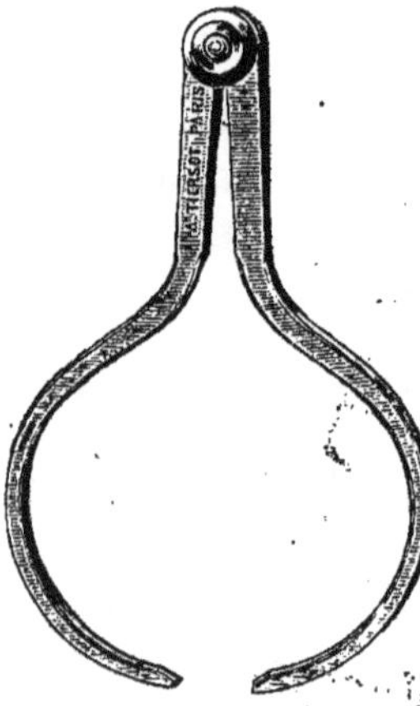
A.TIERSOT PARIS
332

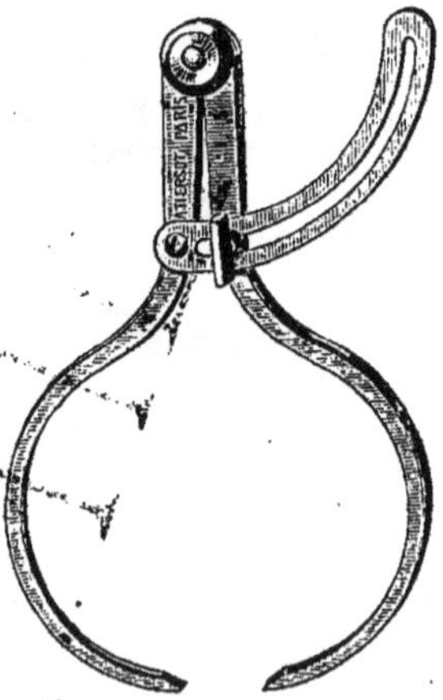
A.TIERSOT PARIS
333

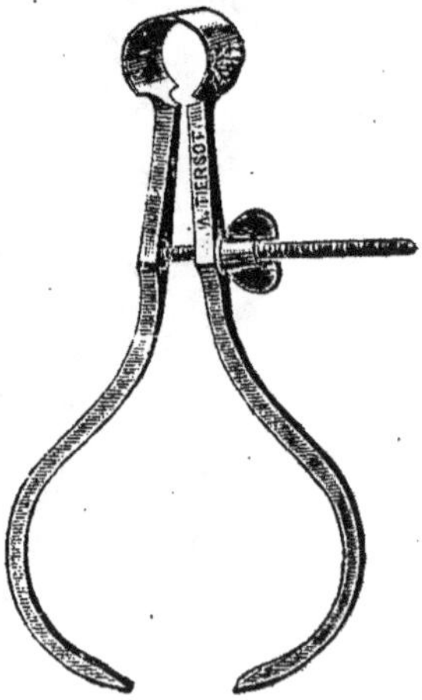
A.TIERSOT
334

Compas d'épaisseur :

	Centimètres	12	14	16	19	22	25
332	Ordinaires.	1. »	1.05	1.10	1.20	1.30	1.50
333	Fins, 1/4 de cercle	1.90	2. »	2.10	2.20	2.50	2.70

334 A ressort et vis de rappel.

Centimètres .	8	10	12	14	16	19	22	25
Prix.	1.70	1.80	2. »	2.10	2.20	2.40	2.75	2.90

Compas américains perfectionnés à écrou rapide, tout acier, à large ressort en acier plat s'articulant sur les branches, pouvant mesurer une dimension égale à leur longueur. L'écrou n'agissant que sous la pression du ressort, glisse librement si l'on tient à la main les branches du compas, ce qui permet de le mettre immédiatement à l'ouverture voulue et ensuite de l'amener au point avec précision en employant l'écrou qui reprend sa fonction, sous la pression du ressort. Ce compas se fait en trois modèles : droit, modèle 77 ; d'épaisseur, modèle 75 ; d'intérieur, modèle 74.

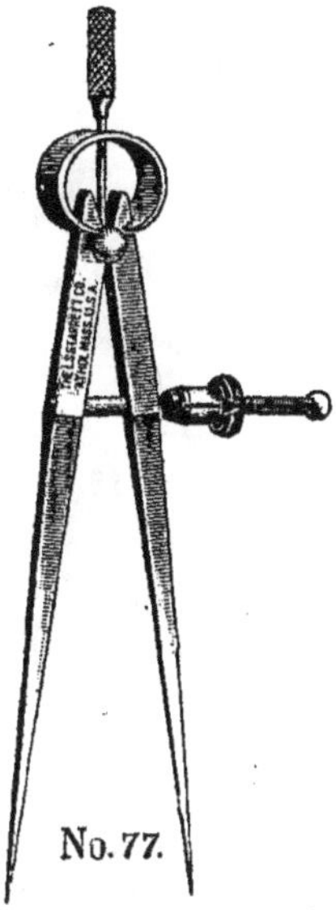
No.77.

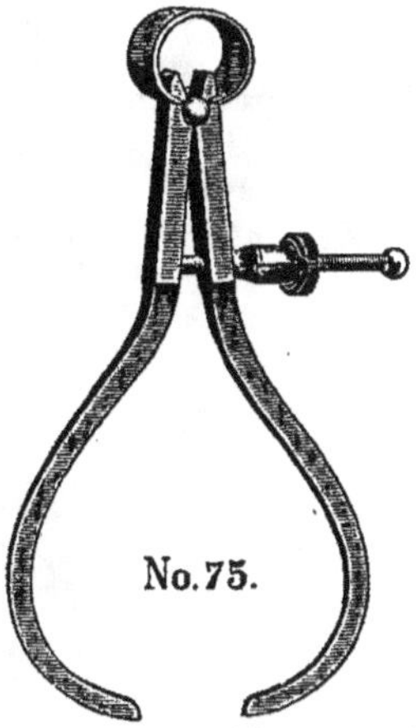
No.75.

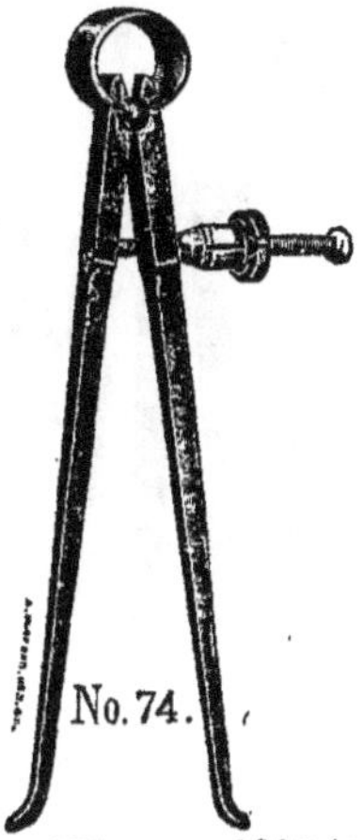
No.74.

Longueur	100	125	150	200 m/m
Prix	5.50	5.75	6. »	6.50

Les trois modèles son au même prix.

Compas américains perfectionnés en acier plat, légers et très solides, avec vis de réglage pour se mettre exactement au point, et bouton d'arrêt.

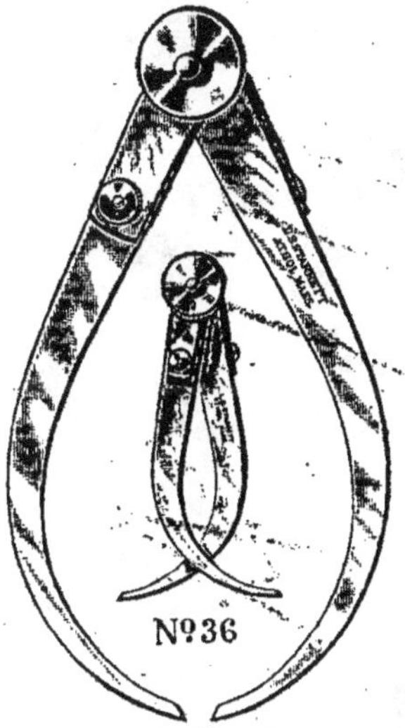
N° 36

N° 36
Compas d'épaisseur

N° 37
Compas d'intérieur

N° 43

N° 43
Compas à pointes

Ces compas sont munis d'une branche spéciale qui permet de conserver l'ouverture dont on a besoin, tout en prenant d'autres mesures.

Longueurs	110	155	205	255m/m
Prix du n° 36 d'épaisseur . .	»	7.90	9.20	10.40
Prix du n° 37 d'intérieur. . .	6 50	7.90	9.20	10.40

Prix du n° 43 à pointes :

Longueurs.	155	205	255m/m
Prix.	5.25	6.50	7.20

No.85.

Compas universel américain à quatre usages, servant de compas droit, d'épaisseur, d'intérieur et de porte-crayon, fabrication très soignée, tout en acier, à 1/4 de cercle.

Prix . . . . 16 »

. 43 **Compas** à ellipse en bois pour les ovales ou les ronds de grand diamètre. 6.50

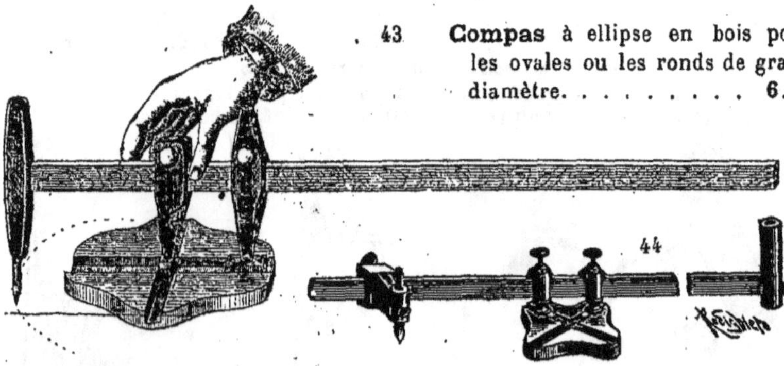
44

		Nos 1	2	3
457	**Compas** à ellipse en acier.			
	Diamètre du plateau en millimètres.	60	80	100
	Longueur de la tige en centimètres.	30	35	45
	Prix	10. »	11. »	12. »

Avec second coulisseau porte-lames, 3 fr. 50 en plus.

Corde pour tours, le mètre :

	Diamètre (millim.)	2	2 1/2	3	4	5	6	7	8
458	Boyaux.	».35	».40	».50	».65	».90	1.55	2.40	
459	Cuir (Fabrication française).			».40	».60	».80	1. »	1.50	

A. TERSOT
A PARIS

461 **Crochets** pour corde de tour :

jusqu'au	3 1/2	4	4 1/2	5	5 1/2	6	6 1/2	7	7 1/2	8	9m/m
La paire.	50	60	60	60	60	70	80	90 c.	1. »	1.20	1.50

COMPTEURS DE TOURS AMÉRICAINS

THE WEISS DOUBLE SPEED ALARM INDICATOR.

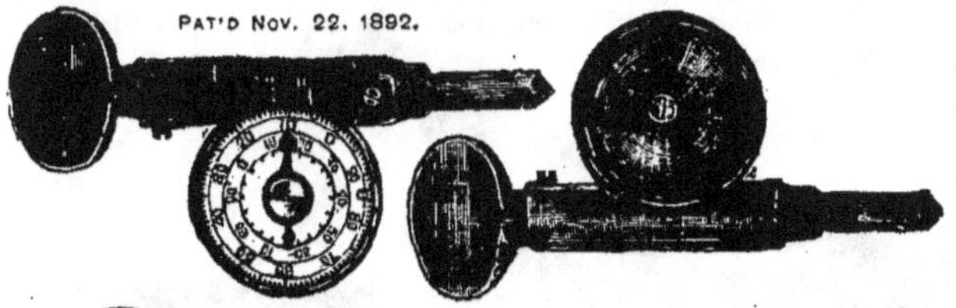
PAT'D NOV. 22, 1892.

Compteur de tours « Weiss » à sonnerie, donnant un coup de timbre à chaque 100 tours. Prix . . . 8 fr.

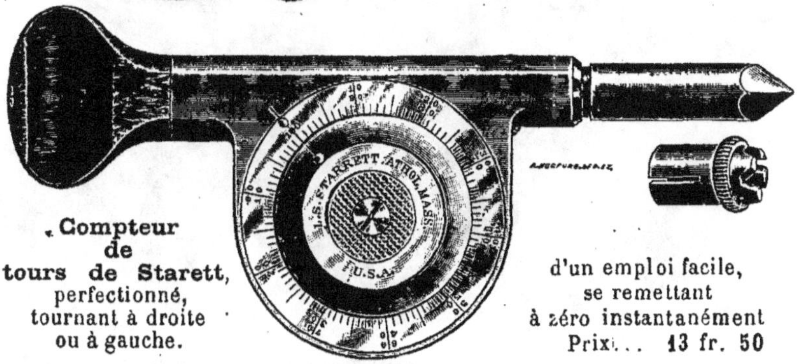
L.S. STARRETT ATHOL MASS.
U.S.A.

Compteur de tours de Starett, perfectionné, tournant à droite ou à gauche.

d'un emploi facile, se remettant à zéro instantanément Prix. . . 13 fr. 50

DIAMANTS

Nº 1 Petite étoile manche os coupant le verre simple	3.50
Nº 5 Moyen chinois, manche os, coupant verre simple et demi-double .	6.50
Nº 6 Moyen conversé, manche grugeoir, coupant verre simple et demi-double	7.50
Nº 7 Gros conversé, manche os, coupant verre double	8.50
Nº 7 bis Diamant à guide, nouveau modèle, la forme de la tête donne la position du diamant.	
Coupant le verre double, prix, manche os	9. »
Manche grugeoir	9.75
Nº 12 Rabots à glace, prix.	16. »

A. TIERSOT PARIS

7bis

A. TIERSOT PARIS

6

A. TIERSOT

12

493 **Emporte-pièces** à frapper pour le cuir :

1 à 7	8	9	10	11	12	14	16	18 m/m
».50	».55	».60	».70	».75	».90	1.10	1.45	1.80

494 **Equarrissoirs** pour vilebrequin. . . . . ».75

494bis **Equarrissoirs** à cinq pans à emmancher :

Diamètre.	2	3	4	5	6	7	8	9	10 m/m
Prix . . .	».25	».25	».30	».50	».50	».90	1.10	1.40	2.50

Les mêmes, emmanchés . . . . 0.10 en plus

464 ter

464bis **Enclumes** de mécaniciens, *voir au tarif spécial d'outils pour la mecanique.*

464ter **Petites enclumes d'établi**, tout acier trempé, tables polies.

Longueur.	22	25	28	30c/m
	5.75	8.75	11.75	12 50

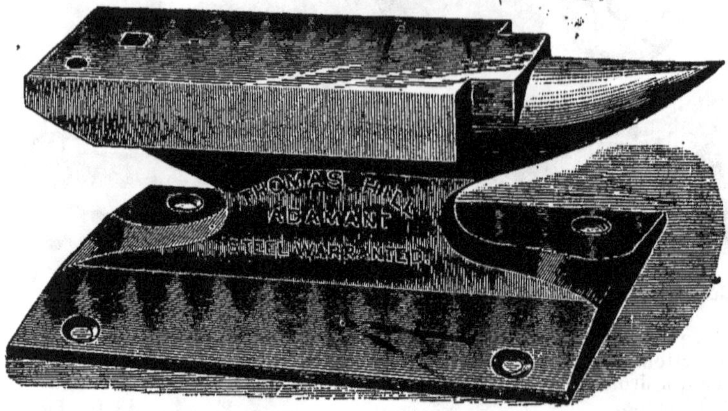
THOMAS HILL
ADAMANT
STEEL WARRANTED

Enclumes américaines Hill, tout en acier forgé, pour visser sur l'établi :

N° 1. . longueur totale	170m/m,	largeur 40m/m,	poids 2kg	Prix. . . .		10.50
N° 2. .	— 250	— 46	— 2 900 »	. . .		13.10
N° 3. .	— 260	— 51	— 4 200 »	. . .		15 75

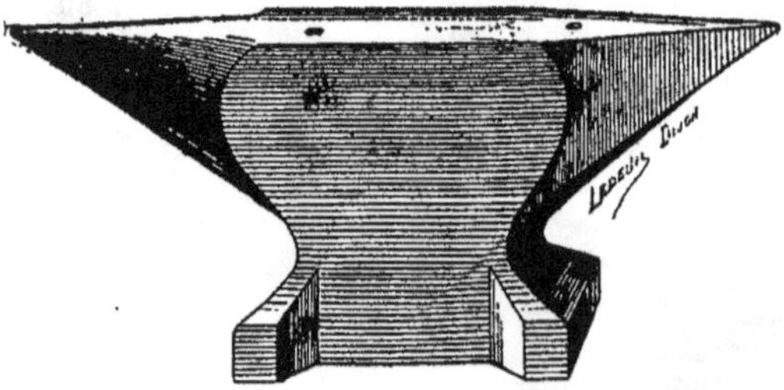

Enclumette bijou pour bijoutiers, orfèvres, horlogers, amateurs ; peut également tenir lieu de presse-papier.

Longueur 120m/m, largeur de table 30m/m. Poids 580 grammes.

En acier fondu nickelé, prix. 5.75

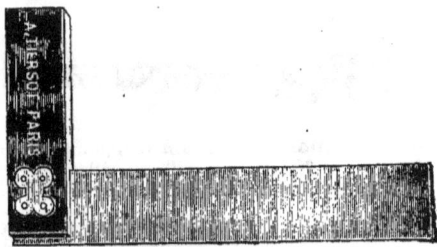

A. TIERSOT PARIS

495

A. TIERSOT PARIS

496

495	**Equerres** en cormier		20	25	30	35	40c/m
	Prix		».70	» 80	1. »	1 25	1.45
496	**Equerres** à lame d'acier .	12	15	18	20	25	30	35c/m
	Prix	1.50	1 90	2.05	2.25	2.40	2.90	3.50

497 bis

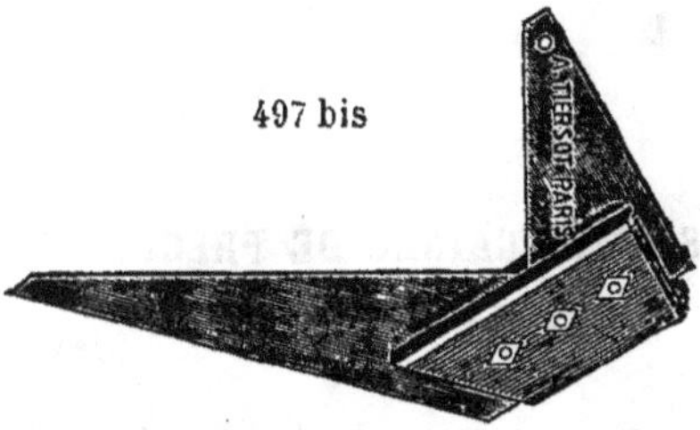
A. TIERSOT PARIS

497bis **Equerre d'englet anglaise IH Sorby**, lame en acier :

15	20m/m
4. »	4 75

497 **Equerres** d'onglet en cormier 1.25

			20	25	30c/m
	Equerres (Fausses)				
498	» »	en cormier.	1.10	1.25	1.40
499	» »	lame d'acier	2. »	2.25	2.40

A. TIERSOT PARIS

497

A. TIERSOT PARIS

498

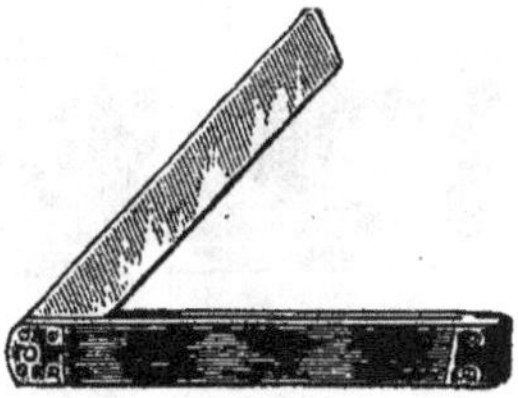

499

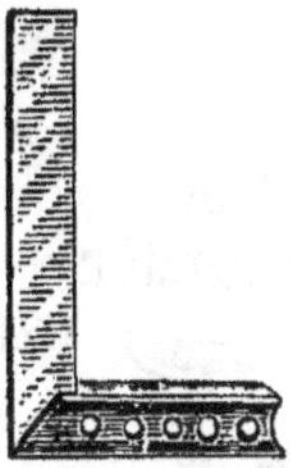

496bis

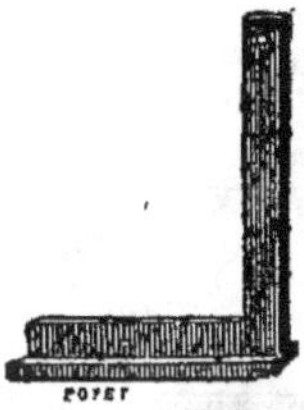

B

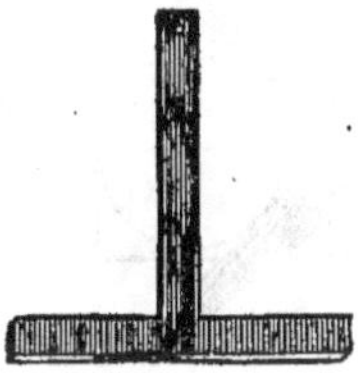

C

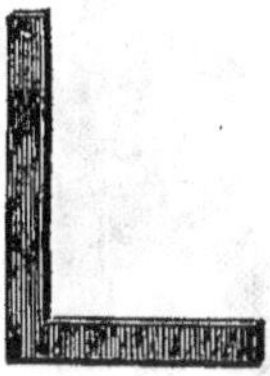

A

496bis **Equerres américaines,** à lame d'acier, base fonte, bien dressée, très justes, donnant l'équerre et l'onglet.

Longueurs	15	18	20	25	30c/m
Prix.	2.20	2.40	2.65	3.10	3.90

Equerres en fer :

Longueurs en cent.. . . .	8	10	13	16	19	22	25	27
Simples (mod. A).	1. »	1.10	1.30	1.40	1.70	1.95	2.30	2 65
A chapeau (mod. B). . . .	1.30	1.45	1.80	2.40	2.60	2.80	3.20	3.80
A T (mod. C).	1.30	1.45	1.80	2.40	2.60	2.80	3.20	3.80

56bis **Equerres légères** en acier poli :

	80	100	115
Prix . .	1. »	1.20	1.30

Equerres en acier très soignées pour ajusteurs (*voir au tarif spécial d'outils pour la mécanique*).

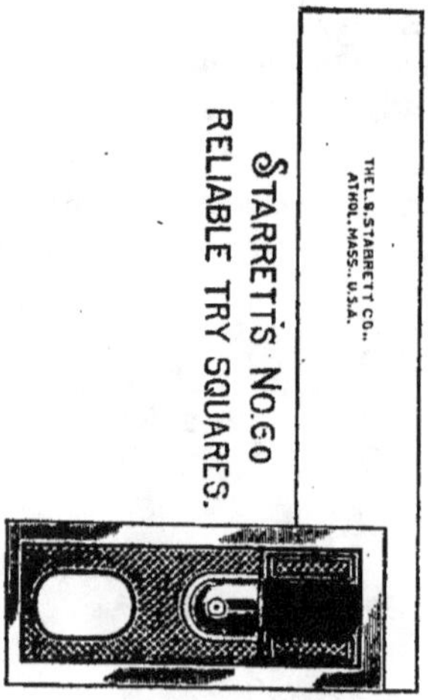
RELIABLE TRY SQUARES.

ÉQUERRES AMÉRICAINES DE PRÉCISION RÉGLABLES

A base fonte soigneusement dressée sur toutes les faces, à vis de réglage, lame en acier fondu.

Longueur de la lame.	102	127	152	230m/m
Prix.	5.75	6.65	7.25	11.55

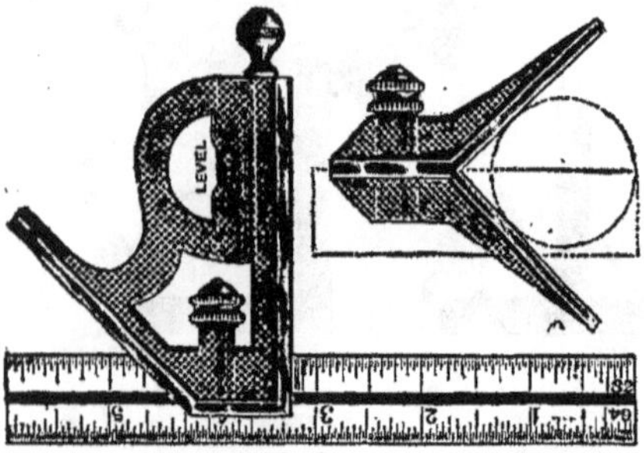

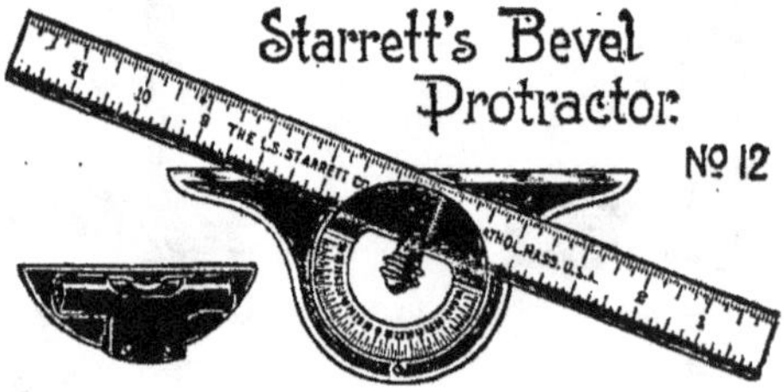
Starrett's Bevel
Protractor
Nº 12

ÉQUERRES AMÉRICAINES A COMBINAISON DE STARETT

de précision

Formant : équerre, équerre d'onglet, niveau, équerre à centrer, règle à T, indicateur de pentes, règle à inclinaison variable cadran divisé par degrés, et règle à niveau. . . . . 28 fr.

466

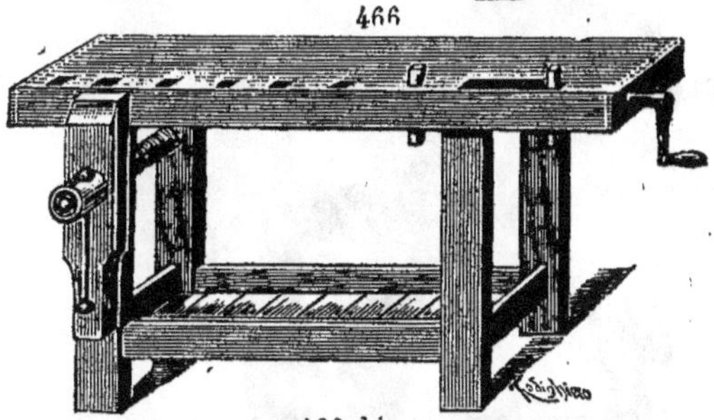

466 bis

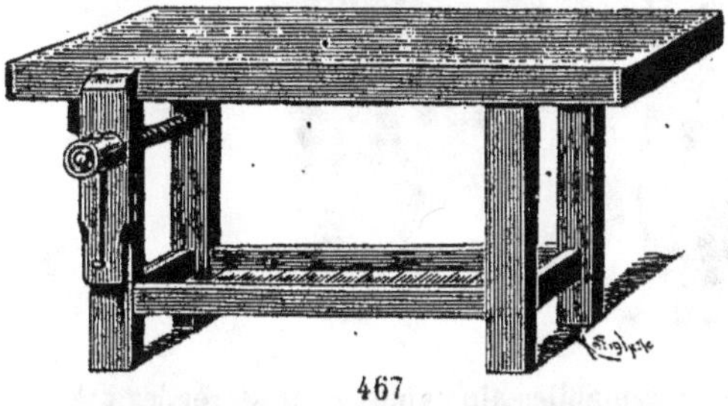

467

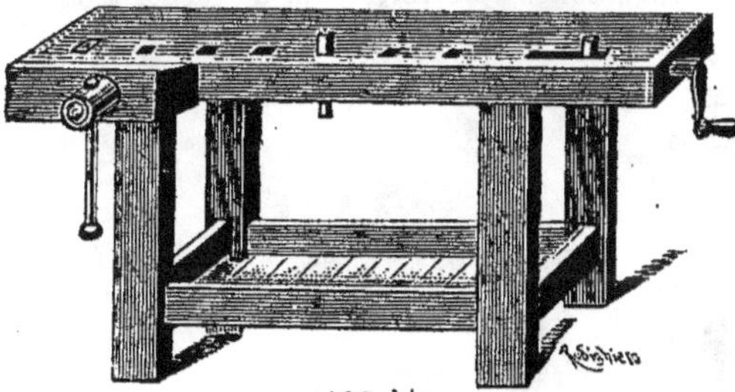

467 bis

ÉTABLIS

465 **Etablis** légers.

Longueur . . 0^{m}80 1^{m}50
14.50 15.50

466 **Etablis** soignés pour menuisier.

Longueur 1^{m}00 1^{m}20 1^{m}50
20.» 22.» 27.»

Longueur. . . 1^{m}80 2^{m}00
32.» 36.»

466bis **Etablis** soignés pour menuisier, à double presse, vis fer, brevetés s. g. d. g.

Cette presse remplace avantageusement sous tous les rapports la presse des établis allemands ; elle est plus simple, plus solide et d'un emploi plus commode.

Longueur 1^{m}00 1^{m}20 1^{m}40
48.» 50 » 55.»

Longueur 1^{m}60 1^{m}80 2^{m}00
60.» 64.» 68.»

467 **Etablis** pour ébénistes.

Longueur . . . 1^{m}40 1^{m}60
29.» 35.»

Longueur . . . 1^{m}80 2^{m}00
38.» 44.»

467bis **Etablis** pour ébénistes, très soignés, double presse vif fer.

Longueur . . . 1^{m}40 1^{m}60
65.» 70.»

Longueur . . . 1^{m}80 2^{m}00
73.» 80.»

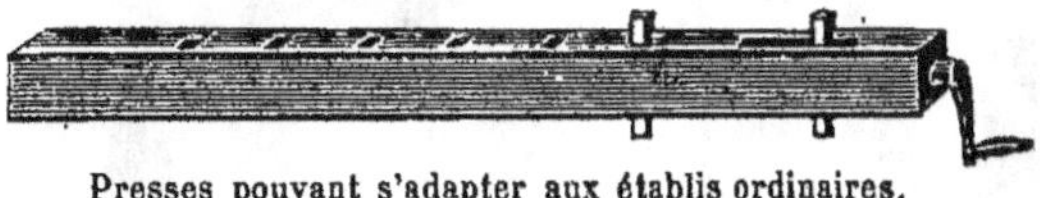

Presses pouvant s'adapter aux établis ordinaires.

Presse à vis en fer pour adapter aux établis ordinaires, avec bloc et greppes.
Longueur. . . . . 180 200^{c}/^{m}
35. » 38. »

Tous les établis avec tiroirs, **4** fr. en plus.
Pour les **Établis** garnis d'outils, voir au chapitre Boîtes d'outils.
Presse ou **Etaux** parallèles pour établi, système Parkinson (Voir page 267).
Presse à clouer les cadres (voir n° 46).

ÉTAUX

469 **Etaux à main :**

Longueur en millim.	80	95	110	120	140	160	190
Noirs, prix	**2.50**	**2.75**	**3. »**	**3 20**	**4.10**	**4.50**	**6.25**

470 **Polis,** 0 fr. 50 en plus par pièce.

471 **Etaux à main** tout polis, emmanchés, manche verni, longueur sans le manche en millim.

manche en millim. . .	70	80	90	100	120	140
Prix	**3.80**	**4.25**	**4.50**	**4.75**	**5.25**	**6. »**

469

A. TIERSOT
PARIS

471

Etau à main Hall, mâchoires mobiles ajustables pour serrer les pièces droites ou obliques, tout acier, pièces interchangeables.

127	153
8 20	**12.15**

A. TIERSOT PARIS

475

473

474

475 bis

Petits étaux à main, légers, dits étaux à queue :

473 à charnières, petits, **1.90**; moyens, **2.40** et grands. **2.95**

474 à ressort, percés d'outre en outre, 2.40; grands 3.25

475 à ressort, percés d'outre en outre, emmanchés, 3. »; grands. . 4. »

475bis **Etaux** à main, mâchoires acier, serrage à cône, manche percé dans toute sa longueur, très soignés 4.50

476 **Etaux** à agrafe en fonte malléable :

Poids	1/4kg	1/2kg	1kg
Prix.	0.75	1 50	2.50

477 **Etaux** à agrafe, 1re qualité, bien aciérés :

Poids	1kg	1kg,500	2kg	2kg,500	3kg
Prix.	6.75	7.50	8.25	10.50	12.90

476

477

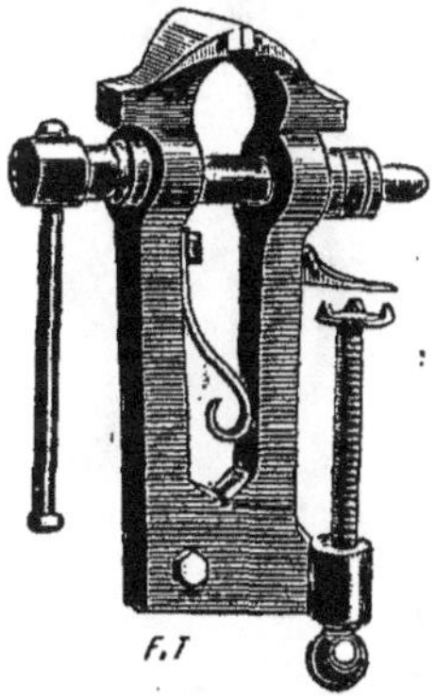
F.T

477 bis

Etau à agrafe tournant

477bis **Etaux** à agrafe d'établi, très forts :

Poids en kg	5 à 7	8 à 9	10 à 12	15 à 17	20 à 25
Prix.	2.65	2.60	2.50	2.40	2.30

477ter **Etaux** à agrafe tournants, à bigorne, fabrication supérieure :

Numéros.	1	2	3
Mâchoires de.	47	57	67m/m
Prix.	13. »	14.50	17. »

Etaux parallèles américains COLTON'S, en fonte malléable, bonne fabrication.

N° 1

N°s 2 à 4

Pour visser sur l'établi n°	1	2	3	4
Largeur des mâchoires	25	40	50	60m/m
Serrant jusqu'à	25	40	60	75 »
Prix	1.75	2.50	5.75	8.50

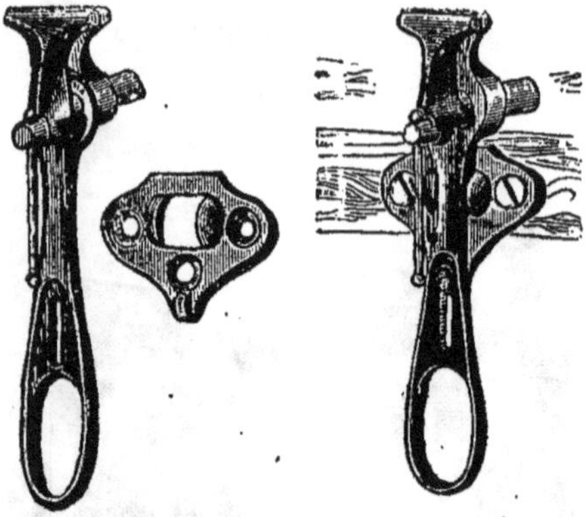

Fig. 1 Etau à combinaison Fig. 2

Etaux américains parallèles COLTON'S, dits à **combinaison**, pouvant s'employer comme étau à main (fig. 1), ou comme étau à agrafes (fig. 2), largeur des mâchoires 27m/m, serrant jusqu'à 25m/m.

Prix 2 90

PAT. JUNE 16

Etaux parallèles à bigorne, fonte malléable, soignés, vis couverte :

N^os	1 1/2	2 1/2	2 3/4	3 1/2
Poids	170	570	1.250	1.950g
Larg^r de mach^es	27	38	45	52m/m
Ouverture	25	45	50	60 »
Prix	1.50	2.50	4.50	6.65

Etaux en bois (voir aux outils de sculpteur).

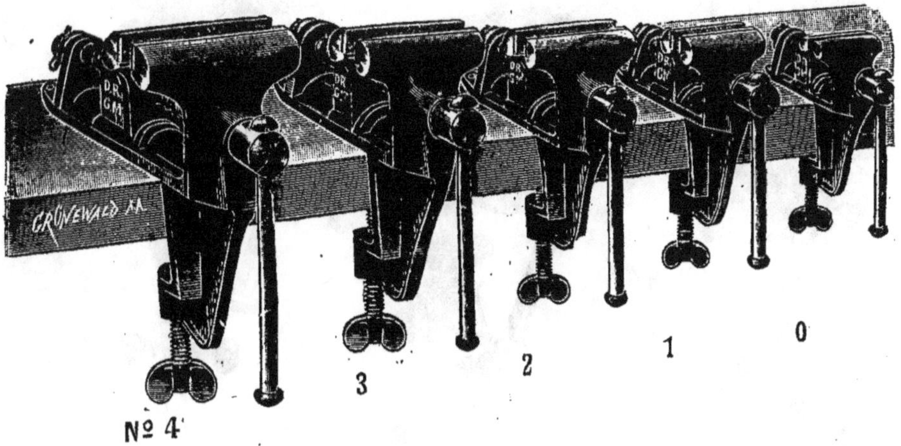
Nº 4
3
2
1
0

A

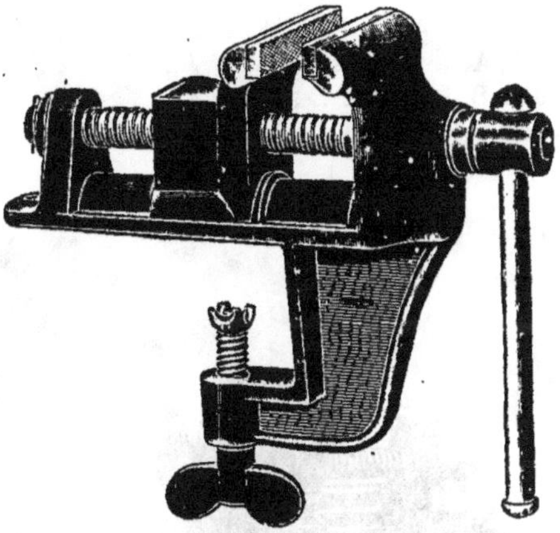

B

A **Etau parallèle** ancien modèle, après un long usage.

B **Etau parallèle** nouveau modèle, après le même usage.

Etau parallèle nouveau modèle.

Nos.	0	1	2	3	4
Poids environ	0.600	0.900	1.400	2.100	3.100
Prix	2.50	3.50	4.50	6.25	8. »
Avec mâchoires d'acier rapportées		4.50	5.50	7. »	8.75

A B C

Etaux parallèles de précision à coulisse angulaire, mâchoires en acier trempé, rapportées. Largeur des mâchoires, 60m/m. Ouverture maximum 70m/m.

Modèle A, à visser sur établi.	11.50
Modèle B, tournant	13.75
Modèle C, à agrafes	13.75

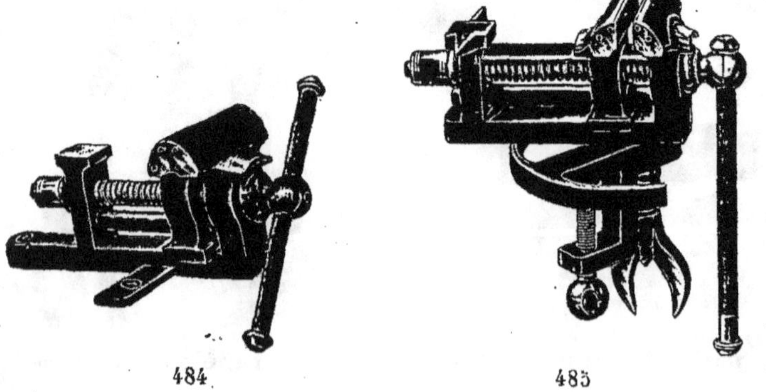

484 485

484 **Etaux parallèles** très soignés et bien aciérés, pour visser à plat.

	2 k.	2 k. 500	3 k.
Prix.	18.50	23. »	27.50

485 **Etaux parallèles** à agrafes et tournants, très soignés et bien aciérés.

	2 k.	2 k. 500	3 k.
Sans 1/4 de cercle	23. »	27.50	33. »
Avec 1/4 de cercle	25. »	29.50	36. »

PARKINSON'S
PATENT
TRADE
PERFECT VISE
MARK

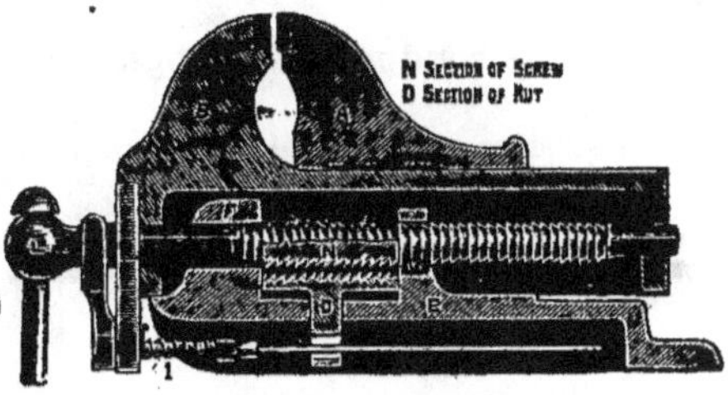
N Section of Screw
D Section of Nut

Etaux à pieds divers et étaux à chaud (*voir au tarif spécial d'outils pour la mécanique*).

Etaux parallèles perfectionnés de PARKINSON'S, à serrage et desserrage immédiats. Il suffit d'appuyer sur le levier qui décliquète l'écrou et rend la vis libre ; on approche les mâchoires de la pièce à serrer, et, lâchant le levier du cliquet, on serre comme avec un étau ordinaire.

Nos	1	2	3	4	5
Largeur des mâchoires . .	44	75	82	85	107m/m
Ouverture maxima. . . .	50	82	101	114	127
Prix.	**20. »**	**26. »**	**37.50**	**45. »**	**53 fr.**

PARKINSON'S
PATENT
TRADE
PERFECT VISE
MARK
B
A

Etaux PARKINSON'S à serrage immédiat, pour placer sous un établi, mâchoires garnies de bois.

Largeur des mâchoires.	**228m/m**
Ouverture maxima	**304 »**
Prix.	**23 fr.**

Cet étau, fixé sous l'établi, ne gène en rien le travail et donne un serrage rapide et parallèle ; il permet de serrer de plus grandes pièces qu'avec l'étau d'établi ordinaire.

Etaux de sculpteurs (voir aux outils de sculpteurs).

Fers de rabot acier fondu, garantis :

		34	36 et 38	40	42	44	46	48	50	54m/m
502	Simples . . .	**».60**	**».65**	**».70**	**».75**	**».75**	**» 80**	**».85**	**».90**	**1. »**
503	Doubles à vis longues . .	**1.70**	**1.75**	**1.80**	**1.85**	**1.90**	**1.90**	**2. »**	**2.10**	**2.20**

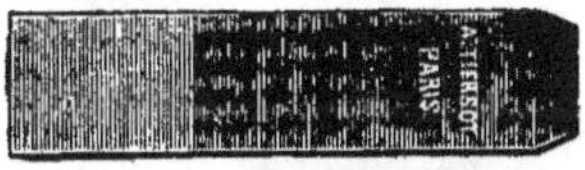

502

503

502bis

503bis

Fers de rabot, acier fondu anglais **IH Sorby** :

		41	43	46	48	50	52m/m
502bis	Simples	**».85**	**».85**	**».90**	**».95**	**1. »**	**1.10**
503bis	A vis longues.	**1.75**	**1.75**	**1.80**	**1.85**	**1.90**	**2. »**

505 **Fers à souder**, cuivre rouge, largeur. .	12	14	16%
	».75	».90	1.25 la pièce.

Et toutes grosseurs au-dessus, à 3 fr. 50 le kilog.

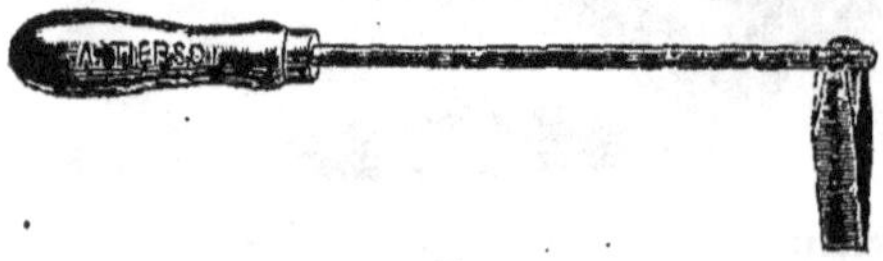

505

505bis

505bis **Fers à souder** à gaz et **Fers à souder** à l'essence minérale (*voir au tarif spécial d'outils pour la mécanique*).

SOLDERING IRON AND SCRAPER
No.2
MILLERS FALLS COMPANY, MILLERS

Boîte d'outils à souder américaine contenant 1 fer à souder en cuivre rouge, 1 râcloir en acier, 1 baguette de soudure et 1 boîte de résine. Le fer se prête par sa forme à tous les travaux de soudure.
Prix. 3.20

505ter **Fils à plomb d'architectes**, en cuivre, pointe en acier avec boîte en cuivre à vis :

Nos	0	1	2	3	4
Diamètre	20	21	23	25	27
Prix	1.10	1.20	1.35	1.70	2. »

Fil à plomb américain Plum Bob, corps en bronze, pointe en acier avec poulie pour rouler le fil. Le fil ne peut se dérouler seul. Chaque fil à plomb est livré avec un cordonnet spécial très fort.
No 1 Longueur totale 90m/m. 7.90
No 2 Longueur totale 110m/m 9.20

506 **Filières** à coussinets pour métaux, avec trois paires de coussinets et six tarauds, dont trois coniques et trois cylindriques :

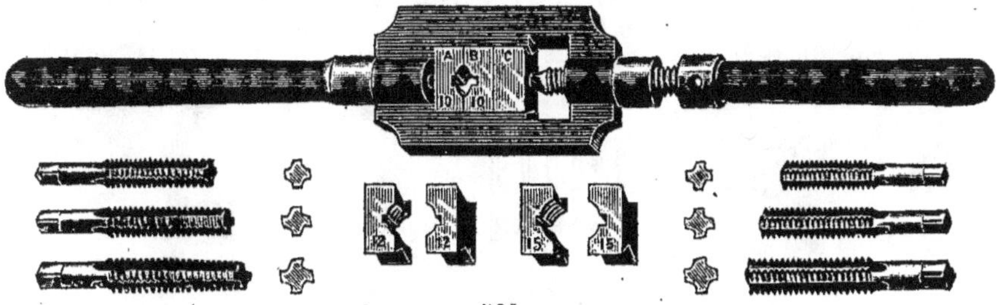

506

Longueur	15c/m,	taraudant	2	4	et	6m/m	7.25
»	20	»	3	5	et	7	8.25
»	25	»	5	7	et	9	9.50
»	30	»	7	9	et	11	10.50
»	35	»	9	11	et	13	12. »
»	40	»	11	13	et	15	14. »
»	50	»	15	18	et	20	18. »
»	60	»	18	20	et	22	24. »
»	70	»	18	20	et	25	28.50

NOTA. — *Dans toutes ces filières, les tarauds au-dessus de 5m/m sont à rainures.*

Tourne à gauche pour filières de :

15	20	25	30	35	40	50c/m
2.75	**3.25**	**3.50**	**4. »**	**4.25**	**4.75**	**5.50**

Tarauds séparés pour les filières 506 :

3	4	5	6	7	8	9	10	11	12	13	15	16	18	20m/m
».40	**».45**	**».60**	**».65**	**».70**	**».80**	**».90**	**1.»**	**1.10**	**1.20**	**1.40**	**1.60**	**1.80**	**2.»**	**2.50**

Voir d'autres filières droites et tarauds au tarif spécial d'outils pour la mécanique.

507 **Filières** à anneau à trois, quatre, cinq, six, huit trous, soignées :
Prix. **5.50** **6.20** **7.50** **8.80** **10.30**

800 **Filières** à anneaux deux rangs de trous dont un rang à gauche et deux jeux de tarauds dont un jeu à gauche.

De.	4	5	6	8	rangs de trous.
Prix	**6.90**	**8.10**	**9.25**	**12.50**	

507

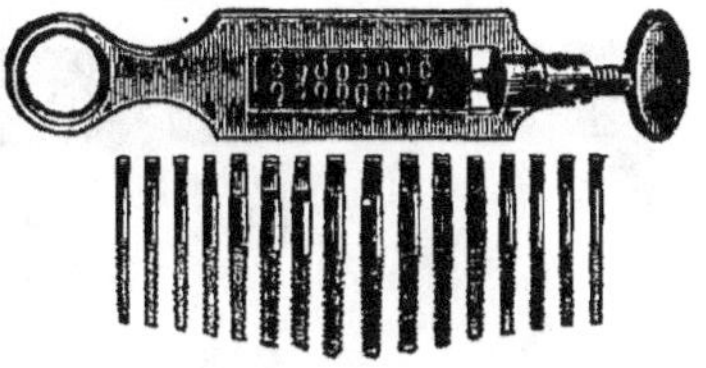

802 **Filières** à anneaux pour rayons de bicyclettes, pas français 6 trous échancrés nos 10 à 15, avec 6 tarauds. Prix **7.25**

507bis **Filières** nouveau modèle à coussinets et plaques très soignées :

Longueur. . .	110	135	160	190m/m
Taraudant. . . .	2, 2 1/2, 3	3, 3 1/2, 4	4, 4 1/2, 5	5, 5 1/2, 6m/m
Prix.	6.20	7.75	9.20	10.75

Chaque filière est livrée avec 3 paires de coussinets et 6 tarauds, dont 3 coniques et 3 cylindriques.

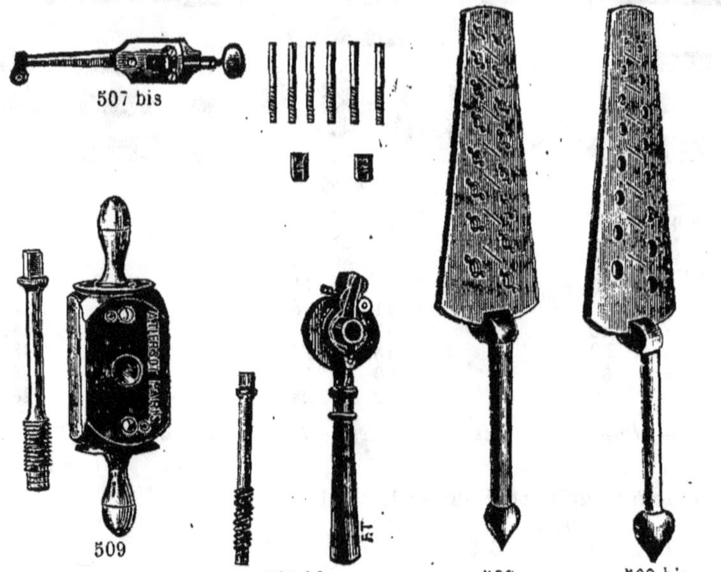

507 bis — 509 — 509 bis — 508 — 508 bis

Filières à truelle, à 8, 10, 12, 14, 17, 18 et 20 trous.

508 A trous ronds, 0 fr. 30 le trou.

508bis Trous échancrés, 0 fr. 45 le trou.

509 **Filières** à bois, à tarauds creux, perfectionnées.

Force à tarauder :

6	8	10	12	14	16	18	20	25	30	32m/m
4. »	4.10	4.30	4.50	4.70	5. »	5.25	5.50	7.50	9.90	10.50

509bis **Filières** à bois, à corps fonte avec taraud creux, perfectionnées, taraudant :

10	12	14	16	18	20m/m
6.50	6.80	7. »	7.45	8. »	8.75

Forets hélicoïdaux cylindriques, en acier fondu extra, fabrication française, 1m/m et au-dessous. Prix. . . . . ».25

2	3	4	5	6	7	8	9	10	11
».25	».35	».45	».65	».80	1. »	1.20	1.30	1.60	2.25

Forets hélicoïdaux cylindriques, américains :

Diamètre . . .	1	1 1/2	2	2 1/2	3	3 1/2	4	4 1/2	5	5 1/2m/m
Prix à la pièce.	».30	».35	».40	».45	».45	».50	».55	».60	».70	» 85
	6	6 1/2	7	7 1/2	8	8 1/2	9	9 1/2	10m/m	
	1.20	1.35	1.50	1.65	1.70	1 90	2.20	2.40	2.50	

et toutes grandeurs au-dessus jusqu'à 35m/m *(voir au tarif spécial d'outils pour la mécanique).*

Forets hélicoïdaux, acier fondu, américains, à tête carrée, pour vilebrequin :

Diamètre.	1	2	3	4	5	6m/m
Prix à la pièce	».60	».70	».80	1. »	1.20	1.55
	7	8	9	10	11	12m/m
	1.80	2.40	2.75	3. »	3.40	3.90

Forets en acier fondu, américains, à cannelures pour le cuivre.

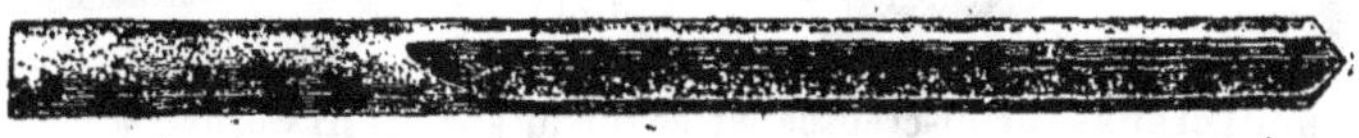

Diamètre.	2	3	4	5	6	7	8	9	10m/m
Prix . . .	».70	».80	».90	1. »	1.10	1.30	1.50	2. »	2.20

Petite forge portative brevetée, à ventilateur, tuyère centrale, hauteur totale 31c/m ; foyer, 25 × 35c/m.

Prix . . . . 40 fr.

Pour les outils de forge, voir au tarif spécial d'Outils pour la mécanique.

Forges plus fortes voir au tarif spécial d'Outils pour la mécanique.

Forges (*voir au tarif spécial d'outils pour la mécanique*).

Forets hélicoïdaux (*voir au tarif spécial d'outils pour la mécanique*).

513 **Fraises** pour vilebrequin, plates, pour métaux. . . . . ».60

513bis **Fraises** pour vilebrequin, un couteau, pour bois. . . . . ».70

514 **Fraises** pour vilebrequin, taillées, pour bois . . . . ».70

513

513bis

514

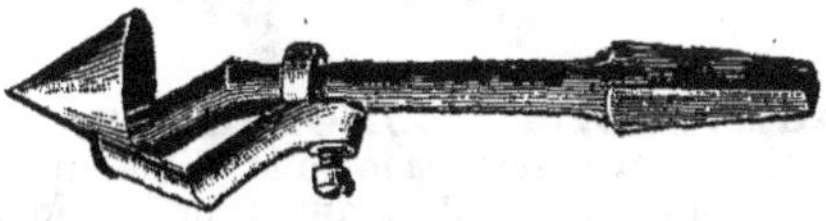

Fraise à bois Wheeler's avec guide pour la profondeur. Cet outil coupe très vite et fait des fraisures très nettes.

Prix. 1.30

516 **Gouges**, tout acier fondu, dites de sculpteurs, qualité garantie :

	2 à 4	6 à 8	10 à 15	18 à 20	22 à 25	28	30	35m/m
Prix. .	».50	».60	».65	».75	».85	».95	1. »	1.20

517 La douzaine assortie, de 2 à 28m/m. . . . . 7. »
Emmanchées avec manche frêne à pans (fig. 1), en plus. . . . . . . ».15
Emmanchées avec manche méplat cormier (fig. 2) . . . . ».35

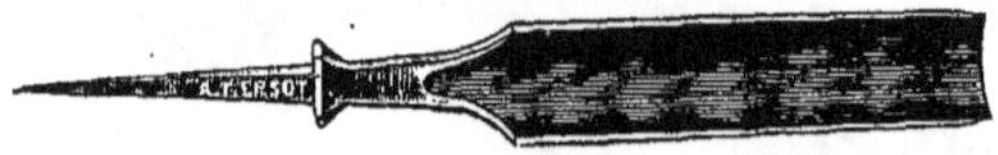

516

Fig. 1

Fig. 2

Gouges sculpteurs, demi-creuses, acier fondu anglais IH Sorby :

516

2	4	5	7	9	11	14m/m
».50	».50	».50	».60	».65	» 65	».65
16	18	20	23	25	30m/m	
».70	».75	».75	».85	».90	1.20	

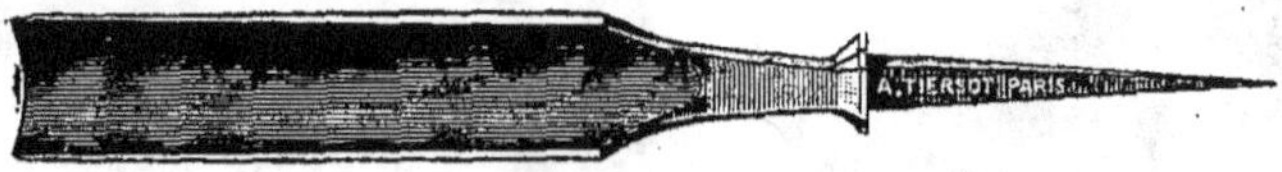

518

518. **Gouges** fortes ou à bouteille, qualité supérieure :

	10	15	20	25	30	35m/m
Prix. . .	».75	».85	».90	».95	1.10	1.35

Emmanchées, 15 c. en plus ; avec manche en cormier, 35 c.

Gouges américaines, acier fondu, emmanchées.

Dimensions.	10	12	15	20	25m/m
Prix	3.50	4. »	4.50	4.75	5.75

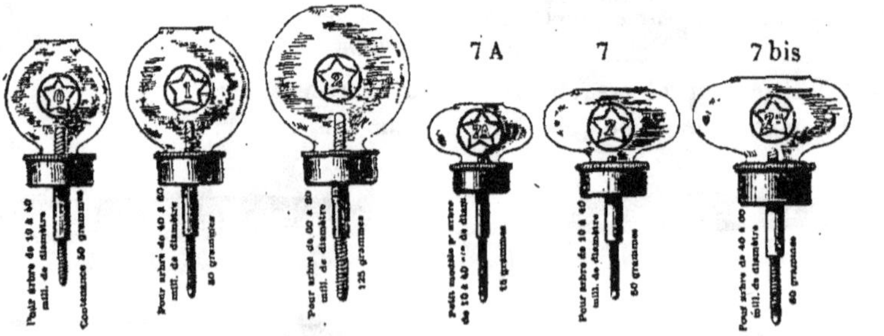
7 A
7
7 bis

GRAISSEURS ECONOMIQUES, monture bronze, tige filetée, perfectionnés par le sertissage de la virole en cuivre sur le goulot quadrangulaire du réservoir en cristal, donnant une économie de 40 0/0 sur tous les systèmes connus. (Dessin 1/4 grandeur.)

Nos.	0	1	2	3	4	7A	7	7bis
Contenances .	50	80	125	187	210 grammes	15	50	80 grammes.

Prix : 0 fr. 75 pièce tous les numéros.

GRAISSEURS ÉCONOMIQUES blindés, en bronze. (Dessin 1/4 grandeur.

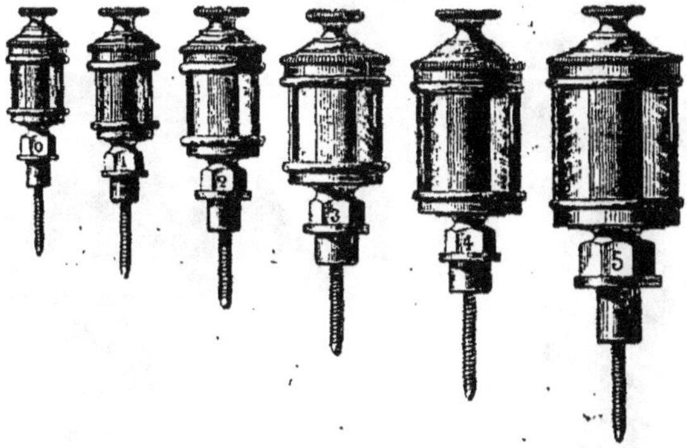
0
1
2
3
4
5

Nos.	0	1	2	3	4	5	
Contenances . .	5	10	15	10	55	85	grammes.
Prix.	**2.50**	**3. »**	**3.50**	**4. »**	**4.50**	**5.50**	pièce.

Sur demande, nous fournissons les graisseurs de toutes formes, méplats, cylindriques, etc.

Grattoir américain

Pour râcler les planches, enlever les marques de caisses, etc.
Prix. 3.25

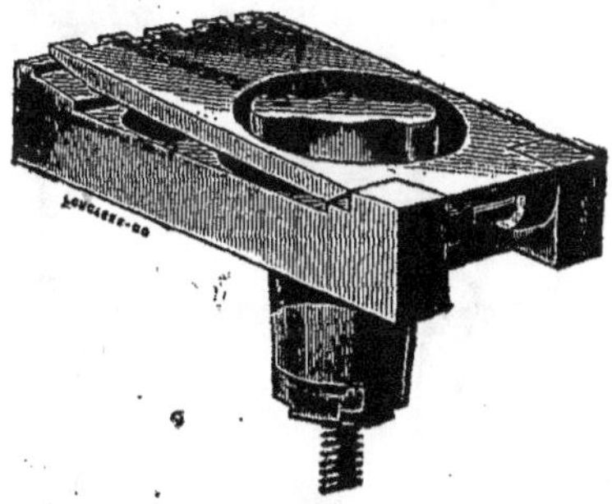

Griffe d'établi américaine Common Sense, à charnière, se réglant à la main. Par sa disposition la griffe ne peut pas être touchée par le fer de l'outil. Etant entaillée à fleur de l'établi, elle permet de raboter les bois les plus minces. Prix. . . . . 2 fr.

Griffe d'établi américaine Lanfair, à crémaillère réglable à la main, se tournant à volonté dans tous les sens.
Prix 3.25

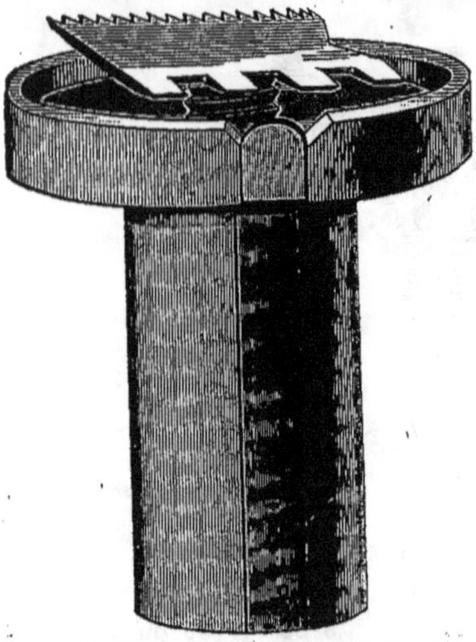

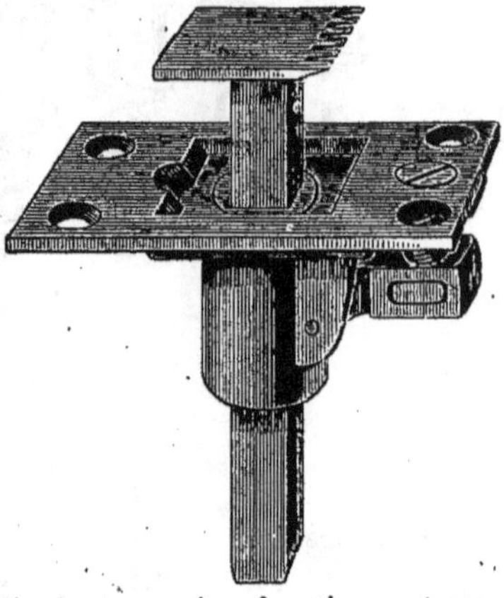

Griffes d'établi américaine Morill's, tout en acier, fonctionnant sans frapper.
Prix 3.50

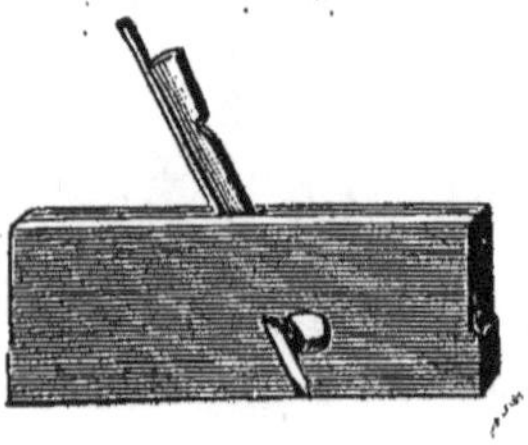

Guillaumes de toutes largeurs, jusqu'à 30m/m.
En charme. 1.90
En cormier. 2.25

Haches première qualité :

521

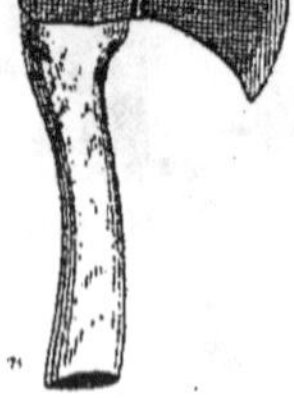

519

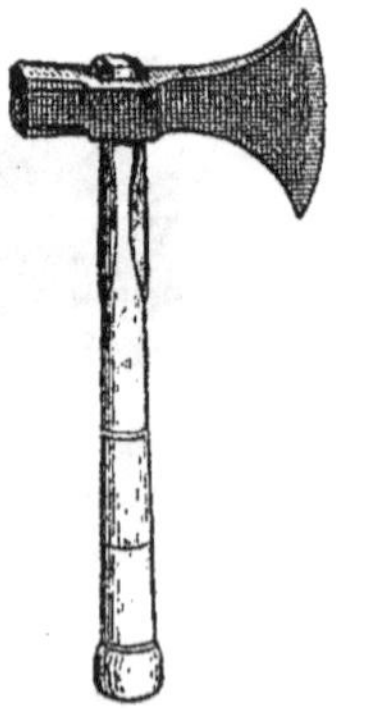

520

	Poids approximatif.	500 gr.	750 gr.	1 k.	1 k. 50	2 k.
519	De côté à un biseau. Prix. . .	2.60	3.30	4.20	6.25	8.10
520	A marteau.	2.30	3.25	3.90	5.75	7.60
521	A deux biseaux	2 30	3.25	3.90	5.75	7.60

Pour les autres haches et cognées, voir au tarif spécial d'outils à bois.

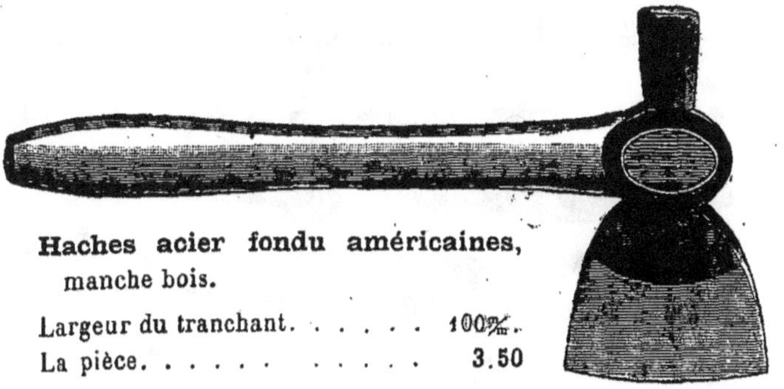

Haches acier fondu américaines, manche bois.

Largeur du tranchant.	100 m/m.
La pièce.	3.50

Lampes à souder, à soupape de sûreté. Chaque lampe est accompagnée de sa mesure.

		1	2	3	4
	Nos. . . .	1	2	3	4
528	A corps en tôle, tête en cuivre	3. »	3.60	4. »	4.80
529	Tout cuivre rouge	3.50	4.10	4.70	5.30

Lampes à essence et à pétrole (*voir au tarif spécial d'outils pour mécanique*).

LIMES ET RAPES

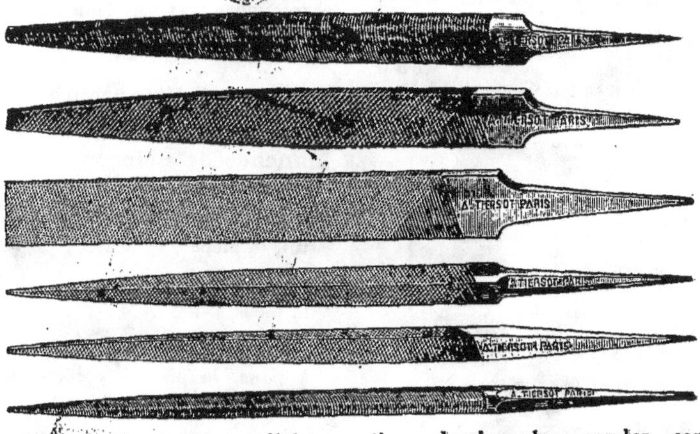
A. TIERSOT PARIS
A. TIERSOT PARIS
A. TIERSOT PARIS

Limes, acier fondu, qualité garantie : demi-rondes, rondes, carrées, triangulaires, plates pointues.

		95 m/m	11	12	14	16	19	22	25	27	30	33 m/m
530	Bâtardes. .	».20	».20	».25	».30	».40	».50	».60	».75	».95	1.25	1 70
531	Demi-douc.	» 25	».25	».30	».35	».45	».60	».75	».85	1.15	1.50	2. »
532	Douces. . .	».30	».30	».35	».45	».55	».70	».90	1.65	1.35	1.90	2.30

NOTA. — *Les limes plates d'égale largeur, se vendent comme celles du numéro au-dessus de leur longueur.*

Râpes à bois demi-rondes et rondes, fig. 8 et 9.

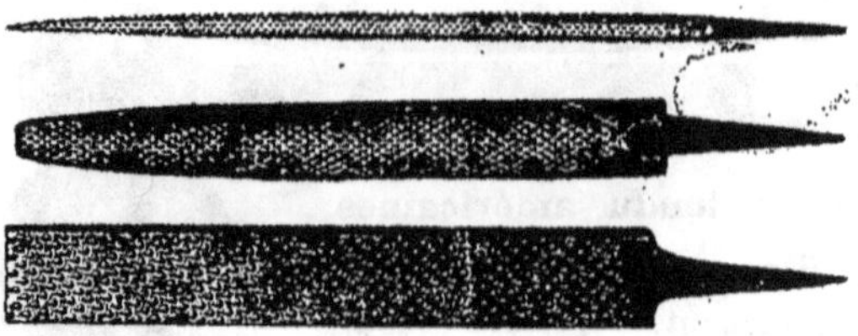

8
9
10

		Cent.	11	12	14	16	19	22	25	27	30	33
533	Grosse piqûre		20	20	25	35	50	60	75 c.	1. »	1.25	1.70
534	Moyenne piqûre		25	25	30	45	60	75	90	1.15	1.50	2. »
535	Fine piqûre		30	30	45	55	70	90	1 05	1.35	1.90	2.30

NOTA. — *Les râpes plates, fig. 10, se vendent comme celles du numéro au-dessus de leur longueur.*

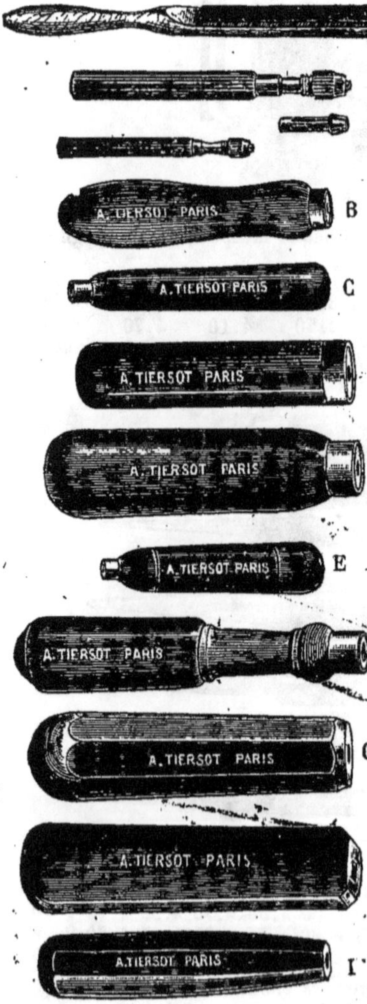

A. TIERSOT PARIS

A B C C D E F G H I

Limes en émeri montées sur bois, très douces, douces, demi-douces et dures . . . . ».35

Maillets de menuisiers, la pièce . . . . ».60

MANCHES

A **Manches** ou pinces à goupilles, pour serrer de petites pièces cylindriques.

Petits	Moyens	Grands	Très grands
».60	».75	».90	1.30

B **Manches de limes** ordinaires à virole cuivre, la pièce . . . 0.05

C **Manches** pour petites limes à retoucher ou limes Genève.
Ordinaires . . . . ».05
Vernis. . . . . ».10

D **Manches de limes** ordinaires, en frêne, virole fer, la pièce . ».10

E **Manches de poinçon,** en buis, la pièce . . . . ».10

F **Manches d'outils** de tour, vernis fin, la pièce . . . . . . ».15

Les mêmes, en érable, moucheté, la pièce . . . . ».40

G **Manches d'outils** de menuisier, à pans, la pièce. ».10, ».15 et ».20 selon la grosseur.

H **Manches d'outils** de menuisier, méplats, en cormier, la pièce ».35

I **Manches d'outils** de sculpteurs, à pans.
En frêne. . . . . ».10
En cormier . . . . ».25

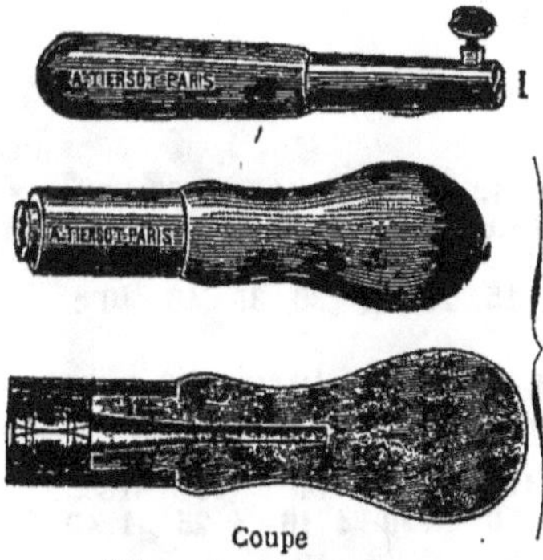

Coupe

I **Manches universels** pour petites limes.

Petits	Moyens	Grands
1.10	1.30	1.60

J **Manches universels** pour limes fortes nos 0 et 1 pour limes de 19 à 30%.
La pièce 1.30

J **Manches de crochet** de tour, voir aux outils de tour.

Manches de petits marteaux à pans, en if, la pièce 0.15 et 0.20 suivant la grosseur.

Manches de marteau en cornouillier pour marteaux.

Petits, long. 0.30, la pièce	0.15
Moyens, long. 0.40, la pièce	0.25
Gros, long. 0.50, la pièce	0.35

Manches de marteaux de forge.

Longueur	60	90	100
Prix	».45	».80	1. »

Manches de tranches.

Longueur	1m	1m30
Prix	».20	».30

546 ter

Marbres à dresser en fonte :

	Dimensions	20×15	30×20	40×25	50×30%
546bis	Rabotés	8.75	11.50	18.50	31. »
546ter	Rodés, bien finis	13. »	18. »	27. »	39. »

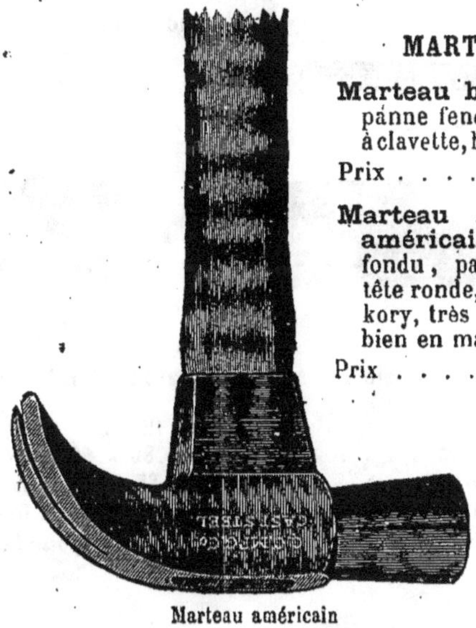

Marteau américain

MARTEAUX

Marteau bourgeois, à panne fendue, manche à clavette, bonne qualité.
Prix 1 50

Marteau bourgeois, américain, en acier fondu, panne fendue, tête ronde, manche Hickory, très soigné et très bien en main.
Prix . . . . 3 fr.

Marteaux noirs, dits de bijoutiers, à pans, en acier fondu.

Diamètre de la tête	10	12	14	16	18	20	25	27 m/m
Sans manche.	».80	».85	».90	1.»	1.10	1.30	1.60	2.»
Emmanchage, en plus . .	15	15	20	25	30	35	40	40 c.

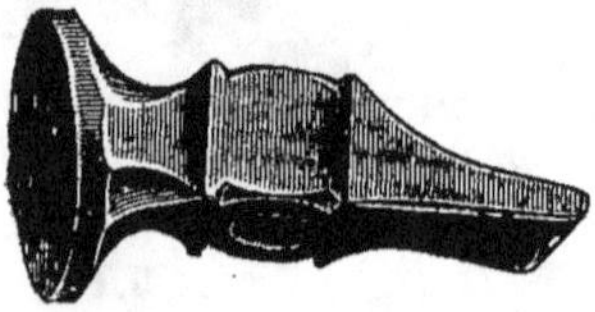

Marteaux ronds, dits de bijoutiers, polis, acier fondu.

Diamètre de la tête	10	12	14	16	18 m/m
Sans manche.	».70	».90	1.10	1.25	1.40
Emmanchage, en plus. . .	».15	».15	».20	».25	» 30

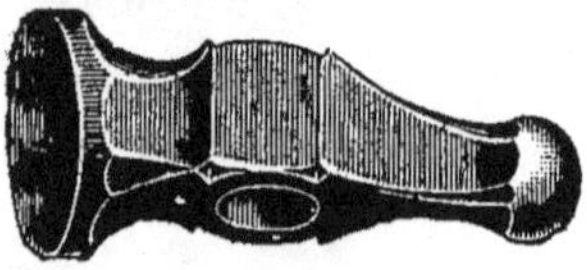

Marteaux de ciseleurs, panne plate ou ronde.

Diamètre de la tête	20	28	34	40	44 m/m
	1.70	2.»	2.50	2.90	3.50
Emmanchage, en plus. . .	».20	».25	».35	».40	».40

Marteaux masses de graveurs.

Hauteur de la tête	20	25	30	34 m/m
	2.10	2.50	3.60	4.20
Emmanchage, en plus. . .	».20	».35	».35	».40

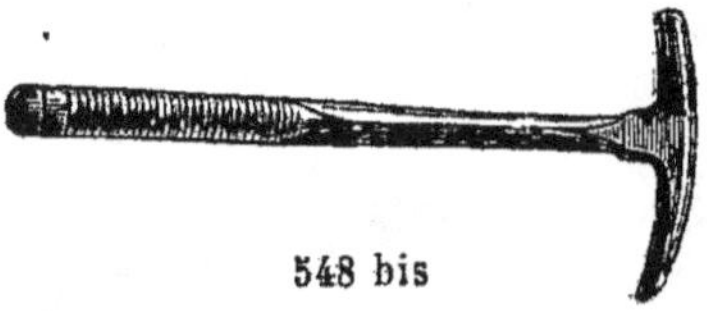

548 bis

Marteaux de tapissiers, soignés, manche à clavettes. 3.25

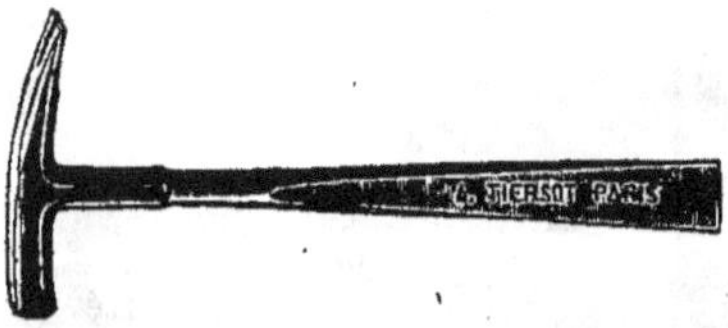
TIERSOT PARIS

Marteaux de vitriers, tout acier fondu, polis.

Prix. 2.75

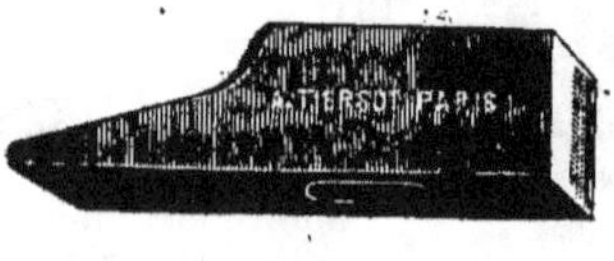
A. TIERSOT PARIS

549

550

Marteaux pour menuisiers et serruriers, **acier fondu**, qualité garantie, sans manches :

	Largeur de tête . . .	13	15	18	20	22	24	26	28	30 m/m
549	De menuisiers . . .	».70	».75	».80	».90	1.»	1.20	1.30	1.50	1.60
550	De serruriers	».70	».75	».85	».95	1.05	1.30	1.40	1.55	1.70

551 Avec manche, en plus, 20 à 30 centimes, selon la force.

Marteaux de forge (*voir au tarif spécial d'outils pour la mécanique*)

MÈCHES

A. TIERSOT

N° 552, à cuiller 11 centimèt.

A. TIERSOT PARIS

N° 553, à cuiller 16 centimèt.

A. TIERSOT PARIS

N° 554, façon Styrie, 11c/m.

A. TIERSOT PARIS

N° 555, façon Styrie, 16c/m.

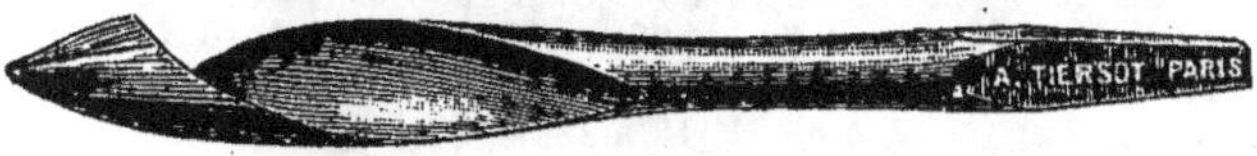
A. TIERSOT PARIS

N° 555bis, demi-torses.

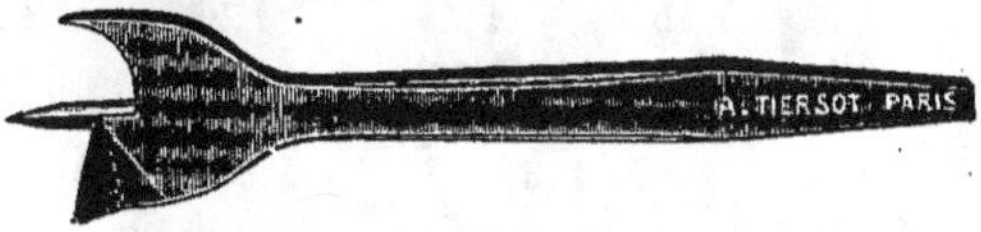
A. TIERSOT PARIS

N° 556, trois pointes.

N° 557, à hélice, noires.

A. TIERSOT PARIS

N° 557bis, américaines polies.

A. TIERSOT

Mèche louche.

A. TIERSOT PARIS

Mèche à brique à ailes.

Mèche à percer les murs.

A. TIERSOT

Mèche de tourneur, tête carrée.

A. TIERSOT PARIS

Mèche de tabletier

A. TIERSOT PARIS

Mèche cylindrique.

A. TIERSOT PARIS

Mèche hélicoïdale.

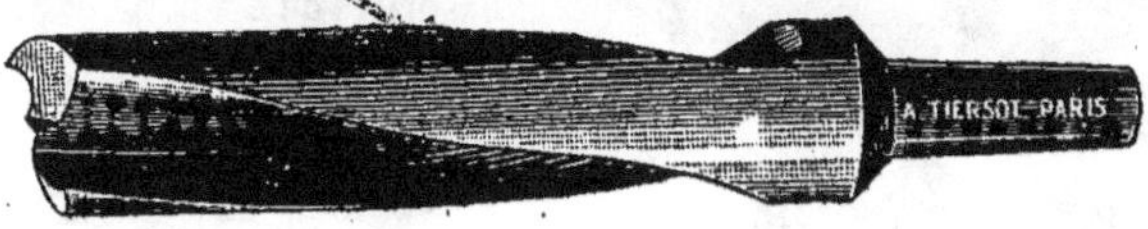
A. TIERSOT PARIS

Mèche de mortaiseuse.

Mèches noires, qualité supérieure.

			2	4	6	8	10	12	14	16m/m
552	A cuiller . . .	11c/m	».15	».15	».15	».15	».20	».20		
553	A cuiller . . .	16 »	».25	».25	».25	».25	».30	».35	».35	».40
554	Façon Styrie .	11 »	».20	».20	».20	».20	».25	».30		
555	Façon Styrie .	16 »	».30	».30	».30	».30	».35	».45	».45	».50

Les mêmes, polies, 0 fr. 05 en plus par pièce.

555bis **Mèches à bois demi-torses,** coupant très vite, dégorgeant bien, et perçant parfaitement, même les bois debout :

Diamètre .	3, 4, 5, 6, 7, 8	9, 10, 11, 12	13, 14	15, 16	17, 18	19, 20m/m
Prix. . . .	».45	».50	».60	».70	».80	».90

556 **Mèches** à trois pointes, dites anglaises, acier fondu :

Millimètres. . .	4 à 27	30	32	35	37 à 40	45	50	55
Prix	».50	».55	».60	».70	».90	1. »	1.10	1.20

557 **Mèches** à hélices ou américaines, qualité supérieure :

Millimètres.	5 à 15	16 à 18	20 à 22	24 et 25
Prix.	».75	1. »	1.25	1.75

557bis **Mèches américaines** toutes polies, qualité extra :

Longueur 22c/m	5, 6, 7, 8	9, 10	12	15	18	20	22	25m/m
Prix.	1.40	1.50	1.60	1.65	1.75	1.80	1.90	2.25

Mèches louches ou à élargir . . . . ».90

Mèches à briques à ailes :

6	10	12	14	16m/m
80	90	1.10	1.30	1.45

Mèches à pierre :

8	10	12	14m/m
70	80	1. »	1.10

Mèches pour percer les murs, creuses, en tube d'acier, longueur 50m/m :

10	12	16	20	30m/m
3. »	3.50	4. »	4.50	5. »

Mèches de tourneurs, de tabletiers et cylindriques (voir aux outils de tours).

Mèches hélicoïdales (voir à Forêt hélicoïdal).

Mèches de mortaiseuses (voir au *Tarif spécial d'Outils à bois*).

FARMER'S SET
Solid-Center Stem Auger Bits
THE IRWIN AUGER BIT COMPANY

MÈCHES A TIGE CENTRALE

AMÉRICAINES DE IRWIN

La disposition de ces mèches, la qualité supérieure et le fini de la fabrication produisent un travail rapide et parfait, aussi bien dans les bois durs que tendres. La tige centrale à ailette à pas allongé assure le dégagement rapide du copeau ; la disposition du nez et du traçoir permettent de percer aussi bien les bois debout qu'en travers.

	La boîte
En boîte de 9 mèches assorties de 6 à 25m/m	19. »
En boîte de 13 mèches assorties de 6 à 25m/m	27.90

Mèches séparées :

7	9	11	13	15	17	19	22	25m/m
1.15	1.40	1.50	1.80	1.90	2.15	2.25	2.70	3. »

Mèche à tige centrale Irwin Patent.

MÈCHES AMÉRICAINES A.-M. WRIGHT'S JENNINGS PATENT

TOUT EN ACIER FIN FORGÉ ENTIÈREMENT POLIES.

Ces mèches se recommandent par leur qualité exceptionnelle, leur beau fini et la précision avec laquelle elles travaillent.

A.M.WRIGHT'S JENNINGS.

En boîte de 13 pièces assorties de 5 à 25%, la boîte 24.50

Les mêmes mèches prises séparément à la pièce :

5 7 8	10	12	15	18	20	22	25%
1.40	1.50	1.60	1.65	1.75	1.80	1.90	2.25

Mèches américaines à double traçoir, qualité supérieure de Jennings, polies, en trousses de 13 mèches assorties de 6 à 24%.

La trousse. . . . . 24. »

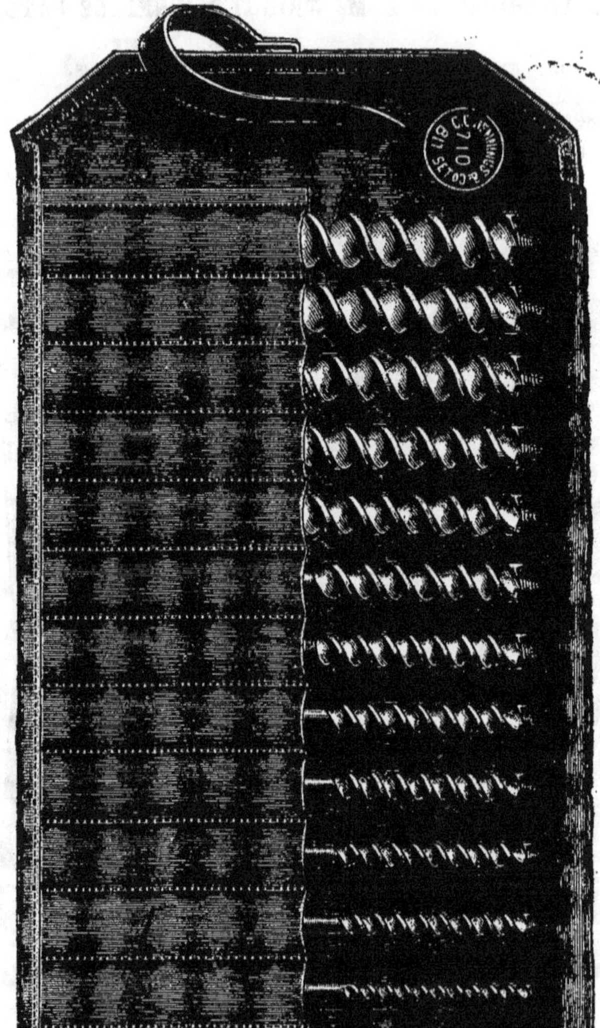

La trousse est en cuir, solidement cousue ; chaque mèche a sa place et elles ne peuvent pas se frotter l'une contre l'autre.

Trousse roulée.

Mèches américaines Jennings, qualité supérieure, à 4 couteaux, entièrement polies. Ces mèches se recommandent par leur qualité, leur tranchant parfait et la rapidité avec laquelle elles travaillent.

Diam.	4	6	8	10	12	14	16	18	20	22	24 m/m
	1.50	1.50	1.50	1.70	2.20	2.35	2.55	2.85	3.25	3.35	3.65

MÈCHES AMÉRICAINES FORSTNER

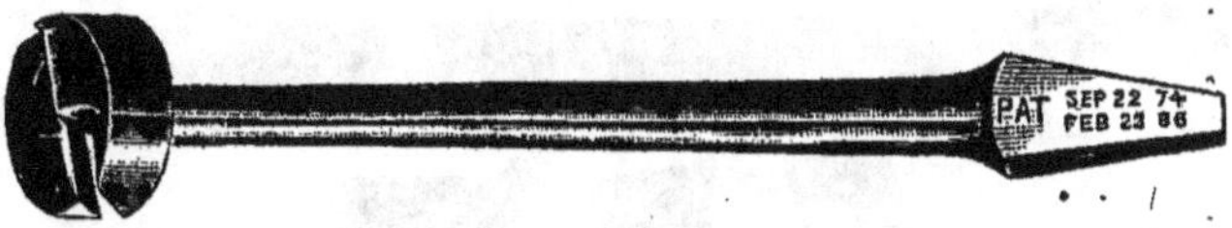
PAT
SEP 22 74
FEB 23 86

Ces mèches, au lieu d'être guidées par leur centre, le sont par la périphérie, ce qui permet d'attaquer le bois dans n'importe quelle position et sous n'importe quel angle. Les trous sont toujours polis et ont le fond plat comme le montre le dessin ci-dessous.

Diam. . . .	10	12	14	16	18 m/m	et au-dessus
	3.25	3.95	4.85	5.30	5.70	0.33 le m/m

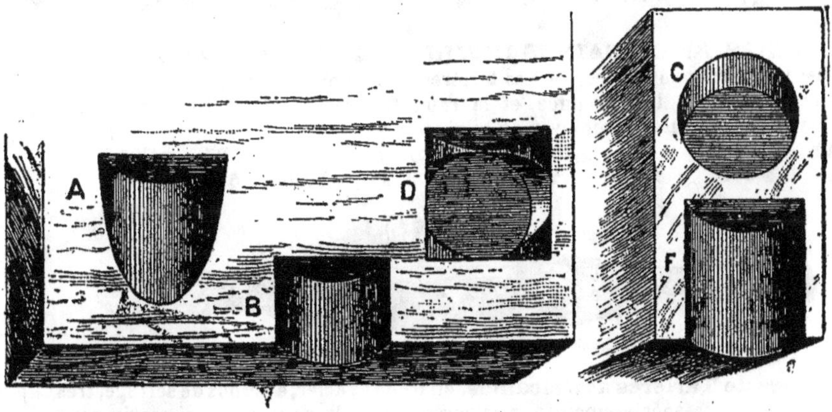
A
B
C
D
F

Spécimen des différentes applications de la Mèche Forstner.

Mèches extensibles américaines « CLARK'S PATENT » à deux couteaux.

W. A. CLARK'S PATENT.

N° 1, perçant de 12m/m à 38m/m. 8.90 — N° 2, perçant de 22 à 76m/m. 12.40

Couteaux de rechange . .	12 à 22	22 à 38	22 à 44	44 à 76m/m
	1.60	1.85	2.50	2.80

Mèches extensibles C.-E. JENNINGS à deux couteaux, à crémaillère et vis de réglage.

Fig. 1. — Avec le couteau en place.

Fig. 1.

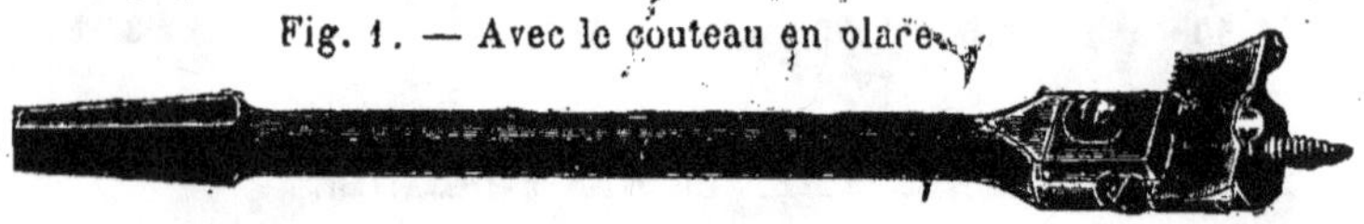

Fig. 2.

Fig. 2. — Avec le couteau démonté.

N° 1, perçant de 22 à 75m/m 10.50
N° 2, perçant de 15 à 46m/m 7.50

Couteaux de rechange, n°	1	2	3	4
Pour trous de	15 à 30	30 à 44	22 à 40	40 à 75m/m
Prix	1.»	1.25	1.75	2.»

Chaque mèche est livrée avec deux couteaux.

CHARLES H. IRWIN. PAT. OCT 21-1884.
IMPROVED APRIL 19.1887.

TARIÈRES AMÉRICAINES IRWIN A TIGE CENTRALE, longueur 40c/m, entièrement polies. — Ces tarières se recommandent par leur qualité, leur fabrication très soignée et la rapidité avec laquelle elles travaillent. Elles peuvent aussi s'employer au vilebrequin.

Diam. .	10	12	15	18	20	22	25	30m/m
	3.25	3.80	4.10	4.80	5.25	5.90	6.50	7.50

Manches de Tarières américaines, en frêne et acier, à écrous de serrage, très solides, destinés spécialement aux tarières Irwin, ils peuvent aussi servir pour toutes les mèches à tête carrée. Longueur 40c/m. Prix 3.50

MÈTRES

Mètres et doubles mètres en bois (articles de Paris, 1er choix).

Mètres, 5 branches, façon buis, largeur 18 m/m, prix . . . . » .30
Mètres, 10 branches, » » » 15 m/m, » . . . . » .30
Mètres, 5 branches, en buis large rosette, largeur 18 m/m . . . . » .60
Mètres, 10 branches, » » » » 15 m/m . . . . » .60
Mètres, 5 branches, en buis, rosettes extra larges et étriers renforcés, largeur 20 m/m . . . . 1. »

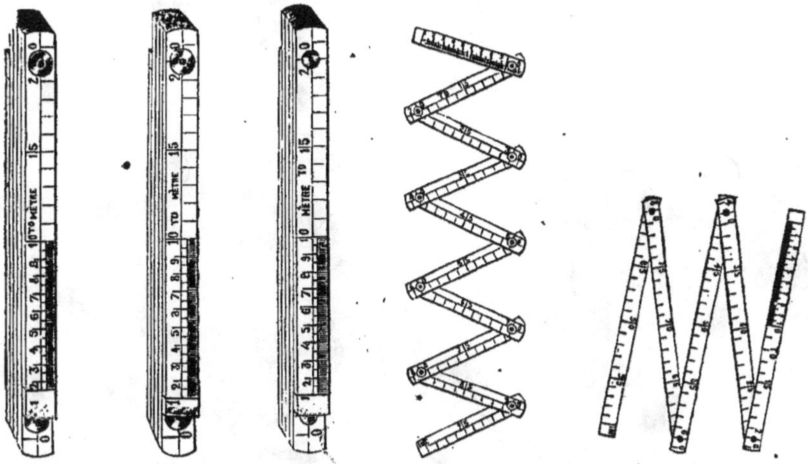

Véritables mètres incassables vernis, laqués, 5 branches, précision absolue, divisés en millim. sur toute la longueur 2.25
Mètres, 5 branches, en cuivre, renforcés 0.60
Mètres en baleine, 10 branches, 10 m/m 1.90
Mètres en aluminium, 10 branches, très légers, inoxydables 2.75
Mètres en acier, 10 branches, gravés des deux côtés 1.50
Mètres en ivoire, 10 branches, 8 m/m, 1er choix 3.80
Doubles mètres, 10 branches à ressorts, rosettes extra larges et étriers renforcés, 20 m/m 2.25

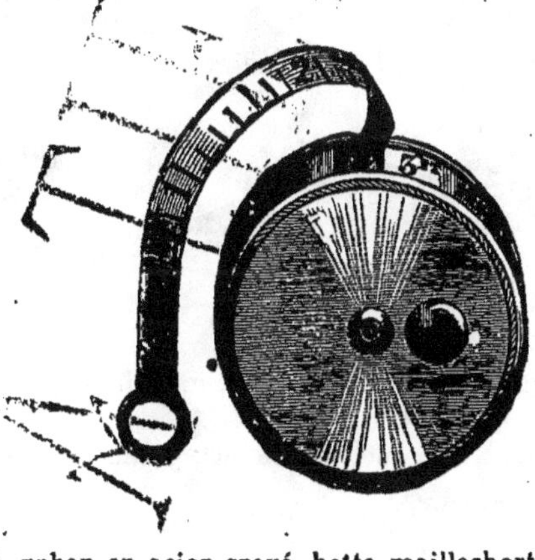

Mètres à ressort, ruban en acier gravé, boîte maillechort, prix 4.50

Décamètres à cuvette fixe, breveté S. G. D. G.

N° 2bis Boîte en cuivre nickelé, manivelle ployante, grand modèle, fil et coton 1.75

N° 21 Boîte en zinc recouvert de peau, forme tambour, grand modèle, pur fil 2.50

N° 2bis

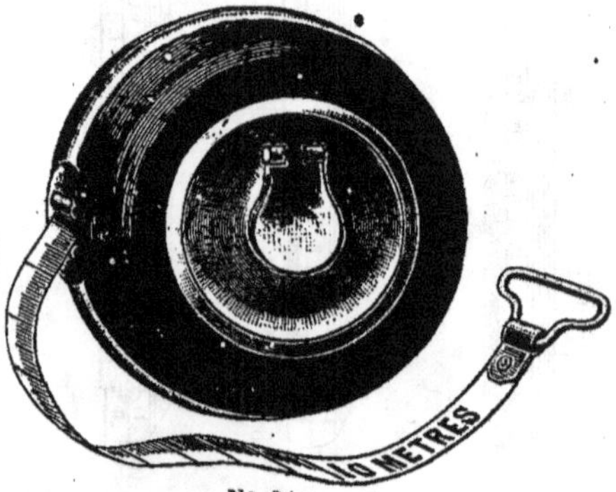

N° 21

N° 13

N° 25

N° 13 Boîte en cuir jaune naturel cousu, ruban métallique 3.80

N° 25 Boîte anglaise rouge, cuir vache extra fort, grand modèle, ruban métallique et imperméable 5.80

MEULES

Meules à affûter au pied, pierre de 1re qualité, à auge et pieds chêne :

Diamètre en cent.	30	33	35	40	45	50	60	70
Prix.	**10 75**	**11.»**	**12 »**	**13.»**	**16.»**	**17.»**	**23.»**	**26.75**

Meules à auge et pieds fonte :

Diamètre en cent.	33	40	45	50	55	60	70	80
Prix, sans capuchon	**13.»**	**16.»**	**19.»**	**22 »**	**26.»**	**29.»**	**41.»**	**53.50**
» avec capuchon	**14.50**	**18.50**	**21.50**	**25.»**	**29.50**	**33.50**	**46.»**	**59.»**

NOTA. — *A partir de 70%m la pédale est remplacée par une manivelle.*

568 **Meules** à main, à auge en fonte et à capuchon, pierre de première qualité :

Centimètres . .	11	14	17	20	22	25	27	30
Prix	**2.75**	**3. »**	**3.50**	**4. »**	**4.50**	**5. »**	**6.75**	**8.90**

569 **Meules** d'émeri pour limer, ébarber, user, dresser et polir, première qualité :

Epaisseur en millimètres	5	10	15	20	25
Diamètre 50m/m	».65	».80			
» 100 »	».90	1.20	1.55	1.85	
» 150 »	1.20	1.45	1.85	2.35	3.25
» 200 »	1.65	2.20	2.95	3.25	4.55
» 300 »	2.90	3.65	4.25	4.55	5.85

Montures pour petites meules émeri se vissant sur une table quelconque.

N° 1, hauteur de centre 6c/m. 5.50

N° 2, » » » 9c/m. 6.50

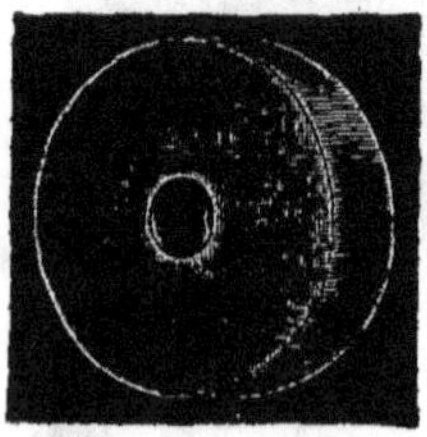

Meules fines en pierre d'Amérique :

		Diamètre en centimètres	3	4	6	8
570	Vaschita	La pièce	6. »	9. »	12. »	16. »
571	Arkansas, qualité extra	»	11. »	15. »	21. »	27. »

Meules à polir :

572	En feutre, intérieur bois	40×7	52×12	67×16m/m
	Prix	».70	1.40	3. »
573	Tout feutre	35×12	48×16	58×23 »
	Prix	».80	1.70	3.30

572

574

575

Brosses à polir :

574	En crin blanc, gris ou noir	2	3	4	6 rangs
	Diamètre	55	75	100	110m/m
	Prix	».80	1.70	3.70	5.75

575	En coton, pour finir. Diamètre	40	60	85m/m
	Prix	».80	1.50	2.30

576 Coniques pour tubes, longueur utilisable : 75 à 80m/m :

En crin	feutre	coton
1.30	1.40	1.60

577	Forme champignon	crin	feutre	coton
	Prix	1.30	2. »	».70

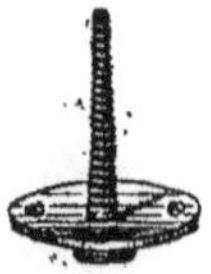

NOTA. — *Dans les brosses en crin, les noires sont dures, les grises demi-dures et les blanches douces.*

578 **Mandrin** spécial pour monter les meules à polir sur le tour. 2.50

579	**Mouchettes** cormier.	7 à 14	17 à 18	20	25 à 27	28 à 35m/m
	Prix	2. »	2.20	2.35	2.75	3.90

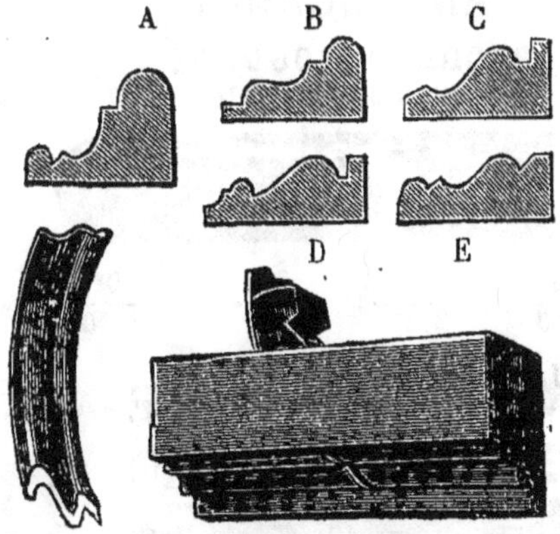
A
B
C
D
E

MOULURES, brevetées, à fer aiguisable à plat, nouvelle fabrication très soignée.

La disposition du fer de ces moulures permet de les aiguiser aussi facilement qu'un fer de rabot ordinaire, sur la meule et la pierre à l'huile; son inclinaison facilite beaucoup la coupe, et rend le travail plus rapide.

•Profil modèle. .	A	B		C			D	E	
Largeur	20	20	25	22	25	30	32	25	30m/m
Prix	5.90	5.25	5.90	3.90	4.50	5. »	8. »	6. »	6.50

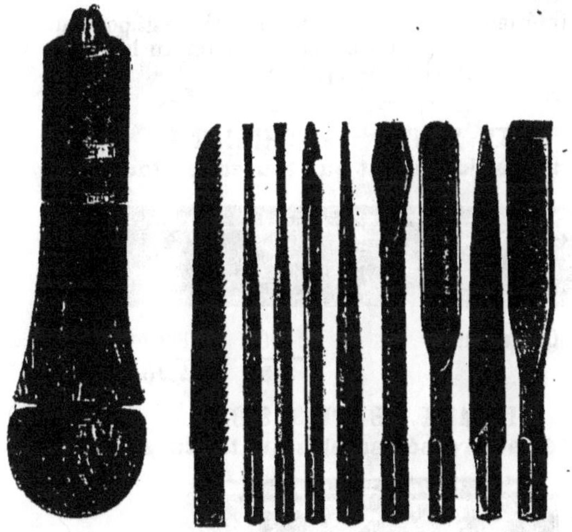

Nécessaire d'Outils américain, manche en bois des îles, serrage par mandrin universel, assortiment de 9 outils en acier fondu, très soignés.

Prix . . . . 9 fr.

581	**Niveaux** d'eau à bulle d'air, en cuivre, avec étui :						
	Longueur.	11	14	16	19	22	25c/m
	Prix	1.20	1.50	1.80	2.10	2.90	3.40
582	Avec recouvrement et divisés	2.40	3. »	3.60	4.20	4.80	5.

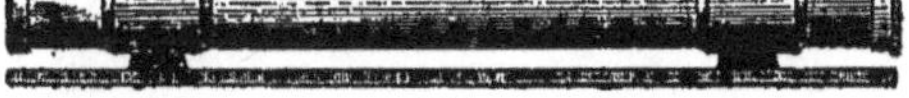
581

Niveau fonte ordinaire

Niveau forme tombeau

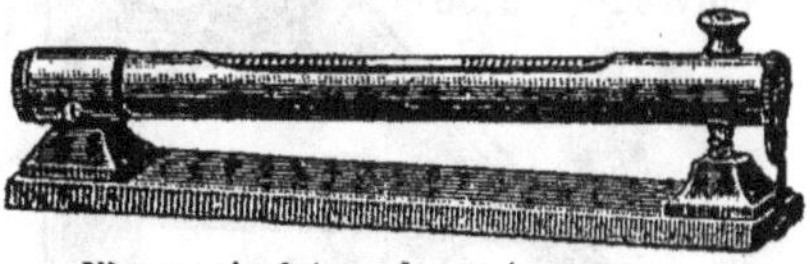
Niveau régulateur de pente

Niveaux fonte, ordinaires, vernis .	11	14	16	19	22	25c/m
	».50	».75	».90	1.10	1.25	1.50
Niveaux forme tombeau, fiole divisée .	14	16	19	22	24c/m	
	1.50	1.75	2. »	2.40	2.75	
Niveaux régulateurs de pente.	16	19	22	24c/m		
	3.50	3.90	4.50	5. »		

NIVEAUX AMÉRICAINS

NIVEAU DE POCHE OCTOGONAL

très soigné de précision, nickelé

C.E.JENNINGS & CO.
NEW YORK

Longueurs. . .	63	75	90	100 m/m
Prix.	1.80	2.25	2.50	3.40

NIVEAU DE POCHE N° 46.

En fonte vernie, avec plaque cuivre, long. 77 m/m.

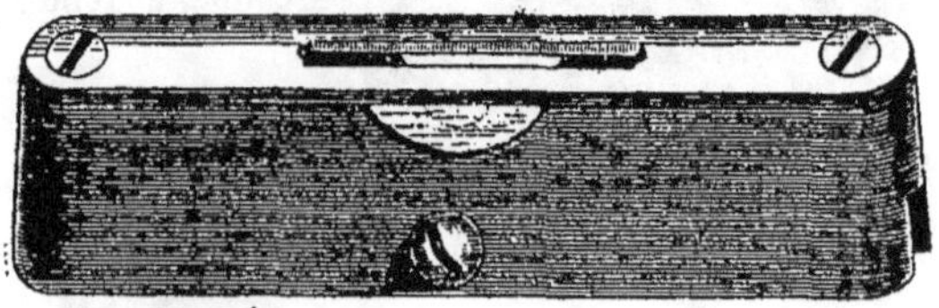

La partie inférieure soigneusement dressée est pourvue d'une rainure avec vis de pression pour monter au besoin le niveau sur une règle ou sur une équerre.

Prix. . . . . 1 fr. 80

NIVEAUX FONTE " MACHINIST'S "

dressés mécaniquement sur toutes les faces.

N° 100. Longueur. . . .	100	150 m/m
	3.80	4.40

NIVEAUX DE PRÉCISION

rabotés et dressés sur les quatre faces.

Longueur.	20	25	30 %
	8.50	9. »	9.75

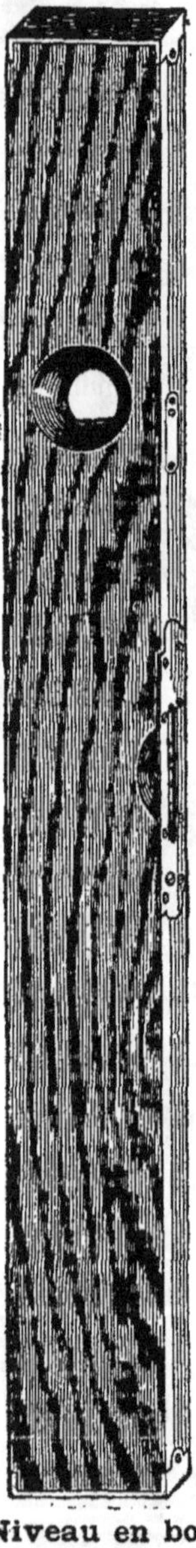

Niveau en bois.

Long., 45 %. 3. »
Longueur, 60 %, avec garniture cuivre. . 6.50

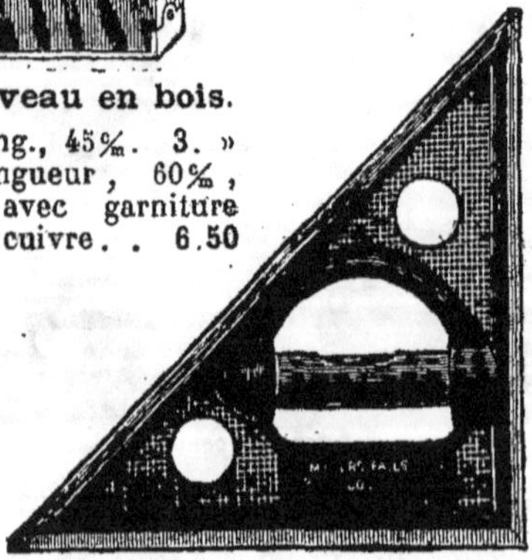

Niveaux en fonte rabotée, très soignés, donnant niveau, équerre et onglet. Longueur 100 %.

Prix 4.80

Outil à affûter pour donner facilement sur n'importe quelle meule un biseau régulier aux ciseaux, fers de rabots, etc., de toutes largeurs. Prix . . 1 fr. 90

Outil perfectionné à aiguiser, pour donner sur la meule un biseau régulier aux outils. . . . . 5 fr.

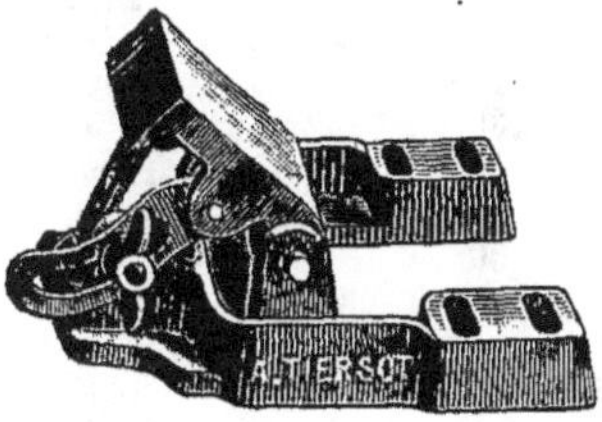
A.TIERSOT

Nouvel Outil perfectionné pour aiguiser sur la meule, s'adaptant à n'importe quelle meule à auge fonte à l'aide de deux boulons à écrou à oreilles. La planche sur laquelle on appuie l'outil est montée sur pivots, son inclinaison est réglée par un cliquet et une crémaillère portant 10 divisions numérotées de 1 à 9, plus 0. Chacune de ces divisions donne un angle différent approprié à l'affûtage d'un outil.

Nos	1	2	3
Prix.	5.50	6.50	9. »

OUTILS DE FORGE

(Voir au tarif spécial d'outils pour la Mécanique.)

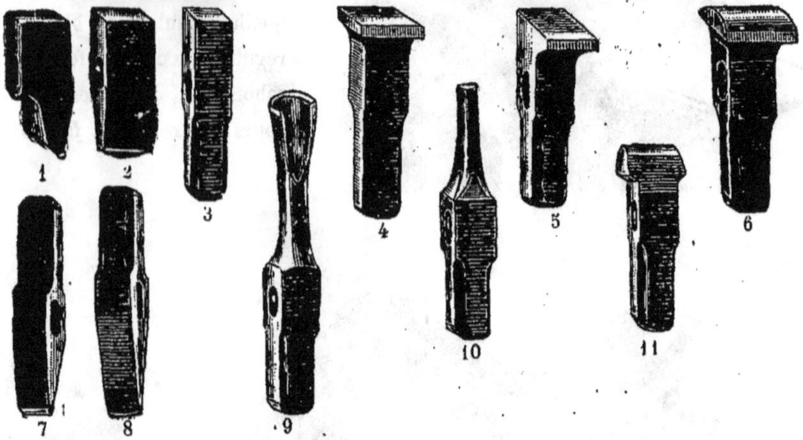

1
2
3
4
5
6
7
8
9
10
11

PETITS PALIERS

(Nouveaux Modèles déposés

TRÈS SOIGNÉS

Série n° 1, Fonte, à coquille bronze

	alésage	longueur de la portée	haut. du centre	Prix par pièce
N° 1	20m/m	30m/m	40m/m	**4.75**
» 2	25	35	50	**5.40**
» 3	30	40	55	**6.50**
» 4	35	50	60	**7.80**
» 5	40	60	65	**9. »**

Série n° 2, tout fonte

	alésage	longueur de la portée	haut. du centre	Prix par pièce
N° 6	15m/m	20m/m	25m/m	**1.50**
» 7	20	25	30	**2. »**
» 8	25	30	40	**3. »**
» 9	30	35	50	**4.20**
» 10	35	40	50	**5.80**
» 11	40	50	55	**7 75**

Série n° 3, tout cuivre

	alésage	longueur de la portée	haut. du centre	Prix par pièce
N° 12	12m/m	18m/m	17m/m	**2. »**
» 13	15	20	22	**3. »**
» 14	18	22	25	**4. »**
» 15	20	25	30	**4.50**

Pour Paliers plus forts, Chaises et Transmissions, voir le tarif spécial d'outils pour la mécanique.

584 **Papier de verre** Fremy, la feuille. . . . . ».05
585 **Papier d'émeri,** 1re qualité, la feuille . . . . ».07 1/2
Pieds à coulisse, voir Calibres, n°s 419 et suivants.
Pierres à aiguiser, premières sortes, polies sur toutes les faces :
586 **Pierres** du Levant, qualité garantie, le kilog. . . . . 6. »

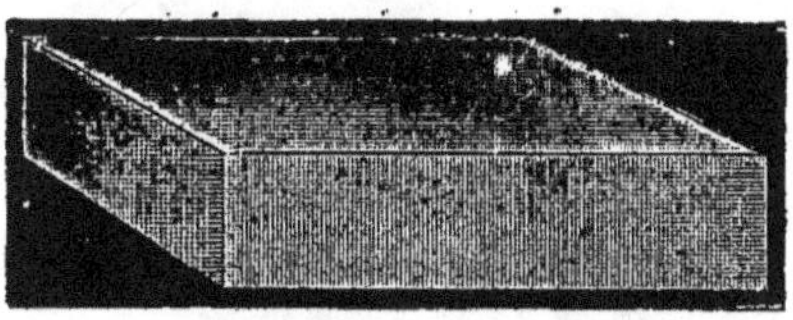

586

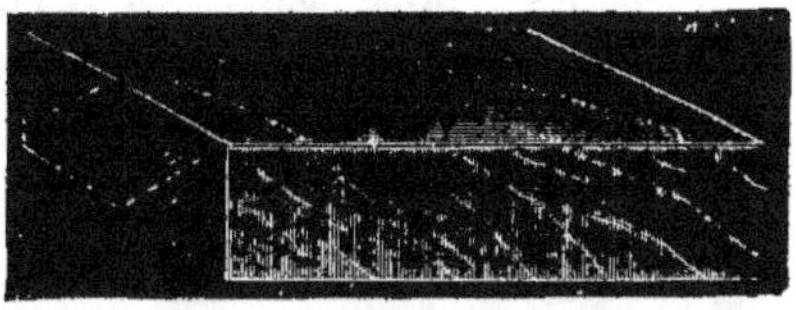

587

587 **Pierres** de Lorraine, qualité garantie, le kilog. . . . . 3. »
588 **Pierres** d'Amérique, qualité extra fine, véritable Arkansas . . . 28. »
589 **Pierres** d'Amérique, deuxième choix, Vashita. . . . . 8. »

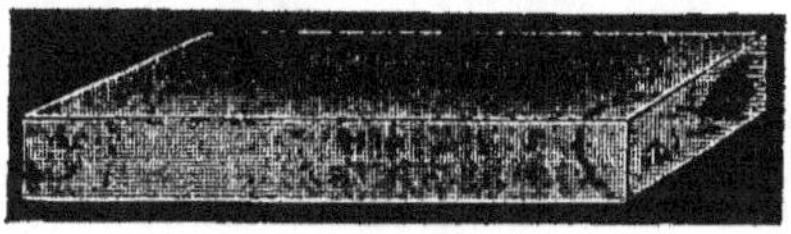

588

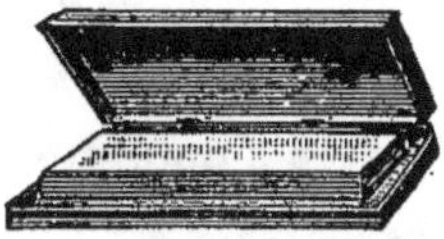

Pierre à huile montée en boîte ferblanc

Nous pouvons monter toutes les pierres dans une boîte en fer blanc avec canal autour pour l'huile, prix 1 fr. 50 par pierre.

PIERRES D'AMÉRIQUE

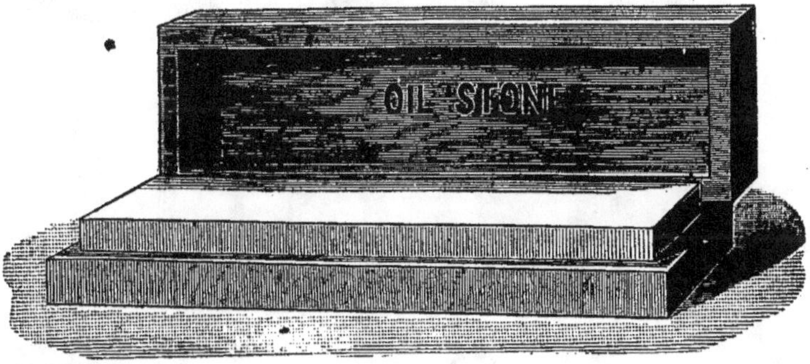
OIL STONE

Nous montons les pierres d'Amérique dans des boîtes comme ci-dessus ; prix suivant les dimensions des pierres.

590 **Pierres** à gouges, du Levant; petites, 75 c.; grandes . . . . . . ».95
591 **Pierres** à gouges d'Amérique, extra, 3 fr. 75; deuxième choix. . 2. »

PINCES DE PREMIÈRE QUALITÉ

		80	95	110	120	140	160 m/m
592	**Plates,** rondes ou à chapelets.	».70	».70	».80	».90	1.25	1.55
593	**Pinces** coupantes sur bout ou sur côté. Tout acier fondu, qualité garantie.	1.80	1.95	2.15	2.25	2.70	3.60

592bis **Pinces universelles,** dites d'électriciens, à la fois plate, à gaz, coupe-fil ; une branche peut servir de tournevis et l'autre à arracher les petites pointes, polies 14 m/m. La pièce. 1.75

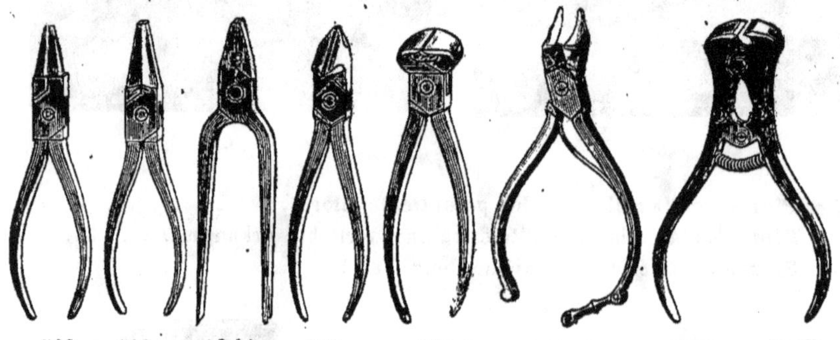

592 592 592 bis 593 593 593 bis

Pinces à onglet, en acier forgé. La pièce. 2.50

593bis **Pinces** coupantes articulées à ressort dites pinces américaines, très puissantes, mâchoires acier fondu, qualité garantie.

Longueurs.	11	12	14	16	18 m/m
	3.75	4.80	5 50	6.75	7.10
Les mêmes en acier étampé.			2.60	2.80	

	Pinces tout acier fondu garanties. . . .	110	120	140	160 m/m
594	Rondes et coupantes, ou plates et coupantes.	2.25	2.30	2.80	3.60
595	A coulant, becs ronds ou mâchoires d'étau.	1.80	1.90	2.20	2.80
596	Coupantes noires, façon Stubs.	1.90	2.10	2.70	3.40

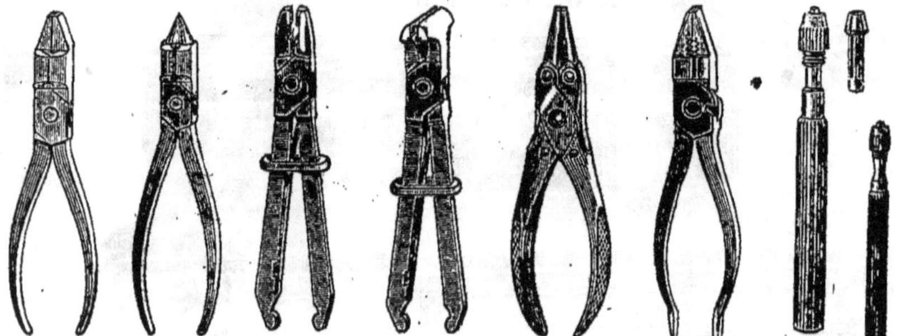

594 594 595 595 750 596 bis Manches ou pinces à goupilles

750 **Pinces façon américaine,** polies, à serrage parallèle, ouverture centrale permettant de serrer une tige en ne laissant passer du bec que la longueur nécessaire. Article très soigné.

Longueur	12	14	16	18 m/m
Prix.	2.40	2.70	3.25	3.60

596bis **Pinces universelles**, en acier fondu, plates, coupantes, à gaz, avec coupe-fil, tournevis et équarrissoir aux branches.

Longueur	17	20%
Prix	3.50	4. »

Manches ou pinces à goupilles, avec mandrin, pour serrer des petites pièces cylindriques :

Petits	Moyens	Grands	Très grands
0.60	0.75	0.90	1.30

Pinces à becs plats avec 3 crans, coupe-fil, dite pince de téléphone.

Longueur en %	19	21	24
	2.50	3. »	3 50

Pince à mâchoires camardes

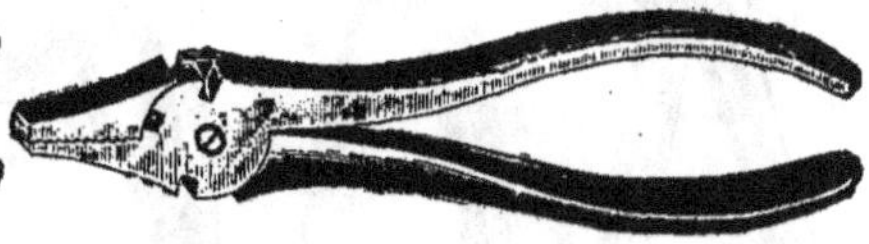

Pince téléphone

Pinces coupantes à mâchoires camardes rapportées à vis.

Longueur en c/m	16	25
Pour couper du fil d'acier doux de	2 1/2	3 1/2
Prix	4.50	6.50
Couteaux de rechange la paire	1.25	1.90

Bec plat

Bec rond

Pinces à 5 crans, spéciales, pour couper du fil de fer ou d'acier. Longueur 21 %. Prix 8.40

Pinces pour couper les tubes de plomb, jusqu'à l'épaisseur de :

	25%	50%
La pièce	5. »	9.50
Couteaux de rechange, la paire	».90	1.80

Pinces de miroitiers et de vitriers, becs plats ou becs ronds. La pièce 2.50

597 **Pinces** à percer les métaux, numéros des poinçons à la jauge fil de fer : Nos 3 à 8, 5 fr. 25 ; 9 à 14, 5 fr. 65 ; 15 à 18, 6 fr. 10 ; 19 à 22, 6 fr. 50.

597bis **Pinces** à gaz pour tubes, et corps cylindrique qualité supérieure, polie.

Longueur	16	20	23c/m
	2.50	3.25	3.75

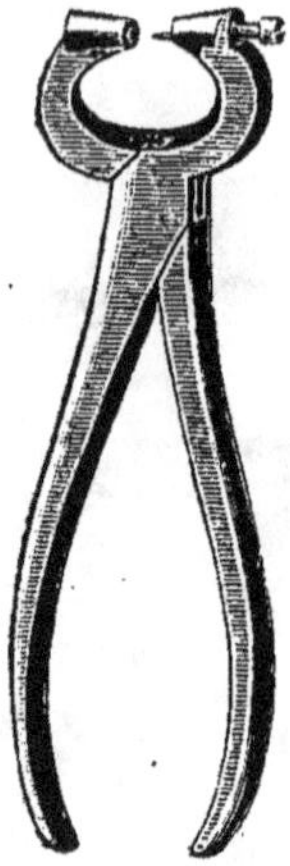

597

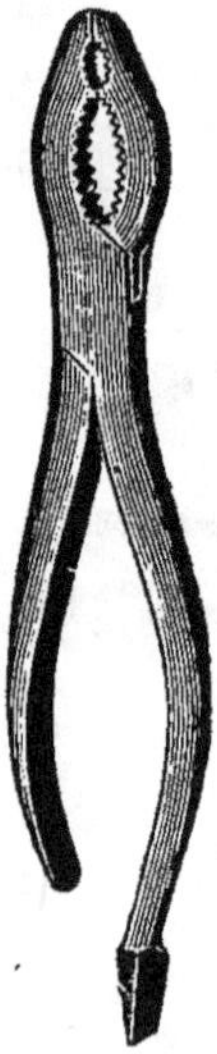

597 bis

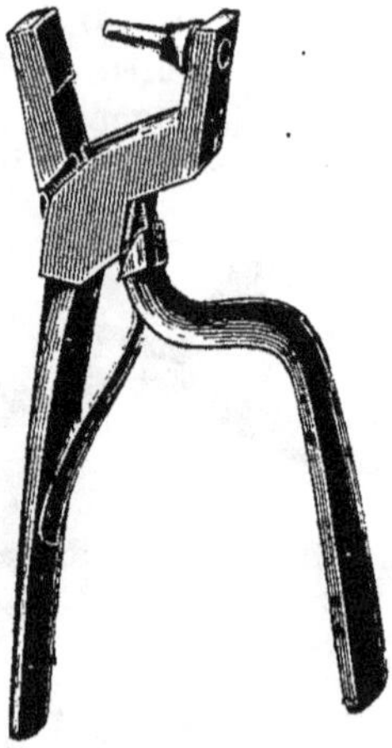

598

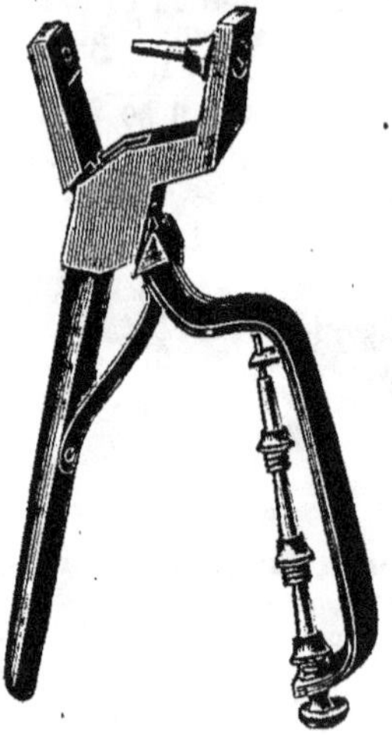

599

598	**Pinces** à emporte-pièces pour le cuir. . .	14	16	17 1/2c/m
		2. »	2.25	2.50

599 **Pinces** à emporte-pièces à deux tubes, 4 fr. 25 ; à trois tubes, 4 fr. 60.

Pinces de forges, voir tenailles de forges.

600 **Pinces** pour donner la voie aux scies 3.40

601	**Pinces** système Ragey pour donner la voie. Nos	0	1	2
		2. »	2.50	3. »

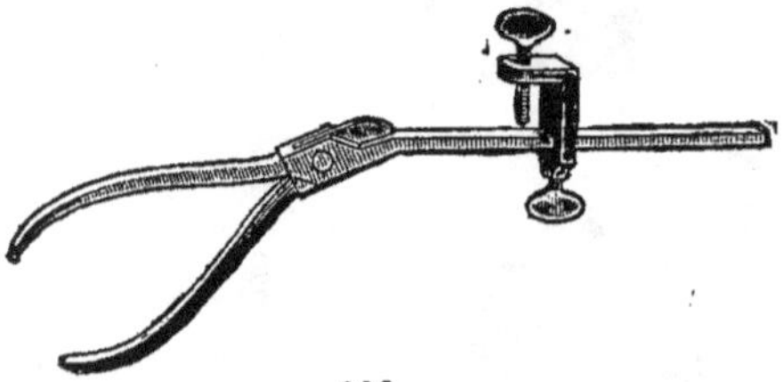

600

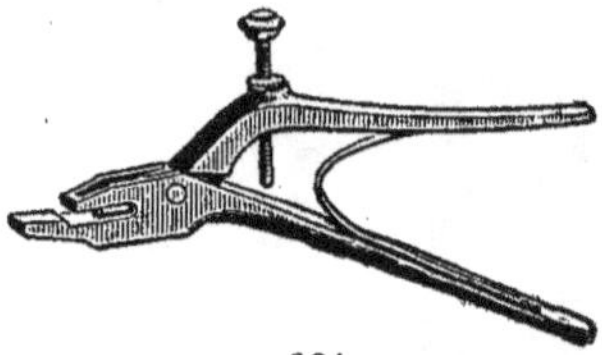

601

PINCES AMÉRICAINES

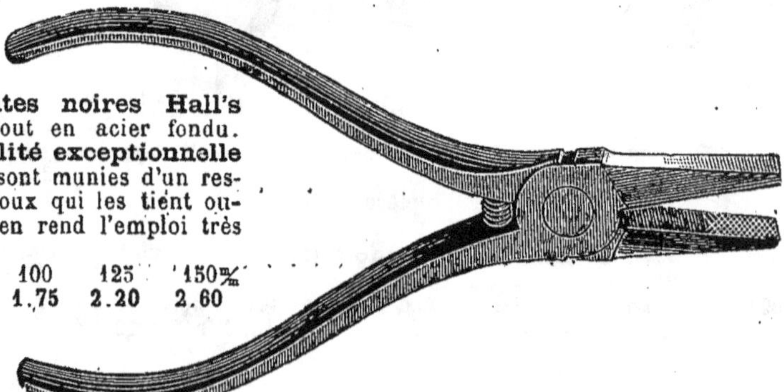

Pinces plates noires Hall's Patent, tout en acier fondu. D'une **qualité exceptionnelle** ces pinces sont munies d'un ressort très doux qui les tient ouvertes, et en rend l'emploi très commode.

Longueurs.	100	125	150m/m
Prix. . . .	1.75	2.20	2.60

Pince plate nouveau modèle en acier étampé, légère et solide. Prix. . 1.50

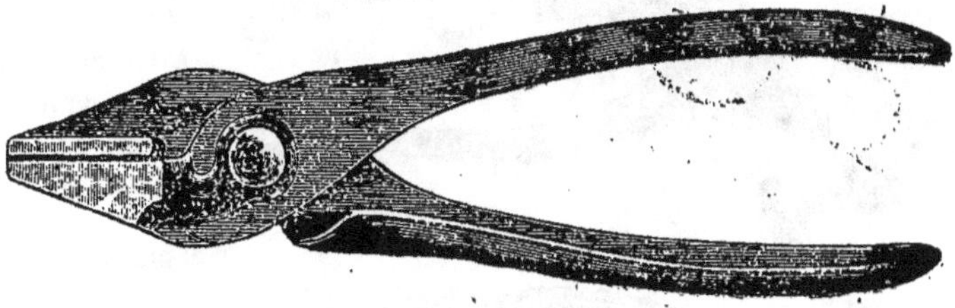

Pinces plates parallèles Bernard's, tout acier fondu, à charnière ouverte permettant de passer la tige que l'on travaille.

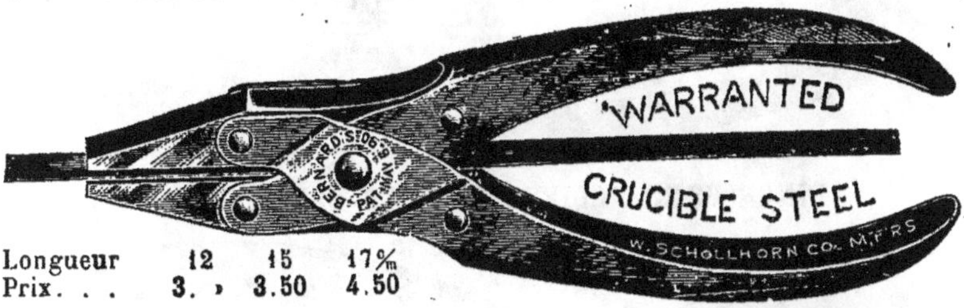
WARRANTED
CRUCIBLE STEEL
W. SCHOLLHORN CO. M'F'RS

Longueur	12	15	17 c/m
Prix. . .	3. »	3.50	4.50

TOOL CO.

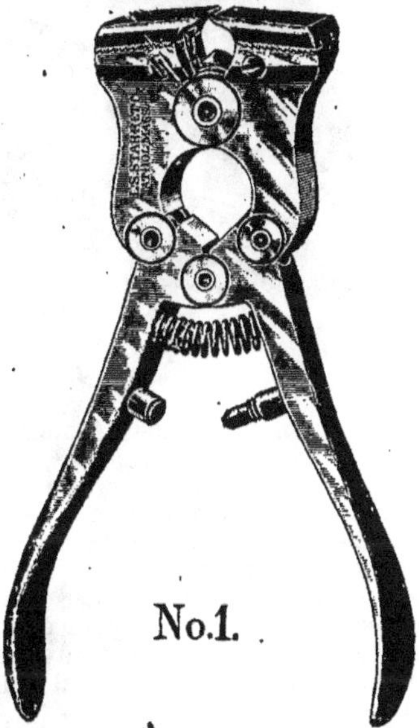
No.1.

Pinces coupantes « Hall's Patent », tout acier fondu à mâchoires interchangeables. Le système de levier de ces pinces leur donne une très grande puissance.

Longueur	10	12½	18	20	28 c/m
Prix.	4. »	5. »	8.50	11. »	16.50

Pinces coupantes Starett articulées, tout en acier fondu, mâchoires réglables par vis et crémaillère. Ces pinces coupent le fil d'acier et la corde à piano.

Longueur.	140	180 m/m
Prix	11.50	14.40

Pince à voie Morill Perfect à vis de réglage pour donner plus ou moins de voie à volonté.

La pièce . . 4.50

Pince à voie Monarch, à disque tournant, réglable, tout acier.

La pièce 4.25

PINCE POUR RELIER AVEC DES ÉPINGLES

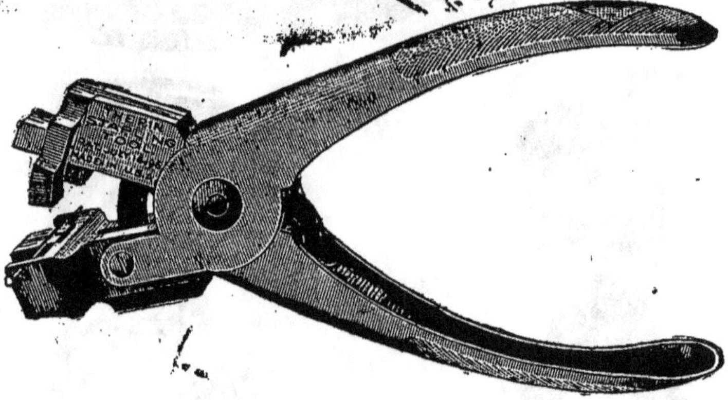

Cet instrument est adapté pour attacher les papiers légaux, notes, comptes-rendus, échantillons, etc.

Une simple épingle en laiton, telle qu'on emploie dans tous les bureaux, est tout ce qui est nécessaire pour relier.

La manière de se servir de cette pince est d'introduire une épingle ordinaire dans les deux trous de l'instrument. Cette épingle doit être assez longue pour traverser le bout de la pince comme l'illustration le représente. Pressez les manches assez fortement pour couper la tête et la pointe de l'épingle. Ouvrez l'instrument et l'agrafe se trouvera entre les tenailles, prête pour attacher les papiers. Arrangez les feuilles et pincez fortement le bord avec l'outil et l'agrafe sera fixée.

Les épingles numéros 4 et 5, le plus commun, sont particulièrement adaptées pour cette pince. Quand l'agrafe est préparée, les papiers ou échantillons sont placés en position, et elle peut être facilement enfoncée avec une légère pression sur les manches.

Il faut toujours préparer l'agrafe avant d'arranger les papiers à relier.

Cette pince est faite du meilleur acier trempé, bien polie. En la tenant toujours bien nettoyée et huilée elle peut durer des années.

Chaque instrument est emballé dans une boite en bois et garanti parfait pour ce qui concerne le matériel ou construction.

Prix 12.50

602 **Planes** tout acier fondu, qualité garantie :

Longueur du tranchant. . . .	8 à 11	12	14	16	18°/m
Prix.	2. »	2.25	2.50	3. »	3.30

A. TIERSOT PARIS
602

603 **Pointeaux** acier fondu, tournés, qualité supérieure. . . . . 1. »
604 **Pointes** à ferrer, dites pointes carrées emmanchées 1.10
605 **Pointes** à tracer droites . . . . ».60
606 **Pointes** à tracer coudées. . . . . ».70

A. TIERSOT PARIS
603

A. TIERSOT
604

607 **Porte-forets** sans conscience, non garnis. 1.60
608 **Porte-forets** sans conscience, garnis de 5 forets et 1 fraise. . . . 2.45
609 **Porte-forets** à conscience, garnis de 5 forets et 1 fraise 3.90

A.TIERSOT
608

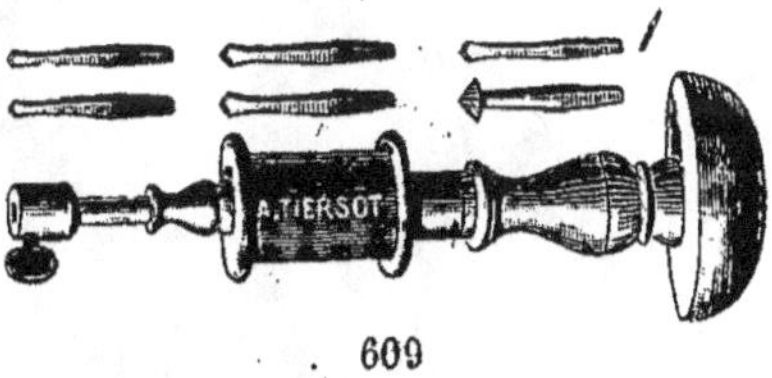
A.TIERSOT
609

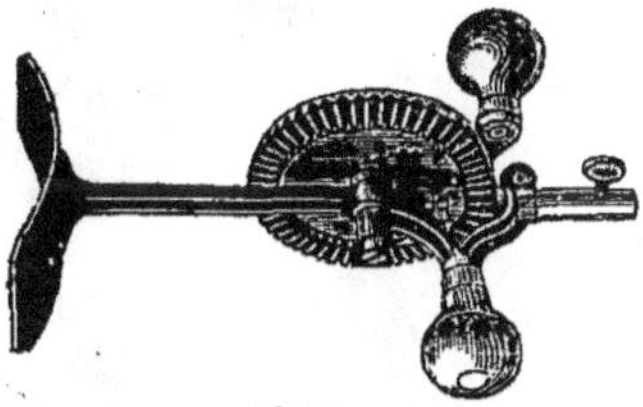
609 ter

609ter **Porte-forets**, à conscience et engrenages, très soigné. . . . . . 11. »
Porte-foret américain, n° 1, nouveau modèle, très soigné, avec mandrin universel breveté, poignée bois dur, vernie, renfermant 6 forets 8.50

Porte-forets américain perfectionné avec Mandrin universel, manche en cuivre nickelé, servant de boîte à forets; chaque foret est dans une case numérotée, en faisant tourner le couvercle on peut les sortir l'un après l'autre sans craindre de les mélanger; ils ne peuvent pas sortir seuls. Cet outil est très soigné et précis. Longueur totale: 265 m/m. Prix . . . . 12 fr.

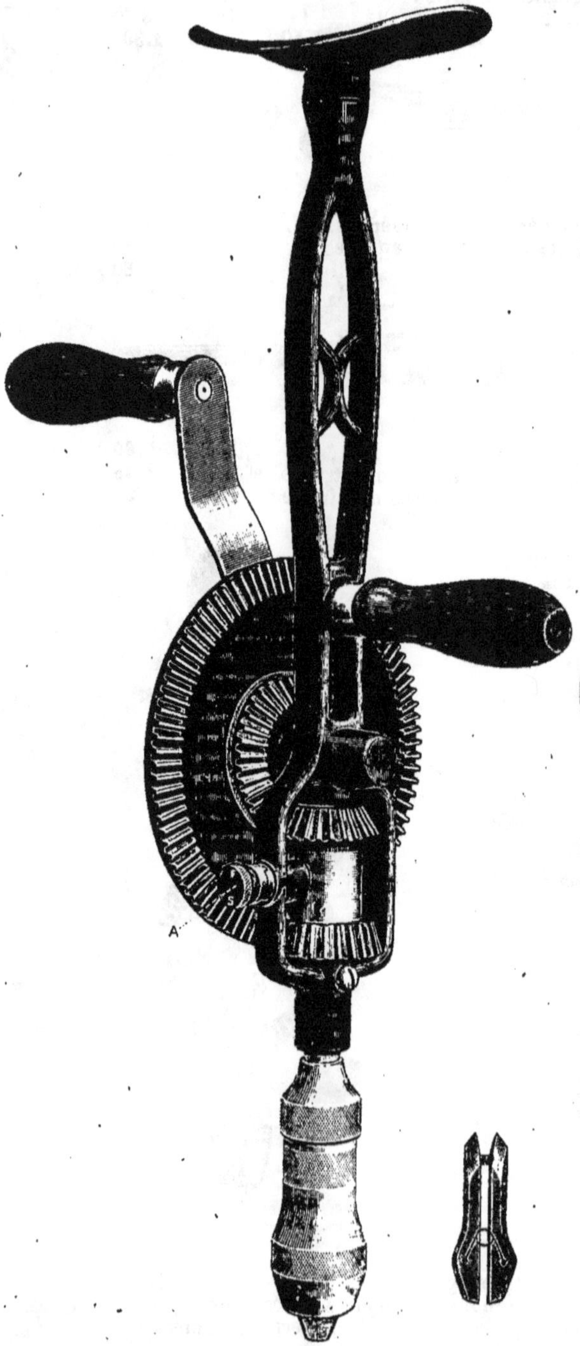
A

Porte-forets américain à conscience, nouveau modèle perfectionné à deux vitesses; on change la vitesse en tournant l'écrou en A. Les engrenages sont taillés. Les mâchoires du mandrin permettent d'employer des mèches de vilebrequin et de forets cylindriques.
Prix. 18.50

610 **Porte-scies** d'horlogers ou bocfils à coulant pour monter des scies.

De.	8 à 12	8 à 15 1/2	10 à 18c/m
La pièce	2. »	2.20	2.90

Porte-scies pour découpage, voir n° 8 et suivants.

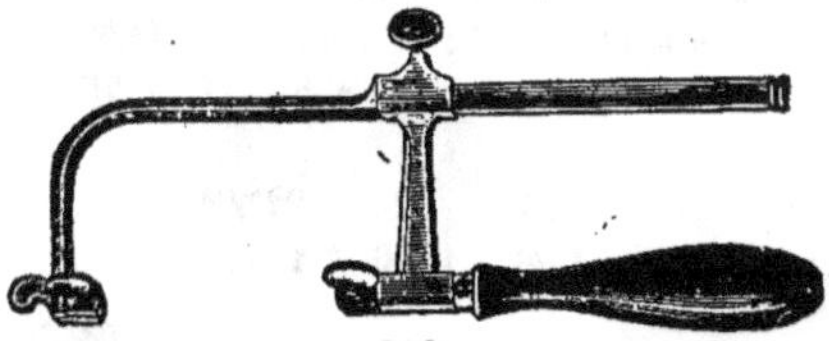

610

A. TIERSOT

611

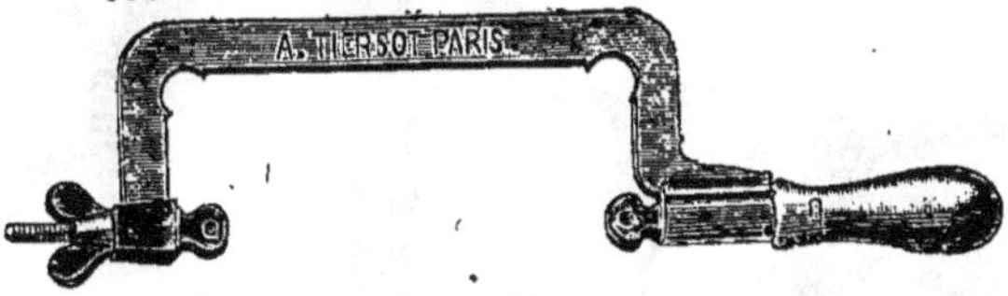
A. TIERSOT PARIS

612

611 **Porte-scies** ou porte-limes, à 3 vis :

Pour scies ou limes de	14	18	20c/m
	1.25	1.75	2. »

612 **Porte-scies** à métaux pour mécaniciens :

Pour scies de . . .	13	16	19	22	25	27	30	33c/m
	4.25	4.50	4.95	5 20	6.25	6.75	7.40	7.85.

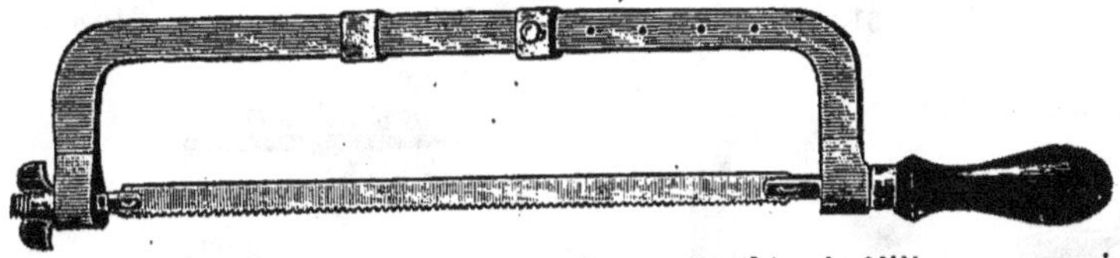

Porte-scies à métaux américain, extensible, de Millers, pour scies de 15 à 30% de long, tout acier poli, manche bois dur avec vis de tension.
Prix sans lames . . . . 9. »

Fig. 314

Porte-scies à métaux américain, en acier coulé, très solide, avec écrou de tension. La lame se place dans quatre positions différentes.

Pour lames de	25	30%
Prix, sans les lames . . .	3.25	3.50

Lames de scies à métaux Griffin.

La trempe, très dure aux dents, diminue progressivement vers le dos de façon à avoir une lame souple et solide. La forme et la disposition des dents donnent un travail net et rapide ; elles sont livrées toutes affûtées, prêtes à servir.

Longueurs.	16	17½	20	22½	25	27	30%
La pièce.	».40	».45	».50	».55	».60	».65	».70

612bis **Pots à colle** sans pieds. Diamètre intérieur . 90 — 100 — 110m/m
Tout cuivre, récipient à colle étamé. . . . . 1.90 — 2.30 — 2.50

613 **Pots à colle** à trois pieds, cuivre rouge, article soigné :

Diamètre intérieur, cent. . .	5	7 1/2	8	11	14	16
	2.75	3.30	4. »	5.25	6.50	7.70

614	**Pots à colle** avec lampe nos. . . .	0	1	2	3	4	5
	Diamètre intérieur, en millimètres.	50	53	60	74	85	90
	Prix	4. »	4.75	5.75	6.50	7. »	7.50

615	**Presselles** ou brucelles.	8 à 11	12	14	16c/m
		».30	».35	».50	».70

616 **Presses** à coller en charme, soignées :

Ouverture.	5	8	11	14	16	19	22c/m
	».75	».90	1. »	1.15	1.40	1.60	1.70 pièce.

618

A.TIERSOT PARIS
613

614

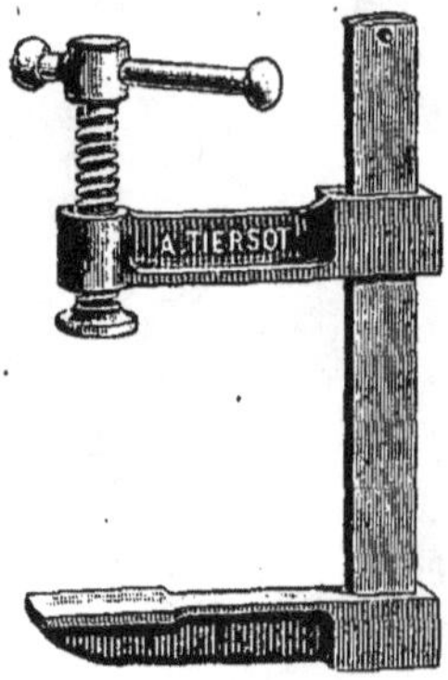
A.TIERSOT
616 ter

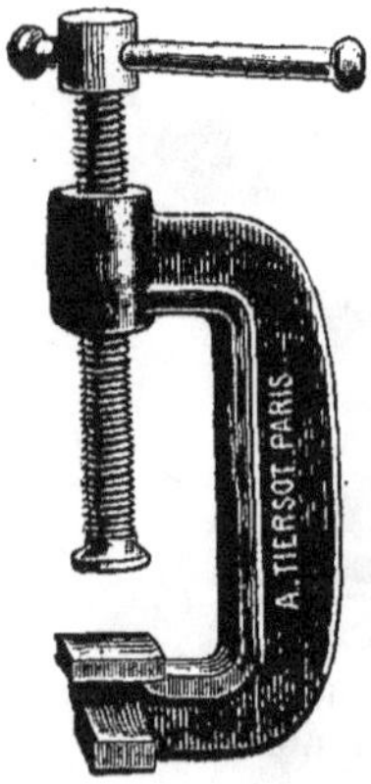
A.TIERSOT PARIS
617

A.TIERSOT PARIS
616

A.TIERSOT
615

A.TIERSOT PARIS
612 bis

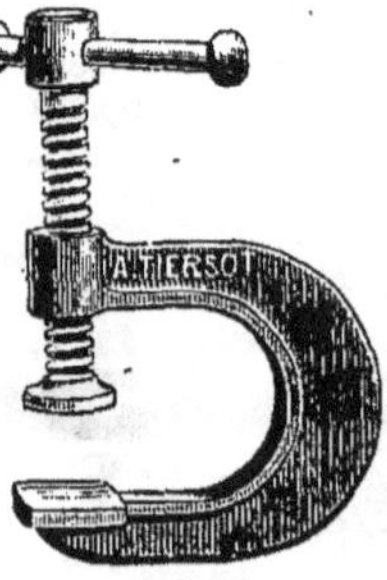
A.TIERSOT
618 bis

616ter **Presses**, fonte malléable, à tête mobile, vis fer, serrage instantané, très solides :

Ouverture.	13	16	19	24c/m
Prix	2.25	2.65	3.10	3.50

617 **Presses** en fonte pour serrer, 10 cent., 2 fr. 50 ; 12 cent., 3 fr. 35.

618	**Presses** en fer poli très soignées.	30	40	50m/m
		1.90	2. »	2.50

618bis **Presses** en C, fonte malléable, très solides :

Ouverture	6	8	10c/m
Prix.	1.80	2.10	2.50

Pour les presses en fer jusqu'à 38 *centimètres voir aux* Outils de Sculpteurs.

Presses ajustables Quick Motion

Fonte malléable.

76	100	125	150	200$^m/_m$
2.50	3.65	4.50	5. »	6.25

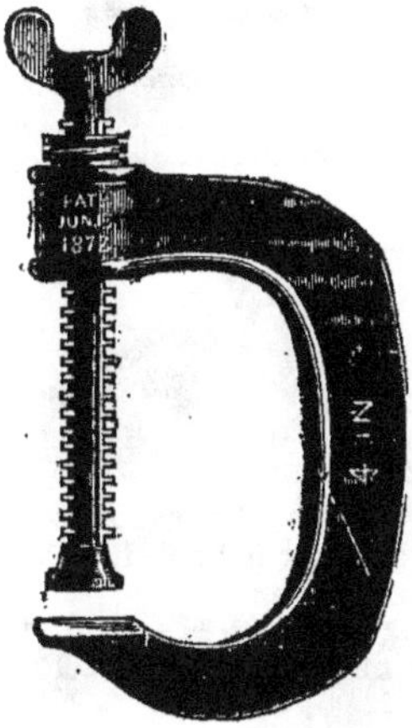
PAT.
JUNE
1872
4 IN

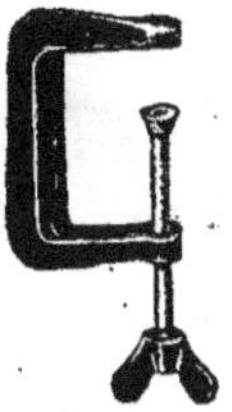

619

619 **Presses** en fer, légères, serrant 55 millimètres . . . . ».75
620 **Presses** en fonte malléable vernie . . . . ».60
Presses nouveau modèle déposé, corps en acier forgé, vis en acier. Les plus soignées et les plus résistantes qui se fassent. Sur demande, nous faisons la vis avec tête carrée pour serrer avec une clé.

Nos.	1	2	3
Ouverture en $^m/_m$.	30	40	50
Prix	2.50	3. »	3.50

RABOTS

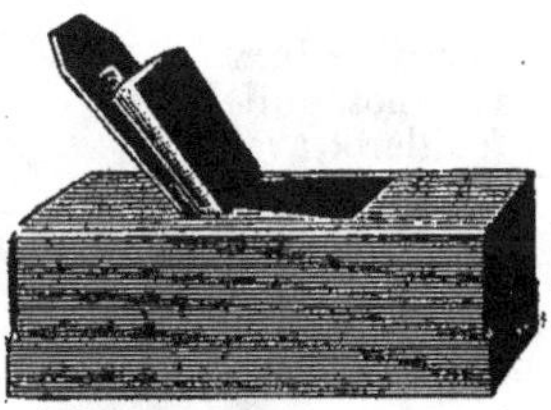

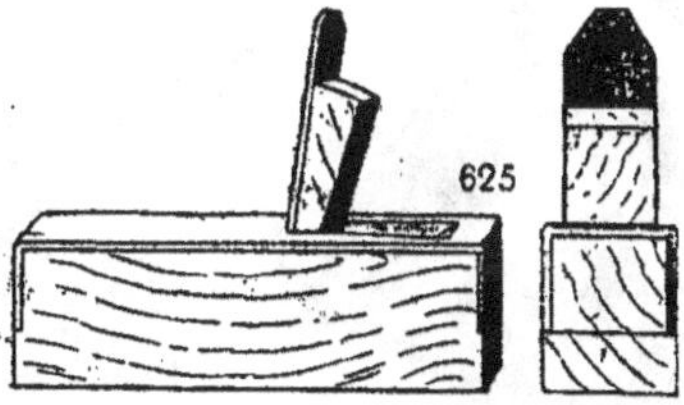

625

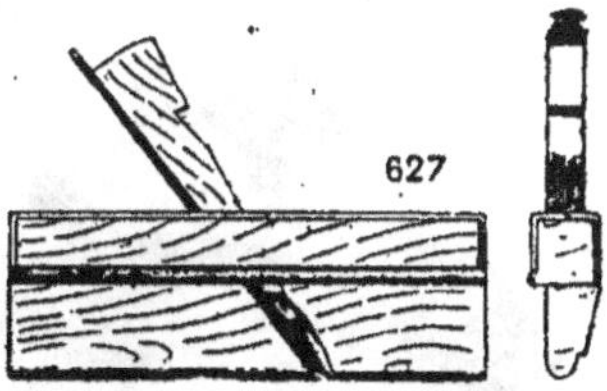

627

624

		Charme	Cormier
621	**Rabots** fer simple, de première qualité.	2.40	2.90
622	**Rabots** fer simple, acier fondu, garantis	2.60	3.10
623	**Rabots** double fer acier fondu, garantis.	3. »	4.25
624	**Rabots** double fer à vis longue, acier fondu, garantis . .	3.80	4.75

624bis **Rabots** cormier, à semelle d'acier fer AF vis longue :
Longueur du rabot 20 cent., fer de 42 millimètres. 11.50
625 **Rabots** râcloirs cormier . . . . 4. »
626 **Rabots** à dents cormier 3.50

627 **Rabots** ronds cormier.	7 à 14	15 à 18	20 à 27	28 à 35$^m/_m$	
	2. »	2.30	2.75	3.25	3.75

RABOTS AMÉRICAINS

N° 101. Longueur, 88m/m . . . 1.10
Fer de rechange. . . . 0.50
N° 102. Longueur, 14c/m. . . . 2.75
Fer de rechange. . . . 0.75

N° 75. Longueur, 12c/m, avec fer sur le bout. 2.75
Fer de rechange 0.75

A levier pour régler le fer sans toucher au coin.
N° 103. Longueur, 14c/m. . . . 3.50
Fer de rechange. . . 0.75
N° 120. Longueur, 18c/m. . . . 4.75
Fer de rechange. . . . 1. »

N° 130. A fer interchangeable se plaçant sur le bout du rabot ou au milieu.
Longueur, 19c/m. . . . 5. »
Fer de rechange. . . . 1. »

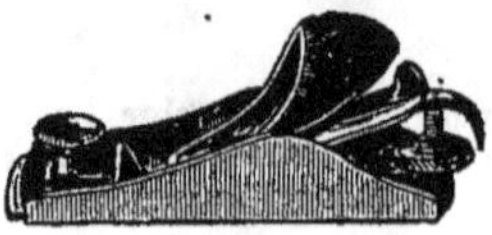

N° 15. A molette pour régler le fer, lumière mobile.
Longueur, 14c/m 9.25
Fer de rechange 1.10

N° 19 bis. A coin nickelé articulé, lumière mobile, molette pour avancer le fer, levier pour le régler.
Longueur, 16c/m. 9.75
Fer de rechange. 1.10

N° 800. **Rabot Duplex**, servant de rabot, guillaume et feuilleret, avec deux guides pour les entailles, fer se plaçant au mileu ou sur le bout. 9.50
Fer de rechange. . 1.25

Rabots avec poïgnée palissandre, levier pour régler le fer.
N° 104. Longr 23c/m, fer 54m/m. 15.80
Fer de rechange 1.55
N° 105. Longr 34c/m, fer 54m/m. 17.80
Fer de rechange. 1.75

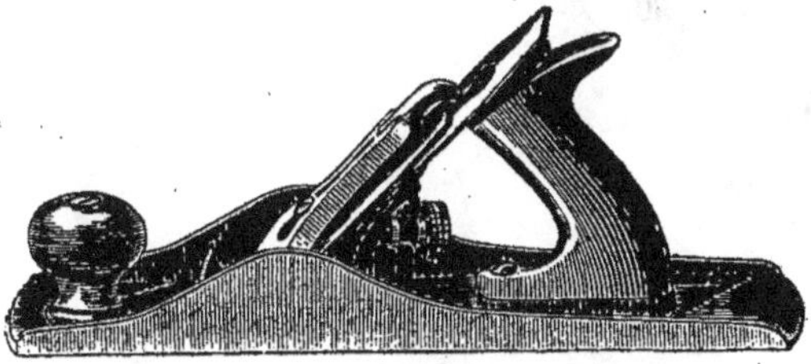

Rabots à contre-fer à levier, molette pour régler le fer, poignée palissandre, se démontant instantanément.

N° 3. Longueur 20c/m, fer de 45m/m. . . . 17.75
Fer de rechange 1.60
N° 5. Longueur 35c/m, fer de 54m/m . . . . 23.»
Fer de rechange 1.75

N° 113. Rabot à semelle d'acier flexible s'employant droit, concave ou convexe, à volonté, avec molette pour régler le fer 20.50
Fer de rechange 1.60

N° 10 1/2. Longueur 21c/m, contre-fer à levier, molette pour régler le fer, fer de la largeur de la semelle, pouvant servir de guillaume. 15.20
Fer de rechange. . . 1.75

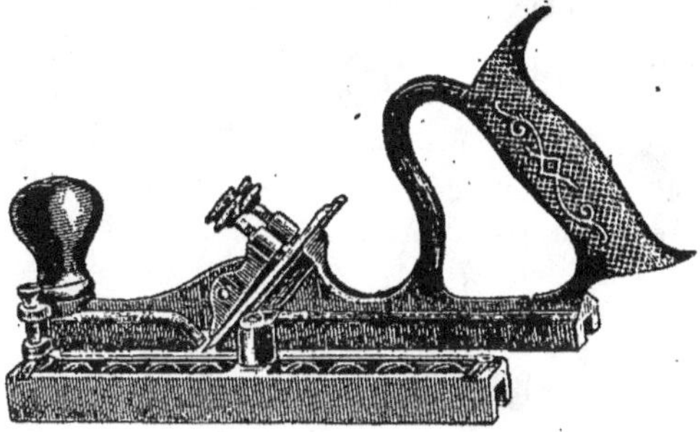

Bouvets perfectionnés Stanley, tout en métal. Le guide de ces bouvets est à pivot, il suffit de le retourner pour faire à volonté la rainure ou la languette.

N° 48. Pour bois de 20 à 30m/m . . . . . . 13.»
La paire de fers de rechange. 1.20
N° 49. Pour bois de 10 à 20m/m . . . . . . 13.»
La paire de fers de rechange . . . . . . 1.»

Rabots perfectionnés de Sargent, fer régable en tous sens, contre-fer à levier, poignées palissandre :

N° 414.	Longueur 34c/m,	larg. du fer 50m/m,	prix 14. ».	— Fer de rechange	1.75
N° 422.	» 55 »	» 60 »	» 21. ».	— »	1.95
N° 424.	» 60 »	» 70 »	» 26.50.	— »	2.25

634 **Râcloirs** acier fondu, la pièce . . . . ».50

635 **Râcloirs** affûtés et emmanchés. . . . . ».90

635

636 bis

635bis **Râcloirs** avec manche pour le polissage des bois. 2.50

Lames pour ces râcloirs. . . . . ».75

Râpes en bois (*voir Limes*).

635ter **Râteliers** pour suspendre les outils, le mètre . . . . ».60

636 **Règles** en acier trempé, divisées par millimètres, longueur :

30c/m	50c/m	1m
2. »	3.50	7. »

637 **Règles** en acier trempées, divisées, nickelées.

Longueur.	30	50c/m	1m
	3. »	4.75	9. »

637bis **Règles** en acier de 50% de long, 25% de large, bien dressées, biseautées et divisées sur le biseau. 5.25

637 bis

639 bis

636

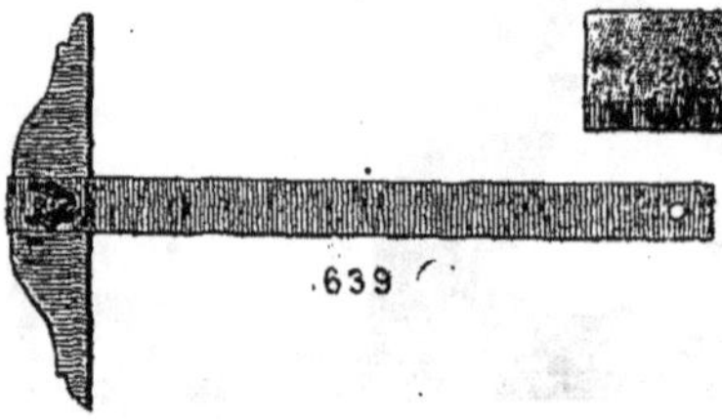

639

639 **Règles à T** mobile, bronze et acier, servant de règle, équerre, fausse équerre et T pour dessin . . . .

20	30	40	50%
3. »	3.50	4.25	5.25

639bis **Règles** en fer bien dressées . . . .

20	30	40	50	60%
1.50	1.75	3.25	3.90	4.60

639ter **Règles** en acier soignées .

30	40	50	60	80	100%
3.75	5. »	6. »	9. »	16. »	24. »

Scies montées soignées, bras cormier, lames en acier fondu, affûtées, prêtes à servir, garanties :

	Longueur	30	35	40	50	60	70	80c/m
640	A tenons	1.60	1.70	1.80	2. »	2.50	3. »	3.50
641	A chantourner	2.10	2.20	2.35	2.60	2.75	3.10	3.60
642	A lames tournantes, dites allemandes	2.50	2.60	2.95	3.40	3.90	4.50	4.90

A. TIERSOT - PARIS
642

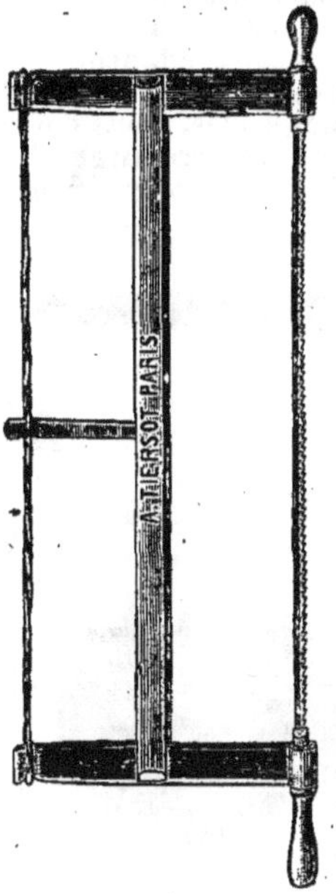
A. TIERSOT - PARIS
641

A. TIERSOT - PARIS
640

Tendeur rapide à excentrique, réglable à volonté. Le plus pratique de tous les tendeurs pour scies.

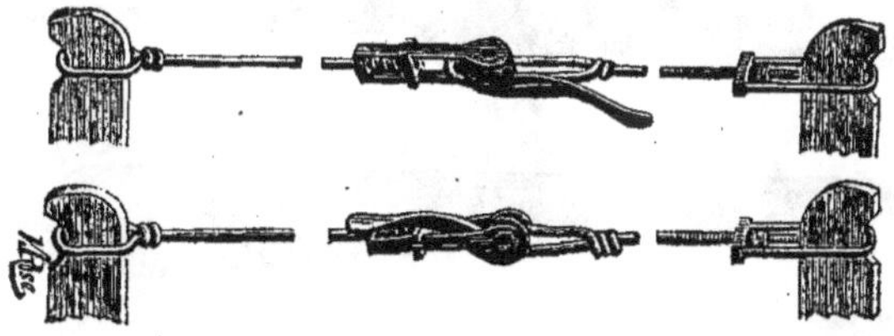

Toutes nos scies peuvent être munies du **Tendeur rapide à excentrique**, tout en métal, réglable à volonté, moyennant une augmentation de 1 fr. 25 de 40 à 60 cent., et 1 fr. 50 de 70 et 80 centimètres.

Nous vendons aussi les tendeurs à part au prix de 1 fr. 25 pour scies de 40 à 60 cent., et 1 fr. 50 pour celles de 70 et 80 cent.

Lames de scies, acier fondu, trempées, **garanties** :

	Longueur	30	35	40	50	60	70	80c/m
640bis	A tenons	».30	» 35	».45	».65	».80	1 10	1.40
641bis	A chantourner.	».25	».30	» 35	».40	» 50	».55	».65
641ter	De scies allemandes avec chaperons à vis	».70	».75	».85	1.05	1.20	1.60	2. »

Scies à guichet ou à voleur, manche d'égoïne :

	Longueur de lame	20	25	30	35	40c/m
644	A dents simples	1.05	1.20	1.40	1 60	
645	A dents doubles	1.40	1.50	1.90	2.20	
646	A manche rond, dents simples.		».85	».95	1.20	1.45
647	Lames seules, dents simples.		» 70	».75	».85	1.90
648	Lames seules, dents doubles.		».85	» 90	1.10	1.20
649	**Scies de jardinier**, droites		1.40		1.70	
650	**Scies de jardinier**, manche d'égoïne.		1.60		1.90	

644

649

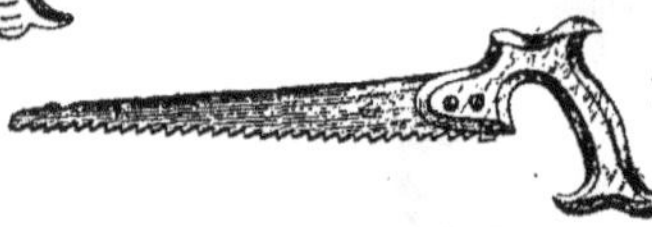
650

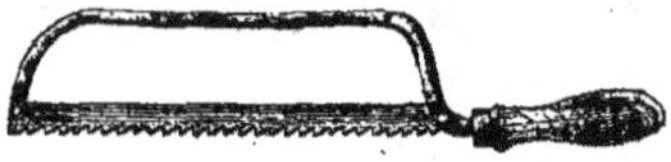
651

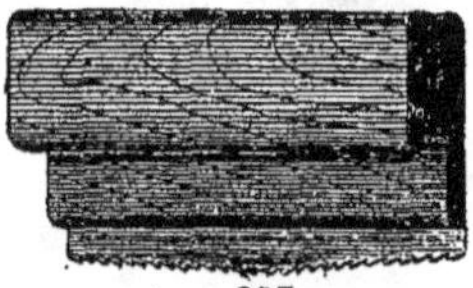
657

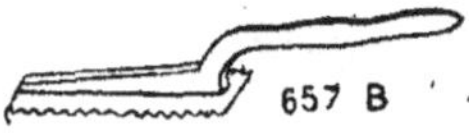
657 B

651	**Scies à greffer**, à arc en fer, lame de	20	25	30c/m
		».85	».90	».95

Scie à guichet américaine, formant tournevis d'un bout, manche fer à vis de pression . . . 1.75

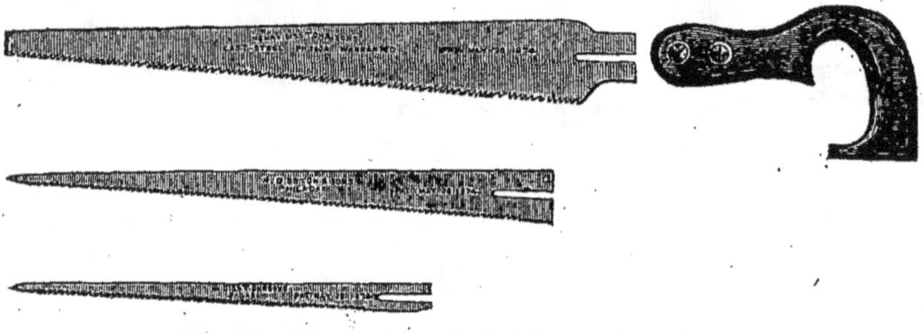

Scie à main américaine, 3 lames de rechange.

Lames large de 45%, 1/2 large de 40% et à guichet de 25c/m 6.25

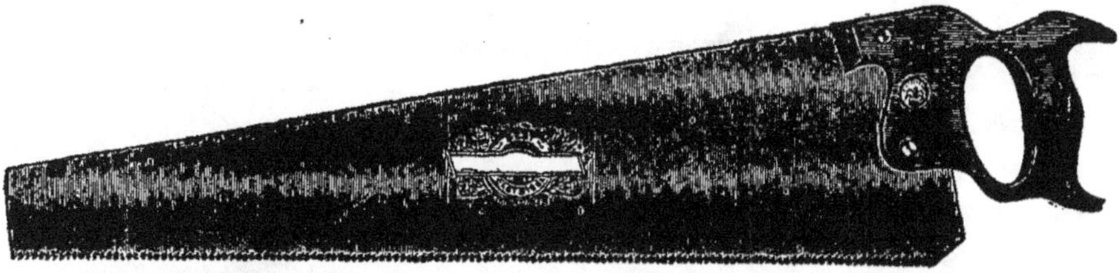

Scies égoïne américaines larges, tout acier fondu, de qualité supérieure.

Longueurs	40	50	60	70c/m
	2.40	2.50	3.45	4.75

656bis **Lames de scies à métaux** pour porte-scies de mécaniciens, qualité extra, trempées dures, pour couper tous les métaux.

Longueurs	15	17 1/2	20	22 1/2	25	27	30c/m
Prix	».40	».45	».50	».55	».60	».65	».70

Limes triangulaires acier fondu pour l'affûtage des scies, qualité garantie.

Longueurs	11	12	14	16	19	22c/m
Prix	».25	».30	».35	».45	».60	».75

Limes américaines " Kearney et Foot Co ".

Longueurs	100	115	127	140	152m/m
Prix	».35	» 40	».50	».60	».75

Limes acier fondu chromé extra dur pour scies à métaux (*voir au Tarif spécial d'outils pour la mécanique*).

Scie au mètre, voir nos 6 et 7.

657 **Scies à placage**, emmanchées, en cormier . . . . 1. »

657bis **Scie à chevilles**, montées 1.25

Scies circulaires et à rubans pour bois (*voir au Tarif spécial d'outils à bois*).

Scies circulaires à métaux (*voir au Tarif spécial d'outils pour la mécanique*).

661 **Sécateurs** (qualité garantie) à roulette, avec coupe fil de fer :

Longueur en centimètres	18	20	22	24%
Prix	3.75	4.10	4.50	4.80

662 **Sécateurs** à ressort en bande à spirale, polis (garantis) :

Longueur en centimètres	16	19	22%
Prix	3.50	3.90	4.60

663 **Sécateurs** à branche à ressort (garantis) :

14%, 3.40 | 16%, 3.75 | 19%, 4.50 | 22%, 5.25

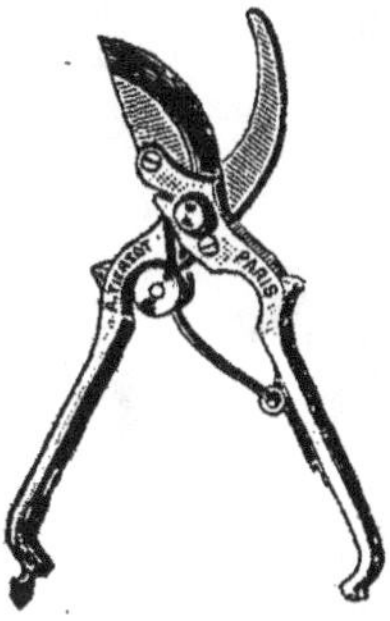

661

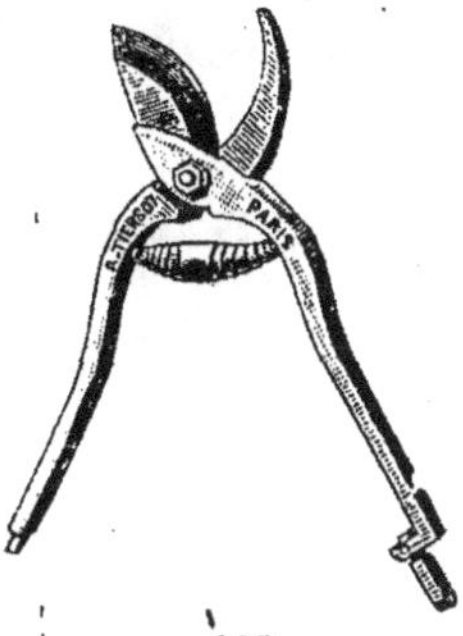

662

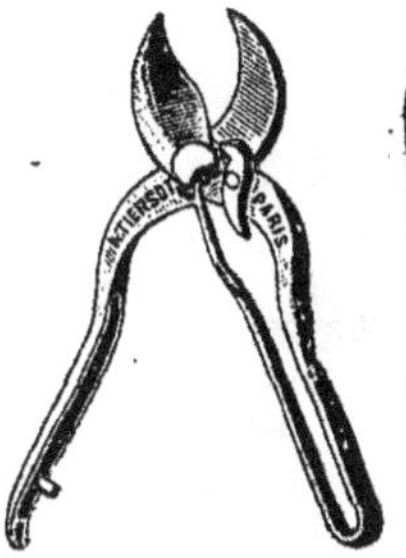

663

664

665

666

		20	22	25	27%
	Serpes, Lames de				
664	Façon Paris, droite	2.90	3.10	3.25	3.40
665	Façon Paris, ventrue	2.85	3. »	3.15	3.30
666	Façon Paris, en croissant	3.45	3.60	3.75	4. »

666bis **Serre-coins pour cadres** ou autres pièces angulaires :

	petits	moyens	grands
Prix.	».90	1.40	1.90

667 **Serre-joints** en charme. .	50	65	85 m/m	1^m	1^m50
Très soignés	2. »	2.25	2.90	3. »	4.25

Serre-joints fer

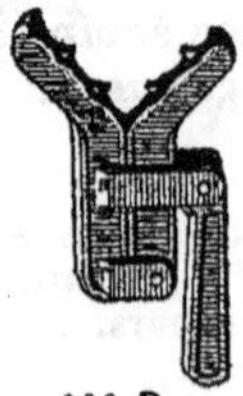

666 B

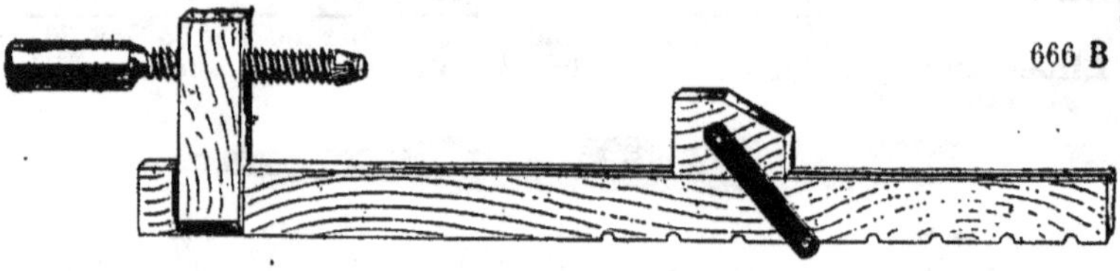

667

Serre-joints en fer à équerres sans soudures, congé bien prononcé :

Longueur	80 m/m	1^m	1^m25	1^m50	1^m75
Vis de	20	22	22	24	26 m/m
Prix.	9.75	11.75	12.50	15.25	16.50

Soudure d'étain, dite soudure de bijoutier, en baguettes, le kil. 2 fr.

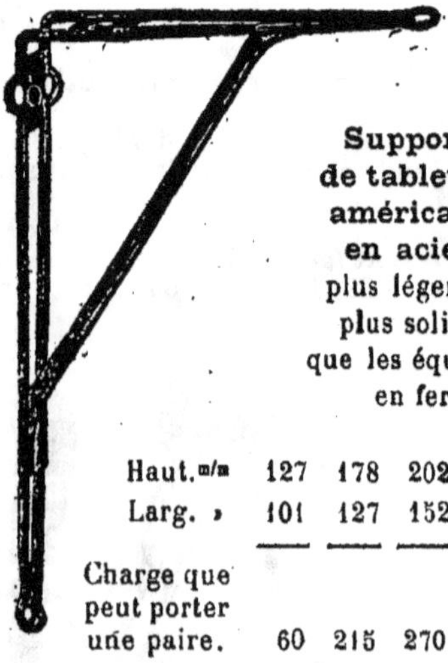

Supports de tablettes américains en acier, plus légers et plus solides que les équerres en fer.

Haut. m/m	127	178	202	229	254
Larg. »	101	127	152	178	202
Charge que peut porter une paire.	60	215	270	325	385k
Prix de la paire. .	».60	».70	».90	1.10	1.40

Tamponnoirs en acier fondu pour percer la pierre. Prix 1.25

Tarières, qualité supérieure (*Voir au Tarif spécial d'outils à bois*).

670 **Tas** plats bien aciérés, 1re qualité. . . . . le kilo. 3.60
671 **Tas** à queue » . . . . » 3.60

	Tenailles (1re marque)	11	14	16	19	22	25%m
672	Bourgeoises.	1. »	1.10	1.20	1.30	1.50	
673	Renforcées, de treillageurs. . . .		1 50	1.60	1.70	1.80	2.40

673bis **Tenailles de forge.** (*Voir au Tarif spécial d'outils pour la mécanique.*)
674 **Toile verrée,** 1re marque, le mètre sur 0m50%m de largeur, 1 fr. 30.
674bis **Toile verrée,** 1re marque, en feuilles de 21 × 29%m, 0 fr. 15 la feuille.
675 **Toile émerisée,** 1re marque, le mètre, sur 0m50%m de largeur, 1 fr. 45.
675bis **Toile émerisée,** 1re marque, en feuilles de 21 × 29%m, 0 fr. 20 la feuille.

676	**Tourets à percer,** en cuivre. . . . . Nos	1	2	3
	Prix.	1.75	2.40	2.75

Touret universel (*Voir au chapitre Tour.*)

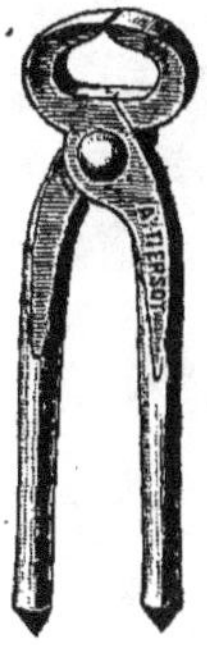
673

670

677

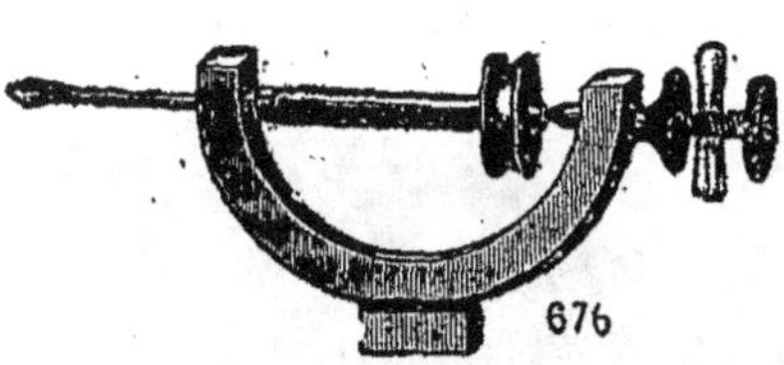
676

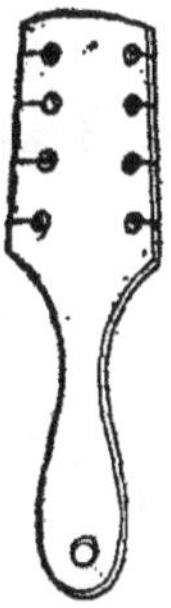
679

Tourne-à-gauche pour donner de la voie aux scies :
677 A manche acier à 4 encoches. . . . . ».30
678 A manche bois à 4 encoches. . . . . ».60
679 Tout acier, 8 encoches. ».75
680 A manche bois à régulateur . . . . ».75
681 Tout acier et régulateur 1.05

685

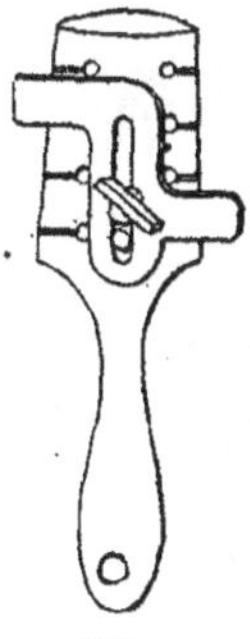
681

681 bis

681 ter

682

683

686

1108
687

687 bis

683 bis

681bis **Tournevis** ordinaire, la pièce. 0.15
681ter **Tournevis** ordinaire, manche noir cannelé, la pièce 0.20

682 **Tournevis** de bijoutier à manche à pans :
Petits. . . . ».35 | Moyens. . . . ».40 | Forts. . . . ».45
683 **Tournevis**, manche en acier, à lame de rechange . . . . ».60
684 Lames de rechange, ».10 la pièce.
683bis **Petit Tournevis** en cuivre, avec trois lames de rechange dans le manche. Prix . . . . ».75
685 **Tournevis** à ressort, lame rentrant en spirale dans le manche, article soigné. 4.80
686 **Tournevis** d'ouvrier, à deux usages :
Petits. . . . ».70 | Moyens. . . . ».80 | Forts. . . . 1.10
687 **Tournevis** de vilebrequins . . . . ».70
687bis **Tournevis** brevetés, qualité supérieure, en fil d'acier fondu rond :

Diamètre de la tige	3	4	5	6	7	8%m
Prix	».25	».40	».50	».60	».70	».80

TOURNEVIS AMÉRICAINS

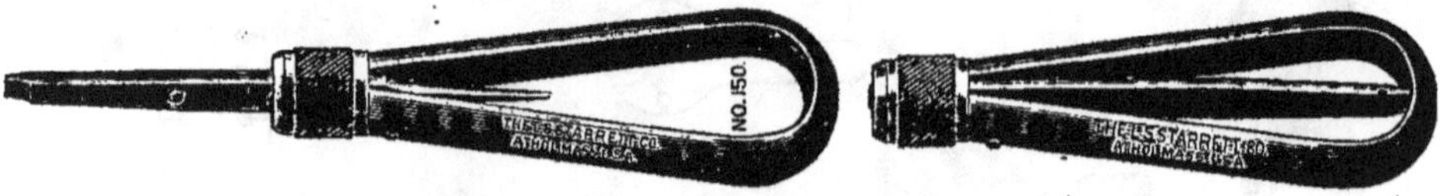
NO.150

Tournevis de poche, très soigné. La pièce 1.75

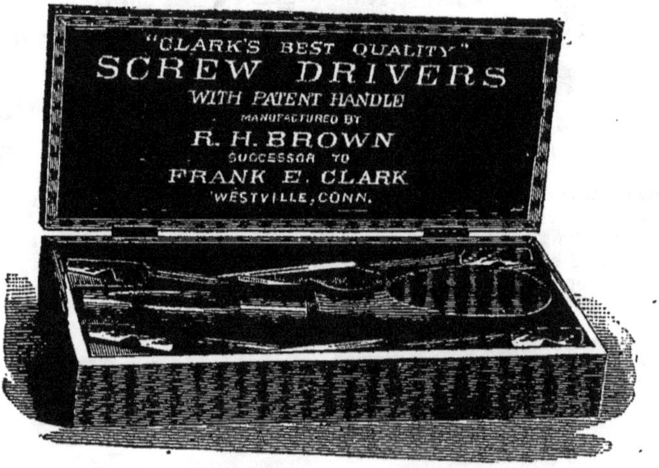
"CLARK'S BEST QUALITY"
SCREW DRIVERS
WITH PATENT HANDLE
MANUFACTURED BY
R. H. BROWN
SUCCESSOR TO
FRANK E. CLARK
WESTVILLE, CONN.

Jeu de Tournevis « Clark's patent ». en boîte contenant 1 manche frêne verni, monture acier à ressort, et 4 lames de tournevis de qualité supérieure. 5.25

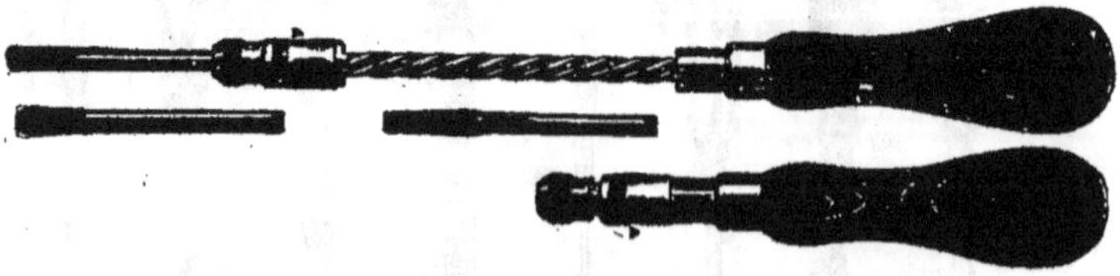

Tournevis à hélice à 3 lames de rechange pour visser rapidement par simple pression ; peut aussi s'employer comme un Tournevis ordinaire.
Prix. 7.75

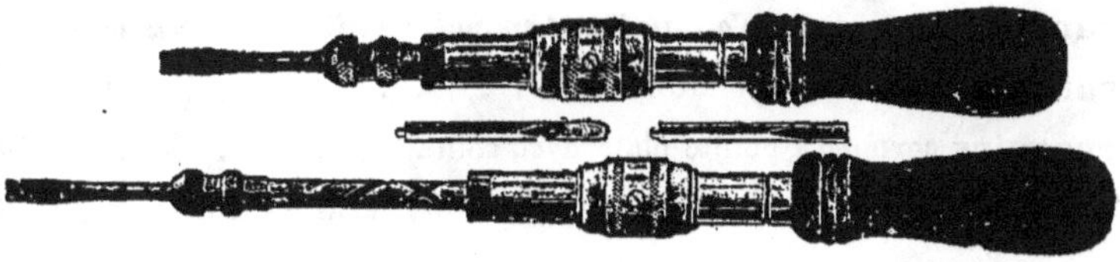

Tournevis à hélice droite et gauche pour visser et dévisser rapidement, à 3 lames, outil très soigné. 12.75

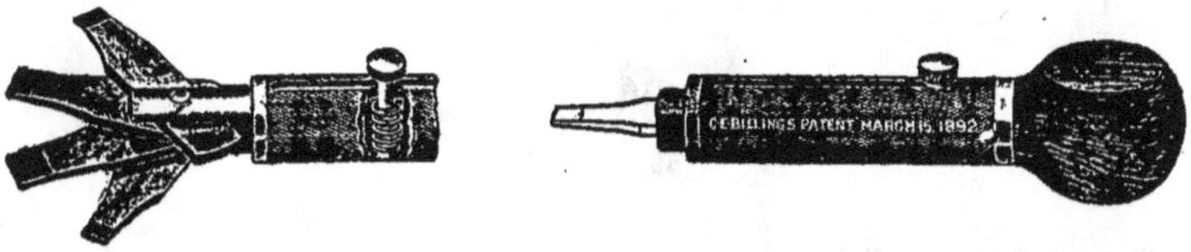
C.E.BILLINGS PATENT MARCH 15.1892

Tournevis Billing nickelés, à 4 lames. Les lames en acier trempé se renferment dans le manche ; on sort à volonté celle dont on veut se servir. Ce tournevis très solide, d'un petit volume, peut se mettre dans la poche. . . . . . 6 fr.

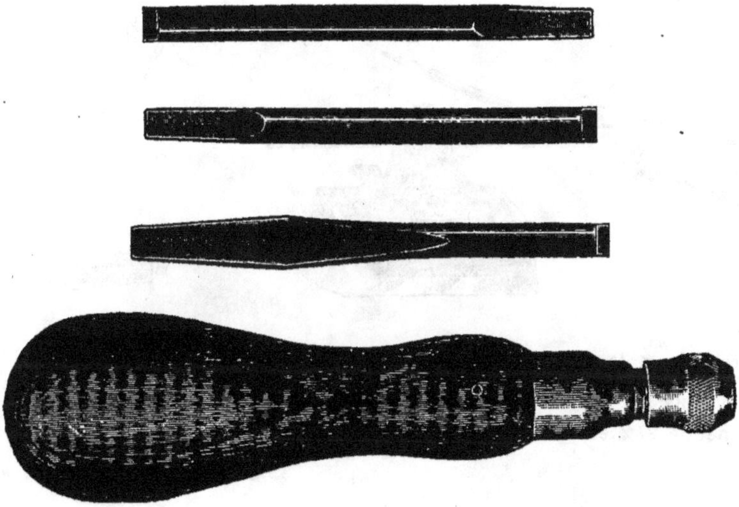

Tournevis à trois lames de rechange, très bien fini, manche avec mandrin pour serrer les lames, lames très bien polies, en acier trempé, la pièce. 2.50

Tranches diverses. (*Voir au Tarif spécial d'outils pour mécanique.*)

688 **Trusquins** cormier à pointe ronde . . . . 1. »

689 **Trusquins** cormier à pointe plate avec coin 1.50

690 **Trusquins** cormier à filet avec 6 fers assortis, garniture cuivre . 7.20

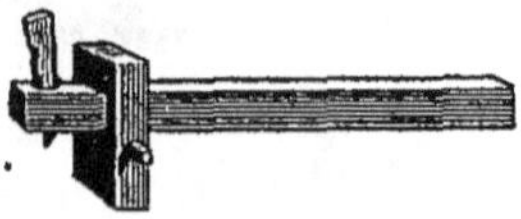

689

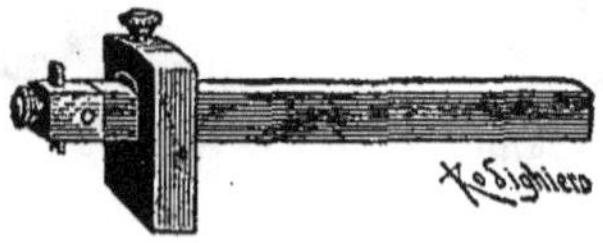

690

691

691 **Trusquins** fer, divisés. 1. »

692 **Trusquins** fer, divisés, renforcés 1.90

TRUSQUINS A MARBRE AMÉRICAINS DE PRÉCISION

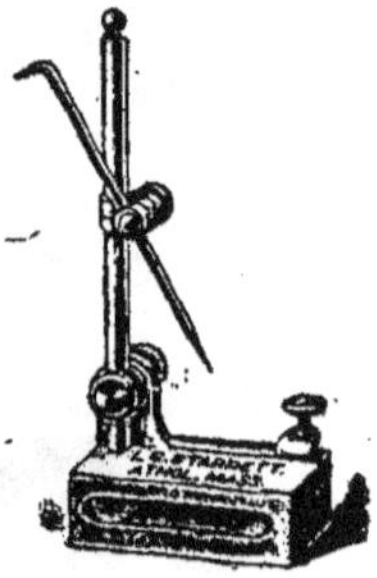

Ce trusquin a la tige inclinable, la pointe mobile dans tous les sens, une vis de réglage permet de se mettre exactement au point, il est livré avec deux tiges, une de 27 m/m, et une de 46 m/m.

Prix . . . . 22. »

Petit trusquin de précision de Starett, à tige inclinable, pointe mobile dans tous les sens, vis de réglage, longueur de la tige 105 m/m.

Prix 16.50

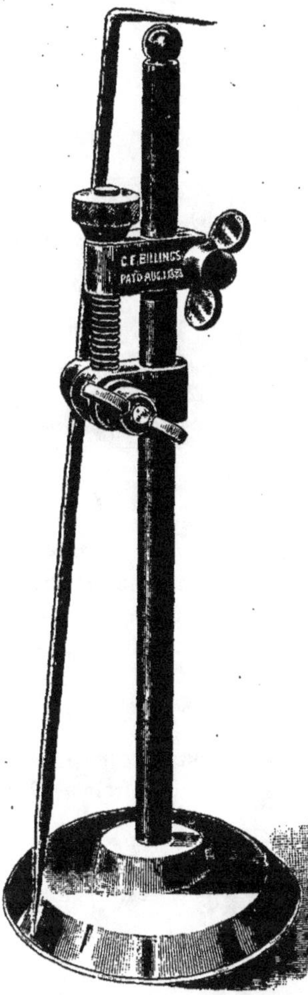

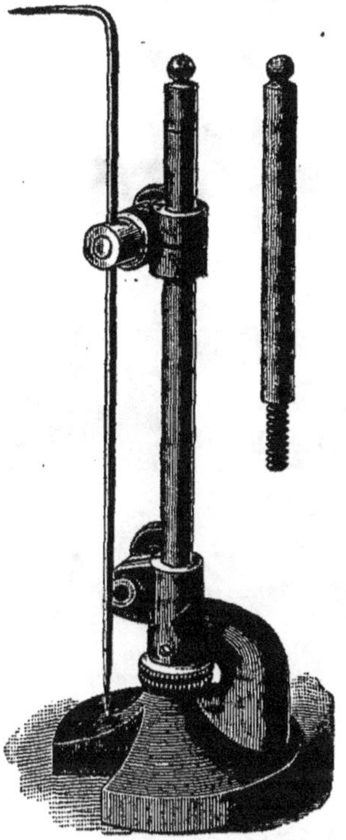

Trusquin à marbre Billing, de haute précision, tout en acier, entièrement poli, base jaspée, vis de rappel. Longueur 21%. Prix. 19.50

Trusquin à marbre Starett, très précis, avec vis de rappel pour la tige permettant de régler la pointe avec précision.

Longueur.	20	30	40%
Prix	12.25	16.50	18.50

Voir d'autres trusquins à marbre au *Tarif spécial d'outils pour mécanique.*

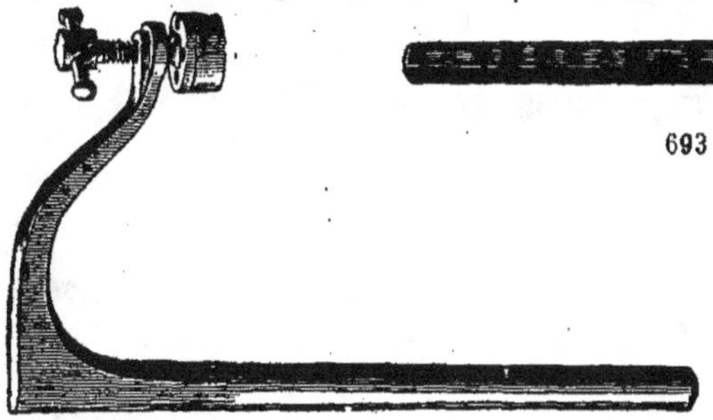

693

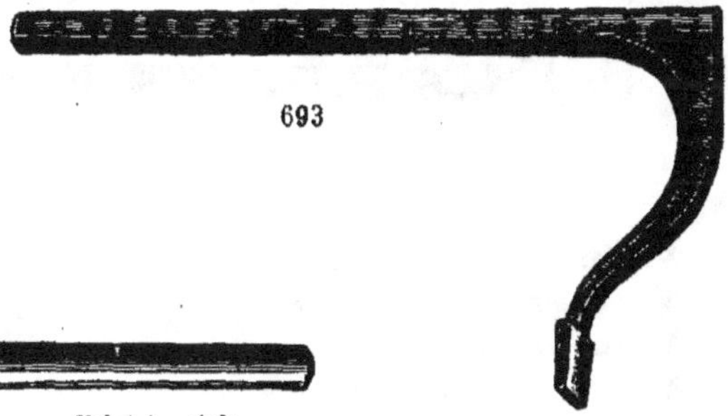

Valet à rotule.

693 **Valets** de menuisiers, fer, têtes limées :

Tige de	20 à 23m/m	de 25 à 35m/m
Le kilo	».90	».75
Valets d'établis, légers, tige de. . . .	15 et 16m/m	17 et 18m/m
La pièce.	1.20	1.30

Valets à rotule, tige tournée, entièrement polis, très soignés . . 18. »

WASTRINGUES AMÉRICAINS

N°. 51. Droit 1.75

N° 60. Combiné (cintré et droit). . 2.75

N° 55. Cintré. 2.50

N° 62. A double fer. 3.25

N° 66. **Wastringue à moulures Stanley**, avec 6 fers et 2 guides. Prix 6.50

N° 65. **Wastringue** à joues mobiles pour chanfreiner 2.75

694	**Vilebrequins** bien faits, force ordinaire.	1.80
695	**Vilebrequins** bien faits, renforcés.	2.60

695

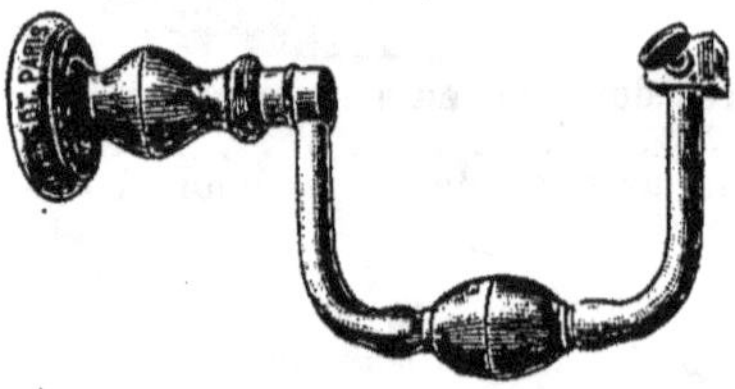

Rallonge de vilebrequin.

696	**Vilebrequins** bien faits, très forts.	3.75
696bis	**Vilebrequins** à engrenages, forts, vernis	6.50
696ter	**Vilebrequins** à engrenages, tout acier, polis, très soignés . . .	7.50
	Rallonge de vilebrequins, 20c/m	2. »

VILEBREQUINS AMÉRICAINS

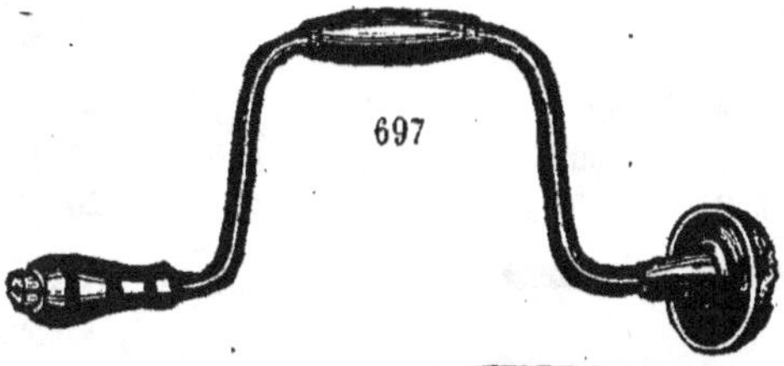
697

Vilebrequin américain ordinaire, serrage universel. **2.50**

697 **Vilebrequin Barber**, tout acier poli, :

N° 1. Prof. 10°/m. . . . 4 50
N° 2. » 13 » . . . . 5. »

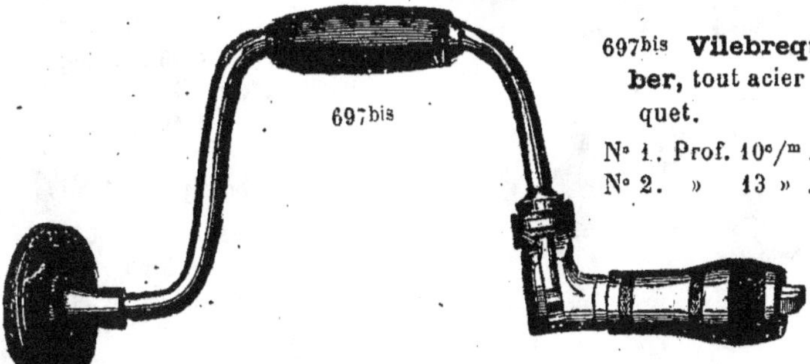
697bis

697bis **Vilebrequin Barber**, tout acier poli, à cliquet.

N° 1. Prof. 10°/m . . . 6.75
N° 2. » 13 » . . . 7.50

Vilebrequin Miller's, nouveau modèle perfectionné, entièrement en acier nickelé, noix et poignée en Rosewood, serrage universel, cliquet pour percer dans les angles, monture à billes, très solide et très doux. Prix. 10.50

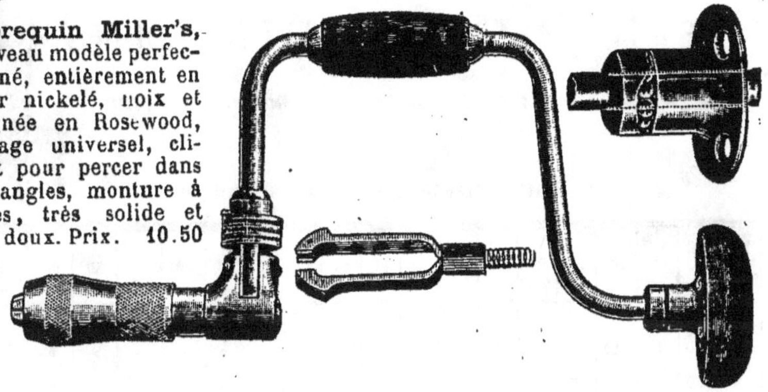

Porte-mèches Millers, à genouillère mobile, pour vilebrequin fonctionnant dans tous les angles. 10.50

C. E. JENNINGS & CO.

Nouveau vilebrequin à cliquet Goodell's. acier forgé poli fin, noix et poignée en Rosewood, poignée montée sur pivot, nouveau modèle, en acier fondu. Profondeur 13%. Prix 9.75

Viroles embouties, tournées :

Diamètre.	14	16	18	20	22	24	27	30%
Fer, la douzaine .	».60	».60	».60	».60	».70	».70	».90	».90
Cuivre.	».70	».70	».70	».90	».90	1. »	1. »	1.20

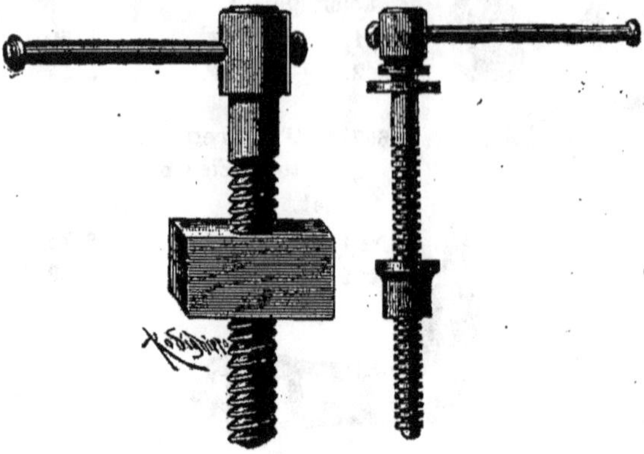

Vis pour établis en fer, écrou fonte :

Diamètre. . 20, 22%
Prix. . 1.25 le kilog.
Diamètre. 24, 26, 30%
Prix. . 1.10 le kilog.

Vis en bois pour établi :

Diamètre. 33 50%
Prix. 2.50 3.25
Diamètre. 60 70%
Prix. . . 3.75 4.50

VIS A BOIS, TÊTES PLATES & TÊTES RONDES

Celles à tête ronde sont facturées un numéro au-dessus de leur force réelle.

Prix par grosse. (Ne se détaillent pas.)

Numéros de grosseurs	5, 7 et 10 mill.	13	15	17	20	22	25	27	30	35	40	45	50	55	60	70	80	90	100m/m
10 à 15	» 50	» 50	» 50	» 50	» 50	» 55	» 55	» 60	»	»	»	»	»	»	»	»	»	»	»
16	» 50	» 50	» 50	» 50	» 50	» 55	» 55	» 60	» 65	»	»	»	»	»	»	»	»	»	»
17	» 50	» 50	» 50	» 50	» 50	» 55	» 60	» 65	» 70	» 75	»	»	»	»	»	»	»	»	»
18	» 55	» 55	» 55	» 55	» 55	» 60	» 60	» 65	» 70	» 80	» 85	»	»	»	»	»	»	»	»
19	»	» 55	» 55	» 55	» 60	» 60	» 65	» 70	» 75	» 80	» 85	» 95	»	»	»	»	»	»	»
20	»	»	» 55	» 55	» 60	» 65	» 70	» 75	» 85	» 90	1. »	1.10	1.20	1.30	»	»	»	»	»
21	»	»	»	» 70	» 75	» 80	» 85	» 90	» 95	1.10	1.20	1.30	1.40	1.55	1.70	»	»	»	»
22	»	»	»	» 85	» 90	» 95	1. »	1.05	1.15	1.30	1.45	1.55	1.75	1.90	2.05	2.30	2.65	»	»
23	»	»	»	»	1.15	1.25	1.30	1.35	1.40	1.55	1.75	1.90	2.05	2.25	2.35	2.60	2.95	3.30	3.70
24	»	»	»	»	1.50	1.55	1.60	1.65	1.80	1.90	2.05	2.25	2.50	2,75	2.90	3.25	3.75	4. »	4.50
25	»	»	»	»	»	»	1.95	2.05	2.10	2.35	2.70	2.85	3.10	3.40	3.70	4.20	4.75	5.30	5.65
26	»	»	»	»	»	»	2.35	2 50	2.65	2.95	3,30	3,90	4.25	4.60	4.95	5.30	5.95	6.65	7.20
27	»	»	»	»	»	»	»	3.30	3.40	3.75	4. »	4.50	5. »	5.50	5.90	6.50	7.40	8. »	8.90
28	»	»	»	»	»	»	»	»	4.25	4.75	5.15	5.70	6. »	6.45	6.90	7.70	8.95	9.95	11. »
29	»	»	»	»	»	»	»	»	»	»	6,40	7. »	7.50	7.90	8.75	9.55	11. »	12. »	13.50
30	»	»	»	»	»	»	»	»	»	»	7.90	8.50	9. »	9.95	12.50	11. »	11.50	14. »	16. »

Vrilles 1re qualité. De 1 à	2 1/2	3 et 3 1/2	4	5	6	7	8m/m
702 Torses à manche en bois	».15	».20	».25	».30	».35	».35	».40
703 Styrie, manche acier	2 1/2	3 et 3 1/2	4	5	6	7	8m/m
Prix	».20	».30	».30	».35	».40	».40	».45

703

702

703 bis

703bis **Vrilles torses**, tout acier, nouvelle fabrication, qualité supérieure, les plus solides qui existent :

2	2 1/2	3	3 1/2	4	4 1/2	5	5 1/2	6	7	8	9m/m
».30	».35	».35	».40	».40	».45	».50	».55	».60	».70	».85	1. »

La série des 12 numéros 5.60

Coffrets de sûreté soignés, en tôle d'acier, polis, moirés, 3 gorges, 2 clefs.

Longueur.	Largeur.	Hauteur.	Prix.	Longueur.	Largeur.	Hauteur.	Prix.
14	10	7%	4.90	30	21	11%	11.70
16	12	8	5.85	35	25	12	15.60
20	15	9	6.85	40	30	14 1/2	20. »
25	18	10	8.80				

CADENAS

1
2
3
4
5
6

	Largeur. . . .	35	40	50	60 m/m
N° 1.	**Cadenas** noirs, clé forée	0.10	0.15	0.25	
N° 2.	**Cadenas** à anse carrée, forts . . .	0.30	0.40	0.50	0.60
N° 3.	**Cadenas** à 3 gorges, galvanisés.		40	45	50 m/m
			0.70	0.80	0.90

N° 4. **Cadenas** cuivre, 3 gorges, anse carrée. 35 m/m, 1. » ; 40 m/m, 1.25

N° 5. **Cadenas** de sûreté, 3 gorges, automatiques, brevetés :

Largeur. . . .	40	45	50	55 m/m
	1.50	1.60	1.70	1.90

N° 6. **Cadenas** de sûreté à combinaison, anse automatique, nouveau modèle, breveté, largeur 50 m/m : en cuivre **3 fr. 50** ; en fer, **3 fr.**

N° 7. **Cadenas** automatiques, corps fonte, incrochetables, vernis noir.

Largeur. . . .	19	26	32	36	40	50	55	62	76 m/m
	70	70	75	90	1. »	1.05	1.20	2.25	2.65
Avec 2 clés en plus	0.25				0.30			0.35	

CHAMPION
6-LEVER

Cadenas Champion (grandeur naturelle), carré, tout en bronze, automatique, incrochetable, 6 gorges, 2 clés. **5 25**

CHAMPION
6-LEVER

Cadenas Champion (grandeur naturelle), rond, tout bronze, automatique, incrochetable, 3 gorges, deux clés. Prix . . . . **4. »**
Avec chaîne **4.50**

YALE

Cadenas Yale, grandeur naturelle, très solide, très soigné, bronze et acier, incrochetable, deux clés 5 25

TIGER
M.L.Co. PHILA. U.S.A.

Cadenas automatique Tiger incrochetable, grandeur naturelle, tout acier, 4 gorges. Prix 1.50

Cadenas N° 4000, en tôle d'acier polie, **grandeur naturelle**. 1.50

Cadenas N° 509, grandeur naturelle, fer noir, anse polie, 2 clés. Prix 1.10

999

Cadenas N° 999, ovale, tout bronze, **grandeur naturelle**, très robuste, incrochetable, 2 clés 2.50

99

Cadenas N° 99, grandeur naturelle, tout bronze, très soigné, deux clés. Prix . . . . 2. »

EUREKA
PAT'D MAY 13

Cadenas Eurêka, émaillés noir, 1 clé.

N° **4017**, largeur 27 m/m 0.55

N° **4019**, » 35 » 0.90

Cadenas N° 109, grandeur naturelle, en fer verni rouge, 2 clés.

Prix 0.45

BOITES A OUTILS VIDES

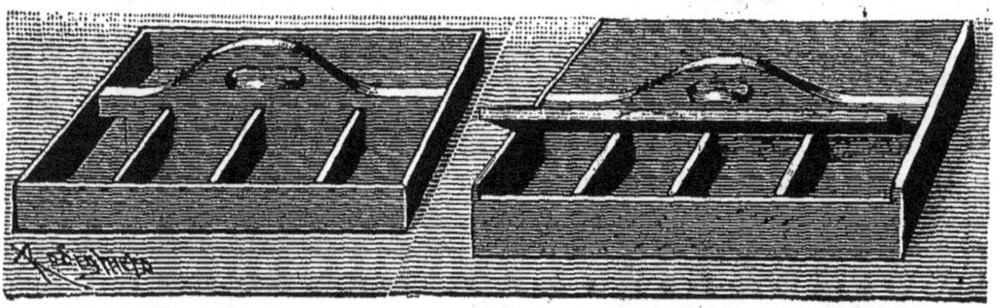

Boîte sans couvercle. Boîte avec couvercle.

Boîtes sans couvercles.	N°	1	2	3
Dimensions		35 × 22 c/m	38 × 23 c/m	40 × 27 c/m
PRIX : en bois blanc		**2. »**	**2 50**	**3. »**
» en chêne ciré		**3. »**	**3.75**	**4.50**
Boîtes à couvercles	N°	1	2	3
Dimensions		35 × 22 c/m	38 × 23 c/m	40 × 27 c/m
PRIX : en bois blanc		**2.50**	**3.75**	**4.50**
» en chêne ciré		**3.75**	**5.25**	**6.75**

Nota — *Les boîtes à couvercles nos 2 et 3 sont avec cuvette mobile à l'intérieur.*

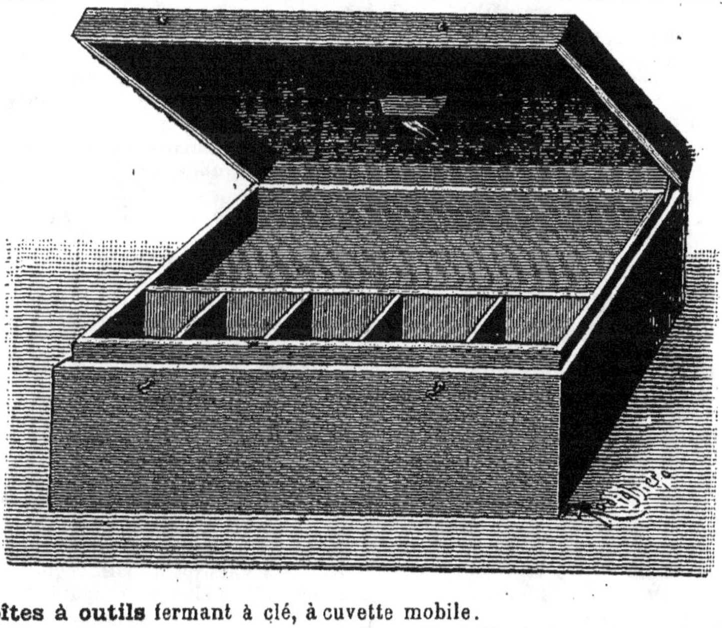

Boîtes à outils fermant à clé, à cuvette mobile.

Dimensions	40 × 25 × 16 c/m	50 × 30 × 20 c/m
PRIX : en bois blanc	**7.25**	**12. »**
» en chêne, assemblage à queue	**11. »**	**16. »**

BOITES, ARMOIRES ET ÉTABLIS

GARNIS D'OUTILS TOUT AFFUTÉS

Tous les Outils contenus dans ces boîtes sont de qualité garantie.

Boîte en bois blanc sans couvercle (page 323) de 35 × 22%, renfermant : 1 marteau emmanché, 1 tenaille, 1 tournevis, 1 chasse-clous, 1 poinçon emmanché, 3 vrilles assorties, 1 assortiment de pointes.

Prix . . . . **6 fr. 25**
La Boîte en chêne, en plus . . . . **1 fr. »**

Boîte en bois blanc sans couvercle (page 323) de 38 × 23%, renfermant : 1 marteau emmanché, 1 tenaille, 1 tournevis, 1 rabot américain, 1 râpe 1/2 ronde, 1 mètre, 1 chasse-clous, 1 poinçon emmanché, 3 vrilles assorties, 1 assortiment de pointes.

Prix . . . . **9 fr. »**
La Boîte en chêne, en plus . . . . **1 fr. 25**

Boîte en bois blanc sans couvercle (page 323), renfermant : 1 marteau emmanché, 1 tenaille, 1 vilebrequin, 1 rabot américain, 2 mèches de vilebrequin, 1 tournevis, 1 mètre, 1 chasse-clous, 3 vrilles assorties, 1 poinçon, 1 assortiment de pointes.

Prix . . . . **12 fr. »**
La Boîte en chêne, en plus . . . . **1 fr. 50**

Boîte en bois blanc à couvercle (page 323) de 35 × 22%, renfermant : 1 marteau emmanché, 1 tenaille, 1 rabot, 1 ciseau, 1 gouge, 1 râpe 1/2 ronde, 1 mètre en cuivre, 1 tournevis acier, 1 vrille manche bois, un assortiment de pointes.

Prix . . . . **10 fr. 50**
La Boîte en chêne, en plus . . . . **1 fr. 25**

Boîte en bois blanc à couvercle (page 323) 38 × 23%, renfermant : 1 marteau emmanché, 1 tenaille de 16%, 1 rabot en charme, 1 vilebrequin, 3 mèches de vilebrequin façon Styrie assorties, 2 mèches de vilebrequin à cuiller, 1 tournevis à deux usages, 1 mètre, 1 lime 1/2 ronde emmanchée, 1 râpe 1/2 ronde emmanchée, 1 poinçon emmanché, 1 chasse-clous, 4 vrilles assorties, 1 assortiment de clous et pointes.

Prix . . . . **16 fr. »**
La Boîte en chêne, en plus . . . . **1 fr. 50**

Boîte en bois blanc avec couvercle (page 323) 40 × 27%, renfermant : 1 rabot en charme, 1 vilebrequin, 1 marteau emmanché, 1 paire de tenailles, 4 mèches de vilebrequin assorties, 4 vrilles assorties, 1 gouge emmanchée, 1 ciseau emmanché, 1 tournevis, 1 râpe 1/2 ronde, 1 lime 1/2 ronde, 4 vrilles assorties, 1 mètre, 1 assortiment de clous et pointes.

Prix . . . . **19 fr. 50**
La Boîte en chêne, en plus . . . . **2 fr. 25**

Boîte en bois blanc, à cuvette mobile, fermant à clé (page 323), dimensions 40 × 25 × 16, renfermant : 1 vilebrequin, 1 rabot américain, 1 marteau emmanché, 1 tenaille, 1 ciseau, 1 gouge, 1 bédane emmanché, 1 scie à guichet à manche égoïne, 1 lime 1/2 ronde, 1 lime triangulaire, 1 râpe 1/2 ronde, 3 mèches à cuiller et 3 mèches Styrie assorties pour vilebrequin, 1 mètre en cuivre, 1 tournevis, 1 chasse-pointes, 4 vrilles manches acier assorties, 1 assortiment de clous et de pointes.

Prix . . . . **26 fr. 25**
La Boîte en chêne, en plus . . . . **3 fr. 75**

Boîte bois blanc, à cuvette mobile, fermant à clé (page 323), dimensions 50 × 30 × 20, renfermant : 1 vilebrequin, 1 rabot charme double fer en acier fondu, 1 marteau emmanché, 1 scie à guichet manche égoïne, 1 équerre en cormier, 1 lime plate à main 1/2 douce, 1 lime 1/2 ronde, 1 lime triangulaire, 1 râpe 1/2 ronde moyenne piqûre, 1 drille, 1 tournevis à deux usages, 2 mèches façon Styrie et 2 mèches à cuiller asssorties pour vilebrequin, 1 compas droit de 19%, 1 ciseau de menuisier de 16%, 1 ciseau de menuisier de 20%, 1 ciseau de menuisier de 25%, 1 gouge de menuisier de 16% emmanchés, 1 poinçon emmanché, 1 chasse-pointes, 3 vrilles assorties, 1 assortiment de clous et pointes.

Prix . . . . **36 fr. »**
La Boîte en chêne, en plus . . . . **4 fr. »**

Boîte bois blanc, à un tiroir, genre modèle B (page 325), renfermant : 1 rabot charme, 1 marteau emmanché, 1 tenaille, 1 scie à guichet de 35%, 1 lime 1/2 ronde 1/2 douce de 19%, 1 râpe 1/2 ronde 1/2 douce de 19%, 1 lime triangulaire, 1 drille, 1 ciseau, 1 gouge emmanchés, 1 mètre en cuivre, 1 assortiment de pointes.

Prix . . . . **16 fr. 75**

BOITES D'OUTILS EN NOYER VERNI, A POIGNEE

Tous les outils contenus dans ces boîtes sont de qualité garantie.

Boîte A sans tiroir contenant : 1 marteau, 1 tenaille, 1 ciseau de menuisier, 1 gouge de menuisier, 1 lime triangulaire, 1 lime 1/2 ronde, 1 râpe 1/2 ronde, 1 pince plate, 1 petit rabot américain, 1 tournevis, 1 poinçon, 4 vrilles assorties, 1 drille et 6 forets, 1 compas. — Prix . . . . **18** fr.

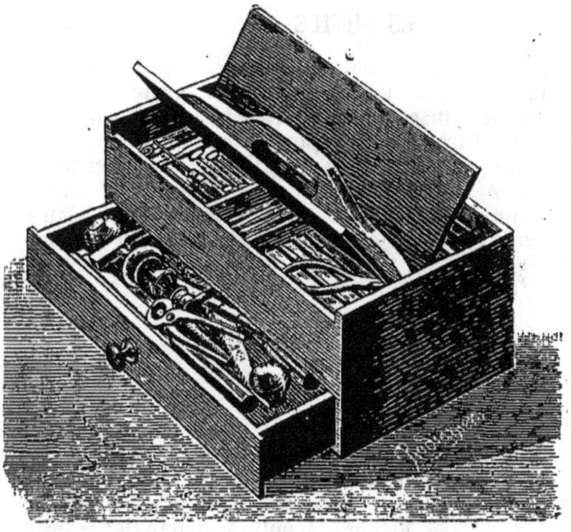

Boîte B

Boîte B avec un tiroir contenant : 1 marteau, 1 tenaille, 1 petit rabot, 1 vilebrequin, 6 mèches à percer, 4 vrilles, 1 ciseau, 1 gouge, 1 plane, 1 pince plate, 1 lime triangulaire 1/2 douce, 1 lime 1/2 ronde bâtarde, 1 râpe 1/2 ronde, 1 tournevis, 1 poinçon, 1 scie à main, 1 drille avec bout centrant le foret et 6 forets, 1 presselle, 1 compas ordinaire, 1 pointe à tracer, 1 équerre cormier.

Prix . . . . . **34** fr. **50**

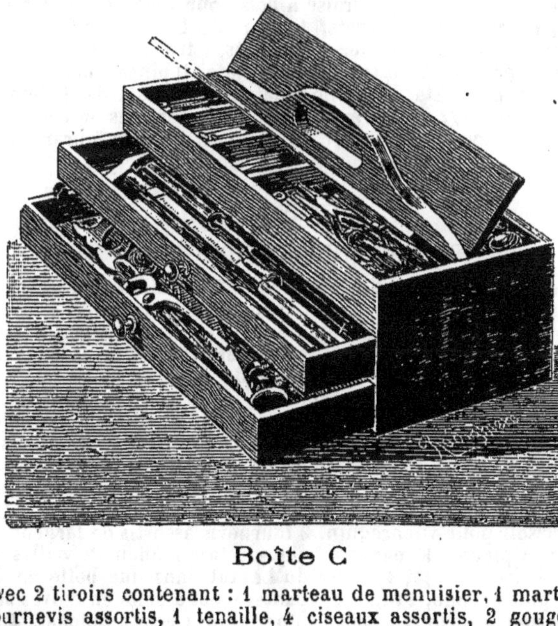

Boîte C

Boîte C avec 2 tiroirs contenant : 1 marteau de menuisier, 1 marteau de bijoutier, 2 tournevis assortis, 1 tenaille, 4 ciseaux assortis, 2 gouges, 1 bédane, 1 vilebrequin, 6 mèches, 1 fraise, 4 vrilles assorties, 1 pince plate, 1 pince ronde, 1 poinçon, 1 lime triangulaire 1/2 douce, 1 lime 1/2 ronde bâtarde, 1 râpe 1/2 ronde, 1 scie à main 1/2 large, 1 scie à guichet, 1 rabot en cormier, 1 ciseau à froid, 1 plane, 1 équerre cormier, 1 drille avec bout centrant le foret et 6 forets, 1 presse, 1 compas droit ordinaire, 1 pointe à tracer, 1 pierre à huile du Levant avec un côté arrondi, 1 presselle. — Prix. . . . **55** fr. **50**

BOITES RECTANGULAIRES EN CHÊNE CIRÉ

de la forme des boîtes d'outils américains (pages 327, 328), avec cuvette formant double fond pour mettre les petits outils, les pointes et les vis, fermeture à clèf; poignées vernies sur les côtés.

N° 3

NOMENCLATURE DES OUTILS

1 marteau, 1 tenaille, 1 ciseau à déballer, 1 rabot en charme, 1 guillaume en charme, 1 scie égoïne, 2 ciseaux de menuisier, 1 gouge, 1 étau à agrafe 1re qualité, 1 boîte à onglets de 40%, 1 hache 2 biseaux 500 gr., 1 équerre cormier de 20%, 1 fer à souder, 1 baguette de soudure, 1 vilebrequin, 1 tournevis pour vilebrequin, 1 fraise à bois pour vilebrequin, 3 mèches à cuiller pour vilebrequin, 1 équarrissoir pour vilebrequin, 2 mèches 3 pointes pour vilebrequin, 1 tournevis à deux usages, 1 plane, 1 lime 1/2 ronde bâtarde, 1 lime triangulaire 1/2 douce, 1 râpe 1/2 ronde moyenne piqûre, 1 cisaille de 19%, 1 burin moyen, 1 compas droit, 1 pince plate, 1 niveau d'eau, 1 tamponnoir, 1 mètre cinq branches, 3 vrilles tout acier, 1 pierre du Levant pour aiguiser les outils.

Prix . . . . 65 fr.

N° 4

NOMENCLATURE DES OUTILS

1 marteau, 1 tenaille, 1 ciseau à déballer, 1 rabot cormier, 1 scie montée avec bras en cormier, 2 ciseaux de menuisier, 1 gouge de menuisier, 1 bédane de menuisier, 3 gouges, 4 ciseaux et 2 burins de sculpteurs, 3 rifloirs, 3 sabloirs, 1 maillet de sculpteur, 1 vilebrequin, 3 mèches à cuiller pour vilebrequin, 3 mèches américaines pour vilebrequin, 2 mèches 3 pointes pour vilebrequin, 1 équarrissoir pour vilebrequin, 1 fraise à bois pour vilebrequin, 1 tournevis à deux usages fort, 1 drille avec 6 forets, 1 pierre du Levant à affûter, 1 pierre à gouges, 1 équerre en cormier, 1 équerre d'onglets, 1 trusquin, 1 paire de bouvets à joindre 10m/m, 2 presses à coller, 1 pince plate, 1 pince ronde, 1 pince coupante, 1 lime 1/2 ronde bâtarde, 1 lime plate à main bâtarde, 1 lime triangulaire 1/2 douce, 1 râpe 1/2 ronde moyenne piqûre, 4 vrilles en acier, 1 compas droit en acier, 1 fer à souder et 1 bâton de soudure, 1 mètre 5 branches.

Prix . . . . 75 fr.

N° 5

NOMENCLATURE DES OUTILS

1 petit marteau, 1 marteau de menuisier, 1 tenaille renforcée de 19%, 1 ciseau à déballer, 1 rabot cormier, 1 demi-varlope cormier, 1 fer à souder, 1 baguette de soudure, 1 chasse-pointe, 1 cisaille de 19%, 3 ciseaux de menuisiers 10, 15 et 20%, 2 gouges de menuisiers 10 et 15%, 1 compas droit en acier, 1 étau à agrafe qualité supérieure de 1 kil. 500, 1 chasse-pointe, 1 emporte-pièce à frapper, 1 équerre cormier, 1 fausse équerre, 1 hache à deux biseaux de 1 kil., 1 lime plate à main bâtarde de 19%, 1 lime 1/2 ronde bâtarde de 22%, 1 lime triangulaire 1/2 douce de 16%, 1 râpe 1/2 ronde grosse piqûre de 22%, 1 râpe 1/2 ronde moyenne piqûre de 19%, 1 vilebrequin, 6 mèches façon Styrie assorties de 16% de longueur pour vilebrequin, 1 fraise à bois pour vilebrequin, 3 mèches 3 pointes assorties pour vilebrequin, 1 pointe à ferrer, 1 équarrissoir pour vilebrequin, 2 tournevis assortis de largeur pour vilebrequin, 1 mèche à pierre, 1 mèche à brique, 1 tamponnoir, 5 vrilles en acier, 1 niveau fonte divisé de 16%, 1 pierre du Levant dans une boîte en fer blanc, 1 pince plate, 1 pince ronde, 1 pince coupante, 1 pot à colle en cuivre sans pieds, 2 presses en charme, 1 racloir, 1 scie égoïne large, 1 scie à guichet, 1 tournevis à main petit, 1 tournevis à main fort à deux usages, 1 sécateur, 1 serpe, 1 burin à froid.

Prix . . . . 105 fr.

N° 6

NOMENCLATURE DES OUTILS

1 petit marteau, 1 marteau fort, 1 paire de tenailles fortes de 22 m/m, 1 arrache-clous, 1 ciseau à déballer, 1 rabot cormier, 1 demi-varlope cormier, 1 paire bouvets cormier de 18 m/m, 1 guillaume cormier, 4 ciseaux de menuisiers 10, 15, 20 et 30 m/m, 3 gouges de menuisiers 10, 15 et 20 m/m, 2 bédanes de menuisiers 4 et 10 m/m, 1 boîte à onglets de 50 m/m, 1 scie à tenon montée bras cormier de 50 m/m, 1 trousquin, 1 scie égoïne large, 1 scie à dos dite scie à jambons, 1 scie de jardinier fermante manche rond, 1 ciseau à froid, 1 chasse-pointe, 1 cisaille à métaux, 1 compas droit en acier à 1/4 de cercle de 19 m/m, 1 étau à agrafe 1re qualité de 2 kil., 1 emporte-pièce à frapper, 1 équerre cormier de 30 m/m, 1 équerre d'onglet cormier, 1 fausse équerre cormier de 25 m/m, 1 fer à souder, 3 baguettes de soudure, 1 emporte-pièce à frapper, 1 hache à deux biseaux de 1 kil., 1 lime plate à main bâtarde de 22 m/m, 1 lime plate à main 1/2 douce de 19 m/m, 1 lime 1/2 ronde 1/2 douce de 19 m/m, 1 lime triangulaire 1/2 douce de 16 m/m pour affûter les scies, 1 râpe plate moyenne piqûre de 22 m/m, 1 râpe 1/2 ronde moyenne piqûre de 19 m/m, 1 niveau en cuivre de 19 m/m, 1 pierre du Levant dans une boîte fer blanc, 1 pince ronde, 1 pince plate, 1 pince coupante, 1 plane, 1 pot à colle en cuivre, 2 presses en charme, 1 règle en acier divisée en m/m de 30 m/m, 1 mètre dix branches en cuivre, 1 vilebrequin fort, 4 mèches Styrie assorties de 16 m/m, 3 mèches 3 pointes assorties, 1 fraise à bois, 1 tamponnoir, 1 mèche à pierre, 1 mèche à brique, 1 équarrissoir, 1 hache à deux biseaux de 1 kil., 1 emporte-pièce à frapper, 1 sécateur, 1 serpe, 2 tournevis un petit et un fort à deux usages, 5 vrilles assorties tout acier.

Prix . . . . 150 fr.

BOITE D'OUTILS AMÉRICAINS, N° 1

avec tiroir et casier pour les outils.

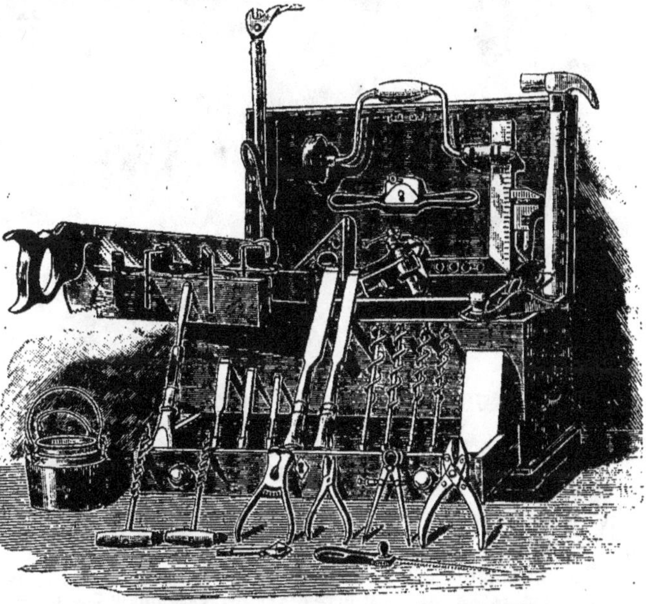

NOMENCLATURE DES OUTILS DE LA BOITE N° 1

1 Rabot tout fer et acier, 1 Vilebrequin tout acier, 4 Mèches polies assorties à quatre couteaux, 1 Fraise avec guide, 1 Tournevis avec 4 lames de rechange, 1 Etau à agrafe, 1 Pince plate, 1 Pince plate parallèle, 1 Pince coupante, 1 Niveau tout fonte raboté sur toutes les faces, 1 Arrache-clous, 1 Boîte à onglets, 1 Scie égoïne large, 1 Compas à écrou rapide, 1 Equerre donnant l'équerre et l'onglet, 1 Pot à colle, 2 Ciseaux 15 et 25 m/m, 1 Clé à écrous, 1 Scie à guichet manche fonte, 1 Pierre Arkansas 1re qualité, 1 Wastringue, 2 Vrilles fortes assorties.

Prix . . . . 95 fr.

BOITE D'OUTILS AMÉRICAINS N° 2

avec tiroir et casier pour les outils.

NOMENCLATURE DES OUTILS DE LA BOITE N° 2

2 Rabots à fer réglable, contre-fer à levier, de 20 et 35% de long, 1 Vilebrequin tout acier, 9 Mèches polies assorties, 1 Fraise avec guide, 1 Jeu de tournevis avec quatre lames de rechange, 1 Porte-forets à engrenages, 1 Etau à agrafe fort, 1 Boîte à onglets, 1 Scie égoïne large, 1 Jeu de six ciseaux de menuisiers, 1 Enclume, 1 Pot à colle, 1 Arrache-clous, 1 Marteau fort acier fondu, 1 Hache acier fondu, 1 Equerre donnant l'équerre et l'onglet, 1 Compas droit à écrou rapide, 1 Fil à plomb « plum bob », 1 Niveau fonte dressé sur toutes les faces, 1 Nécessaire de poche de 9 outils, 1 Pierre d'Arkansas 1re qualité, 1 Etau à main, 1 Pince plate parallèle, 1 Pince coupante, 1 Clé à écrous, 1 Wastringue droit, 1 Wastringue avec guide pour chanfreiner, 3 Vrilles torses fortes assorties, 1 Coupe-verre avec six molettes de rechange.

Prix. . . . . 230 fr.

ARMOIRES D'OUTILS

Tous les outils de ces armoires sont de qualité garantie.

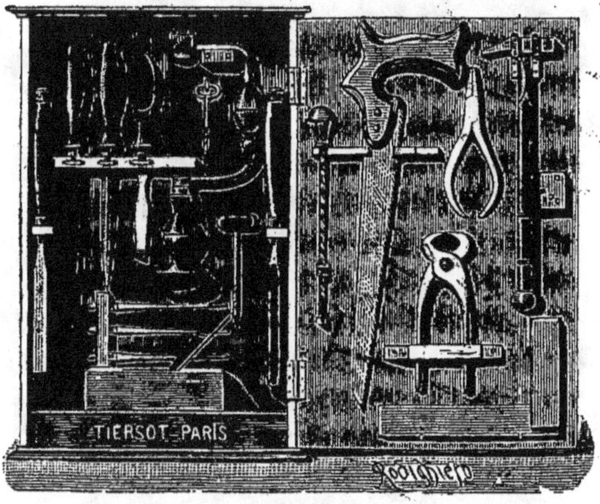
TIERSOT_PARIS

Armoire D

Armoire D contenant 1 ciseau de menuisier, 1 lime 1/2 ronde, 1 lime triangulaire, 1 tournevis, 4 vrilles assorties, 1 vilebrequin, 3 mèches à ferrer, 1 gouge, 1 rabot, 1 drille avec 6 forets, 1 tenaille, 1 scie égoïne 1/2 large 30%, 1 pince plate, 1 marteau, 1 équerre cormier.

Prix . . . . **28** fr. **50**

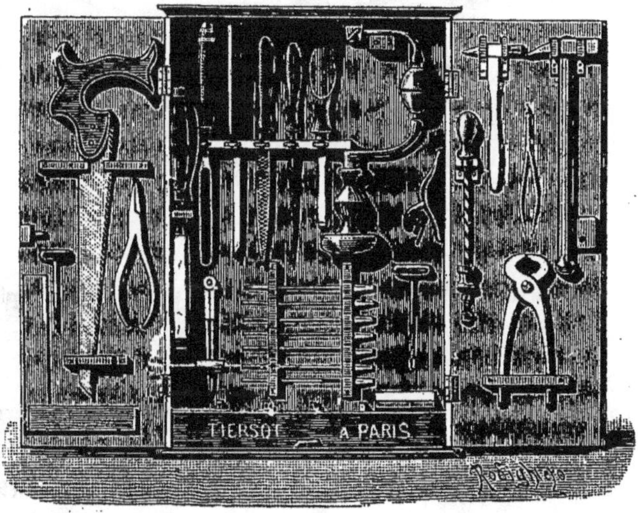
TIERSOT A PARIS

Armoire E

Armoire E à deux battants contenant : 1 scie à main 1/2 large, 1 pince plate, 4 vrilles assorties, 1 ciseau de menuisier, 1 râpe 1/2 ronde, 1 lime 1/2 ronde, 1 lime triangulaire, 1 gouge, 1 bédane, 1 tournevis, 1 vilebrequin, 6 mèches à ferrer, 1 rabot en fer, 1 drille avec 6 forets, 1 marteau de menuisier, 1 marteau pour pointes fines, 1 presselle, 1 tenaille, 1 compas droit, 1 râcloir emmanché, 1 équerre cormier.

Prix . . . . **40 fr. 50**

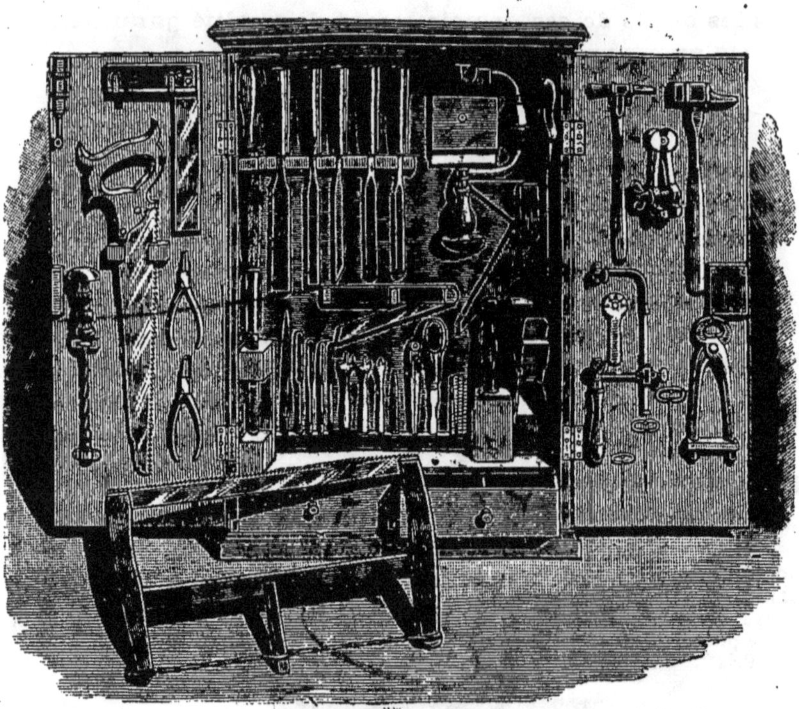

Armoire F

Armoire F en chêne massif ciré.

Nomenclature des outils :

1 équerre lame acier, 1 scie égoïne 1/2 large, 1 drille fort avec 6 forets, 1 pince plate, 1 pince ronde, 1 râpe 1/2 ronde, 1 lime 1/2 ronde, 1 lime 3/4, 2 ciseaux menuisier AF, 1 bédane, 2 gouges, 1 râcloir emmanché, 1 vilebrequin poli, 1 équerre d'onglet cormier, 1 fausse équerre lame acier, 1 presse charme, 1 tournevis deux usages, 1 mètre cuivre, 1 compas droit, 1 chasse-pointe, 3 mèches anglaises, 4 mèches de menuisier, 1 mèche à élargir, 1 marteau bijoutier, 1 marteau menuisier, 1 étau à main poli, 1 bocfil, 1 tourne à gauche, 1 paire tenailles, 3 vrilles tout acier, 1 scie à tenons, 1 rabot.

Prix. . . . . **80** fr.

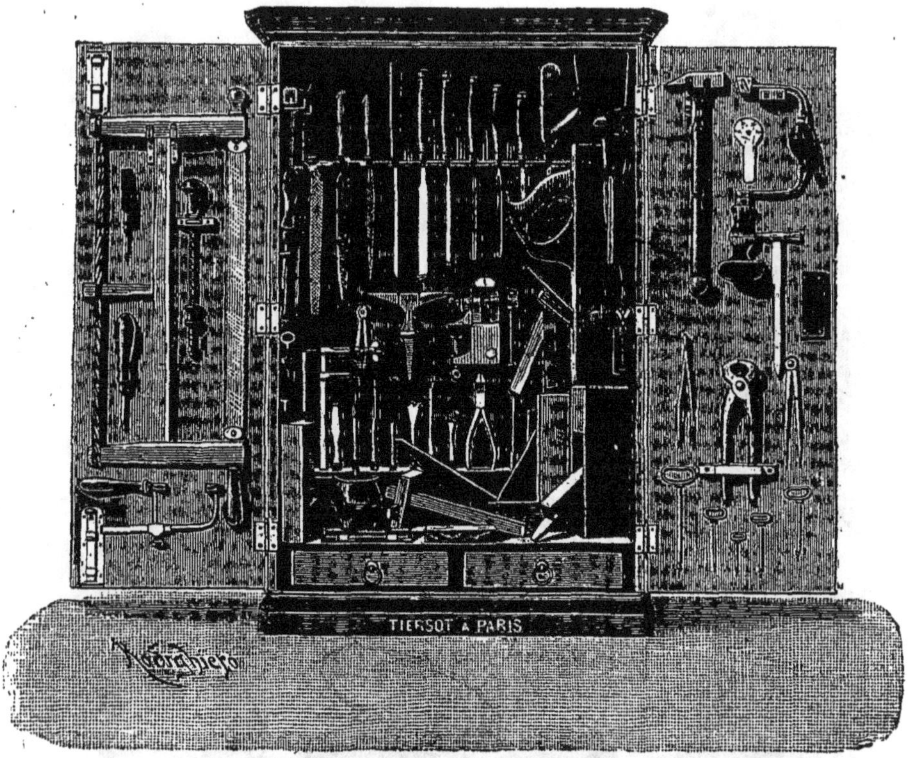
TIERSOT A PARIS

Armoire G

Armoire G grand modèle contenant : 1 scie allemande 40%, 1 bocfil, 1 drille à grosse torsade avec 6 forets, 2 tournevis, 1 poinçon, 1 vilebrequin, 2 marteaux de menuisier, 1 tourne à gauche, 1 compas droit, 1 tenaille, 1 presselle, 5 vrilles assorties, 1 hache à tête, 1 scie à guichet, 2 presses en fonte vernie, 1 presse en bois, 1 maillet de sculpteur, 1 niveau à bulle d'air, 1 pot à colle, 1 trousquin, 1 équerre d'onglet cormier, 1 équerre à lame d'acier, 1 pierre du Levant, 1 rabot en cormier, 1 demi-varlope en cormier, 1 plane, 1 pied à coulisse, 1 tournevis pour vilebrequin, 3 mèches à ferrer, 2 mèches à 3 pointes, 1 mèche à pierre, 1 pince plate et coupante, 1 chasse-pointes, 1 râcloir, 1 fausse équerre à lame d'acier, 1 étau à agrafe, 1 bigorne, 1 étau à main, 1 lime à main, 1 râpe 1/2 ronde, 1 bédane, 3 ciseaux assortis, 2 gouges, 1 pointe carrée.

Prix . . . . **150** fr.

NOTA. — *Tous les outils contenus dans nos boîtes et armoires sont de première qualité. Nous pouvons en modifier la composition selon la demande.*

Nous faisons également des boîtes beaucoup plus importantes ainsi que des boîtes d'outils spéciaux.

Pour les boîtes d'outils de sculpteurs et de tourneurs, voir aux chapitres Sculpture et Tour.

ARMOIRE A OUTILS

en chêne, contenant un assortiment très complet d'outils de qualité garantie.

(*Voir la nomenclature des outils, page suivante.*)

Prix . . . . **475** fr.

ARMOIRE D'OUTILS DE 475 FRANCS

Nomenclature des outils.

---

1 scie à araser de 40%, 1 scie à tenons de 50%, 1 scie allemande de 40%, 1 scie à chantourner de 50%, 1 scie à guichet dents doubles de 25%, 1 scie de jardinier manche rond de 25%, 1 rabot cormier, un affûtage cormier, 1 guillaume cormier 14%, 2 paires de bouvets doubles 6 et 12%, 1 paire de bouvets doubles de 22%, 1 équerre lame d'acier de 25%, 1 équerre d'onglet, 1 fausse équerre cormier de 20%, 1 trousquin divisé, 1 scie à placage, 1 maillet de sculpteur cormier, 2 presses charme de 9%, 1 wastringue garni os, 4 ciseaux de sculpteur manche cormier, 4, 6, 8, 15%, 2 ciseaux de menuisier 20 et 30%, 4 gouges de sculpteur manche cormier, 4, 8, 12 et 18%, une gouge à bouteille de 22%, 3 bédanes de menuisier, 4, 6 et 8%, 1 vilebrequin américain n° 2, 1 outil à affûter, 2 presses fer poli de 60%, 1 plane de 12%, 1 niveau à recouvrement de 19%, 1 marteau de menuisier de 20%, 1 tenaille treillageur de 19%, 1 marteau rond poli, manche if de 14%, 1 hache à deux biseaux 500 gr., 1 tournevis de bijoutier moyen, 1 tournevis à 2 usages petit (n° 0), 1 tournevis fort (n° 3), 1 râcloir emmanché, 1 affiloir rond emmanché, 1 plomb d'architecte 26%, 1 machine à assembler les cadres (n° 2), 1 bigorne polie montée sur pied de 18%, 1 étau à agrafes parallèle, un étau à main poli emmanché de 8%, 1 ciseau à froid moyen, 1 clef anglaise de 17%, 1 filière à coussinets de 15%, 1 cisaille à main polie de 19%, 1 pince coupante polie sur bout de 12%, 1 pince plate polie de 14%, 1 pince ronde de 14%, 1 pince à chapelets de 11%, 1 presselle de 14%, 1 compas droit 1/4 de cercle de 19%, 1 compas d'épaisseur à ressort 16%, 1 tourne à gauche tout acier à régulateur, 1 règle acier divisée de 50%, 1 mètre cuivre, 1 calibre à coulisse renforcé de 20%, 7 vrilles torses manche acier de 1 à 6%, 6 mèches à 3 pointes de 14 à 25%, 3 mèches à ferrer à cuiller de 4 à 8%, 2 mèches à ferrer à cuiller de 10 et 12%, 2 mèches à ferrer façon Styrie de 4 et 6%, 1 mèche à élargir, 1 fraise taillée pour vilebrequin, 1 tournevis pour vilebrequin, 1 chasse-pointes, 1 pierre du Levant avec boîte, 1 pierre à gouge du Levant, 1 drille fort, 1 porte-scies d'horloger grand, 1 porte-scies de mécanicien 19% avec lame, 1 lime 3/4 emmanchée de 125%, 1 râpe demi-ronde moyenne piqûre 19%, 1 râpe ronde, 1 râpe plate à main, 2 limes rondes et demi-rondes bâtardes 19%, 1 lime plate à main bâtarde, 1 boîte à graisse, 1 sécateur ressort à roulettes de 20%, 1 pointe à ferrer emmanchée.

ÉTABLIS LÉGERS AVEC ASSORTIMENT D'OUTILS

ORELL FÜSSLI & C°

N° 1 : Longueur . . . . 85 c/m
Largeur . . . . 37 »
Hauteur . . . . 67 »

Prix complet . . . . **23 fr. 50**

ORELL FÜSSLI & C°

N° 2 : Longueur . . . . $1^{m}16$
Largeur . . . . 40 c/m
Hauteur . . . . 71 »

Prix complet . . . . **40 fr.**

ÉTABLI MENUISIER, SOIGNÉ

Tous les outils de ces établis sont de qualité garantie.

Longueur 1 mètre, avec assortiment d'outils affûtés, prêts à servir.

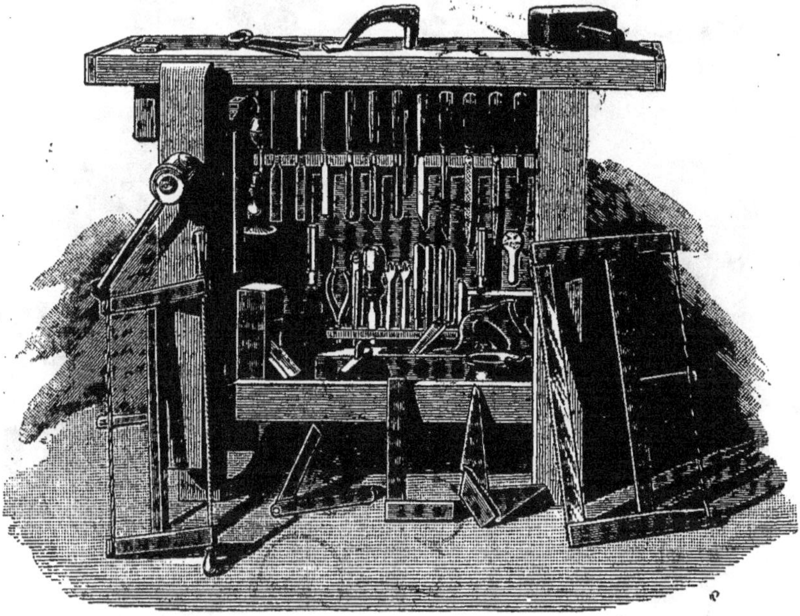

NOMENCLATURE DES OUTILS

1 demi-varlope charme fer AF, 1 rabot charme fer AF, 2 presses charme, 1 maillet, 1 équerre cormier 25%, 1 équerre d'onglet, 1 fausse équerre, 1 trousquin cormier, 1 râcloir emmanché, 1 marteau, 1 pot à colle, 1 vilebrequin, 1 tenaille, 1 tournevis à 2 usages, 1 compas droit 16%, 1 lime 1/2 ronde, 1 râpe 1/2 ronde, 1 pointe carrée, 4 mèches à cuiller, 2 mèches 3 pointes, 1 chasse-pointes, 1 lime 3/4, 3 ciseaux AF, 3 gouges AF, 1 bédane AF, 1 scie à chantourner 40%, 1 scie à tenons 50%, 1 valet, 1 tourne à gauche.

Prix . . . . **75** fr.

ÉTABLI MENUISIER SOIGNÉ

Longueur 1m20, garni d'outils affûtés, prêts à servir.

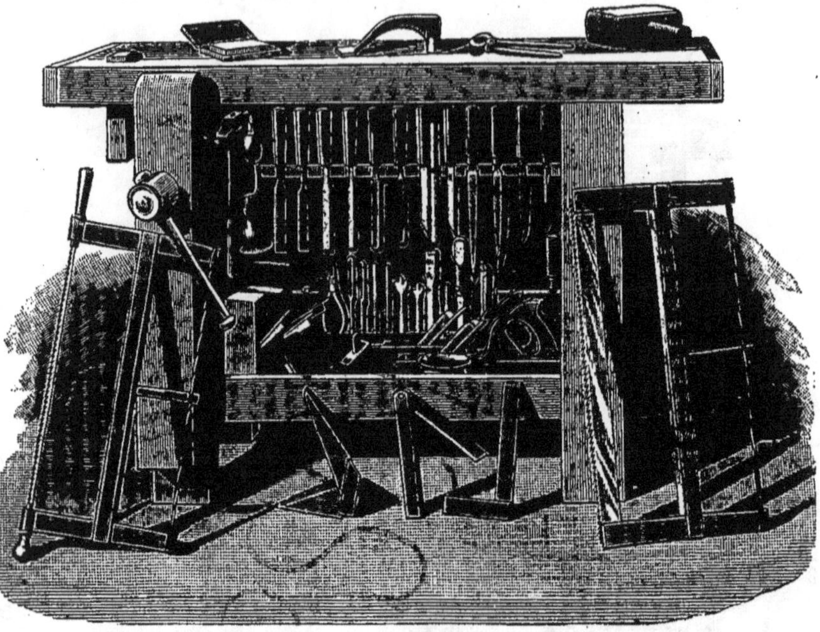

NOMENCLATURE DES OUTILS

1 affûtage charme AF, 1 rabot AF, 1 guillaume AF, 1 bouvet 10%, 1 maillet, 1 scie à tenons 60%, 1 scie à chantourner 50%, 1 trouquin cormier, 1 équerre cormier, 1 équerre d'onglet, 1 fausse équerre, 2 presses charme, 1 marteau menuisier, 1 vilebrequin, 1 pot à colle, 1 racloir emmanché, 4 ciseaux menuisier AF, 2 gouges menuisier AF, 2 bédanes, 1 lime 1/2 ronde, 1 lime 3/4, 1 râpe 1/2 ronde, 1 tenaille, 1 pointe carrée, 1 tournevis, 1 pince plate, 1 compas droit, 1 chasse-pointes, 1 pierre du Levant en boîte, 4 mèches à cuiller, 2 mèches 3 pointes, 1 ciseau à froid, 1 valet.

Prix. . . . . 95 fr.

TABLE DES MATIÈRES

DÉCOUPAGE

SCULPTURE

TOURS ET OUTILS DE TOURS

Tours

Outils divers

BAR-LE-DUC. — IMPRIMERIE COMTE-JACQUET.

www.ingramcontent.com/pod-product-compliance
Lightning Source LLC
Chambersburg PA
CBHW050455270326
41927CB00009B/1759